Karl Alman

Angriff, ran, versenken!

Karl Alman

Angriff, ran, versenken!

Die U-Boot-Schlacht im Atlantik

Mit einem Vorwort
von Großadmiral a. D. Karl Dönitz

Mit 24 Bildtafeln

Pabel Verlag KG
Rastatt

Die Bildvorlagen stellten zur Verfügung:
Süddeutscher Verlag-Bildarchiv · Weitere Fotos aus Privatbesitz

Die Konzeption der Rudeltaktik, die ich seit 1936 der U-Boot-Ausbildung, allen operativen Überlegungen für den U-Boot-Krieg und den Forderungen für den U-Boot-Bau zugrunde gelegt hatte, hat sich später im Krieg als richtig erwiesen.

Aber was wäre aus ihr geworden, wenn sie nicht ausgeführt und im selbständigen Angriff zum Erfolg gebracht worden wäre durch das Können der U-Boot-Kommandanten und ihrer Besatzungen, durch die seelische Haltung tapferer Soldaten, die sich in diesem harten Kampf immer wieder bewähren mußten und bewährt haben.

Wir alle hoffen und wünschen heute, daß angesichts der Vernichtungskraft der modernen Waffen nie wieder ein Krieg geführt werden muß. Aber auch dann wird es zeitlos zu den höchsten menschlichen Tugenden gehören, sich schützend für die Gemeinschaft einzusetzen und, wenn es sein muß, sein Leben hinzugeben.

Ich neige mich in Ehrfurcht vor den gefallenen U-Boot-Männern.

Ich neige mich in Treue und Hochachtung vor den Männern, welche die Taten vollführten, die in diesem ausgezeichneten Buch so treffend und anschaulich geschildert werden.

Großadmiral a. D.
s. Z. Oberbefehlshaber der Kriegsmarine
und Befehlshaber der U=Boote

Aumühle, den 28. März 1965

INHALT

VOR DEM KRIEG

Aufbau der U-Boot-Waffe — Die Rudel-Taktik

Meinungsverschiedenheiten der Führung

Der Schulkreuzer „Emden" kehrte im Juli 1935 von einer Auslands-
reise zurück, die ihn in die Indischen Gewässer geführt hatte. Kommandant der „Emden", Fregattenkapitän Dönitz, ließ auf Schillingsreede in
der Jademündung ankern.

Gleichzeitig mit der „Emden" traf auch die „Karlsruhe" wieder in der
Heimat ein. Sie hatte unter dem Befehl von Kapitän z. See Lütjens* eine
Reise nach Nord- und Südamerika gemacht.

Der Oberbefehlshaber der Kriegsmarine, Generaladmiral Dr. h. c. Raeder, kam an Bord der „Emden". Auch Kapitän z. See Lütjens wurde zur
Berichterstattung auf die „Emden" gebeten. Beide Schulkreuzer-Kom-
mandanten berichteten über ihre Reise und brachten abschließend ihre
neuen Vorschläge zu Gehör.

Während Kapitän z. See Lütjens dafür plädierte, daß er nun mit der
„Karlsruhe" die alten Kulturen des Ostens sehen müsse, anstatt nach
Amerika auszulaufen, wie es das Oberkommando der Kriegsmarine vor-
gesehen hatte, berief sich Fregattenkapitän Dönitz darauf, daß die „Em-
den" als Nachfahre ihrer im Ersten Weltkrieg unter Kapitän von Müller
im ostasiatischen Raum stationierten Namensvorgängerin wieder nach
Japan, China und dann nach Niederländisch-Indien und schließlich nach
Australien auslaufen müsse.

Dieser Diskussion machte Generaladmiral Raeder ein Ende, indem er
sagte:

„Streiten Sie sich nicht, meine Herren. Sie steigen beide von Ihren
Kreuzern aus. Lütjens wird Offizierspersonalchef im Oberkommando,
um die Aufstellung des Offizierskorps der neu aufzubauenden Marine
durchzuführen. Sie aber, Dönitz, übernehmen die neu zu bildende deutsche U-Boot-Waffe."

---

* L. fiel als Admiral im Mai 1941 auf dem Schlachtschiff „Bismarck".

Großadmiral a. D. Karl Dönitz schreibt* im Rückblick auf diesen wohl denkwürdigsten Tag seiner Laufbahn:

„Diese im Juli 1935 durch den Oberbefehlshaber befohlene Kommandierung war für mein ferneres Leben von einschneidender Bedeutung bis auf den heutigen Tag. Sie brachte mir alles, was ein Menschenleben nur ausfüllen kann: Verantwortung, Erfolg, Niederlagen, Treue und Verehrung, die Notwendigkeit der eigenen Bewährung und Leid."

In der Tat: in diesen wenigen Worten hat Großadmiral a. D. Dönitz seine Lebensgeschichte und zugleich die Geschichte einer Waffe umrissen, und es bedarf keiner weiteren Worte, um sie deutlicher zu machen.

Dieser Kommandowechsel war jedoch nicht von ungefähr gekommen, wenn er auch die beiden Kommandanten unvorbereitet traf, sondern eine Folge des deutsch-englischen Flottenabkommens vom 18. Juni 1935.

In diesem Abkommen hatte sich Deutschland, das am 16. März 1935 seine Wehrhoheit erklärt hatte, verpflichtet, seine Flottenrüstung auf 35 Prozent der englischen Seerüstung zu begrenzen. Mit der Zustimmung zu diesem recht einseitigen Flottenabkommen wollte Hitler die politische Gegnerschaft Englands ausschalten. Außerdem sollte der Vertrag deutlich machen, daß Deutschland keinen Angriff auf England beabsichtigte.

Die 35-Prozent-Klausel war in bezug auf den U-Boot-Bau auf 45 Prozent erweitert worden. Darüber hinaus war für den U-Boot-Bau in diesem Flottenabkommen noch eine Bestimmung enthalten, daß nach beiderseitigem Einverständnis die deutsche U-Boot-Tonnage auf 100 Prozent der englischen aufgestockt werden konnte.

Nun stellten 45 Prozent der englischen U-Boot-Tonnage lediglich eine Gesamttonnage von 24 000 BRT für den deutschen U-Boot-Bau dar. Das kam daher, daß England nur eine kleine U-Boot-Waffe besaß. Die Zahl der englischen U-Boote betrug zum Zeitpunkt des Vertragsabschlusses z. B. nur etwa zwei Drittel der französischen U-Boot-Tonnage.

Fregattenkapitän Dönitz fand bei seiner Kommandoübernahme nicht sehr viel vor. Die deutsche U-Boot-Waffe steckte noch im ersten Aufbau.

Bereits Anfang 1930 waren in Spanien die ersten deutschen Seeoffiziere auf einem U-Boot — es war das legendäre E 1 — ausgebildet worden. Bei Cadiz schulte als einer der ersten Offiziere auch der damalige Leutnant z. See Hans-Rudolf Rösing auf E 1. Er war schon vorher drei

---

* In: „Zehn Jahre und zwanzig Tage"

Monate lang in Abo (Finnland) auf einem anderen U-Boot ausgebildet worden. Beide Boote aber, das in Finnland und jenes in Spanien, waren nach Entwürfen und unter Bauaufsicht einer in Holland ansässigen Firma in den betreffenden Ländern gebaut worden. In dieser Firma waren allerdings frühere deutsche U-Boot-Konstrukteure und -Offiziere tätig, so vor allem die beiden Konstrukteure Techel und Schürer.

Für die Probefahrten der neuen Boote wurden zum Teil aus Deutschen bestehende Besatzungen zusammengestellt. Unter ihnen befanden sich auch einige jüngere deutsche Offiziere und Baubeamtenanwärter.

Mit diesen ersten provisorischen Schritten bereitete das Oberkommando der Kriegsmarine 1932 den Bau von U-Booten vor. Am 1. Oktober 1933 wurde in Kiel-Wik die „U-Boot-Abwehrschule" gegründet. In dieser Schule wurde jedoch nicht die U-Boot-Abwehr gelehrt, sondern das Stammpersonal für die ersten zu erwartenden deutschen U-Boote theoretisch ausgebildet.

Die auf diese Weise heimlich ausgebildeten U-Boot-Männer reisten im Frühjahr 1934 in die finnische Hafenstadt Abo. Sie wurden auf dem ersten holländischen U-Boot geschult. Es war ein Einbaum von 250 tons Wasserverdrängung. Auch dieses Boot verleugnete seine Herkunft von den beiden deutschen Konstrukteuren nicht.

Zur gleichen Zeit liefen auf der Germania-Werft in Kiel schon die Vorarbeiten zum Bau der ersten deutschen U-Boote an.

Ende September 1934 befanden sich die Boote U 1 bis U 6 in der U-Boot-Abwehrschule. Sie standen unter dem Befehl von Fregattenkapitän Slevogt, der die technische und tauchtechnische Schulung der ersten deutschen U-Boot-Besatzungen durchführte.

Unmittelbar nach Übernahme der U-Boot-Führung durch Fregattenkapitän Dönitz wurde am 28. September 1935 mit den Booten U 7, U 8 und U 9 die Flottille „Weddigen" in Dienst gestellt. Chef dieser Flottille wurde Karl Dönitz. Er richtete sich auf dem Flottillen-Mutterschiff „Saar" häuslich ein. Die Kommandanten dieser drei Boote der ersten offiziellen deutschen U-Boot-Flottille waren die Kapitänleutnante Grosse, Freiwald und Looff.

In den nun folgenden Monaten, die intensiver Ausbildung gewidmet waren, kamen nacheinander die neu fertiggestellten Boote U 10 bis U 18 hinzu. Flottilleningenieur wurde Fregattenkapitän (Ing.) Thedsen, der bereits im Ersten Weltkrieg Leitender Ingenieur auf einem U-Boot gewesen war und als Leitender Ingenieur auf dem Torpedoboot G 8 drei Jahre lang unter Dönitz diente, der dieses Boot führte.

Das Oberkommando der Kriegsmarine hätte keine bessere Wahl treffen können. Auch die Wahl der U-Boot-Kommandanten erfolgte sehr sorgfältig. Nur erstklassige Seeoffiziere wurden ausgewählt. Fregattenkapitän Dönitz widmete sich seiner neuen Aufgabe mit ganzer Kraft. Die grundsätzlichen Ziele, die er sich bei der Ausbildung setzte, formulierte er folgendermaßen: *

„1. Ich wollte die Besatzungen mit Begeisterung für ihre Waffe und Zutrauen zu ihr erfüllen und sie zu selbstloser Einsatzbereitschaft erziehen. Nur ein solcher Geist konnte im Kriege bei der Schwere des U-Boot-Kampfes Erfolge herbeiführen. Das militärische Können allein würde nicht genügen. Dazu gehörte, daß ich den U-Boot-Besatzungen zunächst einmal den immer wieder auftauchenden Komplex nahm, daß das U-Boot infolge der Weiterentwicklung des englischen Abwehrmittels, des Asdic, eine überholte Waffe sei.

Ich glaubte an die Kampfkraft des U-Bootes. Ich hielt es nach wie vor für ein ausgezeichnetes Angriffsmittel des Seekriegs, für den bestmöglichen Torpedoträger.

2. Die U-Boot-Waffe war so kriegsmäßig wie möglich auszubilden. Ich wollte jede Lage, die der Krieg nach meiner Vorstellung bringen konnte, den U-Booten bereits im Frieden vorsetzen, und zwar möglichst so gründlich, daß die U-Boot-Besatzungen ihr im Kriege gewachsen sein würden.

3. Den Schuß aus Nahschußentfernung von 600 Metern setzte ich als Forderung für den U-Boot-Unterwasser- und -Überwasserangriff fest. Dann konnten sich Fehler in der Verschätzung der Schußunterlagen kaum noch auswirken. Der Nahschuß mußte treffen. Auch wenn man auf dem angegriffenen Schiff den Angriff des U-Bootes bei der Schußabgabe erkannte, kam jedes Ausweichmanöver dieses Schiffes zu spät.

Die U-Boot-Schule hatte im Sommer 1935 die jungen Besatzungen gelehrt, man müsse zum Unterwassertorpedoschuß über 3000 Meter vom Ziel abbleiben, weil man andernfalls vorher durch das englische Asdic entdeckt werde. Als ich Ende September 1935 Chef der U-Flottille Weddigen wurde, wandte ich mich entschieden gegen diese Auffassung. Ich hielt die sichere Wirkung des Asdic für nicht erwiesen. Auf jeden Fall weigerte ich mich, auf Grund der englischen Veröffentlichungen von vornherein klein beizugeben. Der Krieg hat später gezeigt, daß diese Zielsetzung richtig war.

---

* = Dönitz a. a. O.

4. Ich hielt das U-Boot für einen ausgezeichneten Torpedoträger, auch n a c h t s im Überwasserangriff. Was bereits vor 1900 die Tirpitzsche Idee war, den Torpedo nachts durch ein kleines, infolge geringster Aufbauten und daher kleiner Silhouette nur sehr schwer sichtbares Torpedoboot auf tödliche Nahschußentfernung an den Gegner heranzutragen, diese Idee ließ sich jetzt noch durch das aufgetauchte U-Boot verwirklichen. Aus dem ursprünglichen kleinen Torpedoboot, als ehemals idealem Torpedoträger der Tirpitzschen Vorstellung, war im Laufe der Jahrzehnte durch immer neue Aufbauten und durch das gegenseitige Hochschaukeln der Kampfkraft ein Torpedoboot und schließlich ein Torpedobootzerstörer von solcher Größe und Sichtbarkeit geworden, daß er sich für den Nahangriff bei Nacht nicht mehr eignete. Dagegen war das U-Boot, von dem praktisch nur der Turm aus dem Wasser ragt, nachts außerordentlich schwer zu erkennen. Daher legte ich den größten Wert auf die Verwendung des U-Boots im Angriff über Wasser bei Nacht, unter Anwendung aller Regeln und Erfahrungen der Torpedoboot-Taktik, soweit sie sich auf den U-Boot-Einsatz übertragen ließen.

5. Das Schwergewicht der Überlegungen, Zielsetzungen und der entsprechenden Ausbildung sollte aber auf taktischem Gebiet liegen. Hier waren neue Probleme zu lösen:

I. Es muß möglich sein, im Angriff gegen ein bestimmtes Ziel sich möglichst stark zu machen, d. h. also durch taktisches Zusammenarbeiten und taktische Führung mehrere U-Boote zum Angriff an das gewünschte Ziel heranzubringen. Das kann sich auf jedes wertvolle Einzelziel beziehen, ist aber natürlich besonders erwünscht bei einer Häufung von Zielen, z. B. einem Kriegsschiffsverband oder einem Geleitzug. Der Massierung von Zielen ist also eine Massierung von U-Booten entgegenzusetzen.

II. Das U-Boot hat nur geringe Augenhöhe und ist auch über Wasser langsam. Es übersieht daher in der Zeiteinheit nur einen verhältnismäßig kleinen Raum. Es ist also besonders ungeeignet als taktischer Aufklärer. Seine taktische Zusammenarbeit mit für die Aufklärung besser geeigneten Kriegsmitteln ist daher erforderlich. Das beste Kriegsmittel für die Aufklärung ist das Flugzeug."

Nach diesen Grundsätzen, in denen bereits der Grundgedanke der „Rudeltaktik" enthalten ist, wurde ab Oktober 1935 mit der Ausbildung in der U-Flottille „Weddigen" begonnen. Fregattenkapitän Dönitz schonte keinen Mann seiner Flottille. Aber er stieg ebenso im Lederpäckchen an Bord wie der letzte Mann der Besatzung. Auf See setzte er von Boot zu Boot über, um selbst die Männer bei den Einsatzübungen beobachten zu können.

Für jedes Boot seiner Flottille befahl Dönitz allein 66 Unterwasserangriffe und ebenso viele Überwasserangriffe, die innerhalb von drei Monaten gefahren werden mußten. Dann erst traten die Boote in den ersten Torpedoschießabschnitt ein.

Dönitz kritisierte jeden Fehler. Von diesen Fehlern konnten im Ernstfall Leben oder Tod der gesamten Besatzung und des Bootes abhängen. Und er lobte, wo es Erfolge und Fortschritte gab.

Auf diese Weise lernten die U-Boot-Männer das kleine Einmaleins der U-Boot-Fahrt. Durch den kameradschaftlichen Zusammenhalt, durch das Verständnis, das sie bei der Führung fanden, und die gemeinsame Liebe zu ihrer Waffe lernten die U-Boot-Männer noch etwas anderes, das weder im Reglement niedergelegt war noch einexerziert werden konnte, etwas, das sich von selbst einstellte und das sie nicht zuletzt durch das Beispiel ihres Flottillenchefs in sich aufnahmen: eine unerbittliche Härte jedes einzelnen gegen sich selbst; bedingungslosen Einsatzwillen und ein Draufgängertum, das trotzdem alle Chancen besonnen auszurechnen verstand.

Die U-Boot-Fahrer entwickelten sich in dieser eisernen Schule zur „Band of Brothers", die sie auch in den späteren Jahren des Krieges im Hagel der Wasserbomben und im vernichtenden Regen der Fliegerbomben blieb. Sie erhielten d e n Geist, der sie durchhalten ließ — selbst dann noch, als jedes Auslaufen fast gleichbedeutend mit der eigenen Vernichtung war.

Während nun Fregattenkapitän Dönitz alle Kniffe und Praktiken des taktischen Einsatzes lehrte, führte Fregattenkapitän (Ing.) Thedsen seine Schüler in die Geheimnisse des technischen Betriebes ein. Der Fahrbetrieb und die Bedingungen des Tauchens wurden so lange und intensiv gelehrt, bis jeder einzelne Mann seine Verrichtungen fast im Schlaf und völlig blind erfüllen konnte.

Was Dönitz mit Beginn seiner Tätigkeit als Chef der 1. deutschen U-Boot-Flottille immer wieder bewegte, war das Problem der gemeinsamen Verwendung von U-Booten im Einsatz gegen massierte Feindkräfte. Er wußte, daß die deutschen U-Boote des Ersten Weltkrieges nicht zuletzt an dem englischen Geleitzugsystem gescheitert waren. Um erfolgreicher zu sein, mußte man eine geschickte Taktik erfinden, die darin bestand, den Gegner aufzuspüren, ihn zu melden und dann mit einer möglichst großen Anzahl von U-Booten massiert anzugreifen.

Aus dieser Forderung erwuchs die Rudeltaktik der U-Boote. Zuerst sollen jedoch die Grundzüge dieser Taktik geschildert werden.

Erster Teil der Rudeltaktik war das Aufstellen eines Vorpostenstreifens als Suchharke in denjenigen Seegebieten, durch die ein gegnerischer Konvoi laufen mußte, um seinen Bestimmungshafen zu erreichen.

Sichtete ein in diesem Vorposten- oder Aufklärungsstreifen stehendes U-Boot den Konvoi, setzte es eine Funkmeldung über Stärke, Kurs, Geschwindigkeit und Bewachung des gesichteten Verbandes an den Befehlshaber der U-Boote ab und hängte sich als Fühlunghalter an den Konvoi an, während die übrigen Boote der Suchharke heranschlossen und nötigenfalls durch die Meldungen des Fühlunghalters immer wieder auf den richtigen Kurs gebracht wurden.

Da jedoch ein schneller Konvoi rechtzeitig an der Suchharke vorbeischlüpfen konnte, wurde die Taktik dadurch vervollständigt, daß eine weitere U-Boot-Gruppe weit genug hinter dem ersten Suchstreifen stand und bei Sichtmeldung rechtzeitig genug auf den gemeldeten Konvoi operieren konnte. Dies setzte allerdings voraus, daß genügend U-Boote zur Verfügung standen.

Die Versuche und Erprobungen der Jahre 1935 und 1936 erbrachten auch eine Fülle technischer Probleme, die gelöst werden mußten. Eine der Hauptsorgen war, die Sende- und Empfangsmittel der U-Boote zu verbessern.

Im Herbst 1936, nach dem ersten Ausbildungsjahr, wurde Dönitz, inzwischen Kapitän z. See, zum Führer der U-Boote (FdU*) ernannt.

Die Taktik des gemeinsamen Operierens der U-Boote wurde zum erstenmal in größerem Umfange anläßlich des Wehrmachtmanövers im Herbst 1937 praktisch angewandt.

Der FdU leitete von seinem U-Boot-Begleitschiff in Kiel aus die Operationen der U-Boote über Funk genauso, wie dies später im Ernstfall erforderlich sein würde. Die U-Boote, die in der östlichen Ostsee standen, hatten Auftrag erhalten, im freien Seeraum nördlich der pommerschen und ostpreußischen Küste einen feindlichen Geleitzug zu finden, auf ihn zu operieren und ihn als geschlossenes Rudel anzugreifen.

Es gelang Kapitän z. See Dönitz, die Boote geschlossen an das Geleit heranzuführen und es massiert anzugreifen. Der Erfolg war so eindrucksvoll, daß er auch die Zweifler von der Richtigkeit dieser Taktik überzeugte.

* Nach der Beförderung zum Konteradmiral im Herbst 1936: BdU (Befehls=haber der U=Boote).

Im Mai 1939 wurde eine weitere Übung dieser Art westlich der iberischen Halbinsel und der Biskaya abgehalten, und im Juli 1939 führte der FdU dem Oberbefehlshaber der Kriegsmarine eine Rudelschlacht in der Ostsee vor.

Inzwischen waren fünf weitere U-Boot-Flottillen aufgestellt worden: „Saltzwedel", „Emsmann", „Wegener", „Hundius" und „Loos". Zu den Booten des Typs II traten die ersten U-Boote des Typs VII A, VII B und VII C*.

Der U-Boot-Typ VII C mit seiner Größe von 769 cbm = 517 tons sollte sich in der Folgezeit zum entscheidenden Typ des Zweiten Weltkriegs entwickeln. Von ihm wurden nicht weniger als 661 Boote gebaut.

Im Januar 1938 trat Kapitänleutnant Godt zum Stab des Führers der Unterseeboote. Er wurde eine der hervorragenden Gestalten in der Operationsabteilung, später sogar ihr Chef.**

In Fragen der Bootsgrößen und der Armierung bestand zwischen dem Oberkommando der Kriegsmarine und dem FdU eine erhebliche Meinungsverschiedenheit. Der FdU war der zutreffenden Annahme, daß England im Falle eines Krieges für den Schutz seines Handels sofort wieder zu seinem bewährten Geleitzugsystem zurückkehren würde. Als Antwort darauf ergab sich die zwingende Forderung, die im Rahmen des deutsch-englischen Flottenabkommens zulässige deutsche U-Boot-Tonnage für den Bau des mittelgroßen Typs VII C auszunutzen, der für den Geleitzugkampf besonders geeignet war. Dieser Bootstyp verfügte über ein für seine Größe verblüffendes Maximum an Kampfkraft.

Im OKM war man dagegen der Ansicht, die U-Boote würden, wie im Ersten Weltkrieg, auch künftig allein operieren müssen. Aus diesen Erwägungen heraus müsse man besonderen Wert auf große U-Kreuzer mit starker Artilleriebewaffnung und beträchtlicher Seeausdauer zur Führung eines Kreuzerkrieges in entfernten Gewässern legen.

Diese Unstimmigkeiten zögerten die Bauaufträge für weitere U-Boote hinaus. Während im Jahre 1935 insgesamt 14 U-Boote abgeliefert und in Dienst gestellt worden waren und sich diese Zahl im Jahr 1936 auf 21 U-Boote gesteigert hatte, fiel sie im Jahr 1937 rapide auf nur ein U-Boot zurück und stieg erst 1938 wieder auf acht U-Boote und 1939 auf 18 U-Boote an.

Durch diese Differenzen war die deutsche U-Boot-Waffe bei Kriegs-

---

* siehe Anlage: „U=Boot=Typen" (Die Bauzahlen).
** siehe Anlage: „Die Operationsabteilung des Befehlshabers der U=Boote".

Korvettenkapitän
Heinrich Bleichrodt mit einem
Offizier des Heeres

Fregattenkapitän Klaus Scholtz
an Bord seines U-Bootes
vor dem Auslaufen

Karl Dönitz, Befehlshaber der U-Boote, verleiht Ernst Mengersen das Ritterkreuz

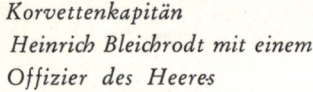

beginn um eine beträchtliche Zahl schwächer, als sie hätte sein können, um Boote also, die beim Einsatz im ersten Kriegsjahr entscheidend hätten ins Gewicht fallen können.

Als Kapitän z. See Dönitz Anfang Mai 1938 eine offizielle englische Verlautbarung zu Gesicht bekam, in der es hieß, daß sich die englische Politik nicht mit der deutschen vertrage, verfaßte er eine Denkschrift an das Oberkommando der Kriegsmarine, als deren Kernsatz er den Widerspruch der deutschen Interessen zur englischen Politik der Balance of Power herausstellte. Er unterstrich darin, daß aus dieser Gegensätzlichkeit heraus auch die Haltung des OKM falsch sei, und argumentierte, England könne durchaus einmal — trotz des deutsch-englischen Flottenabkommens — Deutschlands Gegner werden. Am Schluß der Denkschrift zog Kapitän z. See Dönitz die einzig richtige Schlußfolgerung: Die deutsche U-Boot-Waffe müsse beschleunigt aufgebaut und vergrößert werden.

Die Antwort auf seine Denkschrift lautete: „Am Anteil der U-Boot-Tonnage im Rahmen des Flottenabkommens wird nichts geändert!"

Wenig später jedoch ließ Hitler Generaladmiral Raeder wissen, daß auch mit England als Gegner zu rechnen sei. Der ObdM rief daraufhin einen Planungsausschuß ins Leben, der alle Konsequenzen untersuchen sollte, die sich aus diesem neuen Gesichtspunkt ergeben könnten. Die Untersuchung ergab unterschiedliche Auffassungen. Besonders von den Offizieren der Überwasserstreitkräfte wurden die Bedeutung des U-Bootes und seine Einsatzmöglichkeiten unterschätzt.

Der ObdM schlug Hitler nun vor, eine wohlausgewogene Flotte von hoher Kampfstärke zu bauen. Sie sollte, in Kampfgruppen gegliedert, im freien Seeraum des Atlantiks Handelskrieg führen und gleichzeitig die Bekämpfung der Sicherungsstreitkräfte übernehmen. Das Flottenbauprogramm wurde im „Z-Plan" festgelegt. Es sah vor, folgende Kriegsschiffe bis zum Jahr 1948 zu bauen:

1. 6 Schlachtschiffe von je 50 000 t (außer „Bismarck" und „Tirpitz").
2. 8 (später 12) weiterentwickelte Panzerschiffe von je 20 000 t.
3. 4 Flugzeugträger von je 20 000 t.
4. Eine große Zahl Leichter Kreuzer.
5. 233 U-Boote.

Dieser Fertigungsplan wurde im Januar 1939 von Hitler genehmigt. Die Fertigungszeit wurde allerdings verkürzt und auf das Jahr 1945 vordatiert.

Dieser „Z-Plan" bewies dem FdU, daß das Oberkommando der Kriegsmarine seinen Vorschlag eines schnellen U-Boot-Baues nicht genehmigt hatte. Seine Forderung hatte sich auf 300 U-Boote bei schnellstmöglicher Herstellung erstreckt.

Wenige Wochen vorher noch — im Winter 1938 — hatte Dönitz ein Kriegsspiel im weiten Seeraum des Atlantiks angesetzt. Die Führung der Geleitzüge hatte die Genehmigung, den Weg der Schiffe frei zu bestimmen und ständig zu ändern, während die U-Boote keinerlei Bindungen zu den Geleitzügen hatten. Dadurch sollten kriegsmäßige Bedingungen erzielt werden.

Dieses Kriegsspiel gelang verblüffend gut, und Dönitz erstattete dem OKM Anfang Januar darüber einen schriftlichen Bericht. Das Entscheidende an diesem Bericht war eine Forderung, die im ersten Punkt niedergelegt wurde. Sie lautete:*

„Für einen erforderlichen Handelskrieg sind, wenn der Gegner, wie ich glaube, seinen Handel in gesicherten Geleitzügen zusammenfassen würde, mindestens 300 deutsche Front-U-Boote erforderlich. Bei dieser Zahl wird gerechnet, daß 100 U-Boote jeweils zur Überholung und Erholung der Besatzungen in der Werft liegen, 100 U-Boote sich auf dem Marsch zum und vom Operationsgebiet befinden und 100 U-Boote im Operationsgebiet am Feind stehen können. Mit dieser Zahl glaube ich aber auch einen entscheidenden Erfolg im Handelskrieg erzielen zu können."

Unter Punkt 3 dieses Berichtes führte der FdU weiter aus:

„Mit der augenblicklichen Zahl der U-Boote und der nach der derzeitigen Bauzuteilung und dem Bautempo in den nächsten Jahren zu erwartenden sind nur Nadelstiche im Handelskrieg zu erzielen."

Auch diese Forderung des FdU, den U-Boot-Bau solcherart voranzutreiben, stieß auf Ablehnung.

Im Juli 1939 meldete Dönitz dem ObdM die Sorgen aller U-Boot-Fahrer wegen der drohenden Kriegsgefahr mit England. Der Kernpunkt dieser Sorgen bestand in der Tatsache, daß die schwerste Last des Seekrieges auf der U-Boot-Waffe liegen würde und diese wegen ihrer zahlenmäßigen Schwäche dem Gegner keine entscheidenden Niederlagen versetzen könne.

Noch am 22. Juli ließ der Oberbefehlshaber der Kriegsmarine das Offizierskorps der U-Boot-Waffe auf dem Aviso „Grille" versammeln

---

* = Dönitz a. a. O.

und teilte ihm mit, Hitler werde dafür sorgen, daß es keinesfalls zum Krieg mit England komme. Ein Krieg gegen England würde das „finis Germaniae" (das Ende Deutchlands) bedeuten.

Nach dieser Ansprache sagte Kapitän z. See Dönitz zu den Offizieren: „Das eine steht für mich fest: Wenn es irgendwann zu einem Krieg kommt, steht England auf der Seite unserer Gegner. Darauf stellen Sie sich innerlich ein!"

Karl Dönitz sollte leider nicht nur in d i e s e r Frage recht behalten. Bereits am 18. August wurde er aus seinem eben angetretenen Urlaub zurückgerufen, um den für den Mobilmachungsfall vorgesehenen Aufmarsch und die Aufstellung der U-Boote vorzubereiten.

Noch einmal erhob Dönitz am 28. August 1939 in seinen „Gedanken über den Aufbau der U-Boot-Waffe" die Forderungen, die seiner Meinung nach erfüllt werden mußten, wenn die U-Boot-Waffe in einem kommenden Krieg die ihr zufallenden Aufgaben lösen sollte.

Am 1. September 1939 brach mit der Eröffnung der Feindseligkeiten gegen Polen der Zweite Weltkrieg aus. Am 3. September erklärten England und Frankreich Deutschland den Krieg. Bereits am 4. September 1939 hielt Churchill, seit Kriegsausbruch englischer Marineminister, seine erste Konferenz in der Admiralität ab. Er schreibt darüber:*

„Wegen der Wichtigkeit der Ergebnisse legte ich, bevor ich in den frühen Morgenstunden zu Bett ging, die Beschlüsse zwecks Umlaufs und Durchführung in meinen eigenen Worten nieder:

1. In der ersten Phase, wenn Japan noch friedlich und Italien neutral, obgleich unentschieden ist, wird der erste Angriff gegen die Zugänge nach Großbritannien im Atlantik fallen.

2. Das Konvoisystem ist einzurichten. Mit Konvoisystem ist nur U-Boot-Abwehrkonvoi gemeint. Alle Fragen, die sich mit Handelskreuzern oder schweren Schiffen befassen, sind in dieser besonderen Anweisung nicht behandelt."

Damit stellte Churchill die Richtigkeit der deutschen U-Boot-Ausbildung u n d des von Dönitz geforderten forcierten U-Boot-Baues unter Beweis. Wie groß das Interesse war, das Churchill an der deutschen U-Boot-Entwicklung nahm, weil er in ihr einen gefährlichen Feind erblickte, zeigt sich auch in dem schriftlichen Befehl, den er am 4. September 1939 seinem Chef des Flottennachrichtendienstes übermittelte:**

---

* Churchill: „The Second World War", Band I
** Churchill a. a. O.

„Senden Sie mir eine Aufstellung über die deutschen Unterwasser-streitkräfte, die im Dienst stehenden und die auf Kiel liegenden, für die nächsten Monate. Unterscheiden Sie dabei bitte zwischen hochseetüchtigen und kleinen U-Booten. Geben Sie in jedem Fall schätzungsweise den Aktionsradius in Tagen und Meilen an."

Churchill erhielt noch am selben Tag die Mitteilung, daß Deutschland über sechzig U-Boote verfüge und daß etwa Anfang 1940 deren hundert bereit sein würden.

Die Zahl der deutschen U-Boote — und ihre am nächsten Tag mitgeteilte Tonnage nebst Aktionsradius — stimmte verblüffend genau. Nur daß die Zahl von 100 U-Booten für Anfang 1940 weit überzogen war.

Churchills Interesse läßt sich leicht erklären.

So schrieb Großadmiral Dönitz in seinem von der „Marine-Rundschau" erbetenen Beitrag:*

„Das Leben Großbritanniens, die Ernährung des britischen Volkes und die Aufrechterhaltung seiner Industrie hängen im Frieden wie im Krieg von der Beherrschung der britischen Einfuhrwege im Atlantik ab. Hinzu kommt im Krieg zusätzlich, daß die Rüstung Großbritanniens für den Krieg nur durch vermehrte Einfuhr von Rohstoffen auf den ‚Rollbahnen' des Atlantik möglich ist." Dönitz fuhr fort:

„Aber nicht dies allein: Die Beherrschung des Atlantik war im letzten Krieg die Voraussetzung dafür, daß Großbritannien die Waffenwerkstätten der ganzen übrigen, auch der neutralen Welt zur Verfügung standen. Nur auf dem Wege über den Atlantik konnten z. B. die unerschöpflichen Kraftquellen der „neutralen" Vereinigten Staaten 1940 und 1941 den Engländern zuströmen und Großbritanniens eigenes Kriegspotential erhöhen.

Aber auch als die Vereinigten Staaten in den Krieg eingetreten waren, konnte deren Kraft sich nur durch die Nutzung des Atlantik entfalten: Truppen, Waffen jeder Art, Munition, Treibstoff usw. konnten nur auf diesem Wege gegen Deutschland zur Wirkung gebracht werden.

Die Zusammenhänge zeigen, daß das Primäre, die Voraussetzung für alles Kriegsgeschehen für die Angloamerikaner, die Beherrschung dieser Verbindungswege im Atlantik war. Für die Anglo-Amerikaner war daher militärisch der Schutz dieser Wege die Aufgabe erster Wichtigkeit und jeder Angreifer dieser Wege der Feind Nummer 1.

---

* In „Marine=Rundschau": „Die Schlacht im Atlantik in der deutschen Stra=tegie des Zweiten Weltkrieges".

Entsprechend hätte für uns der Angriff auf diese Wege die erste strategische Aufgabe sein müssen. Denn er barg gleichzeitig die Möglichkeit in sich, das Entfalten der Kräfte des Gegners auf dem europäischen Kontinent einzuschränken oder gar zu verhindern. Unser erfolgreicher Kampf im Atlantik war daher auch die Voraussetzung für unseren erfolgreichen Kampf auf dem Kontinent. Also vor allem und zunächst mußten wir im Atlantik angreifen und zu siegen versuchen. Das kampfkräftigste und erfolgreichste Mittel, welches wir zu diesem Zweck hatten, war das U-Boot."

Auch die Anglo-Amerikaner erkannten dieses strategische Problem sehr genau. Immer wieder werden die Churchill-Memoiren von der Sorge durchzogen, daß es den deutschen U-Booten gelingen könnte, den Atlantik — und damit auch England — zu beherrschen. So schrieb er z. B. im zweiten Band seiner Memoiren:

„Mitten in der unaufhörlichen Folge gewalttätiger Ereignisse war eine einzige Besorgnis vorherrschend. Schlachten mochten gewonnen oder verloren werden, Unternehmungen gelingen oder mißlingen, Gebiete erobert oder geräumt werden — über all unseren Anstrengungen, den Krieg fortzusetzen oder gar ihn zu überstehen, stand die Anstrengung, die Seeherrschaft über die Ozeanrouten, die gefahrlose Annäherung und den Eingang zu unseren Häfen zu beherrschen."

Folgende Worte von Dönitz bewahrheiten sich, wenn man alle seine Forderungen, seine Eingaben und Bitten sieht, die — nicht gewährt oder genehmigt wurden:

„Diese Erkenntnis, daß England in einem Krieg entscheidend nur dort zu treffen war, wo seine Lebenslinien laufen, nämlich im Atlantik, lag aber bei uns nicht vor, weder bei der politischen Führung, noch bei den militärischen Spitzen, noch im Volk und weder vor 1914 noch vor 1939."

Wie diese Forderungen und Bitten gestellt waren, mit welcher Präzision sie die einzige Möglichkeit deutlich machten, zeigt, daß Dönitz diesen einen verwundbaren Punkt beim Gegner entdeckt hatte. Seine Tragik war es, daß er a l l e i n dieses entscheidende Problem erkannt hatte.

Für Hitler hatte der Seekrieg keinen operativen Vorrang. Daß er selbst jetzt noch mit allen Mitteln des Staates und der gesamten deutschen Industrie U-Boote hätte bauen müssen, als der Krieg gegen England entgegen seinen utopischen Hoffnungen gekommen war, war ihm auch nicht klargeworden.

Am Tag der französischen und englischen Kriegserklärung an Deutschland befanden sich 56 deutsche U-Boote im Dienst. Von diesen 56 Booten waren 46 einsatzbereit, jedoch nur 22 für die Verwendung im Atlantik. Die übrigen 24 Boote waren sogenannte „Einbäume" des Typs II A und II B, die nur für küstennahen Einsatz und als Minenboote in Frage kamen.

Daraus ergab sich, daß nur jeweils 5 bis 7 U-Boote gleichzeitig im Operationsgebiet Atlantik stehen konnten, weil sich stets ein Drittel auf dem An- oder Abmarsch und ein weiteres Drittel in der Überholung und Neuausrüstung befand.

Die Nichtausnutzung der Möglichkeiten, die das deutsch-englische Flottenabkommen geboten hatte, rächte sich nun bitter. Allein in den Jahren 1936, 1937 und 1938 hätten 16 weitere atlantikgehende U-Boote mehr gebaut und ausgeliefert werden können.

Die geringe Zahl an Front-U-Booten mußte sich außerdem bei den zu erwartenden Verlusten laufend verringern, weil ihnen kein entsprechender Zuwachs an Neubauten gegenüberstand. Das „Feierjahr 1936/37" und die wenigen Bauaufträge im Jahre 1938 wirkten sich nun so aus, wie es der FdU befürchtet hatte. Dönitz umriß dieses Problem folgendermaßen:

„Überdies lag als schwere Last das Wissen auf uns, daß jetzt der Tiefstand an U-Boot-Zahlen noch nicht erreicht war, sondern sich erst später ergeben würde."

Nach Kriegsausbruch befahl der ObdM sofort die Stillegung aller Großschiffsbauten, soweit sie noch nicht vom Stapel gelaufen waren, und — unter Aufhebung des „Z-Planes" — den beschleunigten Bau derjenigen U-Boot-Typen und Bootszahlen, die der FdU als notwendig gefordert hatte.

Ungeachtet ihrer geringen Kampfstärke war die deutsche U-Boot-Waffe jedoch voll darauf vorbereitet, ihre Pflicht zu tun. Das Nürnberger Urteil gegen Großadmiral a. D. Dönitz stellte dies unter Beweis; dort hieß es:

„Die deutsche U-Boot-Waffe war so gut für den Krieg ausgebildet, wie es im Frieden überhaupt möglich ist."

DAS ERSTE KRIEGSJAHR

Die ersten Geleitzugkämpfe — Einzelgänger an Geleitzügen —

Englische Maßnahmen zur U-Boot-Abwehr

Bereits am 19. August 1939 waren die einsatzbereiten deutschen U-Boote aus den Häfen der Nord- und Ostseeküste zur vorsorglichen Aufstellung in See gegangen. An Bord von U 37 (Kommandant: Kapitänleutnant Schuch) befand sich Korvettenkapitän Werner Hartmann, einer von der alten U-Boot-Garde. Daß Hartmann das Boot nicht als Kommandant fuhr, hatte seine besondere Bewandtnis. Kapitän z. See Dönitz hatte ihn zum Chef der „Atlantikgruppe" ernannt.

Als erfahrener Kommandant und als Taktiker von hohem Rang sollte Hartmann bei Operationen gegen Geleitzüge die Führung der in See stehenden Atlantikgruppe übernehmen. Er sollte das erste Rudel der Grauen Wölfe gegen englische Geleitzüge führen.

In dieser Atlantikgruppe sollten ursprünglich neun U-Boote zusammengefaßt kämpfen. Doch schließlich standen nur drei davon im Einsatzgebiet. Sechs Boote fielen durch Verlust, Werftverzögerung und durch zu leistende Sonderaufträge aus.

„Beginn der Feindseligkeiten gegen England sofort!"

Mit diesem Funkspruch an alle Boote begann am 3. September 1939 um 13.30 Uhr die Schießzeit der deutschen U-Boote. Die Grauen Wölfe nahmen die Jagd auf.

Bereits einen Tag später ging eine alarmierende Meldung durch die Presse:

„Passagierdampfer ‚Athenia' nach Minenexplosion gesunken."

Erst in den letzten Septembertagen, als U 30 von seiner ersten Feindfahrt zurückkehrte, klärte sich diese Versenkung auf. Kapitänleutnant Fritz-Julius Lemp hatte die „Athenia" versenkt. Das Schiff war abgeblendet im Zickzackkurs gelaufen und hatte nicht die normale Dampferroute benutzt. Lemp hatte es daher für einen Hilfskreuzer halten müssen.

Bereits am Abend des 4. September war ein FT-Spruch an alle U-Boote hinausgegangen:

„Auf Anordnung zunächst keine Feindhandlungen gegen Passagierdampfer; auch wenn im Geleit."

Zu den ersten Booten, die Versenkungserfolge erzielten, gehörten U 47 unter Kapitänleutnant Prien und U 48 unter Kapitänleutnant Herbert Schultze.

Kapitänleutnant Schultze war es auch, der am 11. September 1939 nach der Versenkung des wild funkenden Dampfers „Firby" die Verwundeten bergen, sie verbinden und mit Proviant und Trinkwasser versorgen ließ. Darüber hinaus setzte „Vaddi" Schultze einen offenen FT-Spruch an die englische Admiralität ab:

„cq — transmit to Mr. Churchill. Habe britischen Dampfer ‚Firby' versenkt auf Standort YX 34/40. Retten Sie Besatzung, wenn's beliebt."

Aber erst am 19. September mußte die britische Admiralität erkennen, daß ihre Abwehrwaffen gegen U-Boote, allen voran das Asdic*, keine sehr sichere Hilfe bei der Erkennung und Abwehr der deutschen U-Boote waren. Noch im Jahre 1937 hatte die englische Admiralität an das Shipping Defence Advisory Committee berichtet:

„Das U-Boot wird nie mehr·fähig sein, uns vor das Problem zu stellen, dem wir uns 1917 gegenübersahen."

An jenem 19. September griff U 29 unter Kapitänleutnant Schuhart den Flugzeugträger „Courageous" an, der von vier Zerstörern als Nahsicherung begleitet wurde, die alle mit Asdic ausgerüstet waren. Der geschossene Zweierfächer traf den Flugzeugträger, der in der Mitte auseinanderbrach und kenterte. 578 Besatzungsmitglieder dieses ersten im Zweiten Weltkrieg versenkten Kriegsschiffes behielt die See. U 29 entkam der Wasserbombenverfolgung.

Zwei Tage vorher war der Zweikampf eines U-Bootes gegen ein großes Kriegsschiff anders ausgelaufen. Am 17. September hatte U 39 unter Kapitänleutnant Glattes den Flugzeugträger „Arc Royal" angegriffen. Er schoß drei Torpedos mit Magnetzündung, die jedoch alle Frühdetonierer waren. Durch die aufsteigenden Wassersäulen wurde das Boot entdeckt und von den britischen Begleitzerstörern „Faulknor", „Foxhound" und „Firedrake" vernichtet. Die Besatzung von U 39 geriet in Gefangenschaft.

---

* = Allied Submarine Derices Investigation Committee; ein Gerät, das ultrasonore Schallwellen ausstrahlt.

Während der ersten sechs Kriegsmonate liefen die kleinen U-Boote zu insgesamt 34 Minenunternehmungen aus, durch die sechs Häfen der englischen Westküste, 17 Häfen der Ostküste und fünf Häfen der Kanalküste vermint wurden*. Eines der Boote, U 16 unter Kapitänleutnant Wellner, ging am 9. Oktober 1939 im Kanal von Dover durch die britischen U-Jäger „Puffin" und „Cayton-Wyke" verloren. Außerdem wurde U 33 unter Kapitänleutnant von Dresky am 12. Februar 1940 vor den Firth of Clyde beim Minenlegen durch das englische Minensuchboot „Gleaner" versenkt. Ein Teil der Besatzung geriet in Gefangenschaft, der Kommandant ging mit seinem Boot unter.

Bereits vom ersten Kriegstag an ließ England die Handelsdampfer bewaffnen, obgleich sie von den deutschen U-Booten nur angehalten und streng nach der Prisenordnung behandelt wurden. Geben wir hier wieder Winston Churchill das Wort. Aus folgendem ist zweifelsfrei zu erkennen, daß England sich nicht an die Prisenordnung hielt:**

„Wir planten, im Laufe der drei ersten Kriegsmonate etwa 1000 Schiffe mit wenigstens je einem Geschütz zur Abwehr von U-Booten zu bestükken. Dieser Plan wurde auch durchgeführt."

Damit stellten sich die so ausgerüsteten Schiffe außerhalb der Bestimmungen des Londoner U-Boot-Protokolls von 1936, denn wenn sie schon mit Kanonen bestückt wurden, dann beabsichtigten sie auch, damit zu schießen. In dem Protokoll über den „Handelskrieg nach Prisenordnung" aber hieß es, daß die U-Boote ein Handelsschiff zunächst über Wasser anhalten und untersuchen müßten und erst dann, wenn Ladung, Nationalität und Bestimmungsort eine Versenkung erlaubten und nach Rettung und Sicherung der Dampferbesatzung zur Versenkung schreiten dürften.

Ausgenommen von dieser Pflicht der vorherigen Untersuchung waren folgende Fälle:

1. Die Handelsschiffe, die durch Kriegsfahrzeuge oder Flugzeuge geleitet sind, denn „wer Waffenhilfe des Gegners in Anspruch nimmt, muß auch Waffeneinsatz gewärtigen".

2. Handelsschiffe, die sich an Kampfhandlungen beteiligten oder der beabsichtigten Untersuchung Widerstand entgegensetzten.

3. Truppentransporter, weil sie im Dienste der feindlichen Krieg-

---

* siehe Anhang: „Verminung englischer Häfen"
** = Churchill: a. a. O.

führung stehen, zur bewaffneten Macht gehören und demgemäß behandelt werden.

Im ersten Kriegsmonat versenkten deutsche U-Boote bereits 175 000 BRT feindlichen Handelsschiffsraums.

Aus der Absicht der englischen Führung, deutsche U-Boote durch ihre Handelsschiffe bekämpfen und versenken zu lassen, was durch einen einzigen Treffer in den Druckkörper möglich war, ergibt sich, daß die Empörung über die warnungslose Versenkung solcher bewaffneter Dampfer nur schlecht gespielte Heuchelei war.

Neben der Sicherung der Versorgung durch Einführung des Geleitzugsystems war es für England eine lebenswichtige Frage, eine sichere Basis für seine Flotte zu schaffen. Bereits am 5. September hielt Churchill deswegen eine Konferenz ab. Er schrieb darüber:

„In einem Krieg mit Deutschland ist Scapa Flow der wahre strategische Punkt, von dem aus die britische Flotte die Ausgänge aus der Nordsee überwachen und die Blockade Deutschlands durchsetzen kann. Im Jahr 1939 mußte man (für Scapa Flow, Anm. d. Autors) mit zwei Gefahren rechnen: erstens mit der alten, der Möglichkeit eines Eindringens von Unterseebooten, und sodann mit der neuen, den Fliegern. Zu meiner Überraschung erfuhr ich während der Konferenz, daß keine größeren Vorkehrungen getroffen waren, um die Verteidigungsanlagen gegen moderne Angriffsformen zu sichern."

Churchill fuhr zehn Tage später selbst nach Scapa Flow. Am 15. und 16. September 1939 besichtigte er den Hafen und die Zufahrten mit ihren Balken- und Netzsperren. Mit dem Kommandierenden Admiral, Sir Charles Forbes, erörterte er auf dessen Flaggschiff „Nelson" nicht nur die Spezialfrage Scapa Flow, sondern das ganze Marineproblem. Als Churchill nach London zurückkehrte, erwartete ihn der Erste Seelord, Admiral Pound, auf dem Bahnhof Euston. Der Admiral war sehr ernst.

„Ich habe schlechte Nachricht für Sie, Herr Minister! Die ‚Courageous' ist gestern abend im Bristolkanal versenkt worden."

Churchill antwortete:

„Wir müssen uns darauf gefaßt machen, daß in einem Krieg wie diesem solche Ereignisse von Zeit zu Zeit eintreten. Ich habe das schon oft erlebt."

Noch wußte niemand, daß nur kurze Zeit später ein neues Ereignis eintreten sollte, das das vorangegangene weit in den Schatten stellen würde. Es war die Feindfahrt von U 47, die den englischen Kriegshafen Scapa Flow zum Ziel hatte.

Dieses große Ereignis, das in England gewaltiges Aufsehen erregte, soll im folgenden wiedergegeben werden, auch wenn es nicht zu den Rudelschlachten zu zählen ist. Es soll den Einsatzwillen und die kompromißlose Härte der U-Boot-Männer aufzeigen, die allein imstande waren, in den späteren Geleitzugskämpfen gegen einen weit überlegenen Feind weiterzumachen und durchzuhalten.

„Das war mal wieder ein Sonntagsessen, Kinder!"

In der Messe des Wohnschiffes „Hamburg" standen die Kommandanten der U-Boote, die im Hafen lagen. Die Zahl auf dem Kalenderblatt an der Stirnwand der Messe war rot: 1. Oktober 1939.

Da riß eine Ordonnanz die Tür auf und erstarrte im Stillgestanden. Herein kam Kapitän z. See von Friedeburg. Der kleine, drahtige Offizier blieb auf der Schwelle stehen.

„Herrschaften, mal herhören! Korvettenkapitän Sobe und die Kapitänleutnants Wellner und Prien sollen nachher zum BdU auf die „Weichsel" kommen!"

Kapitän von Friedeburg grüßte und war schon wieder verschwunden, ehe die Offiziere Zeit fanden, Fragen zu stellen. Der Flottillenchef, Korvettenkapitän Sobe, sah die beiden Kommandanten fragend an.

„Was ist los? Haben Sie sich in den Haaren gehabt oder gemeinsam etwas ausgefressen?"

„Davon müßten wir schließlich etwas wissen!" meinte Prien und grinste Wellner an.

„Na, dann wollen wir mal!"

Im Verkehrsboot fuhren die drei Offiziere von der Tirpitzmole zur Blücherbrücke, wo die „Weichsel", das Wohnschiff des BdU, Kapitän z. See Dönitz, lag.

Sobe verschwand zuerst allein im Arbeitsraum des Kommodore. Wellner folgte, und nach längerer Zeit wurde Prien hineingerufen.

Dönitz begrüßte den Kommandanten von U 47. Dann wandte er sich wieder Wellner zu.

„Also, Wellner, fang noch mal an!"

Der Kapitänleutnant trat an den mit Seekarten bedeckten Tisch in der Mitte des Raumes.

„Ich stand vom 13. bis 19. September mit U 14 ostwärts der Orkneys und vor dem Pentland Firth. Mein Boot wurde plötzlich von der Westströmung erfaßt. Trotz dreimal AK kam ich nicht frei und wurde durch die enge Durchfahrt nach Scapa Flow getrieben. Dort habe ich den Verkehr des Gegners beobachtet und mich dann mit ablaufendem Strom wieder 'rausgemogelt. Die Bewachung ist überall gleich stark. Es liegen Minensperren und Sperrschiffe. Nur dort, wo ich durch Zufall durchgetrieben wurde, ist eine schwache Stelle. Die anderen Zugänge nach Scapa Flow sind unpassierbar. Alles, was in dieser Hinsicht wichtig erschien, habe ich in meinem KTB niedergelegt. Hier ist die Stelle, wo ein Boot durchkommen müßte."

Wellner zeigte auf die Karte. Prien sah die Orkneyinseln und in der Mitte der Karte den Doppelnamen: SCAPA FLOW.

„Im ersten Orlog lagen die Sperren hier!"

Kommodore Dönitz beugte sich über die Karte und deutete die Sperren im Hoxa Sound an.

„Und hier wurde Emsmann vernichtet. Ja, alle sieben Einfahrten nach Scapa Flow sind gesperrt. Trotzdem könnte ich mir vorstellen, daß ein entschlossener Kommandant hier hereinkann. Prien, ob Sie das schaffen? Ich will jetzt keine Antwort von Ihnen. Nehmen Sie die Unterlagen mit. Rechnen Sie alles durch. Bis Dienstag erwarte ich Ihre Entscheidung. Wie sie auch ausfallen mag — es fällt in keinem Fall ein Makel auf Sie. Sie bleiben für uns immer der alte!"

Günther Prien fuhr mit den Karten und Berechnungen zur „Hamburg" zurück. Er setzte sich noch am gleichen Abend an den Schreibtisch und rechnete alles durch. 44 Männer verließen sich auf ihn. Auch für sie hatte er jedes Risiko genau abzuwägen. Seine Entscheidung würde auch sie treffen. Am anderen Morgen ließ er sich bei Kapitän von Friedeburg melden.

„Wann kann ich dem BdU Meldung machen, Herr Kapitän?"

„Also, du fährst?"

„Jawohl!"

Kapitän von Friedeburg ließ sich in seinen Sessel zurückfallen und griff zum Telefon.

„Jawohl, Herr Kommodore. Jawohl, um 14 Uhr. Ende."

Zur vorgeschriebenen Zeit stand Kapitänleutnant Prien vor Dönitz.

„Ja oder nein, Prien?"

„Jawohl, Herr Kommodore!"

Ein Lächeln huschte über das Gesicht des BdU. Dönitz stand auf und kam um den Schreibtisch herum. Er sprach nichts, sondern schüttelte dem Kommandanten nur stumm die Hand. Sie verstanden sich ohne

Worte, und sie wußten beide, was sich der Kapitänleutnant da vorgenommen hatte.

Am 8. Oktober war U 47 bereit zum Auslaufen. Die Besatzung war schon an Bord, als sich Kapitän von Friedeburg noch einmal an den Kommandanten wandte.

„Also, Prienchen, wie's auch kommen mag — viele tausend Tonnen sind dir sicher. Und sonst Mast- und Schottbruch!"

Prien ging über die schmale Stelling an Bord. Als er auf dem Turm stand, lief eben U 40 mit seinem Freund Kapitänleutnant Wolfgang Barten in den Hafen. Das Boot hatte im Marinearsenal Kiel-Gaarden Torpedos übernommen. Prien sah, wie Barten die Flüstertüte hob, und dann schallte es zu ihm herüber:

„Na, Günther? Was hast du denn Besonderes vor? Der BdU wird doch nicht so toll sein, dich in die Höhle des Löwen nach Scapa Flow zu schicken?"

Günther Prien wurde es heiß und kalt.

„Auf etwas Dümmeres konntest du auch nicht kommen, was?" rief er zurück und wunderte sich, daß er noch so kaltblütig war, in das Gelächter des Freundes über dessen großartigen Witz einzustimmen. Denn was da auf ihn zukam, war kein Witz.

Die Leinen wurden losgeworfen. Donnernd sprangen die Diesel an, U 47 legte ab. Es lief durch den Kaiser-Wilhelm-Kanal in die Nordsee, unternahm südlich Helgoland seine Tauchversuche und marschierte am 9. Oktober auf dem Borkumweg zur Doggerbank. Am Abend des 12. Oktober stand U 47 querab der Orkneys.

Oberleutnant Endrass, der Wache hatte, wandte sich an den neben ihm stehenden Kommandanten:

„Wollen wir die Orkney besuchen, Herr Kaleunt?"

„Halten Sie sich gut fest, Endrass! Wir gehen 'rein nach Scapa Flow!"

„Das geht klar, Herr Kaleunt. Die Sache geht in Ordnung!"

Die Stimme des I. WO klang ernst und sicher wie immer.

„Mensch, Endrass, etwas Besseres konntest du mir in diesem Augenblick nicht sagen! Hör zu! Wir laufen jetzt ab und legen uns vor der Küste auf Grund. Dann sollen die Leute im Bugraum antreten."

Es war am 13. Oktober um 4 Uhr, als Kapitänleutnant Prien nach vorn in den Bugraum ging, wo seine Besatzung wartete.

„Wir laufen in der kommenden Nacht nach Scapa Flow ein", sagte er ohne jede Einleitung. „Alles geht jetzt auf Ruhestation. Um 16 Uhr gibt es Mittagessen. Alle überflüssigen Lichter werden gelöscht. Beim Unternehmen absolute Ruhe. Keine Meldung darf doppelt gegeben werden, verstanden?"

„Jawohl, Herr Kaleunt!" kam es wie aus einem Mund zurück.

„Wegtreten auf Ruhestationen!"

Um 19.15 Uhr löste sich U 47 vom Grund und wurde vom L. I. in Sehrohrtiefe eingependelt. Durch das Turmsehrohr suchte der Kommandant die See ab. Draußen war schon Nacht. Prien atmete tief ein. Dann kam sein Befehl:

„Auftauchen, Brückenwache sich klarhalten!"

Das Boot brach durch. Klirrend schwang das Turmluk zurück, in belebenden Schwaden drang die Frischluft ins Boot. Die Umwälzer begannen zu janken.

„E-Maschinen stop! Beide Diesel langsame Fahrt voraus!"

Die Diesel sprangen an. Langsam glitt das Boot durch die See.

„Ist das hell heute nacht!" sagte der Kommandant erstaunt.

„Wenn man nur wüßte, wovon!" sagte der I. WO.

Und dann erkannten alle die Ursache, als plötzlich ein Nordlicht in die Höhe schoß und den ganzen Himmel in Brand zu setzen schien. Flackernd stand es über der See. Hellweiß wie ein Lichtbogen, an den oberen Rändern leicht rosa überhaucht.

Einen Augenblick überlegte Prien. Das war keine Nacht für einen Wolf! Aber noch einmal 24 Stunden auf Grund liegen?

„Na, Engelbert?" fragte er seinen I. WO.

„Gutes Büchsenlicht, Herr Kaleunt!"

Das entschied.

Ruhig gab der Kommandant den neuen Kurs herunter, und unmittelbar danach machte der Gefechtsrudergänger Schmidt die Vollzugsmeldung.

Der Leuchtturm Rose Ness tauchte auf, als sie einen Dampfer sichteten. Mit Alarmtauchen ging es um 23.07 Uhr in den Keller. Bei dreißig Meter Wassertiefe schlug das Boot hart auf den Grund. Um 23.31 Uhr tauchte es wieder auf und lief in den Holm Sound ein. Bald mußte es auf die drei Wracks treffen, die hier als Sperren lagen. An Steuerbord querab tauchte ein Wachboot auf. Jede Bewegung auf dem Turm des U-Boots erstarrte. Mit bloßem Auge erkannte Prien den feindlichen Ausguck. Lautlos glitt U 47 vorbei.

Immer schneller trieb der Strom sie durch die Enge. Einmal wären sie fast aufgelaufen. Ein schnelles Ruderkommando ließ das Boot· jedoch haarscharf freikommen. Prien sah einen Schatten. Er nahm das Glas vor die Augen.

„Ich habe das Wrack. Fahre jetzt nach Sicht!" sagte er leise.

Die Strömung trieb U 47 genau auf das Blockschiff. Prien erkannte die stählernen Halteseile, die sich vom Schiff aus nach Land hinüberzogen. Wieder ein Befehl an den Rudergänger, und vor dem Bug des Wracks glitt U 47 unter den Stahltrossen hindurch. Die Männer duckten sich unwillkürlich, als die Stahltrossen über den Turm knirschten und die Antennen abrissen. Dann waren sie vorbei.

„Wir sind drin!"

Dem Kommandanten schien es, als halte das ganze Boot den Atem an, als pochten sogar die Motoren leiser. Durch das stille Wasser schob sich U 47 vor. Sie liefen westwärts bis zur Insel Cava, ohne etwas zu sichten. (An diesem Tag war ein Teil der in Scapa Flow liegenden Kriegsschiffe ausgelaufen.) Schon sah Prien die Bewacher, die am Hoxa Sound lagen. Bei der herrschenden Helligkeit mußte man ihn ausmachen. Leise befahl er, auf Gegenkurs zu gehen. Das Boot lief dicht unter der Küste nach Norden zurück.

„Herr Kaleunt", meldete sich Leutnant von Varendorff, der II. WO, „ich glaube, ich sehe was! Dort!"

Prien hob sein Glas. Er drehte an der Feineinstellung. Ja, dort, ganz dicht unter Land erkannte er eine wuchtige Silhouette.

„Näher 'ran!"

Zwei kurze Befehle ließen U 47 genau auf den gesichteten Gegner eindrehen. Hart, klar, ein schwarzer Scherenschnitt vor dem hellen Himmel, wuchs ein Schlachtschiff aus der Nacht.

„Schlachtschiff, Herr Kaleunt!"

„Sieht aus wie die ,Royal Oak'. Mensch, Endrass, dahinter liegt noch einer. Kann nur das Vorschiff sehen. Der Pott liegt hinter der ,Royal Oak'."

Eine Pause. Dann: „Boot läuft zum Angriff auf die beiden Schlachtschiffe an!"

Priens Uhr zeigte 00.55 Uhr.

„Der andere scheint die ,Repulse' zu sein", sagte er.

„Auf die ,Repulse' zuerst, Herr Kaleunt!" sagte Endrass.

„Alle Rohre klar zum Überwasserschuß!"

„Alle Rohre sind klar!" kam darauf die Meldung aus dem Turm.

„Fächer aus Rohr eins bis vier! Endrass, einen für die ,Repulse'. Die anderen für die ,Royal Oak'."

„Hartlage!" meldete der Zielgeber.

Aber Oberleutnant Endrass, der hinter dem Zielgerät stand, wollte noch näher heran.

„Viererfächer aus Rohr eins bis vier — llos!"

Hart stieg das Boot vorn in die Höhe. Rauschend schoß die See in die Ausgleichstanks. Die Sekunden der Laufzeit vertickten. Obersteuermann Spahr starrte gebannt auf die Stoppuhr.

„Zeit ist um!" meldete er.

In diesem Augenblick stieg am Bug der „Repulse" die Trefferdetonation in die Höhe.

Doch die drei übrigen Torpedos blieben stumm. Unbewegt lag die „Royal Oak" hinter ihrem Anker.

„Verdammt! Torpedoversager?"

„Rohre eins bis vier nachladen!" befahl Kapitänleutnant Prien.

Trotz der hellen Nacht und der Bewacher beschloß er, noch mal anzugreifen. Nur ein Mann wie Prien hatte die eisernen Nerven, mitten im bewachten feindlichen Hafen ein derartig tollkühnes Manöver zum zweitenmal ausführen zu lassen.

Noch rührte sich nichts beim Gegner. U 47 lief ab und beschrieb einen großen Kreis durch die Bucht.

„Was ist denn bei denen los?" meinte Endrass. „Überhaupt keine Abwehr, Herr Kaleunt?"

Der Kommandant antwortete nicht. Er suchte die Bucht ab. Kein Feind zu sehen, kein Zerstörer, nichts! Unendlich langsam schien die Zeit zu verrinnen.

Endlich kam die Meldung aus dem Bugraum:

„Rohre eins bis vier nachgeladen!"

U 47 drehte zum zweiten Angriff ein. Bis auf 500 Meter ging das Boot an den Gegner heran. Dann kam der Befehl zum Schuß, und viermal 350 Kilogramm Trinitrotoluol zogen — von kreisenden Propellern getrieben und von kleinen Rudern eingesteuert — den Weg zu dem britischen Schlachtschiff hinüber.

Genau nach Ablauf der Zeit stiegen bei der „Royal Oak" drei riesige Wassersäulen in die Höhe. Feuer zuckte hindurch. Unter ohrenbetäubendem Krachen detonierten die Torpedos.

Prien ließ abdrehen. Durch sein Glas starrte er in ein flammendes Inferno, aus dem Geschütztürme und Panzerkuppeln, Fla-Geschütze und Stahlteile in den hellen, noch immer vom Nordlicht zerrissenen Himmel emporwirbelten.

*Günther Prien oben rechts im Bild mit
Schiffbrüchigen nach der Versenkung eines
Handelsdampfers. Mit U 47 und seiner tapferen
Besatzung (Bild unten, Prien im Vordergrund)
fiel der Kommandant im März 1941
den Wasserbomben des britischen Zerstörers
„Wolverine" zum Opfer.*

*Kapitänleutnant
Günther Prien
versenkte am
14. Oktober 1939
in Scapa Flow
das britische
Schlachtschiff
„Royal Oak" und
wurde für seine
mutige Tat mit dem
Ritterkreuz
ausgezeichnet.*

Wie sich später herausstellte, war das als „Repulse" angesprochene Schiff in Wirklichkeit das Flugzeugträger-Mutterschiff „Pegasus".

Die „Royal Oak" jedoch, ein britisches Schlachtschiff von 29 150 BRT, war gesunken. Auf der Liste der Überlebenden standen nur 375 Namen. Alle anderen Besatzungsmitglieder hatte die Bucht von Scapa Flow behalten.

Oberleutnant Endrass malte auf die Außenwand des Turmes einen Stier. Als „Stier von Scapa Flow" lief das Boot am 17. Oktober in Wilhelmshaven ein, wo Großadmiral Raeder und Kapitän z. See Dönitz die Besatzung willkommen hießen.

An Bord von U 47 gab Raeder dann die Beförderung von Dönitz zum Konteradmiral bekannt.

Am gleichen Tage noch flog Kapitänleutnant Günther Prien mit der gesamten Besatzung nach Berlin, wo er am anderen Morgen das Ritterkreuz zum Eisernen Kreuz erhielt.

Ein einmaliges, kühnes Unternehmen war erfolgreich durchgeführt worden.

Beginnend mit dem 10. Oktober 1939 waren auch die Boote der 2. U-Flottille aus Wilhelmshaven ausgelaufen. Ihre Einsatzräume sollten die nördliche Nordsee, der Nordkanal und der englische Kanal sein.

Eines der ersten Boote, das auslief, war U 37. Korvettenkapitän Hartmann hatte das Boot von dem erkrankten Kapitänleutnant Schuch übernommen. Gleichzeitig jedoch blieb er auch Fottillenchef.

Hinzu kamen die Boote U 42 (Kapitänleutnant Dau), U 48 (Kapitänleutnant Herbert Schultze), U 46 (Kapitänleutnant Sohler), U 45 (Kapitänleutnant Gelhaar) und U 40 (Kapitänleutnant Barten). Von diesen Booten ging als erstes U 40 verloren, das am 13. Oktober im Kanal auf eine Mine lief und sank. Es entstand Totalschaden. Am gleichen Tage wurde auch U 42, das schon das Operationsgebiet südlich Irland erreicht hatte, durch die britischen Zerstörer „Imogen" und „Ilex" vernichtet. Wieder einen Tag später fiel U 45 ostwärts Irland der Wabo-Jagd der britischen Zerstörer „Inglefield", „Ivanhoe" und „Interpide" zum Opfer.

U 37 versenkte zwei Dampfer und entkam der U-Boot-Falle „Tanga" mit knapper Not. Acht Tage nach dem Auslaufen sichtete U 37 den ersten Geleitzug. Das Boot griff an und versenkte die „Vermont".

Am 16. Oktober befahl der BdU den Weitermarsch der Gruppe in den Raum Gibraltar. War die Zahl der zur Verfügung stehenden Boote auch zu klein, um in dem freien Seeraum die Geleitzüge zu erfassen, so versuchte man dennoch, sie gemeinsam zu bekämpfen.

Am 17. Oktober sichtete U 46 auf dem Südmarsch den Konvoi HG 3. Das Boot gab Peilzeichen, und es gelang auch, U 37 und U 48 heranzuholen. U 48 verschoß sich an dem Geleitzug und erzielte zwei Versenkungserfolge. Auch U 46 versenkte ein Schiff aus dem HG 3. U 37 griff wenig später an. Das Boot versenkte den britischen Dampfer „Yorkshire" (10 184 BRT).

Als am Nachmittag jedoch die Fühlung abriß, befahl Korvettenkapitän Hartmann als taktischer Führer dieser U-Boot-Gruppe die Bildung eines Aufklärungsstreifens für den 18. Oktober vormittags.

An diesem Tag wurden alle drei Boote durch die Geleitsicherung des Gegners abgedrängt und am Nachmittag durch Sunderland-Flugboote bebombt und unter Wasser gedrückt.

U 48 erhielt, da es sich verschossen hatte, den Rückmarschbefehl. U 37 und U 46 wurden unmittelbar vor Gibraltar angesetzt. Hier versenkte U 37, fast in der Höhle des Löwen, drei Dampfer.

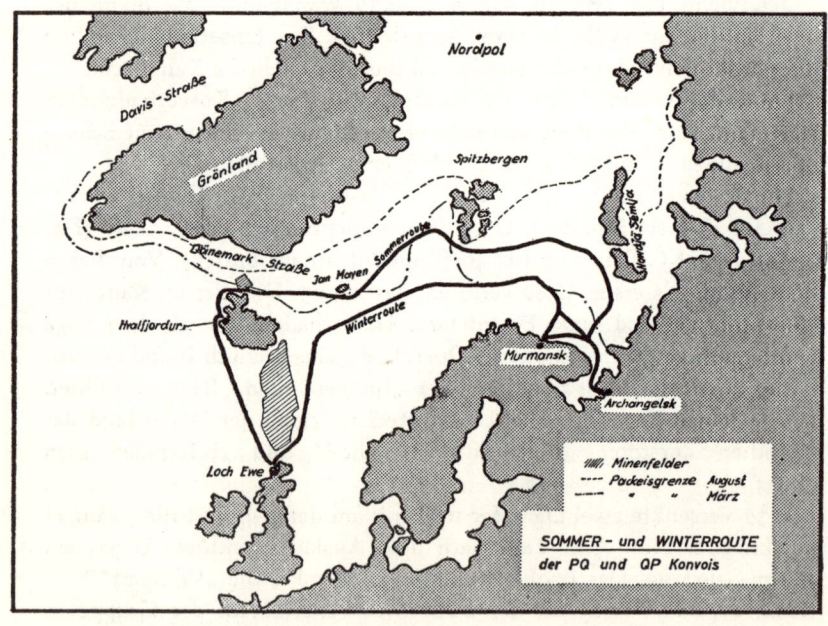

Über riesige Entfernungen führten die Versorgungslinien der alliierten Mächte.

Diese erste Begegnung deutscher U-Boote mit Schiffsansammlungen zeigte schon, daß auch an Geleitzügen Erfolge möglich waren. Sie zeigte aber auch erschreckend deutlich, daß das deutsche U-Boot-Reservoir viel zu klein war, um eine entscheidende Schwerpunktbildung durchführen zu können.

Konteradmiral Dönitz entschloß sich nunmehr, die U-Boote wenigstens unmittelbar nach dem Seeklarwerden einzeln in den Atlantik zu entsenden. Erst im Sommer 1940 konnte mit konzentrierten U-Boot-Operationen auf Geleitzüge begonnen werden.

Am 18. Oktober 1939 schrieb Vizeadmiral Dönitz in sein Kriegstagebuch:

„Nach der Scapa-Flow-Unternehmung von U 47 sehe ich die größte Wahrscheinlichkeit, Teile der britischen Heimatflotte anzutreffen, im Seegebiet westlich der Orkneys."

Er setzte die beiden Boote U 56 (Kapitänleutnant Zahn) und U 57 entsprechend an. U 56 griff am 30. Oktober 1939 trotz der Behinderung durch zwölf Zerstörer das Schlachtschiff „Nelson" an und schoß einen Dreierfächer. Alle drei Torpedos zündeten nicht. Kapitänleutnant Zahn war von diesem Fehlschlag so deprimiert, daß er als Frontboot-Kommandant abgelöst werden mußte.

Inzwischen war der deutschen U-Boot-Führung bekannt geworden, daß alle englischen Schiffe Befehl erhalten hatten, auf *jedes* gesichtete U-Boot sofort zu schießen. Am 1. Oktober hatte Churchill darüber hinaus den Handelsschiffen Weisung erteilt, jedes U-Boot zu rammen. Die englischen Frachtschiffe waren neben den sogenannten Defensivwaffen auch mit Wasserbombenracks und Asdic-Ortungsgeräten ausgerüstet worden.

Bereits am 6. September hatte der britische Frachter „Manaar" bewiesen, daß die Kapitäne dieser Schiffe gewillt waren, die Schießbefehle zu befolgen, als er U 38 unter Feuer nahm, das ihn nach der Prisenordnung angehalten hatte.

Die folgenden Wochen zeigten, daß dies kein Einzelfall war. Darum erhielten die deutschen U-Boote Weisung, in Zukunft alle Handelsschiffe, deren Bewaffnung zweifelsfrei festgestellt war, warnungslos zu versenken.

Am 17. Oktober wurde dieser Befehl dahingehend geändert, daß *jedes* feindliche Handelsschiff — ob bewaffnet oder nicht — zu versenken sei.

Damit ging das Jahr 1939 zu Ende.

Am 6. Januar 1940 wurden von deutscher Seite bestimmte Seegebiete zu Operationsgebieten erklärt. Alle in diesen Gebieten angetroffenen Schiffe sollten von nun an warnungslos angegriffen und versenkt werden. Das betraf auch die neutralen Dampfer.

Die Neutralen wurden wenige Tage zuvor von dieser Erklärung in Kenntnis gesetzt und davor gewarnt, die genannten Operationsgebiete zu durchlaufen, da dort Kampfhandlungen stattfänden.

Es handelte sich bei dem ersten Operationsgebiet um den Seeraum zwischen 51—56° Nord und 00—04° West. Dieses Gebiet mußten nur diejenigen Schiffe passieren, die nach England wollten.

Die englische Blockade hatte damit die Gegenblockade geboren.

Diese deutsche Maßnahme konnte sich auf die schon zu Beginn des Krieges durch die USA erklärte „Combat Area" stützen, eine von Präsident Roosevelt bestimmte Sicherheitszone, die im Abstand von 300 sm längs der amerikanischen Küste verlief. Innerhalb dieser Zone durften die amerikanischen Seestreitkräfte jedes Kriegsschiff anderer Mächte bekämpfen.

Wenig später erfolgte deutscherseits die Erweiterung des Operationsgebietes. Ende Mai wurde der Ring um England vollständig geschlossen.

Als erster deutscher U-Boot-Kommandant, der über 100 000 BRT feindlichen Handelsschiffsraumes versenkt hatte, wurde Kapitänleutnant Herbert Schultze am 1. März 1940 mit dem Ritterkreuz ausgezeichnet.

Im ersten Halbjahr des Krieges hatte der Gegner 14 U-Boote versenkt. Mit ihnen hatten 400 U-Boot-Männer den Tod gefunden. Diesen Booten mit einer Gesamttonnage von 9500 BRT stand die Versenkung von 199 Schiffen mit 701 985 BRT feindlichen Handelsschiffsraumes gegenüber. Hinzu kamen 115 Schiffe mit 394 553 BRT, die auf den von deutschen U-Booten gelegten Minen sanken.

Die wichtigsten Erfolge waren die Versenkung des Schlachtschiffes „Royal Oak" und des Flugzeugträgers „Courageous", ferner die Torpedierung der Schlachtschiffe „Nelson" und „Barham" und des Kreuzers „Belfast".

Der Februar-Einsatz der U-Boote brachte keine großen Geleitzugschlachten, wohl aber eine Kette von Einzelerfolgen. Im Laufe der ersten Hälfte des März 1940 standen nur drei, schließlich vier Boote in See. Mitte März sollten wieder sechs bis acht Boote auslaufklar sein.

Doch schon am 4. März erhielt die U-Boot-Führung von der Seekriegsleitung einen Befehl mit folgendem Wortlaut:

„Auslaufen weiterer U-Boote zunächst abstoppen. Kein Einsatz auch bereits ausgelaufener U-Boote an der norwegischen Küste. Verwendungsmöglichkeit aller Seestreitkräfte beschleunigt herstellen. Keine besondere Bereitschaft."

Einen Tag später wurde Konteradmiral Dönitz von der Seekriegsleitung über die Landungsabsichten deutscher Truppen in Dänemark und Norwegen unterrichtet. Die Hauptaufgabe der U-Boote sollte es dabei sein, die eigenen Seestreitkräfte zu sichern, nachdem diese in die vorgesehenen Anlandehäfen eingedrungen waren.

In zweiter Linie sollten die U-Boote feindliche Gegenlandungen, für die deutliche Anzeichen vorlagen, bekämpfen.

Die dritte Aufgabe lautete: „Angriff auf feindliche Seestreitkräfte, die versuchen werden, die Seeverbindungen von Norwegen nach Deutschland zu unterbinden."

Sogar die U-Boot-Ausbildung in der Ostsee wurde abgebrochen. Die sechs Schulboote wurden in die Reihe der Frontboote aufgenommen, ebenso die beiden neuen, noch in der Erprobung stehenden Boote U 64 und U 65.

In einem besonderen Verteilungsplan setzte der BdU die Boote an. Alle für diese Boote erforderlichen Maßnahmen wurden im „Operationsbefehl Hartmut" niedergelegt. Dieser allen Kommandanten verschlossen mitgegebene Befehl durfte erst nach einem bestimmten Stichwort auf See geöffnet werden. Keinem Kommandanten war das Operationsgebiet bekannt.

Am 2. April 1940 wurde der BdU davon in Kenntnis gesetzt, daß der 9. April Stichtag für die „Operation Weserübung" sei. Vier Tage später, am 6. April 1940, erhielten die Kommandanten der in See stehenden Boote den FT-Befehl, den „Operationsbefehl Hartmut" zu öffnen.

Am 9. April standen alle U-Boote auf den befohlenen Stationen. Wieder drei Tage später wurden nach einer Meldung von U 38 die Boote U 47, U 48 und U 49 im Vaagsfjord angesetzt. Doch die nun einsetzende deutsche Torpedomisere verhinderte jeglichen Erfolg. Von allen Booten, die auf den Gegner zum Schuß gekommen waren, gingen Meldungen ein, die den BdU alarmierten und mit tiefer Bestürzung erfüllten. So funkte zum Beispiel U 47 am 16. April 1940 um 04.10 Uhr einen Kurzbericht:

15. 4.: nachmittags feindliche Zerstörer, die Gebiet sichern und absuchen. Wegen eigenartiger Kurse der Zerstörer Vermutung, daß Minen an mehreren Stellen geworfen sind.

Abends drei sehr große Transporter (je 30 000 BRT) und drei etwas weniger große von zwei Kreuzern begleitet, im Südteil Bygden z. T. vor zwei Anker, so daß sie eben frei voneinander liegen und etwas überlappen.

22.00 Uhr. Boot setzt zum ersten Angriff unter Wasser an. Absicht, mit je einem Torpedo Kreuzer, großen Transporter, großen Transporter, Kreuzer (einer davon Typ Suffren) anzugreifen, dann nachladen, neuer Angriff.

22.42 Uhr: vier Schuß gelöst. Geringste Entfernung 750 Meter, größte 1500 Meter. Tiefeneinstellung Torpedos vier und fünf Meter. Eine Wand von Schiffen vor dem Boot. Keine Wirkung. Gegner nicht aufgescheucht. Nachgeladen.

Neuer Anlauf vor Mitternacht. Über Wasser. Sicherste Unterlagen. Genaueste Überprüfung aller Einstellungen durch Kommandant und I. WO. Vier Torpedos, Tiefeneinstellung wie beim ersten Angriff. Kein Erfolg. Ein Geradlaufversager am Felsen detoniert. Beim Abdrehen auf Grund geraten. In schwierigster Lage in Nähe vorbeifahrenden Bewachers wieder freigekommen. Bemerkt: Wabo-Verfolgung. Wegen Maschinenschadens Rückmarsch angetreten.

19. 4.: ‚Warspite‘ und zwei Zerstörer gesichtet und Schlachtschiff auf 900 Meter Entfernung mit zwei Torpedos angegriffen. Kein Erfolg. Ein Enddetonierer hat schwerste Verfolgung des Bootes durch aus allen Richtungen herankommende Zerstörer zur Folge.“

Ähnlich lauteten auch die Meldungen der anderen Boote, die bei der Operationsabteilung des BdU einliefen. Aus den Funksprüchen ergab sich eindeutig, daß nicht weniger als vier deutsche U-Boote auf die „Warspite“ zum Schuß gekommen waren. Vierzehnmal waren englische Kreuzer von U-Booten vergeblich mit Torpedos beschossen worden. Zehn Zerstörer und zehn große Transporter waren der Vernichtung ebenfalls nur durch das rätselhafte Versagen der deutschen Torpedos entgangen.

Die deutschen U-Boote, die im Seeraum um Norwegen im Einsatz standen, kämpften mit stumpfen Schwertern. In 36 Angriffen, die sie gegen feindliche Kriegsschiffe fuhren, setzten sie sich jedesmal erneut der Gefahr der Vernichtung aus, ohne auch nur den kleinsten Erfolg zu erzielen. Vier U-Boote blieben am Feind. Wahrlich: ein niederschmetterndes Ergebnis.

Großadmiral Raeder kommentierte diese Katastrophe mit den Worten: „Die Torpedokrise ist ein nationales Unglück."

Die sofort eingesetzte Untersuchungskommission stellte fest, daß in nördlichen Gewässern die Magnetpistole dazu neigte, zu früh oder gar nicht zu zünden. Außerdem war die Aufschlagpistole nicht genügend durchkonstruiert und erprobt worden und daher auch die Ursache vieler Versager. Drittens trug die fehlerhafte Tiefensteuerung zu dem kläglichen Versagen bei. Der Inspekteur des Torpedowesens stellte bei einem sofort durchgeführten Versuchsschießen noch während der Kampfhandlungen fest, daß die G-7e-Torpedos bis zu 2,7 Meter tiefer steuerten, als sie eingestellt wurden.

Konteradmiral Dönitz zog aus diesen Ergebnissen die einzig richtige Schlußfolgerung. Er erteilte allen im Nordraum stehenden Booten den Rückmarschbefehl.

Der neuernannte Torpedo-Inspekteur, Konteradmiral Kummetz, ging nun daran, den Torpedos in kürzester Zeit eine verbesserte Aufschlagspistole mitzugeben. Für den BdU aber stellte sich die Aufgabe, von Frontboot-Flottille zu Frontboot-Flottille zu fahren und durch seinen persönlichen Zuspruch mit dazu beizutragen, daß die U-Boot-Männer wieder Mut faßten und mit neuem Selbstvertrauen ausliefen. Er wußte, daß er die U-Boote nicht so lange in den Stützpunkten gammeln lassen konnte, bis ein hundertprozentig sicherer Torpedo entwickelt war.

DIE SCHLACHT IM ATLANTIK
ERSTE PHASE

Der Konvoi HX 72 — Die Nacht der langen Messer

Anfang Juni 1940 erging eine Weisung des Oberkommandos der
Wehrmacht an den BdU, deren Hauptpunkt lautete:
„Möglichst starker U-Boot-Ansatz im Atlantik."
Damit begann die erste Phase der Schlacht im Atlantik. Seit drei
Monaten war kein U-Boot mehr in den Atlantik ausgelaufen. Alle ver-
fügbaren Boote waren seit März im Seeraum um Norwegen konzen-
triert worden.

Die Operationsabteilung des BdU, die ihren Sitz in Sengwarden bei
Wilhelmshaven hatte, besaß Anfang Juni keine sichere Kenntnisse mehr
über die Feindlage im Atlantik. So entsandte der BdU den Kapitänleutnant Oehrn, der bis dahin 1. Admiralstabsoffizier in der Operationsabteilung gewesen war, mit U 37 am 15. Mai in den Atlantik. Die
Stelle des 1. Astos übernahm Korvettenkapitän Werner Hartmann.

U 37 lief in die Seeräume nordwestlich Cap Finisterre. Kapitänleutnant Oehrn meldete sehr bald, daß er gegnerische Dampfer gesichtet und angegriffen habe. Von fünf geschossenen Torpedos mit Magnetzündung seien zwei Frühzünder und zwei Nichtzünder gewesen. Wieder
eine deprimierende Nachricht.

Für Admiral Dönitz war dies der endgültige Beweis, daß die Magnetzündung nicht kriegsbrauchbar war. Er verbot sofort ihre Anwendung
und befahl, nur noch mit Aufschlagzündung zu schießen.

Als U 37 am 9. Juni 1940 nach einer Feindfahrt von nur 26 Seetagen
wieder in Wilhelmshaven einlief, hatte das Boot 43 000 BRT feindlichen
Schiffsraumes versenkt.

„Der Bann war gebrochen. Die Kampfkraft der U-Boot-Waffe war
wieder erwiesen. Die weiteren Boote gingen wieder mit der Überzeugung in See, es U 37 gleichtun zu können. Der Norwegen-Mißerfolg
war psychologisch überwunden."*

---

* = siehe: Dönitz a. a. O.

Die Schlacht im Atlantik begann. Der BdU hoffte, nun bald die Schlagkraft von U-Boot-Gruppen oder U-Boot-Rudeln an Geleitzügen unter Beweis stellen zu können.

Noch ein anderer Kommandant lief im Mai 1940 mit seinem Boot, U 48, zur Feindfahrt aus: Korvettenkapitän Hans-Rudolf Rösing. Auch er trug entscheidend dazu bei, daß die übrigen Kommandanten den richtigen inneren Pull zurückgewannen. Rösing zählt zu den Kommandanten, die als erste an Geleitzügen Erfolge erzielten.

Er übernahm U 48 von Kapitänleutnant Herbert Schultze, der Anfang Mai erkrankt hatte aussteigen müssen.

Das Boot hatte bereits 16 versenkte Schiffe auf seinem Konto. Leitender Ingenieur war Oberleutnant (Ing.) Zürn, I. WO Oberleutnant z. See „Teddy" Reinhard Suhren und II. WO Oberleutnant z. See Otto Ites. Alle drei Offiziere sollten später einmal das Ritterkreuz erhalten, Reinhard Suhren darüber hinaus auch noch das Eichenlaub mit Schwertern.

Am 26. Mai legte U 48 zu seiner sechsten Feindfahrt von der Tirpitzmole in Kiel ab. Das Boot durchlief die Holtenauer Schleuse und den Kaiser-Wilhelm-Kanal. Vom Sperrbrecher 9 wurde es von Brunsbüttel bis Feuerschiff „Elbe I" geleitet.

Als sich am zweiten Tag ein kleines Montageluk als undicht erwies, ließ Rösing sein Boot bei 26 Meter Wassertiefe auf Grund legen. Mit Bleidraht wurde das Luk gedichtet. Das Boot setzte den Weitermarsch fort.

Am 29. Mai setzte das Boot das vereinbarte Kurzsignal an den BdU ab, als es 39 Grad Nord passierte. Bei einem Tauchversuch stellte Oberleutnant Zürn fest, daß das Montageluk schon bei 25 Meter Wassertiefe Wasser machte. Als eineinhalb Tonnen Wasser im Boot standen, mußte der Versuch bei 50 Meter Tiefe abgebrochen werden. Der Kommandant entschloß sich, Bergen anzulaufen. Ein Funkspruch meldete dem BdU:

„Stehe Qu 7871 AF. Kleines geschraubtes Montageluk ab fünfzig Meter stark undicht. Mit Bordmitteln nicht zu beheben. Erbitten Instandsetzung in Bergen." *

Vom BdU traf kurz darauf die Antwort ein:

„Beschleunigt Drontheim gehen. Instandsetzen, Vorräte auffüllen. Minen- und U-Boot-Gefahr im Drontheim-Laden. Einlaufen durch Frohavet."

---

* = Aus: „Kriegstagebuch U 48"

U 48 nahm Kurs auf Drontheim. Es mußte dreimal vor anfliegenden Flugzeugen tauchen, ehe es über das Frohavet westlich Husöy in den Drontheim-Fjord einlaufen und festmachen konnte.

In Drontheim wurde ein neues Montageluk aufgesetzt. Ein Prüfungstauchen zeigte, daß auch dieses Luk leckte. Endlich, am 3. Juni um 01.20 Uhr, legte U 48 ab. Eine Maschine der Küstenfliegergruppe Drontheim geleitete das Boot durch das Frohavet.

Am 5. Juni sichtete U 48 den ersten Dampfer. Er kam überraschend aus dem Dunst heraus. U 48 tauchte und lief auf den Dampfer zu, der dem Boot entgegenkam. Der geschossene Hecktorpedo mit vier Meter Tiefeneinstellung ging wahrscheinlich unter dem kleinen Frachter durch. Das Boot ließ den Dampfer ablaufen, tauchte auf und versenkte ihn durch 77 Schuß mit dem Buggeschütz. Durch Befragung der in die Boote gegangenen Besatzung erfuhr Korvettenkapitän Rösing, daß es sich um den Dampfer „Stancer" (798 BRT) gehandelt hatte.

Am folgenden Tag wurde ein schwerbeladener Dampfer gesichtet, der den Nordkanal ansteuerte. Auf seinem Heck stand ein Geschütz. U 48 setzte sich zum Angriff vor. Um 00.07 Uhr fiel der erste Schuß aus Rohr IV. Doch auch dieser G-7a-Torpedo untersteuerte den Gegner, wie einwandfrei durch das Horchgerät festgestellt wurde. Um 02.13 Uhr schoß U 48 den zweiten Torpedo. Die „Frances Massey" (4212 BRT) sank innerhalb von 20 Sekunden.

Eine halbe Stunde später wurde schon wieder ein Dampfer gesichtet, der hohe Fahrt lief. Um 03.22 Uhr schoß der Kommandant aus 3000 Meter einen Einzelschuß auf den Frachter. Der Torpedo traf ihn „vorn 30", also 30 Meter vom Bug nach achtern gerechnet. Brennend sackte der Dampfer tiefer. Vom Funkraum wurde seine SOS-Meldung aufgefangen:

„SOS from ‚Eros', sinking auf 55° 33' N / 08° 26' W."

Mit der „Eros" gingen 5888 BRT in die Tiefe. Viermal mußte U 48 anschließend vor suchenden Flugbooten wegtauchen. Der Kommandant entschloß sich, zwei Stunden im Unterwassermarsch abzulaufen. Am späten Nachmittag wurden bei völliger Windstille und glatter See die Oberdeck-Torpedos umgeladen. In einem FT-Spruch an den BdU meldete U 48:

„Vor Nordkanal zwei Dampfer versenkt; dritten torpediert. Wind 0, See 0, diesig. Qu 4941 AM."

Zwei Tage später, am 9. Juni, wurde ein weiterer Dampfer gesichtet. Da man ihn rechtzeitig als neutralen Schweden erkannte, ließ U 48 ihn laufen. In der kommenden Nacht traf das Boot auf einen beleuchteten Frachter. Der Torpedoschuß aus 600 Meter Entfernung ließ die „Violanda N. Goul" (3598 BRT) 39 Sekunden nach dem Treffer unterschneiden.

Um 08.43 Uhr ging eine Sichtmeldung von U 43 ein, das einen Konvoi entdeckt hatte. U 48 operierte sofort auf diesen Geleitzug. Wenig später meldete U 29 ein zweites Geleit. Einige weitere Boote kamen heran. Ein FT-Spruch des BdU befahl:

„An U 29, U 43, U 46, U 48, U 101. Auf von Booten dieser Gruppe gemeldete Ziele operieren. Kom.takt. Führung durch Kommandant U 48. Wenn dieser nicht eingreift und Ansatz erforderlich: durch Fühlunghalter."

Korvettenkapitän Rösing gab den ihm unterstellten Booten keine Anweisungen. In richtiger Beurteilung der Lage sagte er sich, daß jedes der Boote schon seit dem Morgen auf einen der gesichteten Konvois operierte, ohne daß er wußte, auf welchen. Zudem war ihm nicht bekannt, wo die Boote inzwischen standen. Dies alles machte eine geleitete Zusammenarbeit unmöglich.

Trotz der Sichtmeldungen einiger anderer Boote konnte U 48 keinen der Konvois erreichen. Erst in der Frühe des 14. Juni wurde ein Schwerer Kreuzer der „London"-Klasse gesichtet, der, südöstlichen Kurs laufend, mit hoher Fahrt näher kam. U 48 tauchte. Als der Kreuzer mit den Brückenaufbauten ins Sehrohr wuchs, hatte er seinen Kurs auf 85 Grad geändert und entfernte sich mit ebenso hoher Geschwindigkeit wie vorher vom Boot.

Unmittelbar darauf fielen dicht beim Boot vier kleine Fliegerbomben. Im Sehrohrausblick sah Rösing an Steuerbord die Einschlagstelle einer der Bomben. Sofort ging U 48 auf 30 Meter, um einem weiteren Angriff der Maschine zu entgehen. Auf Sehrohrtiefe auftauchend, sichtete das Boot im Luftzielsehrohr einen Doppeldecker mit Schwimmern. Die Bomben waren also durch ein Bordflugzeug des Kreuzers geworfen worden.

Am 18. Juni nachmittags sichtete U 48 einen Konvoi auf Nordwestkurs mit geringer Fahrt: zwanzig Dampfer, darunter einen Tanker. Da bei den gegebenen Umständen nur ein Angriff von der Landseite her Erfolg versprach, lief U 48 nach Westen und wich dabei dem als Feger vor dem Konvoi herlaufenden Kanonenboot aus.

Es griff den ersten und zweiten Dampfer der Westreihe an. Der Schuß aus Rohr I fiel nicht, da die UZO-Übertragung wegen eines abgesoffenen Kabels versagte. Der Kommandant entschloß sich zu einem Schuß aus Rohr IV nach Vorhaltetabelle. Der Vorhaltewinkel war jedoch zu groß, und der Schuß ging vorbei. Das Boot war durch das Warten auf den Schußerfolg nahe an das Schlußschiff herangekommen und wurde vom Gegner gesichtet. Es lief mit AK ab.

„Boot greift wieder an!"

Rösings Stimme klang, als er den Befehl durchgab, ruhig wie immer.

„Aufpassen, Suhren! Wir schießen auf den 5000-Tonner. Entfernung 1000 Meter."

Oberleutnant z. See Suhren, der hinter dem UZO stand, nickte.

„Und dann einen Heckschuß, Herr Kapitän?"

„In Ordnung! Nach Schuß abdrehend Heckschuß auf den folgenden Dampfer."

Der aufgefaßte Dampfer wanderte in die Zieloptik ein. Suhren sah, daß dahinter ein größerer Dampfer lief. Wenn der Torpedo achtern am Ziel vorbeigehen sollte, würde er diesen hinter dem Ziel stehenden Frachter treffen.

„Schießen, Eins WO!"

„Teddy" Suhren drückte die elektrische Abfeuerung. Das Boot hob sich leicht, und der Mixer meldete, daß der Aal laufe. Ein Ruderbefehl des Kommandanten ließ U 48 abdrehen. Dann fiel auch der Schuß aus dem Heckrohr. Es wurde ein Fehlschuß, da in der Eile der Vorhalt nicht mit eingedreht wurde.

114 Sekunden nach dem Schuß traf der Aal aus Rohr III den hinter dem aufgefaßten Dampfer stehenden größeren Frachter.

„Kanonenboot kommt! Lage Null!"

„Hart Backbord! Beide AK!"

Mit Höchstfahrt lief U 48 vor dem Kanonenboot ab, das die Verfolgung aufnahm. Zum Konvoi zurückblickend, sah Rösing, daß aus dem Geleit eine große Zahl Buntsternschüsse abgegeben wurde. Der getroffene Dampfer, die „Tudor" mit 6607 BRT, sank.

Nachdem U 48 für kurze Zeit die Fühlung verloren hatte, schloß es wieder auf und lief auf einen Dampfer zu. Im gleichen Augenblick zackte der ganze Konvoi. Auch der aufgefaßte Frachter zackte, sah das U-Boot und schoß erst Buntsterne, dann rote Sterne.

„Kommt genau auf uns zu, Herr Kapitän!"

„Schuß aus Rohr I — lllos!"

Nach einer Laufzeit von 75 Sekunden traf der Torpedo die „Baron Loudoun" (3164 BRT) und versenkte sie. Das Kanonenboot drehte

48

wieder auf U 48 ein. Auf seiner Back blitzten Abschüsse. Heulend kamen Granaten herangeflogen und schlugen an Backbord in die See.

„Beide dreimal AK! Zickzackkurs laufen!"

Die Diesel dröhnten auf höchsten Touren; wild zackend, entkam U 48 dem Granatenregen und setzte sich abermals vor. Doch der Konvoi verhielt sich höchst ungewöhnlich. Er drehte laufend nach Steuerbord, bis er einen ganzen Kreis geschlagen hatte. So gelang es ihm, das Boot zweimal vergebens anlaufen zu lassen. Beim dritten Angriff faßte U 48 einen Dampfer von 7000 Tonnen auf. Das Schiff wanderte ein. Aus Rohr IV wurde ein Einzelschuß geschossen, der den Dampfer nach 122 Sekunden traf.

Obgleich jetzt von einem der Konvoischiffe geschossen wurde, ließ Korvettenkapitän Rösing das Boot auf den nächsten Frachter anlaufen. Doch kurz nach dem Torpedoschuß drehte der 5000-Tonner ab und feuerte mit Artillerie.

Mit dreimal AK lief U 48 ab.

Die „British Monarch" (5661 BRT) sank als dritter Dampfer, als der Torpedo, der für den mit Artillerie feuernden 5000-Tonner gedacht war, vorbeiging und sie als Zufallsziel traf.

Als das Kanonenboot gegen 07.35 Uhr aus dem Dunst herauskam und auf U 48 zulief, ging das U-Boot mit Alarmtauchen in die Tiefe und gab später, nach dem Auftauchen, einen FT-Spruch an den BdU:

„Drei Schiffe versenkt. Geleitzug gesprengt. Stehe auf Qu. 7165 BF."

In der Nacht zum 20. Juni wurde ein Einzelfahrer gesichtet. U 48 tauchte.

„Großer Tanker!"

Durch das Sehrohr erkannte der Kommandant auf dem schwarzen Schornstein des Schiffes einen runden weißen Ring mit einem „V" darin.

„Unterwasserangriff! Wir gehen nahe 'ran, damit wir den Tanker sicher unter Deck schieben!"

Der Schuß fiel aus 350 Meter Entfernung. 22 Sekunden darauf traf der Aal dicht vor dem Schornstein. Nach einer schweren Explosion sank der Tanker zwei Minuten später auf 43.34 N / 14.20 W über den Achtersteven. Es war der holländische Motortanker „Moerdrecht" (7493 BRT).

Am 21. Juni trat das Boot den Rückmarsch an und meldete über FT:

„Stehe Qu 8121 BE. Bisher versenkt: acht Dampfer mit 42 860 BRT. Rückmarsch. Zwei Torpedos."

Um 23.36 Uhr traf die Antwort des BdU ein:

„Bravo U 48!"

Auf dem Rückmarsch mußte das Boot allein an einem Tag achtmal vor Flugzeugen tauchen. Am 28. Juni traf es um 13.07 Uhr auf den Sperrbrecher 9, der ihm bis zur Schleuse Brunsbüttel Geleit gab. Um 23.42 Uhr machte U 48 an der Kieler Tirpitzmole fest.

Die Stellungnahme des BdU zu dieser Feindfahrt lautete:

„Ausgezeichnete Unternehmung. Zäher Angriff auf Geleitzug am 19. 6. beispielhaft."

Nach vierwöchiger Werftliegezeit machte U 48 zur siebenten Feindfahrt klar. Am 7. August 1940 lief das Boot von Kiel aus. U 65, das gemeinsam mit ihm auslief, marschierte am 9. August getrennt weiter.

In den frühen Morgenstunden des 12. August befand sich U 48 im Gebiet nördlich der Shetlands. Zwei Tage darauf war die befohlene Position Qu. 0316 AL südwestlich der Hebriden erreicht. Nach Sichten eines Zerstörers tauchte das Boot. Bei dem diesigen Wetter war der Gegner durch das Sehrohr nicht mehr auszumachen.

Am 16. August erließ der BdU einen FT-Spruch, der den Booten U 30, U 38 und U 48 befahl, auf einen vom B-Dienst aufgefaßten westgehenden Konvoi zu operieren. Als das fragliche Gebiet in Sicht kam, ließ Korvettenkapitän Rösing das Boot auf Sehrohrtiefe gehen. Beim Anlaufen erkannte er, daß der Konvoi aus 40 bis 50 Dampfern bestand, die in vier oder fünf Kolonnen liefen.

U 48 ließ sich in den Konvoi einsickern und kam auf einen Frachter zum Schuß. Der laufende Torpedo wurde bis zum Aufschlagen beim Dampfer gehorcht. Er detonierte nicht.

Infolge der dauernden Manöver der Konvoischiffe, die voreinander ausweichen mußten, lief U 48 fast Bord an Bord mit den Schiffen der südlichen Reihe.

Später kam das Boot doch noch zum Schuß aus Rohr II und versenkte den schwedischen Dampfer „Hedrun" (2325 BRT). Die beiden nächsten Einzelschüsse trafen nicht, da der Gegner überraschend mit der Fahrt herunterging. Das Boot sackte nach achtern aus dem Konvoi heraus. Ein U-Jäger und ein Kanonenboot drängten es ab.

Als U 48 wieder auftauchte, wurde um 17 Uhr ein Dampfer gesichtet und vom Kommandanten als U-Boot-Falle erkannt. Sie hatte sich achteraus sacken lassen, um das U-Boot auf sich zu ziehen und es dann anzugreifen. U 48 lief ab.

Am Abend des 18. August wurde ein großer Einzelfahrer auf Kurs 260° gesichtet. Er machte 15 Meilen Fahrt. Zwei Stunden lang holte U 48 keinen Meter auf. Dann wanderte der Dampfer langsam ein. Um 00.05 Uhr des 19. August hatte das Boot die richtige Angriffsposition erreicht. In zehn Sekunden Abstand wurde der Zweierfächer aus Rohr I und II geschossen. Beide Torpedos trafen nach 40 Sekunden den Belgier „Ville de Oran" (7590 BRT), der, SOS funkend, liegenblieb. Nach einem Fangschuß aus Rohr V sank das Schiff zwei Minuten später über das Heck.

Als in den Morgenstunden des nächsten Tages ein Dampfer gesichtet wurde, kam beim Vorsetzen auch U 57 in Sicht. Es wurde ES (Erkennungssignal) ausgetauscht, ehe die Boote getrennt weiter operierten. Der hart zackende, mit Höchstfahrt laufende Einzelfahrer entkam.

U 57, mit den beiden springenden roten Teufeln als Bootswappen am Turm, war Anfang August 1940 aus Lorient zu seiner dritten Feindfahrt ausgelaufen. Kommandant war Oberleutnant z. See Topp. Der Atlantik meinte es nicht gut mit dem Boot. Es herrschte starker Seegang, zeitweise Sturm. Erst elf Tage nach dem Auslaufen kam im Nordkanal ein Dampfer in Sicht. Da U 57 eine gute vorliche Position hatte, ließ Oberleutnant Topp zum Unterwasser-Tagesangriff tauchen. Bei der schweren See war das Boot jedoch nicht auf Sehrohrtiefe zu halten. Einmal brach es mit dem Vorschiff durch, dann wieder unterschnitt das Sehrohr. Ein Torpedoschuß war in dieser Situation unmöglich.

Fluchend ließ der Kommandant das Boot auftauchen. Durch sein Glas konnte er noch den Namen auf dem Heck des entkommenen riesigen Dampfers erkennen. Er lautete „Ceramic" *.

Zwei Tage später wurde U 57 von einem Flugzeug angegriffen, das direkt aus den Wolken heraus zielsicher das U-Boot anflog. Die geworfenen Bomben lagen dicht beim Boot. Ein Dieselfundament riß. Instrumente wurden vernichtet, die Nockenwelle brach. Mit Alarmtauchen ging U 57 in die Tiefe. Der Kommandant rief alle Offiziere und Oberfeldwebel zu einer Besprechung zusammen. Sie beschlossen einstimmig, die Feindfahrt trotz der nicht mehr zu behebenden Schäden fortzusetzen, um alle Torpedos zu verschießen und die erwarteten Erfolge zu erzielen.

---

* = Die „Ceramic" (über 16 000 BRT) wurde zwei Jahre später von U 515 unter Kapitänleutnant Henke versenkt.

Die Höchstfahrt des Bootes betrug mit dem einen intakten Diesel nur noch neun Knoten.

Im Nordkanal sichtete U 57 wenige Stunden später einen Konvoi. Im ersten Anlauf ließ Topp zwei gezielte Einzelschüsse abgeben. Noch während er das dritte Ziel suchte, um es anzugreifen, drehten zwei Geleitzerstörer in Lage Null auf das U-Boot ein.

In dieser Situation krachten kurz hintereinander die beiden Torpedotreffer auf den anvisierten Dampfern. Dann fiel der Schuß auf den dritten Frachter. Unmittelbar darauf baute Leutnant z. See Reichenbach, der hinter der UZO gestanden hatte, das Zielgerät ab und reichte es durch das Turmluk ins Boot hinunter. Noch beim Einsteigen hatte Topp die Detonation des dritten Torpedos gehört.

Das Boot kippte an. Schon kam aus der Zentrale eine Meldung:

„Wassereinbruch Bugraum!"

Mit hartem Ruck stieß U 57 bei 45 Metern hart auf Grund.

„Vorn anblasen!" befahl der Kommandant.

„Wassereinbruch steht!" meldete der L. I. „Umsteuerventil war nicht geschlossen!"

„Da kommen sie, Herr Oberleutnant!"

Deutlich waren die Schraubengeräusche der anlaufenden Zerstörer zu vernehmen.

„Alle Maschinen aus!"

Das Surren der Lenzpumpen verstummte. Alle Hilfsmaschinen schwiegen. Das Bombardement begann. Während ringsum die See von den Detonationen der Wasserbomben aufgewühlt wurde, gingen die Männer im Boot daran, das vorn eingedrungene Wasser mit Pützen auf alle Stationen gleichmäßig zu verteilen.

Die ganze Nacht wurde das Boot gebombt. Der Kommandant ließ die Besatzung auf Ruhestation gehen. Es wurde durch Kalipatronen geatmet. In der Zentrale horchte Oberleutnant z. See Topp. Obersteuermann Säck notierte die geworfenen Wabos.

Der Morgen zog herauf. Noch immer warfen die Zerstörer ihre Bomben. Es wurde Mittag. Die Stimmung im Boot sank auf den Tiefpunkt, als plötzlich ein kratzendes Geräusch, das von achtern kam, über das Boot hinwegstrich.

„Suchtrossen, Herr Oberleutnant!"

Topp nickte. Das konnte das Ende sein. Wenn sich die Suchtrossen am Turm verfingen, war es aus. Dann wußte der Gegner ihren genauen Standort, und ein nächster Wabofächer konnte das Ende sein.

Aber die Trossen glitten über U 57 hinweg. Zum Glück waren auch die Ölbunker heil geblieben, so daß keine Ölspur auf dem Wasser den Liegeplatz des Bootes am Grund verraten konnte.

Erst kurz vor Mitternacht konnte U 57 auftauchen. Achteraus vom Boot erkannte Topp, der allein auf den Turm gestürzt war, einen Zerstörer, der gestoppt lag. Mit E-Maschinenfahrt schlich sich U 57 aus der gefährlichen Nähe des Zerstörers und verließ mit Nordwestkurs den Nordkanal, um sich weiter auf See zu verholen, wo es nicht so gefahrvoll wie dicht unter Land war.

Das Vorhaben gelang. U 57 erreichte das Operationsgebiet westlich der Hebriden.

Gegen Mittag des 20. August wurde der Kommandant auf die Brücke gerufen. Als er sich durch das Luk hinaufschwang, sah er schon das U-Boot, das sich von Süden näherte.

„Das ist U 48, Herr Oberleutnant. Hat bereits ES geschossen."

„Aha, Rösings Boot!"

„Kommandant an Kommandant!" schallte es von Turm zu Turm hinüber. „Geleitzug muß irgendwo in der Nähe sein. Hat wahrscheinlich seinen Kurs geändert."

„K an K!" rief Erich Topp zurück. „Erfolg gehabt?"

„Gestern die ‚Ville de Oran' mit 7590 BRT. Am 16. 3. auch einen Dampfer. Dann auf U-Boot-Falle gestoßen. Alles aus westgehendem Konvoi!"

„Vielleicht kommen wir noch 'ran. Ich habe noch ein paar Aale im Rohr."

„Mast- und Schottbruch, Topp!"

„Schade, daß euer Einzelfahrer weg ist."

Beide Boote liefen auf eigenen Kursen weiter, um die See nach dem Geleitzug abzusuchen oder einen anderen Geleitzug zu finden.

U 57, das die beiden in den Oberdeckstuben lagernden Torpedos umgeladen hatte, kämmte die See in der Richtung des gemeldeten Geleitzuges ab. Nichts war zu sehen.

Am 21. August — der Kommandant war eben auf den Turm gestiegen — kam der Funkmaat mit einem FT-Spruch des BdU.

„Geben Sie her, Alter!"

Topp las den FT-Spruch. Dann wandte er sich dem Turmluk zu.

„Rudergänger. Steuerbord zehn! Neuer Kurs 255 Grad."

„Was ist los, Herr Oberleutnant?" fragte der II. WO.

„Soeben konnte vom B-Dienst die Meldung eines Konvois entschlüsselt werden. Der Geleitzug hat seinen Treffpunkt um 50 sm verschoben. Darum treffen wir hier auch nicht auf ihn."

U 48 und U 57 operierten nun auf diesen Geleitzug. Mit ihnen versuchten noch U 30 und U 38 Anschluß zu gewinnen. Aber die beiden Boote standen viel zu weit ab, um es noch schaffen zu können.

Den ganzen Tag klotzte U 57 mit AK durch die See, immer auf Kollisionskurs zum Geleitzugkurs liegend. Aber noch wurde nichts gesichtet. Erst am späten Morgen des 23. August — es war schon 11.20 Uhr — fing das Boot eine Fühlunghaltermeldung von U 48 auf, das den Geleitzug gesichtet hatte. Eine Stunde später meldete der steuerbordachtere Ausguck:

„Flugzeug an Steuerbord, zwanzig Grad achterlicher als querab!"

„Rauchsäulen!" meldete unmittelbar darauf der Bootsmannsmaat der Wache.

„Das ist der Konvoi!"

Von der anderen Flanke des Konvois dröhnten Wabodetonationen über das Wasser.

„Das gilt U 48. Hoffentlich schafft Rösing es, den Brüdern davonzulaufen."

„Bestimmt, Reichenbach! Rösing ist ein alter Fuchs. Den erwischt es nicht so leicht."

Das Boot hatte sich vorgesetzt. Nun gab es nur noch eines: mit hoher Unterwassergeschwindigkeit heranzuschließen und zum Schuß zu kommen!

„Schnelltauchen!"

Alle Mann waren auf Gefechtsstationen. Immer wieder ließ Topp das Sehrohr zu einem kurzen Rundblick hinausschnurren.

„Wir schaffen es mit AK nicht mehr! — Beide dreimal AK!"

Mit Höchstfahrt lief U 57 durch die See.

„Aus!" befahl der Kommandant. Seine Augen weiteten sich in ungläubigem Staunen. „Wir kommen auf einen Tanker zum Schuß, der etwas nach achtern herausgesetzt läuft. Rohr I und II klar zum Unterwasserschuß!"

Der Tanker lief stur seine Bahn. Er zackte nicht, sondern versuchte, mit Höchstfahrt Anschluß an den Konvoi zu gewinnen. Der Torpedorechner spie die Schußunterlagen aus. Der Zweierfächer lag klar. Schon wanderte der riesige Tanker ins Visier des Sehrohrs ein. Dann füllte sein Mittelschiff das ganze Visier aus.

„Fächer — llos!"

Beide Torpedos liefen nun durch ihren eigenen Antrieb mit 40 Knoten Fahrt zum Tanker hinüber. Zehn Sekunden vor den Treffern ließ Topp das Sehrohr wieder ausfahren. Als die Seemännische Nummer Eins „Zeit um!" meldete, sprangen kurz hintereinander zwei feurige Wassersäulen am Tanker hoch. Sekunden später schoß eine gigantische Flamme mittschiffs empor. Ein glühendroter Feuerball breitete sich über dem Tanker aus. Dicke schwarze Rauchwolken umrahmten ihn. Das Opfer brannte eine Minute nach den beiden Treffern schon über alles. Gewaltige Detonationen hallten zu U 57 hinunter, das abgedreht hatte und mit AK zur Seite lief, um wieder auftauchen und hinter dem Konvoi herknüppeln zu können.

Als Erich Topp wieder einmal den „Spargel" ausfahren ließ, sah er gerade die gewaltige Explosion, die den Tanker auseinanderriß. Und noch etwas sah er: ein Geleitfahrzeug, das mit AK in Lage Null auf den Standort seines Bootes zulief.

„Auf 120 m gehen!"

U 57 tauchte tiefer. Dann erreichte der U-Jäger das Boot. Eine heftige Waboverfolgung setzte ein. Achtzig überschwere Wasserbomben wurden gezählt. Es gab weitere Schäden auf U 57, aber das Boot entkam dem Bombardement. Allerdings hatte es den Anschluß an den Geleitzug verloren.

U 57 trat den Rückmarsch an. In einigen sehr kritischen Momenten hatte es durchgehalten, und alles schien auch bis zum Schluß gutzugehen. Da traf das Verhängnis ein:

Als U 57 durch die Schleuse Brunsbüttel einlaufen wollte, glitt dort gerade der norwegische Frachter „Rona" heraus. Der Norweger rammte das U-Boot. U 57 sank und nahm sechs Besatzungsmitglieder mit in den Tod.

Auch auf U 48 wurden die Oberdecktorpedos umgeladen. Einen Tag nach dem Treffen mit U 57 sichtete der Bootsmannsmaat der Wache einen einzelnen Dampfer, dann wurde der ganze Konvoi ausgemacht, zu dem das Schiff gehörte. Wegen der hohen See versprach nur ein Unterwasserangriff Erfolg.

Nach einem ersten vergeblichen Anlauf wurde im zweiten Anlauf ein in der letzten Kolonne laufender Dampfer von 5000 BRT versenkt. Abdrängt, verlor das Boot die Fühlung an diesem Geleit, und beim Auftauchen wurde es vom BdU in einen neuen Aufstellungsstreifen dirigiert.

Am 23. August mußte U 48 westlich der Hebriden zweimal vor Land-flugzeugen· tauchen. Beim zweiten Auftauchen kam ein Konvoi in Lage Null in Sicht. Mit Alarmtauchen verschwand das Boot zum drittenmal. Wieder aufgetaucht und hinter dem Konvoi herlaufend, gab U 48 Füh-lunghaltermeldung, ehe es um 11.30 Uhr erneut von drei Flugzeugen und einem Zerstörer unter Wasser gedrückt wurde. Als das Boot aber-mals auftauchte, war nur noch ein weit nach achtern zurückhängender Zerstörer zu sehen. Das schnelle Geleit war entkommen.

Am 24. August wurde ein mit Kurs 120 Grad laufender Tanker ge-sichtet. Der Torpedo, der auf ihn geschossen wurde, war Oberflächen-läufer, traf aber trotzdem 40 hinten. Der britische Tanker „Lacklan" (8670 BRT), der noch seine Seenotmeldung hinausfunken konnte, sank nach zwanzig Minuten. U 48 lief nach Norden ab und sichtete an Steuer-bord querab U 38. Nach fünf Minuten Winkspruchverkehr trennten sich beide Boote.

Einen Tag darauf kam in den ersten Morgenstunden an Backbord querab ein Geleit in Sicht.

„Auf Gefechtsstationen! Boot läuft auf Gegenkurs an der Backbord-seite des Konvois entlang. Überwasserangriff!"

Die UZO wurde auf den Turm gerichtet und auf die mit der Rechen-anlage verbundene Zielsäule gesetzt. Oberleutnant Suhren nahm seinen Platz hinter der UZO ein.

„Wir nehmen den Tanker und den 8000-Tonnen-Frachter. Tanker steht in 1800 Meter Entfernung."

Gegnerfahrt und -kurs, Eigenfahrt, Torpedogeschwindigkeit und -tiefe wurden eingestellt. Dann kam der Befehl zum Schuß.

Die beiden gezielten Einzelschüsse aus Rohr II und III liefen. Nach 133 Sekunden traf der im Abdrehen geschossene Torpedo aus Rohr III den britischen Motortanker „Athelcrest" (6825 BRT) und nach 182 Se-kunden der zuerst geschossene Aal die „Empire Merlin" (5763 BRT). Beide Schiffe explodierten nach den Treffern mit hellem Feuerschein.

„Gut gemacht, Suhren!" lobte der Kommandant den I. WO.

Ablaufend sah Korvettenkapitän Rösing, daß die beiden vorher ge-sichteten Kanonenboote und ein weiteres Geleitfahrzeug auf die Unter-gangsstelle zuliefen.

„Der Bewacher hat uns in der Horchpeilung! Er läuft immer rechts auf uns zu."

„Wabos, Herr Kapitän!"

Zehn Wabodetonationen wurden gehört.

56

„Kanonenboot hat wahrscheinlich Unterwasserangriff angenommen und hält unsere fernen Dieselgeräusche für nahe E-Maschinengeräusche."

„Funkraum von Brücke: Fühlunghaltermeldung machen!"

Als U 48 zu einem neuen Angriff anlief, wurde das Boot von zwei Kanonenbooten unter Wasser gedrückt und verlor die Fühlung. Um 22.24 Uhr ließ der Kommandant auftauchen und eine FT-Meldung machen:

„An BdU: 46 170 BRT versenkt. Noch zwei Hecktorpedos. Gehe zur Ergänzung Lorient."

Kurz darauf traf die Antwort des BdU ein:

„Ausgezeichnet! Zahl der versenkten Schiffe melden."

Der Antwortspruch war kurz:

„Versenkt sieben Schiffe, darunter zwei Tanker. Fünf Schiffe davon aus Geleitzügen."

Das Boot lief nach Lorient zurück. Unter Geleit von drei R-Booten und einem Sperrbrecher machte es am 28. August 1940 um 22.45 Uhr in Lorient vor der Kaserne fest.

Die Stellungnahme des BdU zu dieser Feindfahrt:

„Kurze, mit Zähigkeit, Schneid und taktisch vorzüglich durchgeführte Unternehmung."

Als zehntem Kommandanten der U-Boot-Waffe wurde Korvettenkapitän Hans-Rudolf Rösing am 29. August 1940 das Ritterkreuz zum Eisernen Kreuz verliehen.

So zeigten schneidige Einzelangriffe die Erfolgsmöglichkeiten der U-Boote an Geleitzügen auf.

Die Geleitzüge der Alliierten waren im Sommer 1940 nur schwach gesichert. Auch erfolgte keine weiträumige Streuung des Geleitzugverkehrs, wodurch die Suche nach den Konvois erheblich erschwert worden wäre. Alle Konvois liefen ausnahmslos in Höhe der Rockall-Bank.

Wie sich erst nach dem Krieg herausstellte, konnte der Gegner den auslaufenden Geleitzügen nur bis 12.00 Grad und ab November 1940 bis 19.00 Grad westlicher Länge Sicherungsfahrzeuge mitgeben. An dieser Stelle wurden auch die nach England laufenden Geleitzüge von Begleitschiffen aufgenommen, denn hier begann das Gebiet der „Western Approaches".

Die aus Amerika kommenden Geleitzüge wurden von kanadischen Zerstörern ungefähr 400 sm weit in den Atlantik nach Osten geleitet.

Der Weg danach war für die Geleitzüge ungesichert. Höchstens, daß den Konvois für die Gesamtstrecke ein Hilfskreuzer zur Verfügung stand.

Das englische Kriegskabinett, geführt von Sir Winston Churchill, annektierte am 8. Mai 1940 Island, um dort einen Flotten- und Luftstützpunkt zu gewinnen und damit den Geleitschutz über den Atlantik von hier aus zusätzlich zu sichern. Im Sommer kaufte der britische Kriegspremier außerdem 50 amerikanische Zerstörer. Dafür gab er fünf westindische Kolonien in Zahlung und überließ den USA Flotten- und Luftstützpunkte in Neufundland, auf den Bermudas und in Britisch-Guayana.

Schließlich begannen die Engländer auch, den Geleitzugverkehr in andere Gewässer zu verlegen. Alle diese Maßnahmen deuteten zweifelsfrei darauf hin, daß die deutschen U-Boote als größte Gefahr erkannt worden waren.

Die einzige Schwierigkeit der deutschen U-Boot-Führung bestand in der Tatsache, daß es bei der geringen U-Boot-Zahl vom Glück abhing, die Geleitzüge aufzufinden, die mit Sicherheit liefen. Auch nach der Besetzung Frankreichs stand der U-Boot-Waffe keine eigene Luftaufklärung zur Verfügung.

Der BdU befahl im Hinblick auf diesen Mangel allen U-Booten, sämtliche Geleitzüge zu melden, gegen die bei der gegebenen Lage noch weitere U-Boote operieren konnten.

Das Oberkommando der Kriegsmarine, das einen eigenen Horchfunk und einen Entschlüsselungsdienst besaß, konnte weitere Hinweise geben, doch war die Entschlüsselung der feindlichen Funksprüche oftmals sehr schwierig, so daß das Ergebnis dann verspätet einlief.

Am 6. September 1940 gelang es dem Entschlüsselungsdienst nach einigen erfolglosen Ansätzen im Juli und August, einen Funkspruch über den Treffpunkt eines aus Halifax kommenden Geleitzuges vier Tage vor dem fraglichen Termin zu dechiffrieren. In der Nähe dieses Treffpunktes standen vier deutsche U-Boote. Sie wurden vom BdU auf den Geleitzug angesetzt.

Unter diesen Booten befanden sich auch U 47 unter Kapitänleutnant Prien und U 99 unter Kapitänleutnant Kretschmer. Beide Boote waren am 2. und 3. September ausgelaufen, während U 100 unter Kapitänleutnant Schepke kurz zuvor, am 1. September 1940, in Lorient festgemacht hatte.

Schepke hatte gerade eine Feindfahrt mit sieben Schiffsversenkungen und 31 310 BRT versenkten Schiffsraumes hinter sich. Davon waren allein vier Schiffe mit 20 975 BRT in der Nacht zum 29. August aus dem Geleit HX 65* herausgeschossen worden. Es war Schepkes zweite Feindfahrt auf U 100 gewesen.

Diese drei Kommandanten, die miteinander um den Ruhm des „Tonnenkönigs" stritten, waren Freunde. So hatten sie auch am Abend des 1. September bei Lorient Wiedersehen gefeiert. Nun aber befanden sich zwei dieser Kommandanten draußen, und Joachim Schepke setzte alles daran, ihnen so schnell wie möglich zu folgen.

Prien und Kretschmer sichteten den gemeldeten Geleitzug am Abend des 8. September.

Den ganzen folgenden Tag hielt U 99 Fühlung am Gegner. An Bord von U 99 befand sich übrigens der italienische Korvettenkapitän Longobardo, der die deutschen U-Boot-Angriffe studieren sollte.

Als U 99 am Abend des 9. September auftauchte, wurde das Boot von einem Zerstörer gesichtet und wieder unter Wasser gedrückt. Kretschmer ließ auf 90 Meter gehen. Der Feind warf mehr als dreißig Wabos, doch konnte Kretschmer sein Boot schnell aus dem Bereich des Zerstörers herausmanövrieren. Schon eine halbe Stunde später ließ er wieder anblasen.

Kurz darauf entstanden durch einen zweiten Wasserbombenangriff einige Schäden am Boot, die aber schnell wieder behoben werden konnten.

Nach Horchpeilung hinter dem Geleit herlaufend, hielt U 99 Anschluß, tauchte um 22.20 Uhr an der Außenseite der Backbordkolonne auf und griff sofort an. Die beiden zuerst geschossenen Torpedos waren ein Kreisläufer und ein Oberflächenläufer. Der dritte Aal lief ebenfalls nicht vorschriftsmäßig. Dennoch fanden zwei dieser Torpedos in der mittleren Kolonne Ziele, wie die Detonationen bewiesen.

U 99 ließ sich jetzt nach achtern aus dem Geleitzug heraussacken, geriet wieder in den Bereich der feindlichen Sicherungsstreitkräfte und wurde abgedrängt. Es kam nicht mehr zum Schuß.

Besser erging es U 47. Das Boot war in das Seegebiet westlich Schottland ausgelaufen. Es versenkte am 8. September die „Balmoral Wood". Am 9. September sichtete Prien einen Geleitzug mit 20 Schiffen und gewann den zum Schuß richtigen Vorlauf. Trotz schwerer See und Wind-

---

* = HX=Geleitzüge waren schnelle, wertvolle Schiffe, die aus Halifax auf Neu=Schottland nach England ausliefen.

stärke 8 griff U 47 an. Der Tanker „Cadillac" (12 100 BRT) wurde versenkt. Die „Gracia" folgte, und als drittes Schiff ging der holländische Tanker „Leticia" nach einem Zweierfächer auf Tiefe. Die anderen zwei U-Boote, die inzwischen Fühlung gewonnen hatten, versenkten weitere zwei Dampfer.

Als Kapitänleutnant Prien dann meldete, daß er bis auf einen Torpedo verschossen sei, erhielt er vom BdU Befehl, auf Höhe des 23. Längengrades (ca. 1200 km vor der englischen Westküste) als Wetterboot stehenzubleiben und täglich zweimal die Wettermeldungen durchzutasten.

Nur höchst ungern versah Günther Prien diesen Dienst. Als er am 20. September einen aus fünfzig Schiffen bestehenden, nach England laufenden Geleitzug sichtete, meldete er sich als Fühlunghalter und brauchte mit Zustimmung des BdU seine langweilige Aufgabe nicht fortzusetzen.

Die U-Boot-Führung setzte fünf weitere Boote auf den Konvoi an, darunter auch U 48 unter Kapitänleutnant Bleichrodt, U 99 unter Kapitänleutnant Kretschmer, U 100 unter Kapitänleutnant Schepke und U 65 unter Kapitänleutnant Hoppe. Diese Boote liefen nun in Sichtweite zueinander auf Kollisionskurs in Richtung Geleit. Sie hatten einen Seitenabstand von ungefähr fünf Seemeilen.

Mit Einbruch der Nacht meldete U 47 wieder seine Position, dazu Kurs und Geschwindigkeit des Konvois HX 72. Im Laufe des 21. September schlossen alle fünf Boote an diesen HX heran. In der Nacht zum 22. September versenkte U 47 die „Empire Toucan" auf 49-20 N/13-52 W. Mit den fünf Granaten des Buggeschützes wurde der Tanker in Brand geschossen. Das letzte, was man von ihm hörte, war der Notruf, den der Funker tastete:

„SSS from ‚Empire Toucan', torpedoed; sinking quickly by stern."

Damit hatte U 47 sämtliche Torpedos und fast alle Munition für die Achtacht verschossen. Das Boot erhielt am 23. September den Rückmarschbefehl. Mit sechs Versenkungswimpeln und einer Gesamtsumme von 45 250 BRT versenkten Schiffsraumes auf dieser Feindfahrt lief U 47 in Lorient ein.

U 99 hatte in der Nacht zum 21. September den Konvoi verloren. Kapitänleutnant Kretschmer ließ das Boot tauchen, um über das Gruppenhorchgerät etwas zu hören. Oberfunkmaat Kassel stellte im Süden Schraubengeräusche fest. Mit AK klotzte das wieder aufgetauchte Boot in diese Richtung. Gegen 02.30 Uhr stieß es auf die letzten Schiffe des

Konvois. Als U 99 die Schiffe umfuhr, um auf der dunklen Seite zum Angriff zu kommen, wurde ein anderes U-Boot gesichtet. Kapitänleutnant Kretschmer, der sich auf der Brücke befand, tippte auf U 47. Daß es sich um ein deutsches Boot handelte, war zweifelsfrei zu erkennen. Kretschmer ließ U 99 trotzdem in Rammposition an das andere U-Boot herangehen. Erst viel zu spät bemerkte das die Brückenwache von U 47. Prien lief mit AK ab; doch bevor sein Boot in der Nacht verschwand, ließ er mit der Verdunkelungslampe das Erkennungszeichen geben, das von U 99 sofort erwidert wurde.

Beide Boote näherten sich nun einander.

Günther Prien lief auf dem Turm zur äußersten Seite des „Wintergartens" hinüber und hob die Flüstertüte.

„Dieser böse Streich wäre dir nicht geglückt, wenn ich auf dem Turm gewesen wäre, Otto!" rief er zu seinem Freund hinüber. „Du hast meine Wache übertölpelt!"

„Nicht übertölpelt, Günther! Was du brauchst, ist eine neue Wache!" rief Kretschmer scharf zurück, denn er dachte an die Möglichkeit, daß es ebenso einem Feindboot hätte gelingen können, U 47 zu überrumpeln.

Die beiden Kommandanten wechselten noch ein paar Worte miteinander, dann lief U 99 weiter. Ein Tanker, den es schon vorher entdeckt hatte, wurde wieder aufgefunden. Der Einzelschuß traf die „Invershannon" (9154 BRT) vorn. Langsam sank der große Tanker, während die Geleitzerstörer achteraus Wabos warfen. U 99 lief weiter in die dunkle Flanke des Geleits hinein und kam wenig später auf einen schwerbeladenen Dampfer in einer Entfernung von 800 Metern zum Schuß. Das Schiff löste sich innerhalb von 40 Sekunden in Nichts auf. Mit einer mächtigen grellroten Flamme platzte es auseinander und sank blitzschnell weg. Es war die „Baron Blythswood" (3668 BRT), die wahrscheinlich Munition und Sprengstoff geladen hatte.

Direkt hinter dem gesunkenen Frachter erkannte U 99 ein größeres Schiff. Abermals erfolgte ein Einzelschuß. Der Treffer wurde mittschiffs beobachtet, doch der Dampfer zeigte keinerlei Wirkung. Erst nach zwei Meilen blieb er gestoppt liegen.

Oberfunkmaat Kassel meldete dem Kommandanten von U 99:

„Dampfer macht SSS. Name ‚Elmbank'. Liegt gestoppt auf 55-20 N/22-30 West."

„Danke, Kassel. — Beide Maschinen kleine Fahrt. Wir wollen sehen, was dieser Eimer macht."

Auf beiden Flanken des Geleits war die Nacht jetzt von Leuchtgranaten erhellt. Wabos detonierten. Es sah ganz so aus, als hätten die Be-
gleitzerstörer die anderen U-Boote gesichtet und versuchten nun, sie
unter Wasser zu drücken.

Mit gestoppten Dieseln blieb U 99 bei der „Elmbank" liegen. Kein
Zerstörer näherte sich. Das Geleit lief weiter nach Osten, ohne sich um
die „Elmbank" zu kümmern. Als es weit genug weg war, ließ Kretschmer das Buggeschütz in Aktion treten. Oberfähnrich Elfe, der Artillerie-
offizier, ließ Schuß um Schuß in die „Elmbank" hineinjagen.

„Der Eimer geht nicht unter! Hat wahrscheinlich Bauholz geladen,
Herr Kaleunt!" meldete der I. WO, Oberleutnant z. See Bargsten. „Wir
müssen noch einen Torpedo anlegen, sonst macht er wieder Dampf auf
und trabt hinter dem Geleitzug her."

„Also noch einen! Rohr IV klarmachen!"

Der Torpedo flitzte dem Schiff entgegen, detonierte aber an den im
Wasser schwimmenden Baumstämmen. Wieder wurde vergeblich mit
dem Buggeschütz versucht, den Dampfer zum Sinken zu bringen.

Hernach lief U 99 zu dem Tanker „Invershannon" zurück, der immer
noch schwamm, und versuchte, ihn mit 2-cm-Granaten anzulüften, doch
die Geschosse drangen nicht durch.

Als Oberleutnant Bargsten mit einem Sprengkommando zur „Invershannon" hinüberpullte, schlug das kleine Dinghi um. Die Männer
schwammen zum Boot zurück und wurden an Bord gezogen. Bei dem
Versuch, das Dinghi zu packen, ging Oberleutnant Bargsten zum zweitenmal über Bord. Auch Kapitänleutnant Longobardi geriet in Gefahr,
über Bord zu fallen, weil er sich vor Lachen schüttelte. Die gesamte
Brückenwache wieherte mit, und so blieb Otto Kretschmer — dem
schweigsamen Otto — nichts anderes übrig, als mitzulachen.

Inzwischen war es fast hell geworden. Kretschmer ließ einen weiteren
Torpedo auf die „Invershannon" schießen. Diesmal brach das Schiff in
der Mitte durch und sank. U 99 aber lief zur „Elmbank" zurück und
stieß wieder auf U 47. Diesmal eröffnete Günther Prien das Zwiege-
spräch:

„Hast in der Nacht dem Tommy einigen Schaden verursacht, Otto.
Hättest du etwas einzuwenden, wenn ich mit dir zusammen ein paar
Schüsse auf diesen renitenten Untersatz abgebe?"

„Keine Einwände, Günther!"

Beide Boote feuerten nun auf die „Elmbank", bis U 47 seine letzte
Granate verschossen hatte und ablief. U 99 setzte die Beschießung mit

Phosphorgranaten fort. Minuten später war die „Elmbank" eine lodernde Fackel.

Am 24. September lief U 99 in Lorient ein. Am ausgefahrenen Sehrohr flatterten sieben Versenkungswimpel. Auch U 99 hatte alle seine Torpedos verschossen.

Die Dunkelheit des 21. September verdichtete sich mehr und mehr. Vor U 100, das hinter dem Geleitzug HX 72 herknüppelte, sprühte die See grünsilbern auf und fiel als phosphoreszierender Sprühregen wieder zurück. Es sah so aus, als liefe das Boot durch grüne Flammen. Nach achtern zurückblickend, sah Joachim Schepke eine breit auseinanderlaufende helleuchtende Fläche.

„Wo stehen wir, Nummer Eins?"

„Genau 55-00 N/19-00 West, Herr Kaleunt."

„Zehn Grad Steuerbord voraus Schatten!" meldete der Bootsmannsmaat der Wache. „Das scheint einer der Dampfer des Geleitzugs zu sein."

„Es ist ein Tanker!"

„Auf Gefechtsstationen. Boot greift den Tanker an!"

Mit einer Ruderkorrektur glitt U 100 herum und lief nun mit AK in Schußposition. Der Tanker kam deutlich heraus. Alles arbeitete nun auf das eine Ziel hin: versenken. Der Torpedorechner im Turm spie die Schußwerte aus. Die Rohre waren bewässert, und die Torpedos lagen klar.

„Einzelschuß aus Rohr I — lloos!"

Eben als der Obersteuermann melden wollte, daß die Laufzeit um sei, sprang an der Brücke des Tankers eine gewaltige Detonationsflamme empor. Drei Sekunden später folgten eine lodernde Glutfontäne und der donnernde Schlag der Detonation.

„Tanker hat Treffer mittschiffs!" berichtete Joachim Schepke ins Boot. Eine zweite Detonation brach mit eruptiver Gewalt aus dem Innern des Tankers heraus.

„Tanker macht Notruf, Herr Kaleunt! Name ‚Torinia'. Hat nach Lloyds-Register 10 364 BRT. Funkspruch plötzlich abgebrochen. Wahrscheinlich FT-Anlage ausgefallen."

Wenig später fing der Funkmaat eine Fühlunghaltermeldung von U 48 auf. Drei Minuten später gab U 48 Peilzeichen, und U 100 drehte auf dieses Boot ein. Mit AK lief U 100 auf dem Kurs der Peilzeichenauswertung weiter. Kurz vor Mitternacht des 21. zum 22. September sichtete es die ersten Schatten der Schiffe des HX 72. Unmittelbar darauf sprang eine Feuersäule am Geleitzug in die Höhe.

„Da rakt schon einer, Herr Kaleunt!"

„Schatten 30 Grad Backbord voraus!"

Eine schnelle Ruderkorrektur ließ U 100 leicht herumgehen.

„Beide AK!"

Schnell kam das Boot auf. Ein vager Schatten verdichtete sich, der Dampfer kam heraus, und dann waren sie schon auf gleicher Höhe.

„Schätzungsweise 5000 Tonnen, Herr Kaleunt", sagte leise der II.WO.

„Gegnerfahrt 11 sm; Eigenfahrt 13 sm. Entfernung 1000 m. Vorhaltewinkel 10."

Nach diesen Angaben ermittelte die Rechenanlage die Schußunterlagen. Der TWO stand schon breitbeinig hinter der UZO. Der erste geschossene Torpedo ergab nichts. Der zweite traf die „Canonesa" (4790 BRT), aber der Dampfer sank nicht. Erst der Fangschuß, der offenbar mitten in eine Sprengladung hineingegangen war, riß die „Canonesa" in Stücke.

„Zerstörer von Steuerbord querab. Kommen schnell in Lage Null."

„Alarmtauchen!"

Die Glocke schrillte durch das Boot. Sektionslampen leuchteten auf und zeigten dem LI die tauchklaren Stationen. Die Männer der Brückenwache flitzten an der Leiter in die Zentrale hinunter.

„Turmluk ist dicht!" rief Schepke.

„Fluuuten! — Fünf — vier — drei — zwo!"

Die Schnellentlüfter dieser Tauchzellen wurden gerissen. Die See strömte in die Tanks, und mit 20 Grad Vorlastigkeit stieß U 100 in die See hinunter. Hummelnd rissen die mit AK laufenden E-Maschinen das Boot bis auf 80 Meter Tiefe, wo es vom LI eingependelt wurde.

„Hart Steuerbord! — Schleichfahrt!"

„Schraubengeräusche — nach Backbord auswandernd!" meldete der Funkmaat aus dem Horchschapp.

Die Zerstörer drehten weg, ohne Wabos zu werfen. Auf dem Generalkurs des Geleits lief U 100 im Unterwassermarsch weiter. Die E-Maschinen waren wieder auf AK hochgejagt worden. Bereits nach einer Viertelstunde ließ Schepke auftauchen. Mit hämmernden Dieseln lief das Boot hinter dem Geleit her, aus dem inzwischen auch U 48 und U 65 je ein Schiff versenkt hatten.

Auf dem Turm wurden Wasserbomben gehört, dann noch eine Torpedodetonation. Von irgendwoher flitzten Leuchtgranaten über den dunklen Himmel und erloschen in der unendlichen Weite der See. Dann hatte das Boot den Konvoi HX 72 wieder erreicht. Ein Riesenschatten tauchte aus der Nacht auf.

„Boot läuft zum Angriff an!"

Eine halbe Stunde später verließ ein Zweierfächer die in der Zwischenzeit nachgeladenen Rohre. Die Torpedos flitzten auf den Dampfer zu, der gigantisch groß in die Zieloptik hineingelaufen war. Eine zweifache Torpedodetonation verkündete den Doppeltreffer. Wenig später funkte die „Frederick S. Fales" (10 525 BRT) den gellenden Hilferuf aller Schiffe, die von U-Booten angegriffen und torpediert worden waren, in die Nacht.

„SSS from ‚Frederick S. Fales'. Torpedoed by submarine."

Ein dritter Torpedo brachte das Schiff zum Sinken.

Zerstörer rasten heran. Mit 28 Meilen Fahrt, hohe Bugseen zur Seite schiebend, flitzten sie auf den Standort des U-Bootes zu, das erneut mit Schnelltauchen in den Keller ging.

Als U 100 vierzig Meter tief stand, begannen die Wabodetonationen. Joachim Schepke jagte sein Boot direkt auf den Konvoi zu, um auf diese Weise die Asdic-Ortung auszumanövrieren. Manometergläser barsten unter dem Detonationsdruck der Wabos auseinander. Dann war U 100 unter dem Geleit und in Sicherheit.

Vierzig Meter über dem Boot rauschten und schlürften die Maschinen, die die Schiffe trieben. Das Boot vibrierte unter diesen rhythmischen Bewegungen mit. Nach einer halben Stunde brach es nach Steuerbord aus der Geleitzugkolonne aus und tauchte auf. Abermals ließ Schepke sein Boot zum Angriff eindrehen. Kurz vor dem Schuß jedoch wurde U 100 abgedrängt. Es gewann kurze Zeit später wieder eine günstige Schußposition und schoß einen Dampfer aus der Kolonne heraus. Der Dampfer sank schnell.

„Zerstörer von achtern aufdampfend!"

Während im Geleitzug das fürchterliche Konzert der Schiffssirenen und Wabodetonationen, der Leuchtgranatenabschüsse und der brechenden Schiffsplanken des torpedierten Dampfers zu einem wilden Lärm der Vernichtung ineinander verschmolzen, ging U 100 mit Alarmtauchen in den Keller. Als das Boot 35 Meter Tiefe erreicht hatte, trafen es die Asdic-Peilstrahlen der Zerstörer. Dann hörte die Besatzung auch schon das rumpelnde Rotieren der Zerstörerschrauben.

„Hart Steuerbord!"

U 100 drehte mit hartem Gegendruck herum. Wabodetonationen an Backbord ließen das Boot jäh durchsacken. Laut rasselten die Schraubengeräusche eines Zerstörers schräg über U 100 hinweg. Dann detonierte ein ganzer Wabofächer mit flacher Einstellung dicht beim Boot. U 100 bog sich durch. Knirschende Geräusche waren überall im Boot vernehmbar. Flurplatten sprangen knackend heraus. Glas klirrte. Instrumente zersplitterten. Schlagartig fiel die gesamte Beleuchtung aus.

„Notbeleuchtung einschalten!"

Trübe flackerte das Notlicht.

„Achteres Tiefenruder klemmt!"

Mit Fahrstuhlgeschwindigkeit stieß U 100 immer tiefer in die See hinunter. Der Leitende Ingenieur tat alles, um diesen Sturz aufzuhalten; denn fiel das Boot erst einmal über eine gewisse Tiefe hinaus, dann war kein Emporkommen mehr möglich. Der Zeiger des Tiefenmanometers zeigte 168 Meter an, als das Boot endlich stand.

„Schadensmeldungen in die Zentrale!" befahl Joachim Schepke mit so nebensächlichem Tonfall in der Stimme, daß es die Männer, die es hörten, beruhigte.

Dann vernahmen sie wieder das verräterische „pink-pink" der Asdic-Ortung. Der Zerstörer lief 150 Meter über dem Boot erneut an. Mitten in den Ruderbefehl des Kommandanten hinein krachte ein Viererfächer auseinander. Keine 30 Meter über dem Boot waren die vier Wabos zerplatzt. Der Wasserdruck traf den Bug. Mit ungeheurer Gewalt stieß er die Spitze des Bootes nach unten. U 100 stellte sich auf den Kopf. Mit 70 Grad Vorlastigkeit raste es noch tiefer in die See hinunter. Plötzlich begann es in der Stahlröhre zu arbeiten. Joachim Schepke sah, wie die Innenverschalung in der Zentrale sprang.

„Preßluft!"

Der LI reagierte sofort. Das ausgefallene Tiefenmanometer schlug plötzlich wieder aus, und als das Boot schon ein Stück in die Höhe geschossen war, zeigte es immer noch 170 Meter an. Auf 100 Meter Tiefe gelang es dem LI schließlich, das Boot abzufangen und wieder in Trimm zu bringen. Ein Hartruderbefehl ließ es herumgehen. Die nächsten Wasserbomben detonierten weitab.

U 100 setzte sich vom Konvoi HX 72 ab. Es hatte alle Torpedos verschossen. In nicht mehr als fünfzehn Tagen hatte Schepke sieben Schiffe mit 50 340 BRT versenkt.

Auch U 48 und U 65 waren am HX 72 erfolgreich gewesen. Insgesamt wurden aus dem Konvoi zwölf Schiffe herausgeschossen, von denen elf sanken. Daß die Versenkungsquote nicht noch höher war, lag daran, daß drei der fünf Boote nur noch wenige Torpedos an Bord hatten. Dennoch hatten die Grauen Wölfe in dieser Geleitzugschlacht gezeigt, daß sie — als Rudel eingesetzt — noch von sich reden machen würden.

Admiral Dönitz, der BdU, schrieb nach Eingang der letzten U-Boot-Meldung in sein Tagebuch:

„Die Kampfhandlung der beiden letzten Tage hat gezeigt, daß die schon im Frieden aufgestellten Grundsätze über Gebrauch der Funkentelegraphie am Feind und die Ausbildung der U-Boote im Angriff auf Geleitzüge richtig waren."

Der Erfolg am Konvoi HX 72 war groß gewesen. Aber es sollte nur knapp ein Monat vergehen, bis dieser Kampf von einer anderen Operation weit in den Schatten gestellt wurde, von einer Geleitzugschlacht, die als die „Nacht der langen Messer" in die U-Boot-Geschichte eingegangen ist.

Diese „Nacht der langen Messer", die aus drei nächtlichen Einsätzen eines U-Boot-Rudels bestand, sollte als die erste große Rudelschlacht des U-Boot-Krieges überhaupt in die Kriegsgeschichte eingehen.

Am 1. September 1940 übersiedelte die Operationsabteilung des Befehlshabers der U-Boote von Sengwarden nach Paris. Die Übersiedlung erfolgte, weil alle Befehlsstellen der Marine für die „Operation Seelöwe" in Paris zusammengefaßt werden sollten.

Am Bois de Boulogne, auf dem Boulevard Suchet, richtete sich die Operationsabteilung in einem schmalen vierstöckigen Etagenhaus ein, das die Hausnummer 18 trug. Es war ein Privathaus. Die Räumlichkeiten reichten gerade aus, um alle Angehörigen der Operationsabteilung, einschließlich des Wachpersonals und der Funkstelle, aufzunehmen. Alle privaten Schränke in diesem Haus wurden versiegelt, und keines dieser Siegel wurde jemals erbrochen. Für den BdU und seinen Stab war es selbstverständlich, fremdes Privateigentum zu achten.

Von hier aus leitete nun der „Große Löwe" die Operationen seiner U-Boote. Hierher kamen die Kommandanten nach ihren Feindfahrten, um dem BdU anhand ihres Kriegstagebuches Bericht zu erstatten. Hier erhielten auch Oberleutnant z. See Endrass am 5. September 1940, Kapitänleutnant Günther Kuhnke am 19. September 1940 und Kapitänleutnant Joachim Schepke am 29. September 1940 aus der Hand von Dönitz das Ritterkreuz.

Jeden Morgen um 09.00 Uhr hielt Korvettenkapitän Werner Hartmann im Lagezimmer Vortrag. Derselbe Hartmann, der bereits am 9. Mai 1940 als vierter U-Boot-Kommandant das Ritterkreuz erhalten hatte und der nun als A-1 * die Ereignisse des Vortages, der vergangenen Nacht und die letzten Meldungen der in See stehenden Boote zusammenfaßte.

Hier arbeitete und überlegte täglich der Befehlshaber der U-Boote die Situation und versuchte, mit seinem Chef des Stabes und dem A-1 die richtige Position für die Aufstellung der U-Boote zu finden. Es waren ständig zu wenig Boote. Wenn Dönitz jetzt die Boote zur Verfügung gehabt hätte, die er schon vor Jahren für einen erfolgreichen U-Boot-Einsatz als unumgänglich notwendig bezeichnet hatte — wenn, ja, wenn...

Die Überlegung, wie die Zahl der Frontboote schnellstmöglich erhöht werden könnte, bewegte Vizeadmiral Dönitz ohne Unterlaß. In seinem Arbeitszimmer ebenso wie im Lagezimmer oder bei den Morgenspaziergängen mit seinem Flaggleutnant im Bois du Boulogne.

Im Oktober übersiedelte die Operationsabteilung endgültig an die Westküste Frankreichs. Dönitz wollte seinen U-Boot-Stützpunkten näher sein. Und da nun nichts mehr diesem Wunsch entgegenstand (die „Operation Seelöwe" — die Invasion Englands also — war abgeblasen worden), bezog der BdU mit dem gesamten Stab in Kernevel, nahe Lorient, die leerstehende Villa eines französischen Sardinen-Fabrikanten. In den Nebengebäuden wurden die Funkstelle, die Fernschreiber, die Unterkünfte und die Messen, das Lagezimmer und die Kantine eingerichtet.

Die Villa lag inmitten eines alten Parks mit hohen Bäumen dicht am Wasser. Von hier aus konnte der Admiral direkt auf die See blicken und schnell an der Pier sein, sooft U-Boote in Lorient einliefen. Von hier aus wurde auch die „Nacht der langen Messer" vorbereitet.

Es war U 48 unter Kapitänleutnant Heinrich Bleichrodt — er hatte das Boot von „Vaddi" Herbert Schultze übernommen —, das in der Nacht zum 16. Oktober nordwestlich von Rockall Bank einen Geleitzug sichtete und sich anhängte.

---

* = 1. Admiralstabsoffizier. Siehe Anlage: „Die Operationsabteilung des Befehlshabers der U=Boote".

*Ein deutsches U-Boot während der Kämpfe des
Jahres 1942 in den Weiten des Atlantik.*

Peter-Erich Cremer (links), Kommandant von U 333, und Oberleutnant (Ing.) z. See Spangenberg in der Zentrale ihres Bootes.

U 333, das Boot der Kleinen Fische, ist nach schweren Kämpfen mit völlig durchlöchertem Turm von Feindfahrt zurückgekehrt.

Auf diese Sichtmeldung hin setzte der BdU fünf Boote, die in der Nähe standen, auf den Geleitzug an: U 46 (Endrass), U 99 (Kretschmer), U 100 (Schepke), U 101 (Frauenheim) und U 123 (Moehle).

Doch U 48 wurde von einem der Geleitzerstörer gesichtet und gejagt. Kapitänleutnant Bleichrodt, ein erfahrener Kommandant, der seit Juli U 48 führte und vorher als Em-O- und Rollenoffizier auf der „Admiral Hipper" gedient hatte, wurde abgedrängt und schließlich unter Wasser gedrückt. Er verlor nach stundenlanger Wabo-Verfolgung die Fühlung am Geleitzug.

Sofort nach dem Wiederauftauchen machte er Meldung, und Admiral Dönitz errichtete mit allen seinen verfügbaren Booten erheblich weiter ostwärts in einem Gebiet, in das der Geleitzug auf seinem Weg nach England noch nicht gelangt sein konnte, einen neuen Vorpostenstreifen. Dieser Suchstreifen wurde senkrecht von Norden nach Süden zur Vormarschrichtung des Konvois aufgestellt, so daß der Konvoi ihn unter keinen Umständen ungesehen passieren konnte.

Mit Beginn der Morgendämmerung des 18. Oktober sollten alle Boote auf ihren Positionen stehen. Am Nachmittag dieses Tages erreichten die Spitzenschiffe des Geleitzuges den U-Boots-Streifen. Es war der aus Sidney in Neu-Schottland kommende Konvoi SC 7.

Der Kampf konnte beginnen. Es wurde ein langer, tödlicher Kampf. Ein Duell der U-Boote gegen Schiffe und Bewacher, wie ihn die See noch niemals vorher gesehen hatte.

U 99 unter Kapitänleutnant Kretschmer sollte am Freitag, dem 13. Oktober, zu neuer Feindfahrt auslaufen. Es war die vierte Feindfahrt dieses Bootes. Von der Besatzung darum gebeten, wandte sich Obersteuermann Petersen, einer der Getreuen des Kommandanten, an den Kapitänleutnant und bat ihn, das KTB erst am Sonnabend, dem 14. Oktober, zu beginnen, weil die Besatzung den unheilvollen Freitag fürchtete. Lassen wir an dieser Stelle Terence Robertson* das Gespräch wiedergeben:

„Petersen, Sie sind doch ein nüchterner Mann. Erstaunlich, daß Sie solchen abergläubischen Unsinn glauben."

„Unsinn hin, Aberglauben her, Herr Kaleunt. Es gibt Beispiele genug, daß Schiffe, die an einem Freitag in See gingen, von Pech und Unglück verfolgt wurden."

---

* = In: „Der Wolf im Atlantik"

„Aber der BdU ist schließlich selbst ein alter Seemann. Wenn er sich solchen Aberglauben zur Regel gemacht hätte, würde er nie das Auslaufen an einem Freitag befehlen, und dazu noch an einem 13."

„Das wird er auch nicht. Den Termin haben irgendwelche Stabshengste ausgearbeitet. Ich bin davon überzeugt, daß der ‚Große Löwe' seine Männer versteht, wenn sie Angst haben."

„Also haben auch Sie Angst, Petersen?"

„Jawohl, auch ich habe Angst!"

„Hm, das ist sehr mutig von Ihnen. Sie sind hier an Bord der dienstälteste Oberfeldwebel, Petersen, und ich darf von Ihnen erwarten, daß Sie Ihren Männern in allen Lagen ein Vorbild sind. Reden Sie also den Männern diesen Unsinn aus. Es bleibt bei dem vom BdU gegebenen Auslaufbefehl."

Daß es dann doch nicht dabei blieb, lag daran, daß der LI schließlich einen Defekt im Maschinenraum meldete, der das Auslaufen um einige Stunden verzögerte.

Es war gewiß kein Zufall, daß ausgerechnet fünf Minuten nach Mitternacht die Behebung des Schadens gemeldet wurde. Otto Kretschmers einziger Kommentar dazu war:

„Prima hingekriegt! Dagegen kämpfen selbst Götter vergebens."

In den frühen Morgenstunden des 17. Oktober — das Boot stand schon drei Tage in See — nahm auch der Funkmaat von U 99 die Meldung von U 48 auf, das den SC 7 gesichtet hatte.

U 99 erreichte den vom BdU befohlenen Vorpostenstreifen gerade noch rechtzeitig. U 46 stand schon am Geleit. Binnen weniger Stunden gewannen am Nachmittag des 18. Oktober insgesamt neun Boote Fühlung am SC 7. Außer den fünf vorher genannten waren es noch U 38 (Liebe), U 28 (Kuhnke), U 93 (Korth) und U 47 (Prien).

Gegen Abend — es war noch hell — stieß U 99, das auf Kollisionskurs mit dem gemeldeten Konvoi gedreht hatte, auf ein Kameradenboot. Es war U 100. Auf dem Turm stand schon Kapitänleutnant Schepke mit der Flüstertüte bereit. Nach kurzem Meinungsaustausch trennten sich beide Boote wieder. Wenig später fing U 99 eine Sichtmeldung von U 101 auf, und als es dunkel wurde, sichtete auch die Brückenwache auf U 99 Mastspitzen.

„Boot greift an!"

U 99 stieß in die Flanke des Konvois vor. Kapitänleutnant Kretschmer zählte drei Zerstörer und mehrere kleinere Sicherungsfahrzeuge.

„Wir nehmen das Flügelschiff der Steuerbordkolonne!" befahl er.

Als das Boot eben den richtigen Vorlauf gewonnen hatte, blies auf der anderen Seite des anvisierten Schiffes eine Torpedodetonation in den Nachthimmel empor. Ein Kameradenboot war U 99 zuvorgekommen. Mit diesem ersten Torpedotreffer hatte die „Nacht der langen Messer" begonnen.

Wenig später traf U 99 auf U 123. Als beide Boote das ES ausgetauscht hatten, tauchte ein Zerstörer auf, der mit Höchstfahrt auf sie zulief.

Kapitänleutnant Moehle ließ U 123 tauchen, während Kretschmer ablaufen ließ. Zwei Stunden dauerte es, bis U 99 wieder an das Geleit herankam. In der Zwischenzeit hatten bereits sieben andere Boote am Geleit Erfolge errungen.

U 99 jagte zwischen zwei Zerstörern der Sicherung hindurch in den Konvoi hinein. Die Nacht war klar und wolkenlos. Dennoch ging der erste Schuß, den U 99 abgab, fehl. Er traf jedoch einen anderen Dampfer. Geben wir an dieser Stelle Otto Kretschmer das Wort, wie er die Ereignisse der folgenden Stunden in der knappen Sprache seines KTB wiedergibt:

„18. Oktober 1940

23.30 Uhr: Ich greife nun den rechten Flügel des vorletzten Gliedes an. Bugschuß auf großen Frachter. Da der Dampfer zuzackt, geht der Torpedo vorn vorbei und trifft dessen noch größeren Nebenmann nach einer Laufstrecke von 1740 Meter. Dieses Schiff, etwa 7000 BRT groß, wird in der Höhe des vorderen Mastes getroffen und sinkt mit dem Vorschiff schnell bis zur und unter die Wasseroberfläche, da anscheinend zwei Laderäume vollaufen.

23.55 Uhr: Bugschuß auf großen Frachter, etwa 6000 BRT, Entfernung 750 Meter. Treffer vorderer Mast. Der Torpedodetonation folgt unmittelbar eine durch eine hohe Stichflamme begleitete Explosion, die das Vorschiff bis zur Brücke aufreißt und deren Qualmwolke etwa 200 Meter hoch steht. Vorschiff anscheinend gebrochen. Schiff brennt weiter mit grünlicher Flamme.

19. Oktober 1940,

00.15 Uhr: Drei Zerstörer nähern sich dem Schiff und suchen in Dwarslinie die Umgebung ab. Ich laufe mit äußerster

Kraft ab nach Südwest und gewinne bald wieder Anschluß an den Geleitzug. Es sind dauernd Torpedodetonationen anderer Boote zu hören. Die Zerstörer wissen sich nicht zu helfen und schießen dauernd zu ihrer Beruhigung Leuchtgranaten, die aber in der hellen Mondnacht nicht viel ausrichten. Ich fange nun an, den Geleitzug von achtern abzubauen.

01.38 Uhr: Bugschuß auf großen, tiefbeladenen Frachter von etwa 6000 BRT, Entfernung 945 Meter. Treffer am vorderen Mast. Schiff sinkt in der Detonation.

01.55 Uhr: Bugschuß auf den nächsten großen Dampfer von etwa 7000 BRT. Entfernung 975 Meter. Treffer am vorderen Mast. Schiff sinkt innerhalb von 40 Sekunden."

Soweit das Kriegstagebuch Kretschmers.

Wie dieser Kampf nun von der Besatzung gesehen wurde, in welchem Zusammenhang er zur Gesamtschlacht stand und welche Erfolge dem Boot noch beschieden waren, sei im folgenden wiedergegeben:

Der Torpedo von U 99 traf die „Empire Miniver" (6055 BRT) tödlich. Eine halbe Minute darauf war dieses Schiff von der Wasseroberfläche verschwunden. Wenige Minuten später brandeten auf der anderen Seite des Konvois zwei Torpedodetonationen durch die Nacht. Der Geleitzug legte einen Zack von 90 Grad ein, und U 99 machte diese Bewegung sofort mit. Das Boot lief nun mitten in einer der Kolonnen des Geleites. Ein Dampfer sichtete das Boot und drehte zum Rammstoß auf U 99 ein. Als U 99 wegdrehte, begann der Dampfer aus seiner Kanone zu feuern. U 99 ließ sich achteraus sacken und machte einen Torpedo auf das Schlußschiff dieser Gruppe los. Doch das Schiff drehte und wich dem Torpedo aus, der die zweite Kolonne erreichte und hier die „Empire Brigade" (5154 BRT) traf. Sie brach mittschiffs durch und sank fast ebenso schnell wie die „Empire Miniver".

„Wir brechen durch die entstandene Lücke in die Geleitnachhut ein und dampfen von achtern auf!" rief Otto Kretschmer seinem I. WO, Oberleutnant z. See Bargsten, zu, der mit Oberfähnrich Elfe hinter ihm stand.

Mit AK und dann mit dreimal AK holte U 99 schnell auf, und wenige Minuten vor Mitternacht wurde die „Boekolo" (2118 BRT) von einem Torpedo von U 99 in Brand geschossen und sank ebenso schnell wie die beiden Schiffe vorher.

Mit AK schob sich U 99 weiter vor und lag nun dicht hinter der dritten Dampferkolonne. Drei Zerstörer suchten in der Nähe des versenkten Dampfers nach Überlebenden.

Knapp eine Stunde nach Mitternacht, man schrieb schon den 19. Oktober, schoß U 99 einen Torpedo auf einen großen Frachter. Der Torpedo verschwand spurlos. Aber das nächste Schiff, das von einem Einzelschuß getroffen wurde, kenterte und sank. Wenige Minuten später drehte ein kleiner Dampfer direkt auf U 99 ein. Der schnell geschossene Torpedo riß diesem Dampfer das Heck weg. Während das Vorschiff der „Fiscus" sank, schwamm das Heck noch einige Zeit oben. Wenig später riß ein Torpedo ein weiteres Schiff, die „Thalia", in Stücke. Eine Minute nach dem Treffer war auch sie von der See verschwunden.

Während nun alle Bewacher Leuchtgranaten schossen und Wabos warfen, während auch auf der anderen Flanke des Konvois Wasserbomben detonierten und Kameradenboote gejagt wurden, gelangte U 99 noch einmal in Schußposition. Aus einer Entfernung von nur 300 Meter traf sein Torpedo die „Shekatika".

Aber noch hatte U 99 weitere Torpedos. In den Pausen zwischen den Angriffen hatte die Freiwache mit den Torpedomixern die leergeschossenen Rohre so weit wie möglich nachgeladen. Während vorn, an der Geleitzugspitze, noch immer Geschütze brüllten und Granaten auf deutsche U-Boote geschossen wurden, griff U 99 wieder an. Sein Torpedo traf die „Sedgepool" 40 vorn. Das Schiff machte weiter Fahrt, doch der Bug sackte tiefer und tiefer in die See hinunter, und der Dampfer brach schließlich mit einem gewaltigen Getöse auseinander. Als letztes Schiff geriet die 3106 BRT große „Clintonia" in den Bereich der tödlichen Waffen von U 99.

Jetzt hatte das Boot sich verschossen. Als in diesem Augenblick von der anderen Seite des Frachters Geschützfeuer herüberbellte und die ersten Granaten nur wenige Meter von U 99 ins Wasser schlugen, lief es schnell ab. Dabei beobachtete Kretschmer ein anderes deutsches Boot, das das Feuer auf den Dampfer eröffnete, um ihn zum Sinken zu bringen. Es war U 123.

Insgesamt wurden aus dem SC 7 siebzehn Schiffe herausgeschossen, davon allein acht durch U 99. Die übrigen von U 47, U 100 und den anderen Booten.

Am frühen Morgen des 19. Oktober traten U 99, U 101 und U 123 den Rückmarsch an. Sie hatten alle Torpedos verschossen und waren vom BdU zurückbeordert worden. Die übrigen Boote blieben am Feind, und noch am gleichen Morgen bekam U 47 unter Kapitänleutnant Prien westlich der Rockall Bank Fühlung mit einem weiteren Geleitzug, der nach England ging. Von der Operationsabteilung wurden noch U 100, U 46 (Endrass), U 48 (Bleichrodt), U 38 (Kapitänleutnant Liebe) und U 28 (Kapitänleutnant Kuhnke) angesetzt. Allerdings war es ungewiß, ob U 28 noch rechtzeitig im Operationsgebiet eintreffen würde. Am späten Abend des 19. Oktober meldeten alle Boote — außer U 28 — Fühlung am Konvoi HX 79. Die „Nacht der langen Messer" ging weiter.

Diesmal war es finster. Es regnete, die Sicht für U-Boote war günstig, und so griffen sie alle an, so gingen sie ran und versenkten. Nun war auch ihre Zeit gekommen. Die Zeit der Prien, der Schepke, der Liebe, Endrass und Bleichrodt.

„Den wievielten haben wir denn heute, Dittmer?"

Kapitänleutnant Korth war aus seiner Kammer durch das Kugelschott in die Zentrale gekommen, wo der Bootsmannsmaat, die Seemännische Nummer Eins auf U 93, dabei war, den gelaufenen Kurs einzutragen.

„Den 16. Oktober, Herr Kaleunt."

„Danke, Dittmer. Hoffentlich kriegen wir heute einen Geleitzug zu Gesicht."

„Schön wär's, Herr Kaleunt!"

Leutnant z. See (Ing.) Claasen, der LI des Bootes, lächelte knapp. Er gab dem Kommandanten die Trimmgewichtsrechnung, die eben gemacht worden war.

„Dann wollen wir mal!"

Als sich Klaus Korth eben dem Niedergang zuwandte, hörte er schon die Stimme vom I. WO, Oberleutnant Frhr. von Tiesenhausen:

„Kommandant auf die Brücke!"

„Aufwärts!" rief er und enterte auf, um mit geübtem Schwung durch das Turmluk auf die Plattform zu gelangen.

„Was ist los?"

„Geleitzug, Herr Kaleunt!" meldete von Tiesenhausen.

„Menschenskinder, das ist ja ein toller Anblick!" sagte der junge Kommandant, den alle Kameraden als „Kläuschen" kannten. „Mindestens dreißig Schiffe und ein paar Zerstörer als Bewacher!"

Es war der Konvoi SC 7, der von Sidney (Neuschottland) nach England lief.

„Fühlunghaltermeldung an BdU!"

Die Meldung ging hinaus, und auch Oberfunkmaat Kassel von U 99 nahm den FT-Spruch auf, mit dem die Stärke des Geleitzuges seine Position und der gesteuerte Kurs gemeldet wurden. Sofort ließ Kapitänleutnant Kretschmer den Kurs seines Bootes umlegen, um ebenfalls auf diesen Konvoi zu operieren.

Am Nachmittag gewann U 93 den zum Schuß nötigen Vorlauf und tauchte, um im Unterwasserangriff an den Konvoi 'ranzugehen. Doch wenig später erkannte der Kommandant durch das Sehrohr, daß der Konvoi plötzlich einen Zack nach Norden machte und sich mit jeder Schraubenumdrehung weiter von U 93 entfernte. Außer Sichtweite des Gegners tauchte U 93 wieder auf und jagte mit AK hinter dem Konvoi her.

In der Nacht war U 93 nahe genug herangekommen. Gegen Mitternacht gelang es Korth, den Bewachergürtel zu durchbrechen. Ein Schiff von 7000 BRT wurde anvisiert. Aus nur 600 Meter Abstand fiel der Schuß.

„Treffer Mitte!" berichtete Klaus Korth ins Boot, als er die Detonationssäule aufblasen sah. Zwei Minuten später explodierte die Kesselanlage des Dampfers, der zerbrach und sehr schnell sank.

Die Folge war ein einziges Feuerwerk aus Leuchtraketen. Alle Dampfer betätigten die Sirenen. Als eben der zweite Torpedo — auf ein Schiff von 7000 BRT geschossen — das Rohr verließ, wurde U 93 von dem angegriffenen Dampfer erkannt. Der Gegner schlug einen Haken und entkam dem Torpedo.

U 93 ließ sich achteraus zurücksacken. Im gleichen Moment krachte in der Dampferkolonne eine Torpedodetonation auf. War das der vorbeigeschossene Aal?

Als das Boot die Untergangsstelle des ersten Dampfers erreicht hatte, traf es auf ein Rettungsfloß, auf dem einige Männer der Besatzung der „King Robert" hockten, die der Torpedo zerrissen hatte.

In diesem Augenblick meldete Bootsmaat Dittmer einen Bewacher, der in schneller Fahrt von achtern aufdampfte. Mit AK setzte sich U 93 ab. Das Kanonenboot stürmte hinter dem U-Boot her. Zwei Minuten später flitzte die erste Granate über den Turm des U-Bootes hinweg. Der nächste Einschlag lag 50 Meter vor seinem Bug.

„Alarm! Schnelltauchen!"

Binnen einer halben Minute war U 93 verschwunden.

„Hat uns im Asdic!"

Das Pinken der Ortung war deutlich zu vernehmen. Gleich darauf wurde das Boot von einer Serie von Detonationen erschüttert. Mit schnellen Ruderkorrekturen und wechselnden Fahrtstufen gelang es Kapitänleutnant Korth, den Gegner abzuschütteln und auf dem Generalkurs des Geleitzuges weiterzulaufen.

U 93 tauchte bald wieder auf. Korth ließ die Rohre nachladen. Mit AK knüppelte er hinter dem Gegner her und erreichte ihn im Morgengrauen. Schnell wuchsen Schornstein und Brücke aus dem diffusen Licht.

„Dampfer kommt auf Gegenkurs, Herr Kaleunt."

„Hm, sieht so aus! — Nein, der liegt gestoppt, Barber."

Der Stabsobersteuermann wiegte zweifelnd den Kopf.

„Eine Lockente, Herr Kaleunt?"

„Trotzdem Angriff!"

Wenig später wurde auch das Kanonenboot wieder gesichtet, das den gestoppten Dampfer umkreiste.

Im Unterwassermarsch lief U 93 in günstige Schußposition. Der Torpedo traf den Dampfer unter der Brücke. Wie von einer Riesenfaust geschüttelt, bäumte sich das Schiff auf und ging dann schnell auf Tiefe.

Das Kanonenboot, verstärkt durch ein Sunderland-Flugboot, griff an. Wasser- und Fliegerbomben detonierten nahe bei U 93. Das Licht fiel aus. Wasserstandsgläser zerknallten. Unter der Leitung von Leutnant z. See (Ing.) Claasen wurden alle Schäden exerziermäßig behoben.

Drei Stunden später war der Gegner abgeschüttelt. Aber bei Einbruch der Dunkelheit, als U 93 wieder Fühlung aufnehmen wollte, tauchte das Kanonenboot abermals auf. Es gelang, ihm aus dem Weg zu gehen. Doch war damit auch der Angriff auf den SC 7 zu Ende. U 93 kam nicht mehr heran. Dennoch hatte das Boot seinen Beitrag zur „Nacht der langen Messer" geleistet.

U 47 hatte nach seinem ersten Festmachen in Lorient nur elf Tage Zeit bis zum nächsten Auslaufen gehabt. Das Wetter war diesmal regnerisch. Es briste aus Südosten, die tiefhängenden Wolken ließen keinen Sonnenstrahl durch.

Das Boot befand sich noch auf dem Marsch in das zugewiesene Operationsgebiet, als die Brückenwache am Morgen des 19. Oktober einen Geleitzug sichtete. Als die ersten Dampfer in Sicht kamen, wurde der Kommandant auf den Turm gerufen. Günther Prien enterte auf. Sein erster Blick fiel auf einen Zerstörer.

„Alarmtauchen!" befahl er.

Binnen weniger Sekunden war der Turm geräumt. Als der Kommandant das Turmluk dichtgedreht hatte, kippte U 47 schon an.

„Auf Sehrohrtiefe gehen, Bothmann!"

Der LI führte den Befehl sofort aus. Schon saß Günther Prien oben im Turm im Sattelsitz des Angriffssehrohrs. Neben ihm lehnte der I. WO, Oberleutnant z. See von Varendorff. Er war als einziger Offizier des Bootes auch schon beim Unternehmen in Scapa Flow an Bord gewesen.

Neu zugestiegen auf U 47 war als II. WO Oberleutnant z. See Sander. Leutnant z. See Stephan befand sich auf seiner ersten Feindfahrt mit U 47. Einer der alten Garde von Scapa Flow war Obersteuermann Samann, der damals als Steuermann dabeigewesen war und nun mit List und Tücke wieder auf U 47 angeheuert hatte. Und nicht zuletzt genannt sei Zentrale-Obermaschinist Böhm, auch von der alten Scapa-Mannschaft; auch er ein Fels der Zuversicht und Ruhe. Das waren die Männer, die ihre Mannschaften mitrissen und Erfolge möglich machten, weil man sich hundertprozentig auf sie verlassen konnte.

Prien sah durch das Sehrohr, daß zwei weitere Zerstörer herankamen. Nun waren es also drei Zerstörer, die den Schutz des Geleitzuges übernahmen. Mit leiser Stimme berichtete Prien seiner Besatzung, was er beobachtete.

„Schiffe haben Wimpel gesetzt", sagte er gerade. „Der große Zerstörer setzt auch ein Signal. Der ganze Verein schwenkt auf Ostkurs. Mindestens fünfunddreißig Schiffe. Vielleicht auch vierzig."

„Dann haben wir ein Geleit, Herr Kaleunt."

„Bestimmt, Varendorff. Und jetzt werden wir raken, vorher aber noch dem ‚Großen Löwen' Bescheid geben."

Sobald er es wagen konnte, ließ Kapitänleutnant Prien auftauchen und seinen FT-Spruch an den BdU durchgeben.

Der BdU setzte alle verfügbaren Boote zur Rudelschlacht an.

Am frühen Abend des 19. Oktober hatte U 47 den Konvoi gerade noch schwach in Sicht. Als die Dämmerung einfiel und der Nordhorizont sich schnell verdunkelte, verlor das Boot die Fühlung. Dann begann es wieder zu regnen. Diesmal prasselte es wie aus Eimern herunter.

Mit AK klotzte U 47 hinter dem Geleit her. Die Westdünung hob das Boot immer wieder auf die Rücken der langen Roller empor. Tief stieß der Bug in die See hinunter. Oberleutnant von Varendorff hatte eben die Wache übernommen, als er eine Detonation in der Richtung des Geleitzuges entdeckte.

„Da schießt schon einer!" rief er halblaut.

„Tatsächlich!" sagte Prien.

Unverkennbar war weiter vorn eine Torpedodetonation aufgestiegen. Wenig später blies die zweite Torpedodetonation empor, und jetzt konnten alle Männer auf dem Turm von U 47 auch die ersten Dampfer sehen. Zwei davon waren gestoppt liegengeblieben.

„Boot greift die Steuerbordkolonne an!" befahl Prien.

U 47 schob sich in den Konvoi hinein. Ein Zerstörer hetzte gut eine Seemeile entfernt mit schäumender Bugwelle am Boot vorbei nach vorn. Breitbeinig stand von Varendorff hinter der aufgesetzten UZO, die nun ebenso mit der Rechenanlage im Turm verbunden war wie das Angriffssehrohr.

„Nehmen Sie den von 5500 Tonnen zuerst! Auf den vordersten Mast abkommen, Varendorff. Dann den dahinter marschierenden Dampfer, und als dritten den weiter an Backbord stehenden Tanker. Der hat bestimmt seine 8000 Tonnen."

Alle Rohre waren klar zum Schuß. Jeder Mann der Besatzung wartete auf den nächsten Befehl, und jeder wußte, wie er lauten würde.

„Hartlage! — Hartlage!" meldete der Zielgeber.

„Jetzt schießen, Eins Null!"

„Rohr I — lllos!"

Zischend jagte die Preßluft den Ausstoßkolben nach vorn, der den Torpedo aus dem Rohr stieß. Das Boot ruckte etwas an, doch der Zentrale-Maat flutete sofort die Ausgleichstanks, damit das Boot wieder in Trimm kam.

„Torpedo läuft!" meldete Torpedomaat Tewes.

Schon drehte U 47 auf den nächsten Gegner ein. Mit einer mächtigen Explosion traf der erste Torpedo den angerichteten Dampfer mittschiffs.

„Auf Bewacher achten!" befahl Prien.

Weithin leuchtende Brände zeigten an, daß alle Boote, die auf diesen Geleitzug angesetzt waren, auch zum Schuß gekommen waren.

„Doch lieber erst den Tanker, Varendorff!" sagte Prien.

Die Tankersilhouette schob ich ins Visier.

„Zerstörer Steuerbord querab!" meldete der steuerbordachtere Ausguck in diesem Augenblick.

„Schießen, Varendorff!"

80

Der Torpedomaat im Bugraum starrte auf die Signaltafel der elektromagnetischen Abfeuerungsschalter. Tewes verließ sich nicht ausschließlich auf die Technik. Er hatte auch die Hebel der Handabfeuerung entsichert. Die Stoppuhr in der Linken, wartete er auf das Feuerkommando. Da kam der Befehl:

„Rohr III — llos!"

Die elektrische Abfeuerung klappte, dennoch hatte Tewes auch auf die Handabfeuerung geschlagen und gleichzeitig den Knopf der Stoppuhr gedrückt.

Jetzt gab Günther Prien erst den Befehl, mit Hartruderlage vor dem Zerstörer nach Backbord abzudrehen.

„Mittschiffs!" befahl er, als der Bug seines Bootes genau in die Lücke zwischen den beiden zunächst stehenden Schiffskolonnen zeigte.

„Mit dem Kurs jagen wir genau in das Geleit hinein, Herr Kaleunt!"

„Das wollen wir auch, Varendorff."

Mit fahlschimmernder Bugsee lief der Zerstörer inzwischen durch die See. Sein Kurs lag in Lage Null zu U 47.

Mit wuchtigem Detonationsschlag ging der Torpedo mittschiffs am Tanker hoch. Die grelle Feuersäule peitschte gen Himmel und sackte dann wieder in sich zusammen. Der Zerstörer legte einen Zack ein und hielt auf den stoppenden Tanker zu.

„Dort der Dicke, Varendorff! Der ist genau unsere Kragenweite!"

„Steht sehr weit ab, Herr Kaleunt."

„Wenn er nicht wegzackt, kriegen wir ihn bestimmt."

Zwei Minuten später blies auch bei dem 7000-Tonner die Detonationswolke empor, während schon aus der Zentrale die Meldung heraufkam, auf die sie warteten:

„Tanker ist nach dem Schlauen Buch vom Typ ‚Imperial Transport'. Er hat 8000 Tonnen."

Der vierte Bugrohrtorpedo wurde auf einen weiteren Dampfer geschossen.

„Torpedo läuft!" meldete der Horchraum. Doch Günther Prien und auch die anderen Männer hörten, daß der Torpedo im Rohr steckengeblieben war und dort zu surren begonnen hatte. Durch schnelle Trimmbewegungen gelang es zwei Minuten später, den Aal auszustoßen. Die Gefahr war gebannt.

„Frage Rohr I!" rief Prien durch die Sprechverbindung zum Bugraum hinunter, wo die Männer dabei waren, die leergeschossenen Rohre nachzuladen.

„Rohr I ist soeben nachgeladen, Herr Kaleunt!"

„Dann können wir ja wieder!"

Die Nacht schien tobsüchtig geworden zu sein. Von allenthalben schrien die getroffenen Schiffe über Funk den Notruf durch die Nacht, der alle anderen Kapitäne erzittern ließ:

„SSS — SSS — SSS!"

Und dieser Ruf war nichts anderes als die dreifache Wiederholung eines magischen, gefährlichen Wortes:

„Submarine — Submarine — Submarine!"

„Laufzeit ist um!" meldete die Nummer Eins.

„Ist vorbeigegeigt, Varendorff. Schade."

Leuchtgranaten schießend und mit AK hin und her flitzend, versuchten die Zerstörer, das Rudel Grauer Wölfe, das „Wolfspack", zu erwischen. Wasserbomben krachten. Der zweite Teil der „Nacht der langen Messer" war in vollem Gang.

Torpedo nach Torpedo verließ die Rohre der angreifenden U-Boote. Alle kamen zum Schuß, alle verbuchten Versenkungserfolge.

Als kompakter weißglühender Feuerball stand der von U 47 getroffene 8000-Tonnen-Tanker in grellen Flammen. Mit wuchtigen Schlägen platzte ein anderer Dampfer, der Munition geladen hatte, stückweise auseinander. Die Eruptionen schleuderten Granaten durch die Luft, so daß die See im Umkreis von einer Meile von den niedergehenden Einschlägen aufgischtete. Und ein Dampfer nach dem anderen sank kurz vor Erreichen des Bestimmungshafens.

Um U 47 zogen die Parabeln der Leuchtgranaten schmale Streifen durch den Nachthimmel. Leuchtfallschirme erhellten die See. Der Torpedomaat meldete Rohr II und III klar. Wieder griff U 47 an.

Grünsilbern fiel Mondlicht durch die aufgerissenen Wolken. Der Dampfer, auf den es U 47 abgesehen hatte, feuerte rote Sterne.

„Er hat uns gesichtet, Herr Kaleunt!"

„Sieht so aus. — Rohr II — llos!"

„Oberflächenläufer. — Da zackt er weg, der Himmelhund!"

Fast sah es so aus, als würde der Torpedo sein Ziel nicht erreichen. Sie sahen die helle Blasenbahn mit beinahe 40 Knoten durch die See zischen. Plötzlich zackte der Aal in die entgegengesetzte Richtung, und dann blies doch noch am Heck des ständig Rotsterne schießenden Dampfers die Detonation empor.

„Getroffen, getroffen!"

Genau sieben Minuten später traf der nächste Torpedo einen Dampfer von 5000 BRT. Wieder war die gesamte Chargierung verschossen. Eineinhalb Stunden dauerte es, bis die Mixer mit ihren Helfern die Rohre nachgeladen hatten. Sie hatten es in Rekordzeit geschafft.

Nun drehte U 47 wieder zum Angriff auf den Konvoi ein. Prien ließ auf zwei überlappende Schiffe schießen. Das vorderste, ein Viertausendtonner, blieb nach dem Treffer gestoppt liegen. Der nächste Torpedo wurde ein Fehlschuß, weil der anvisierte Dampfer jäh mit der Fahrt herunterging. Dann aber tauchte ein ungefüger niedriger Schatten auf.

„Tanker, Herr Kaleunt. Vom Typ ‚Danmark', hat mindestens 9000 Tonnen."

„Rohr IV fertig?"

„Rohr klar!"

Der Tanker füllte die gesamte Zieloptik aus. Oberleutnant z. See von Varendorff sah die Brücke einwandern. Dann drückte er den Abfeuerknopf, und der Torpedo rauschte dem riesigen Gegner entgegen.

Mittschiffs am Tanker stieg genau nach Ablauf der geschätzten Schußzeit die Trefferfontäne wie ein riesiger Walspout empor.

„Zerstörer von Backbord!"

„Zerstörer von achtern aufdampfend, in Lage Null!"

„Beide dreimal AK! – Steuerbord zehn!"

U 47 wurde schneller und schneller. Hinter und neben dem Boot krachten Wasserbomben dröhnend durch die Nacht. Leuchtgranaten blitzten. Aber U 47 hatte schon die schützende Finsternis erreicht.

„Boot ist leergeschossen, Herr Kaleunt!"

Zehn Minuten später tastete der Funkmaat den Spruch von U 47 an den Großen Löwen.

„An BdU: Aus Geleit acht Schiffe, 50 500 BRT. Verschossen!"

Und es dauerte auch nicht lange, bis die Antwort des BdU eintraf:

„Gut gepaukt! Rückmarsch!"

Am Nachmittag dieses Tages nahm der Funkmaat von U 47 einen neuen Funkspruch des BdU auf:

„Kapitänleutnant Günther Prien wird als fünftem Soldaten der Wehrmacht und als erstem U-Boot-Kommandanten das Eichenlaub zum Ritterkreuz des Eisernen Kreuzes verliehen."

Als erster U-Boot-Kommandant hatte Günther Prien über 200 000 BRT feindlichen Schiffsraumes versenkt. Bereits am 23. Oktober lief U 47 in Lorient ein.

Die „Nacht der langen Messer" war zu Ende. Aus dem SC 7 waren 17 Schiffe versenkt worden. Der HX 79 hatte 14 Schiffe verloren, und schließlich waren diejenigen Boote, die sich noch nicht verschossen hatten, in der Nacht zum 20. Oktober auf den von England kommenden HX 79 A gestoßen und hatten aus ihm ebenfalls 7 Schiffe versenkt.

So wurden innerhalb von knapp drei Tagen in gemeinsamen Rudelangriffen von insgesamt 8 Booten 38 Schiffe versenkt.

In seinem Kriegstagebuch zog der BdU am 20. Oktober nachmittags folgende Schlüsse aus der „Nacht der langen Messer":

1. Die Operationen bewiesen, daß das seit 1935 der Entwicklung der U-Boot-Taktik und der Ausbildung zugrunde liegende Prinzip richtig ist, der Konzentration in Geleitzügen eine Konzentration der U-Boot-Angriffe entgegenzusetzen. Diese Konzentration wurde ermöglicht durch die Entwicklung der Nachrichtenmittel.

2. Die Durchführung derartiger Angriffsoperationen ist nur möglich mit gründlich hierfür geschulten Kommandanten und Besatzungen. Hieraus ergibt sich die Notwendigkeit einer umfangreichen und langen Ausbildung, die in weiten Seeräumen erfolgen muß. Diese Ausbildung wäre nicht möglich, wenn uns nicht die Ostsee frei von Feindeinwirkungen zur Verfügung stünde.

3. Die Durchführung solcher Operationen ist nur möglich, wenn die erforderlichen Bootszahlen im Operationsgebiet stehen. Das war im bisherigen Verlauf des Krieges nur zeitweise der Fall.

4. Die Möglichkeit solcher Operationen wird sich um so häufiger ergeben, je mehr Boote im Operationsgebiet stehen und je größer die Wahrscheinlichkeit ist, mit mehr Augen, d. h. mehr Booten, mehr Geleitzüge zu fassen.

5. Mehr Boote bedeutet ferner, daß nicht nach solchen Angriffen die Zufuhrwege nach England zunächst frei werden, weil, wie heute, fast alle Boote nach Aufbruch der Torpedos zunächst in die Stützpunkte zurückkehren müssen.

6. Erfolge wie bei den geschilderten Operationen können nicht immer erwartet werden; Nebel, schweres Wetter und andere Verhältnisse können zeitweise die Erfolgsaussichten völlig zunichte machen. Ausschlaggebend aber wird immer das Können des Kommandanten sein.

Von den deutschen U-Booten waren von Mai bis Oktober 1940 287 Schiffe mit 1 450 878 BRT versenkt worden. Allein im Oktober

waren es 63 Schiffe mit 352 407 BRT gewesen. Hinzu kamen 5 Hilfskreuzer mit zusammen 49 234 BRT und der Zerstörer „Whirlwind".
Während der gleichen Berichtszeit gingen sechs deutsche U-Boote verloren. Darunter auch U 32 (Kapitänleutnant Jenisch), der am 28. Oktober 1940 noch die „Empress of Britain" (42 000 BRT) versenkt hatte.
Dieser große Erfolg wurde mit einer kleineren Zahl von U-Booten er-
kämpft, als der BdU über sie zu Beginn des Krieges verfügte.
Wie konnte das geschehen.

Im ersten Kriegsjahr wurden 28 neue U-Boote in Dienst gestellt. In
derselben Zeit gingen 28 Boote im Einsatz verloren. Damit hatte sich
die Zahl wieder egalisiert. Doch während im September 1939 von den
57 zur Verfügung stehenden U-Booten 39 Boote als Frontboote zum
Einsatz ausliefen, waren es ein Jahr später nur 27 Frontboote. Das kam
erstens daher, daß eine größere Zahl Boote in der Erprobung stand und
zweitens mehr Boote zu Schulzwecken abgestellt werden mußten, um
den U-Boot-Nachwuchs heranzubilden. Schließlich galt es, den ab Januar 1941 erwarteten Zustrom an neuen Booten auch personalmäßig be-
setzen zu können. Was nützten U-Boote, die nicht bemannt und mit
gutausgebildetem Personal besetzt werden konnten?
Insgesamt standen im ersten Kriegsjahr bis einschließlich Juli 1940
ungefähr sechs U-Boote ständig am Feind. Diese sechs Boote führten
somit faktisch den U-Boot-Krieg gegen England.
Am 7. Juli 1940 machte das erste deutsche U-Boot (U 30 unter Kapitänleutnant Lemp) in einem Biskayahafen fest. Damit begann die Epoche
des U-Boot-Krieges, in der jedes auslaufende Boot 450 sm Weg ein-
sparte, den es bisher durch die Nordsee um Nordengland herum und
wieder zurück machen mußte, um an der Schlacht im Atlantik teilzu-
nehmen.
Auf diese Weise konnte jedes Boot durchschnittlich eine Woche länger
auf See bleiben, wodurch sich auch die Zahl der in See stehenden Boote
erhöhte. Diese unmittelbare Auswirkung der neuen Atlantikbasen war
der Grund dafür, daß trotz geringerer U-Boot-Gesamtzahlen die Zahl
der ständig am Feind stehenden Boote von sechs auf acht bis neun an-
wuchs. Mit einem letzten großen Erfolg ging die erste Phase der Schlacht
im Atlantik Ende Oktober 1940 zu Ende.
In England war ungefähr zur gleichen Zeit der Kapitän z. See George
Creasy zum Chef der gesamten Anti-U-Boot-Kriegführung ernannt worden. Er sollte die U-Boot-Abwehr neu aufbauen.

DIE SCHLACHT IM ATLANTIK

ZWEITE PHASE

Die U-Boot-Führung bekommt Augen — Der HX 90 —
Kampf am HX 112 — Ein schwarzer Tag

Die zweite Phase der Schlacht im Atlantik begann im November 1940. Nachdem Hitler die geplante Besetzung Englands fallengelassen hatte, blieben noch zwei Wege, England friedensbereit zu machen. Der erste war die völlige Abschnürung Englands von seinen Seeverbindungen. Der zweite war die Eroberung und Beherrschung des Mittelmeerraumes durch die Achsenmächte und die daraus resultierende Vertreibung der Engländer aus dem Nahen Osten. Doch diese zweite Möglichkeit hätte England nicht in dem Maße getroffen wie die erste. Die Insel konnte nur entscheidend bedroht werden, wenn man den Einsatz gegen die englischen Seeverbindungen forcierte und diese schließlich völlig zerstörte, denn von seinen Seeverbindungen hing Sein oder Nichtsein Großbritanniens ab.

Da die deutsche U-Boot-Waffe nach der Indienststellung der Atlantikhäfen mehr denn je in der Lage gewesen wäre, diese Voraussetzungen zur Niederringung Englands zu schaffen, hätte die gesamte deutsche Kriegsstrategie allein auf diese Aufgabe ausgerichtet werden müssen.

Die U-Boot-Führung unternahm denn auch alle Anstrengungen, die Zahl der Front-U-Boote entscheidend zu erhöhen. Wie konnte dies erfolgen?

Der Oberbefehlshaber der Kriegsmarine hatte im September 1939 die Friedensplanung für den Kriegsschiffsbau aufgehoben und einen neuen Bauplan erstellen lassen. Nach diesem Plan sollten monatlich 29 U-Boote fertiggestellt werden. Da jedoch von der Erteilung des Bauauftrages bis zur Fertigstellung eines U-Bootes bis zu 28 Monate vergingen, wozu noch bis zu vier Monate Erprobungs- und Ausbildungszeit kamen, konnte die angestrebte Zahl von 29 U-Booten erst nach zwei Jahren zur Front gehen.

Mit starker Schlagseite, über alles brennend, sinkt die „Lengleeford". Die Besatzung wird von den Deutschen bestmöglich versorgt.

An der Reling der
Kommandant von U 3?
Viktor Oehrn (links),
mit seinen Männern au
der Rückkehr nach
erfolgreichen Kämpfen.

Kapitänleutnant
Joachim Schepke (Bild
oben), einer der
bewährtesten U-Boot-
kommandanten, kehrte
1941 nicht mehr von
Feindfahrt zurück.

Kapitän zur See
Ernst Kals
(links im Bild) mit
Korvettenkapitän
Hermann Rasch
während einer
Besichtigung.

Am 8. März 1940 mußte jedoch die Planzahl von 29 auf 25 U-Boote verringert werden. Der ObdM hatte vom Oberkommando der Wehrmacht bereits am 23. Oktober 1939 die schriftliche Entscheidung über eine Dringlichkeitsvollmacht erhalten, die durch den Vortrag von Großadmiral Raeder am 10. Oktober 1939 bei Hitler erbeten worden war. In dieser schriftlichen Entscheidung hatte Hitler ausdrücklich erklären sollen, daß das U-Boot-Bauprogramm Vordringlichkeit habe und die Aufträge der Marine an die deutsche Industrie auch durch Zuweisung der nötigen Rohstoffmengen und Arbeitskräfte durchgeführt werden konnten.

In Hitlers Entscheidung hieß es u. a.:

„Nachdem Generalfeldmarschall Göring umfassende Vollmachten besitzt, hat der Führer und Oberste Befehlshaber der Wehrmacht davon abgesehen, darüber hinaus eine besondere Ermächtigung für die Dauer des U-Boot-Programms zu vollziehen."

Dies bedeutete, daß die Marine für den Bau der monatlich 29 U-Boote nicht die benötigten Zuweisungen erhielt. Dies wiederum zog die Reduzierung des Bauprogramms auf 25 U-Boote nach sich, obwohl die Gesamtstahlzuteilung für die Marine sich nur auf knapp fünf Prozent der deutschen Stahlproduktion belief.

Die monatliche Zuwachsrate an U-Booten betrug im ersten Halbjahr 1940 rund zwei Boote. Im zweiten Halbjahr 1940 stieg sie je Monat auf sechs Boote an, und im ersten Halbjahr 1941 wurden je Monat 13 (statt der geplanten 29) U-Boote geliefert. Erst in der zweiten Hälfte des Jahres 1941 stieg diese Quote auf durchschnittlich 20 Boote je Monat.

Der schleppende Bau der U-Boote war vor allem für den Gegner völlig unverständlich. So schrieb Sir Winston Churchill im September 1939[*]:

„Es war selbstverständlich, daß die Deutschen U-Boote zu Hunderten bauen würden, und ohne Zweifel lagen zahlreiche Serien in verschiedenen Zuständen der Vollendung auf den Helligen. In zwölf Monaten, sicherlich in achtzehn mußten wir erwarten, daß der Haupt-U-Boot-Krieg anfangen würde."

In dem offiziellen englischen Werk über die Seekriegsgeschichte urteilt Kapitän Roskill über den deutschen U-Boot-Bau der ersten beiden Kriegsjahre:

„Die Langsamkeit, mit der die Deutschen ihren U-Boot-Bau vergrößerten, hatte für Britannien höchst glückliche Folgen."

---

[*] = In: „The Second World War", Band I

Im November 1940 wurde die englische Luftüberwachung in den „Western Approaches" stärker und dichter. In diesem Gebiet, das sich von den britischen Inseln bis zum 15. Längengrad hinzog, hatte sich bisher der Kampf der deutschen U-Boote gegen die Geleitzüge abgespielt. Er mußte jetzt weiter nach Westen verlegt werden. So operierten ab November die deutschen U-Boote nur noch westlich des 15. Längengrades.

Der Seeraum weitete sich aus, das Auffinden der Geleitzüge wurde dadurch bedeutend erschwert. So galt es, die nur begrenzte Sichtweite der U-Boote ab sofort mit allen zur Verfügung stehenden Mitteln zu vergrößern. Dies konnte allein durch Luftaufklärung erfolgen. Bis zu diesem Zeitpunkt besaß die deutsche Seekriegsführung keine eigene Luftaufklärung. Dieser Mangel, der schwerwiegende Folgen für den Einsatz deutscher U-Boote hatte, war durch den unbegrenzten Machtanspruch Görings hervorgerufen worden, dessen Devise lautete:

„Alles, was fliegt, gehört mir!"

Großadmiral Raeder hatte über Jahre hindurch immer wieder versucht, eine marineeigene Luftwaffe zu erhalten, war jedoch ständig mit diesem Ansinnen gescheitert. Noch am 27. Januar 1939 war ihm gesagt worden:

„Auch die Luftwaffe führt Seekrieg!"

Am 8. Juni 1940 unternahm die Seekriegsleitung einen neuen Vorstoß. Sie forderte vom Oberkommando der Wehrmacht „die Unterstützung des U-Boot-Ansatzes im Atlantik durch Luftaufklärung".

Im Verlauf der folgenden Monate wurde eine Maschine abgestellt, die einmal am Tag, und dies auch nur im Seegebiet südwestlich Irlands, Aufklärung flog. Die Eintragungen im KTB des BdU charakterisieren die Wirksamkeit dieser Aufklärung wie folgt:

„1. 10. 1940: Die Luftwaffe, die nördlich, nordöstlich, südlich und südöstlich und westlich vom Operationsgebiet aufklären müßte (Seegebiet Rockall Bank), besitzt trotz all meiner Bemühungen für diese Aufklärung keine Kräfte."

Am 9. Dezember 1940 schrieb der BdU in sein KTB:

„Die Luftaufklärung durch die Flugzeuge der Gruppe 406 (Hauptaufklärertyp BV 138) muß wegen technischer Mängel dieses Typs bis auf weiteres ausfallen (voraussichtlich zwei Monate)."

Dies geschah, obwohl die deutsche Luftwaffe seit fünf Monaten vom Atlantik her hätte Aufklärung fliegen und einen entscheidenden Beitrag zum Auffinden der Geleitzüge leisten können. Am 14. Dezember 1940 faßte der Befehlshaber der U-Boote, Vizeadmiral Dönitz, die Wünsche der Operationsabteilung zusammen und schrieb an die Skl:

„Der Krieg hat gezeigt, daß die U-Boot-Taktik des Ansatzes mehrerer U-Boote an einem Geleitzug richtig ist und große Erfolge bringt. In allen Fällen jedoch war die Herstellung der ersten Fühlung mit dem Geleitzug eine zufällige. Ein U-Boot wurde von dem Geleitzug angelaufen. Erfolgte dies in anderen Fällen nicht, so standen die Boote tagelang erfolglos in See. Nutzlose Zeit im Operationsgebiet verstrich. Durch das Fehlen jeglicher Aufklärung für die U-Boote werden ihre Möglichkeiten am Feind in keiner Weise ausgeschöpft. Dem BdU ist bekannt, daß die Seekriegsleitung sich seit langem für entsprechende Aufklärung beim Luftwaffenführungsstab einsetzt."

Dann faßte Vizeadmiral Dönitz in sechs Punkten seine Ansichten über die Zusammenarbeit mit der Luftwaffe zusammen. Er führte dabei aus, daß die U-Boote über keine Aufklärungsmittel verfügten, daß sie selbst eine zu geringe Augenhöhe hätten und daß nur die Luftwaffe für eine weiträumige Aufklärung geeignet sei. Darüber hinaus könnte die Luftwaffe Fühlung an den Geleitzügen halten, bis die U-Boote herangeführt seien. Sie könnte außerdem die in der Nacht fehlgelaufenen U-Boote am Morgen durch Peilzeichen wieder an den Konvoi heranführen. Durch diese Einsätze würden die Angriffsaufgaben der Luftwaffe auf den gegnerischen Handelsverkehr in keiner Weise beeinträchtigt. Als wichtigsten Punkt setzte Dönitz an den Schluß dieser Wünsche:

„Der BdU muß den Raum, in dem aufgeklärt wird, und die Stärke der jeweils einzusetzenden Luftstreitkräfte bestimmen und über die vorhandenen Mittel disponieren können, um eine wirklich einheitliche und rationelle Kriegführung zu gewährleisten."

Bereits am 2. Januar 1941 hielt Vizeadmiral Dönitz dem ObdM in Berlin Vortrag zu diesem Fragenkomplex. Am gleichen Tag trug er seine Meinung auch deutlich und unmißverständlich dem Chef des Wehrmachtsführungsstabes, General Jodl, vor. Es gelang ihm, Jodl von der Richtigkeit seiner Meinung voll zu überzeugen. Die Folge dieser Unterredung, in der Dönitz von Jodl den täglichen Mindesteinsatz von zwölf Maschinen forderte, war, daß Hitler am 7. Januar 1941 persönlich eingriff und dem BdU die I./Kampfgeschwader 40 in Bordeaux unterstellte. Diese Gruppe war mit Maschinen des Typs Focke-Wulff 200 — Condor — ausgerüstet.

Damit hatte die U-Boot-Kriegführung einen bedeutenden Fortschritt erzielt.

Die Entscheidung Hitlers hatte jedoch noch ein Nachspiel. Reichsmarschall Göring hatte sich zu jener Zeit auf der Jagd befunden. Nach seiner Rückkehr erklärte er sich mit der Unterstellung eines Teils der Luftwaffe unter den BdU nicht einverstanden. Als er am 7. Februar 1941 mit seinem Befehlszug in der Nähe von Lorient hielt, bat er den BdU Dönitz zu sich und versuchte, ihn zu bewegen, einer Aufhebung dieses Führerbefehls zuzustimmen. Dönitz lehnte jedoch Görings Ansinnen kategorisch ab. Als er dann im Anschluß an diese Unterredung zum Essen eingeladen wurde, wies Dönitz auch diese Einladung zurück. Die beiden Männer schieden im Groll.

Das Kampfgeschwader 40 wurde Oberstleutnant Harlinghausen unterstellt. Es leistete unter dessen Führung das Bestmögliche.

Nach den Geleitzugschlachten des Oktober 1940 trat im Kampfraum Atlantik zunächst eine U-Boot-Leere ein, denn fast alle Boote hatten sich an den Oktobergeleitzügen verschossen und den Rückmarsch antreten müssen.

U 47 ging am 3. November nach zehntägiger Liegezeit wieder in See. Die Novemberstürme der Biskaya empfingen das Boot mit rauher Begrüßung. Dicht hinter U 47 war U 137 unter Kapitänleutnant Wohlfahrt ausgelaufen. Der kleine Einbaum knüppelte wacker hinter U 47 her. Eine Küstenfunkstelle gab noch „Glückliche Reise". Beide Boote dankten.

Am späten Nachmittag des 4. November fing der Funkraum einen Funkspruch von U 99 an den BdU auf. Kapitänleutnant Kretschmer meldete die Versenkung von drei Dampfern.

Auch U 99 war wieder ausgelaufen. Am 3. November sichtete es auf der Höhe von Bloody Foreland einen Zickzackkurs steuernden langsamen Einzelfahrer. Das Boot lief zum Angriff an und sichtete wenig später ein zweites größeres Schiff.

U 99 kam erst auf den ersten Dampfer zum Schuß. Die „Casanare" (5376 BRT) sank unmittelbar nach dem Treffer über das Heck weg. Kurz darauf kam ein drittes großes Schiff in Sicht. Die beiden neuen Gegner waren die Hilfskreuzer „Laurentic" (18 724 BRT) und „Patroclus" (11 314 BRT). Kapitänleutnant Kretschmer gab den Befehl zum Angriff, und es gelang ihm in zweistündigem Kampf, beide Hilfskreuzer zu versenken. Die Zahl der auf beide Schiffe geschossenen Torpedos betrug sechs für die „Patroclus" und vier für die „Laurentic". Die „Patroclus" ließ Kretschmer auch noch aus einer Entfernung von 100 Metern mit vier Schuß aus der Achtacht beschießen. Die Treffer brachten die Bereitschaftsmunition der sich zäh verteidigenden „Patroclus" zur Entzündung.

Unmittelbar nach Eingang des Erfolgfunkspruchs von U 99 beantragte Vizeadmiral Dönitz das Eichenlaub zum Ritterkreuz für Kretschmer, der nach diesem großen Erfolg bereits über 200 000 BRT feindlichen Schiffsraumes versenkt hatte. Das Eichenlaub wurde dem Kapitänleutnant noch am 4. November 1940 verliehen.

Am gleichen Tag sichtete U 99 den Konvoi HX 90. Durch seine Meldung kam noch U 123 an den Konvoi heran. U 123 schoß einen Torpedo, der einen Dampfer tödlich traf, wurde dann aber abgedrängt und durch Wabos unter Wasser gedrückt. U 99 kam zu einem Einzelschuß. Der Torpedo traf den 6993 BRT großen Tanker „Scottish Maiden", der in der mittleren Kolonne des Konvois lief.

Drei Tage später, am 8. November, lief U 99 wieder verschossen in Lorient ein.

U 47 aber erlebte bittere Sturmtage im Atlantik. Nur ein portugiesischer Dampfer, die „Gonzalo Velho" (1850 BRT), wurde gesichtet, aufgehalten und wieder entlassen. Er hatte Klippfisch von Island für Oporto an Bord. Mit zahllosen Verbeugungen und Heil-Hitler-Grüßen gingen Steuermann und Kapitän des Dampfers wieder zurück auf ihr Schiff. Von dort wurde begeistert geschrien und gewinkt. Günther Prien stand auf der Brücke.

„Na, ihr Brüder, soviel Schwein wie ihr haben noch nicht viele Leute gehabt!" sagte er, drehte sich kurz um und befahl:

„Beide halbe Fahrt voraus! Auf 280 Grad drehen!"

Beim Barographenstand 978 fürchtete Prien, daß bald die Unterkante Papier erreicht sein würde, was einem Stand von 955 Millibar entsprochen hätte. Als jemand aus der Mannschaft die Frage stellte, ob das WC benutzt werden dürfe, antwortete Prien gelassen:

„Ja, machen Sie, damit es wenigstens donnert!"

Den ganzen 10. November über blieb U 47 unter Wasser. Als das Boot auftauchte, regnete es schwer. Im Laufe des Tages entwickelte sich das Wetter zum Orkan.

„Ich möchte nur wissen", sagte Prien, „wie die Engländer bei diesem Wetter mit ihren Geleitzügen klarkommen." Und einen Tag darauf meinte er, humorvoll resignierend: „Einmal nur möchte ich für eine Unternehmung das Wetter machen dürfen; ich pfeife auf Petrus. Petrus ist eben doch Engländer! Südwest kann man erwarten in dieser Jahreszeit. Südwest, daß es die Kühe einzeln über den Deich weht, na gut! Aber keinen Nordost, Nordost, Nordost. Ohne Sinn und Verstand."

Aber alles Fluchen half nichts. Erst nach drei Wochen sichtete U 47 wieder einen Geleitzug.

Am 1. Dezember bekam U 101 (Kapitänleutnant Mengersen) 300 sm westlich von Irland einen Geleitzug in Sicht. Es war der Konvoi HX 90, der von Halifax nach England ging. U 101 stand in einem Suchstreifen von U-Booten am weitesten nach Westen. Als U 101 Fühlung gewonnen hatte, standen sechs weitere U-Boote dieser Suchharke in Reichweite und konnten auf den Konvoi angesetzt werden.

Der BdU gab daraufhin U 101 den Befehl, erst anzugreifen, wenn weitere U-Boote Fühlung mit HX 90 gewonnen hatten. Er wollte vermeiden, daß ein einzelnes Boot vom Gegner erkannt und abgedrängt wurde, womit dann die Fühlung für alle verlorengegangen wäre.

Mengersen aber griff in der Nacht, als er das erste Kameradenboot herangekommen glaubte, den Konvoi an. Er versenkte ein Schiff, wurde beim Angriff auf ein zweites abgedrängt und erlitt eine Dieselpanne.

In den Morgenstunden des 2. Dezember meldete er sein Mißgeschick. Der BdU befahl ihm, die Fühlung noch so lange zu halten, bis eines der anderen Boote die Rolle des Fühlunghalters übernehmen konnte. Es stand fest, daß bereits zwei weitere Boote den Konvoi erreicht hatten. So blieb Mengersen dran und führte auch noch das letzte Boot an den Konvoi HX 90 heran.

Neben U 101 gewannen U 47, U 52, U 94, U 99 und U 103 Fühlung. Auch diese Boote eröffneten die Schießzeit.

Als U 47 den Funkspruch über den Standort des Konvois HX 90 erhielt, rechnete Oberleutnant z. See (Ing.) Bothmann schnell noch die Brennstofflage durch. Auf seiner dunkelblauen Krawatte, die er nie ablegte, glänzte eine rote „13".

Der I. WO aber rieb sich die Hände.

„Jetzt drei Dampfer von jeweils 30 000 Tonnen, das sind 90 000 Tonnen, und alle Rohre sind leer."

„Nicht berufen!" sagte Leutnant Frank, der als PK-Mann auf dieser Reise eingestiegen war, und klopfte unter den Tisch.

U 47 schnitt mit AK durch die See. In der Nacht noch oder in den ersten Morgenstunden würde das Boot am Konvoi stehen.

Als es dunkel geworden war, stieg Günther Prien auf den Turm. Die See ging mit mittlerer Dünung. Eine dichte Wolkendecke lastete über dem Boot. Da jedoch der Mond hinter der Wolkendecke stark leuchtete, schien alles mit silbrigem magischem Licht erfüllt. Als Leutnant Frank mit seiner Leica auf den Turm kletterte, gab Prien schon die ersten Befehle:

„Also, Varendorff, zuerst auf den dritten Dampfer dieser Kolonne. Für ihn zwei Aale, weil er dick genug ist. Dann den Zweischornsteindampfer, den, der sich hinter dem Zerstörer verkriecht. Sehen Sie ihn?"

„Jawohl, Herr Kaleunt! Sehe ihn deutlich!"

„Gut. Den dritten bestimme ich noch!"

Alle Mann auf U 47 standen auf Gefechtsstationen. Die Rohre wurden klargemeldet. Der Geleitzug dampfte auf. Deutlicher wurden die Umrisse der Dampfer. Schon stieß das Boot auf die zwei Zerstörer der Seitensicherung. Am Schluß des Geleitzuges flitzte der „Feger" hin und her. Seltsam! Sichtete denn niemand U 47?

Jetzt verschwanden die Zerstörer nach vorn. U 47 drehte zum Angriff ein. Höher kamen die scharfumrissenen Schatten heraus. Der Zielgeber meldete Hartlage. Alles war gespannt.

„Feuererlaubnis, Varendorff!"

Oberleutnant von Varendorff beobachtete den Dampfer, dem der Fächerschuß gelten sollte. Er stand genau in der richtigen Schußposition.

„Zweierfächer — lllos!"

Mit einem Ruck flitzten die beiden Aale aus den Rohren. U 47 drehte etwas vom Geleit ab und stürmte nun mit AK weiter nach vorn.

„Zeit ist um!" meldete die Nummer Eins vom Torpedorechner. Aber der riesige Frachter lief unbeirrt weiter durch die Nacht.

„Vorbeigeschossen?" fragte Prien ungläubig. „'ran zum nächsten Anlauf!"

Zehn Minuten später war es wieder soweit. Diesmal schoß der TWO einen einzelnen Torpedo. Er kam genau Mitte Dampfer ab. Es war einfach unmöglich, daß dieser Torpedo vorbeiging.

Sekunden später wanderte ein weiterer Dampfer ein. Auf ihn machte Varendorff den Aal aus Rohr IV los.

„Da! — Verfluchte Pest!"

Prien schlug mit der Faust auf das Brückenschanzkleid. Eben legte der Konvoi einen schulmäßigen Zack ein. Damit gingen beide Einzelschüsse ins Leere. Während die Dampfer abdrehten, drehten zwei Zerstörer auf U 47 ein.

„Beide AK! Hart Steuerbord!"

Mit Höchstfahrt lief U 47 vor den heranschnürenden Zerstörern ab in das Dunkel hinein. Die Zerstörer folgten ihm nicht weit.

Von den geschossenen Torpedos war noch immer nichts zu hören. Es konnten doch nicht alles Fehlschüsse gewesen sein!

Im Bugraum luden die Männer die Rohre nach. Die schlimmste Zeit für eine U-Boot-Besatzung! Der TWO feuerte die Männer zur Hergabe der letzten Reserven an.

„Rose"*, sagte Prien in diesem Augenblick auf dem Turm zu dem PK-Mann, „Rose hat einmal gesagt, daß man den Mut zum Mißerfolg aufbringen muß. Daran habe ich eben gedacht, als wir zum zweiten- und drittenmal vorbeischossen. — Schade um die vier Torpedos."

U 47 war durch die Zerstörer abgedrängt worden. Im Laufe des Tages wurden im Funkraum zweimal Sinkmeldungen getroffener Schiffe abgehört. Aber zu finden war nichts.

Am Nachmittag des 2. Dezember passierte das Boot ein riesiges Trümmerfeld, Reste eines vor kurzem gesunkenen Schiffes. Als die Dunkelheit einbrach, beobachtete man Leuchtgranaten. Die See ging mit Stärke acht. Weite, hohe Roller rissen das Boot in die Höhe und schleuderten es wieder hinunter. Brecher krachten auf das Vorschiff nieder, brachen sich am Turm und überschütteten die Brückenwächter mit Gischt.

Auf einmal dröhnten weit entfernt, aber doch deutlich zu vernehmen, zwei Torpedodetonationen. Dann tauchten plötzlich im Mondlicht ein Zerstörer und eine Korvette auf. U 47 drehte weg. Abermals wurden Torpedodetonationen gehört. Diesmal näher, höchstens vier Seemeilen entfernt. Ein Zerstörer sichtete das Boot und drückte es unter Wasser. Nur knapp 2000 Meter vor dem Boot war der Feind plötzlich aus einer Regenbö herausgekommen. Wasserbomben fielen hinter U 47 in die See.

Trotzdem erreichte U 47 noch den HX 90. Kolonnenweise sah man die Dampfer in der Nacht. In 500 Meter Abstand voneinander marschierten sie England entgegen.

„Boot greift wieder an!"

„Da zeigt einer rotes Licht. Jetzt zeigt er zwei rote Lichter übereinander!"

„Mensch, der karrt ja querbeet mitten durch die Kolonnen!"

„Wir stoßen zur Steuerbordflanke vor!"

U 47 umkreiste die letzte Kolonne. Der Dampfer, der einen so seltsamen Kurs steuerte, war noch immer zu sehen.

---

* = erfolgreicher U=Boot=Kommandant des Ersten Weltkrieges. Träger des Pour le mérite.

„Muß ein Dampfer vom ‚Beaver-Typ' sein", sagte Prien. „Die haben 10 000 Tonnen."

„Jetzt stoppt er, Herr Kaleunt!"

„Beide stop!"

„Feuererlaubnis. — Rohr III fertig?"

Wieder stand Oberleutnant von Varendorff breitbeinig hinter der UZO.

„Rohr III — Illos!"

Der Torpedo verließ das Rohr. Nach vierhundert Metern Laufzeit sprang der Aal plötzlich aus dem Wasser heraus und lief als Ober-flächenläufer weiter.

„Wenn sie den nur nicht sehen!"

Nach genau 74 Sekunden zuckte am Dampfer eine rote Flamme auf. Dann dröhnte die Torpedodetonation, und Sekunden später begannen mehrere Morselampen auf dem Dampfer zu signalisieren. Prien sah nun die Aufbauten deutlich. Er stieß einen Pfiff aus.

„An alle Stellen: Das ist ein unwahrscheinlich großer Vogel!"

Im Vorlaufen passierte U 47 den schon mit starker Schlagseite liegen-den Dampfer.

„Nun einen Tanker, Varendorff!" befahl Prien. „Es muß ja auch ein Tanker dabeisein."

Sie sichteten einen von zwei Dampfern flankierten vollbeladenen Tanker von 8000 Tonnen.

Als U 47 gerade zum Angriff andrehen wollte, stieg an einem der beiden Flankenreiter eine hohe schwarze Rauchwolke empor, aus der Flammen züngelten.

„Da schießt noch einer!" rief Leutnant Frank. Eine Sekunde später hörten sie das Krachen der Torpedodetonation.

„Auf das andere Boot aufpassen!" schrie Prien. „Mensch, da ist es ja schon! Hart Backbord!" Und dann rief Prien zu dem anderen Boot hin-über:

„Ööi! Wahrschau! Sie da! Legen Sie hart Steuerbord. Mein Ruder liegt hart Backbord!"

Nun erst reagierte das andere U-Boot, und beide Boote kamen von-einander frei.

„Da glotzt natürlich alles auf den getroffenen Dampfer!" grollte Prien.

Hinter dem Heck des Kameradenbootes lief U 47 wieder hinter dem Tanker her. Ein weiterer Dampfer wurde mit nur 200 Meter Seitenabstand überholt. Langsam wanderte der Tanker in die Optik ein. Der letzte Aal lag bereits klar. Dann kam der Feuerbefehl. Der Torpedo lief. „Ich bin achtern abgekommen!" sagte von Varendorff. „Ich wollte die Maschine erwischen."

„Der trifft bestimmt!" sagte Prien. Bereits vier Sekunden darauf blies achtern am Tanker die Torpedodetonation empor. Der Tanker stoppte. Notlichter wurden gesetzt. Die nachfolgenden Dampfer umrundeten den liegengebliebenen Tanker. Dampfpfeifen schrillten durch die Nacht. U 47 beschoß den Tanker mit der Artillerie. Dann lief er zu dem großen Dampfer zurück, den es zuerst getroffen hatte. Doch die „Beaverburn" war bereits gesunken.

Verschossen mußte U 47 den Rückmarsch antreten. Es hatte aus dem HX 90 zwei Dampfer mit 17 000 BRT versenkt. Am Morgen des 6. Dezember kam die Küste von Frankreich in Sicht. U 47 hatte es noch einmal geschafft.

Am 27. November 1940 hatte auch U 99 Leinen losgemacht und war zu neuer Feindfahrt ausgelaufen. Durch den Novembersturm in der Biskaya klotzend, erreichte das Boot am 1. Dezember ein Ansatzbefehl des BdU auf den Konvoi HX 90.

„Wir müssen den Konvoi am 2. Dezember um vier Uhr erreichen", sagte Kretschmer, der am Kartenpult die Situation errechnet hatte.

Durch die hochgehende See stampfte U 99 dem Kollisionspunkt mit HX 90 entgegen. Von dem hohen Seegang wurde das Boot immer wieder unter Wasser gedrückt. Oft standen die Brückenwächter eine Minute lang im tosenden Eiswasser. Kapitänleutnant Kretschmer blieb oben auf dem Turm.

Als bei einem der Ausgucks plötzlich der Anschnallstropp riß und der Mann auf den Wintergarten geschleudert wurde, hakte sich Kretschmer sofort los und warf sich mit einem weiten Satz auf den Matrosen, der vom nächsten Brecher über Bord gespült worden wäre. Die Rettungsaktion gelang.

Um 05.40 Uhr sichtete der I. WO, Oberleutnant z. See Bargsten, einen Schatten. Groß und dunkel kam er, kaum eine halbe Seemeile entfernt, aus der Finsternis. Es war ein großer Dampfer.

„Auf Gefechtsstationen!"

Als das Boot zum Angriff andrehte, sichtete der Backbordausguck einen Zerstörer, der in Lage Null auf U 99 zugelaufen kam.

„Einzelschuß aus Rohr I — Illos!"

Direkt nach dem Schuß ging U 99 in den Keller. Als das Boot eben unter Wasser war, hörte man die Torpedodetonation. Schon kamen auch die Schraubengeräusche des Zerstörers näher und gingen schließlich, laut dröhnend, direkt über das Boot hinweg. Wenn der Feind jetzt Wasserbomben werfen würde . . . Aber der Zerstörer überlief das Boot und verschwand.

In diesem Augenblick meldete Oberfunkmaat Kassel ein dichtes Geräuschband. Es war der Geleitzug, auf den sie operieren sollten.

„Auftauchen!" befahl Kretschmer.

Sie sichteten unmittelbar nach dem Auftauchen den gestoppt liegenden Frachter, auf den sie vorhin geschossen hatten. Aber auch auf dem Dampfer mußte man das U-Boot entdeckt haben, denn von seiner Brücke zischten rote und gelbe Leuchtraketen in den Himmel hinauf.

Der Fangschuß traf den Dampferriesen unter der Brücke. Der Funkraum meldete:

„Dampfer macht Notruf. Name ‚Forfar'!"

„Im Schlauen Buch nachsehen!"

„Ist ein Hilfskreuzer, Herr Kaleunt! Hat 16 402 BRT."

„Dampfer schießt auf uns, Herr Kaleunt!"

„Das waren also die vermeintlichen Leuchtraketen! Nichts anderes als Leuchtspurgranaten!"

Die Granaten flitzten hoch über dem Turm des Bootes hinweg.

Der dritte Torpedo traf den Riesen ins Vorschiff, ohne die geringste Wirkung zu hinterlassen. Nach dem vierten Torpedoschuß sackte die „Forfar" etwas tiefer. Aber erst der fünfte Torpedo, der an der gleichen Stelle wie der vierte einschlug, riß das Heck der „Forfar" ab. Wasserbomben detonierten auf dem Hilfskreuzer, und zehn Minuten später sank er.

Vier Minuten darauf wurde ein Zerstörer gesichtet, der durch die grobe See auf den Untergangsort zulief. Auf U 99 lud die Freiwache mit den Mixern die leergeschossenen Rohre nach.

Auf dem Generalkurs lief U 99 hinter dem Konvoi her. Um 12.40 Uhr gewann das Boot wieder Anschluß. Kretschmer beschloß jedoch, erst mit Einbruch der Dämmerung anzugreifen.

Es wurde 20.30 Uhr, bevor der Norweger „Samananger" (4276 BRT), von einem Torpedo getroffen, liegenblieb. Um Torpedos zu sparen, ließ der Kommandant den Dampfer mit dem Buggeschütz beschießen. Nicht weniger als 50 Treffer wurden beobachtet. Das Schiff brannte über alles. Um zwei Uhr kenterte die „Samananger" und sank.

U 99 hatte an diesem Schiff zuviel Zeit verloren, um das Geleit noch einholen zu können. Aber eine Stunde später sichtete es einen Einzelfahrer. Es war ein Tanker, der durch Maschinenschaden aus dem Geleitzug zurückgefallen war. Im Morgengrauen umrundete ihn U 99. Sein Name war deutlich an der Bordwand zu erkennen: „Conch" (8376 BRT). Im Wasser schwamm eine weiße Rettungsboje, auf der sich ebenfalls der Name des Schiffes befand. Der Tanker war von seiner Besatzung verlassen worden. Aus kürzester Entfernung schoß U 99 einen Torpedo auf das verlassene Schiff. Mittschiffs getroffen, sackte der Tanker weg.

In der Nacht zum 3. Dezember tastete U 94 (Kapitänleutnant Kuppisch), das auch einen Dampfer aus diesem Konvoi herausgeschossen hatte, folgenden FT-Spruch an den BdU:

„Geleitzug versprengt!"

Der BdU ließ daraufhin den Angriff abbrechen und stellte die Boote weiter westwärts in einem neuen Suchstreifen auf.

Der HX 90 erreichte mit den übriggebliebenen Schiffen seinen Hafen. Aber die auf ihn angesetzten sieben deutschen U-Boote hatten elf Schiffe mit 70 352 BRT daraus versenkt. Wieder war eine Geleitzugschlacht erfolgreich beendet.

Noch wenige Tage vorher, am 22. und 23. November 1940, war es U 100 gelungen, im Alleingang auf den Konvoi SC 11 zu operieren. In sieben kühnen Anläufen überlistete Joachim Schepke immer wieder die Geleitsicherung und versenkte in jedem dieser Anläufe ein Schiff.

Als U 100 am 1. Dezember in Lorient einlief, erhielt Schepke, nach seinen beiden Kameraden Prien und Kretschmer, aus der Hand des BdU das Eichenlaub zum Ritterkreuz des Eisernen Kreuzes. Er hatte bis zu diesem Zeitpunkt 208 975 BRT feindlichen Schiffraumes versenkt.

Aus anderen Geleitzügen verlor der Gegner im Januar und Februar 1941 60 Schiffe mit insgesamt 325 565 BRT. An diesen Erfolgen waren vor allem folgende Boote und Kommandanten beteiligt:

U 96 unter Kapitänleutnant Heinrich Lehmann-Willenbrock, der auf seiner dritten Feindfahrt im Februar 1941 sieben Dampfer mit insgesamt 52 591 BRT versenkte. Als das Boot am 1. März 1941 in Lorient einlief, erhielt Lehmann-Willenbrock aus der Hand des BdU das Ritterkreuz.

Auch U 69 unter Kapitänleutnant Jost Metzler lief am 1. März 1941 in Lorient ein. Es hatte im Februar drei Schiffe und ein Hilfskriegsschiff versenkt.

U 95 unter Kapitänleutnant Schreiber hatte drei Dampfer auf seiner Erfolgsliste, während U 73 unter Kapitänleutnant Rosenbaum einen Gegner versenkt hatte.

Auf dem Rückmarsch aus seinem Operationsgebiet stieß noch U 552 unter Kapitänleutnant Topp am 1. März 1941 auf einen Konvoi. Er schoß mit einem Zweierfächer den Tanker „Cadillac" aus dem Geleitzug heraus, der auf 59.44 Grad Nord / 11.16 Grad West sank.

Am 20. Februar legte U 47 — nach zwei Probefahrten am 15. und 18. Februar, die erhebliche Mängel aufgezeigt hatten, welche wiederum den Auslauftermin verzögerten — von dem französischen Kanonenboot „Ysère" ab, das als Anleger fungierte.

„Prientje", rief Kapitänleutnant Kretschmer hinter seinem Freund her, „in zwei Tagen komme ich nach! Halte mir einen Geleitzug parat!"

„Mal abwarten, was Papas Nase findet!" rief Günther Prien gutgelaunt zurück.

Schon drei Tage später kam ein FT-Spruch von U 47:

„Feindlicher Geleitzug in Sicht. Mit Westkurs. Geringe Fahrt. Werde abgedrängt von Flieger. Feind aus Sicht verloren."

Während die Astos in der Operationsabteilung rätselten, was das für ein Geleit sein könnte und ob es sich lohnen würde, andere Boote darauf anzusetzen, meldete sich fünf Stunden später U 47 zum zweitenmal.

„Feind in Sicht! Feind in Sicht! Steuert jetzt südwestlichen Kurs. Beim Geleitzug eine Sunderland."

Abermals vier Stunden später kam von U 47 ein neuer FT-Spruch:

„Wabo-Verfolgung. Habe Fühlung verloren. Bisheriger Erfolg 22 000 BRT. Prien."

Am 22. Februar lief U 99 aus Lorient aus. Fünf Tage vorher hatte Vizeadmiral Dönitz dem erfolgreichen Kommandanten des Bootes, Kapitänleutnant Kretschmer, eine Landdienststelle angeboten — so, wie er sie vorher schon Günther Prien angeboten hatte. Wie Prien bat Kretschmer darum, weiter auf seinem Boot fahren zu dürfen.

Am Morgen des 26. Februar erreichte das Boot ein FT-Spruch von U 47:

„Geleitzug in Sicht. Sieben Knoten Geschwindigkeit. Durch Sunderland abgedrängt. Prien."

Zwei Tage lang operierte U 99 auf diesen gemeldeten Konvoi, hatte aber an diesen beiden Tagen durch den dicken Nebel kaum Sicht. Am 28. Februar trafen sich U 47 und U 99 am Geleit. Prien berichtete dem

Freund, daß er kurz vorher U 100 getroffen habe. Schepke müsse mit seinem Boot dicht hinter ihnen stehen.

Als sich in diesem Augenblick der Nebel hob, sahen beide Boote gleichzeitig den Geleitzug, der mit 40 Schiffen in ungefähr drei Seemeilen Entfernung vorbeizog. Auf der Flanke des Geleites standen zwei Zerstörer. Während einer weiterlief, drehte der zweite auf die beiden U-Boote ein, die mit Alarmtauchen hinuntergingen. Beide Boote wurden den ganzen Tag lang unter Wasser gedrückt. Als U 99 am Abend wieder auftauchte, fing Oberfunkmaat Kassel einen FT-Spruch auf, daß am anderen Morgen Flugzeuge aufsteigen und den Konvoi suchen würden.

Am nächsten Tag fanden die Brückenwächter den Geleitzug nicht mehr. Erst als es wieder Abend wurde, erreichte U 99 drei brennende, bereits im Sinken befindliche Frachter, die von den Focke-Wulff 200 gebombt worden waren. Ein Einzelfahrer wurde wenig später gesichtet. Der auf ihn geschossene Torpedo lief jedoch hinter dessen Heck vorbei.

Als bis zum 4. März noch immer keine Erfolgsmeldungen in Kernevel eingetroffen waren, ließ der BdU alle im Operationsgebiet südlich von Island stehenden U-Boote einen neuen Suchstreifen quer zum Kurs des Geleitzuges formieren. In diesem Streifen standen nunmehr U 47, U 95 (Kapitänleutnant Schreiber), U 99 und U 100. Die Boote standen auf einer Breite von 25 sm auseinandergezogen. Sie harkten mit ostwärtigem Kurs.

Am 6. März um 04.45 Uhr meldete sich abermals U 47. Das Boot hatte einen anderen Geleitzug gesichtet, der von den Nord-Minches aus mit acht Knoten Geschwindigkeit und Kurs Nordwest durch die See lief. Sofort drehte U 99 auf diesen Konvoi ein und lief mit AK darauf zu. Es war der Konvoi OB 293. (England westgehend, nur bis Juli 1941)

Dieser Konvoi wurde von einer starken Zerstörersicherung begleitet. U 99 erreichte ihn am 7. März um ein Uhr. Sofort ließ Kapitänleutnant Kretschmer sein Boot um die Geleitzugspitze herum auf die Flanke des Mondschattens nach Steuerbord drehen. Dann ließ er das Boot achteraus sacken und sichtete gleich darauf drei Zerstörer, die als Steuerbordsicherung fuhren. U 99 wurde abgedrängt.

Zwei Stunden später bekam die Brückenwache einen riesigen Schiffsschatten zu Gesicht. Der Dampfer gehörte wahrscheinlich nicht zum Konvoi. Der Einzelschuß traf den Riesen, der sofort Notruf machte.

„Heißt ‚Terje Viken'", meldete Oberfunkmaat Kassel.

Nach Lloyds-Register handelte es sich bei dem Schiff um eine Walkocherei mit 20 638 BRT.

Ein zweiter Torpedo traf einen Tanker, der ebenso wie die Walkoche-rei gestoppt liegenblieb und Notruf machte.

U 99 versuchte nun, den Tanker durch Feuer aus dem Buggeschütz zu versenken. Den Namen des Tankers gab der Oberfunkmaat mit „Athelbeach" (6568 BRT) an. Der Tanker sank nicht gleich. Erst der zweite Torpedo ließ ihn schnell untergehen.

In diesem Augenblick fing U 99 einen Funkspruch von U 47 auf, in dem Prien erneut Standort, Kurs und Geschwindigkeit des von ihm gesichteten Geleitzuges meldete. Doch U 99 kehrte erst einmal zu dem getroffenen Walfangschiff zurück. Es fand auf dem Weg dorthin eine Reihe versenkter Schiffe. Aber wo die „Terje Viken" liegen mußte, standen nun zwei Zerstörer, die offensichtlich Überlebende auffischten. Die „Terje Viken" schien gesunken zu sein.

Wenig später fing U 99 einen FT-Spruch von U 70 (Kapitänleutnant Matz) auf. Das Boot meldete schwere Schäden am Turm. Kurz darauf wurde U 70 gesichtet. Aber in dem Augenblick, als sich die beiden Kommandanten zuwinkten, griffen zwei feindliche Korvetten an, die aus einer Regenbö herausgeflitzt kamen. Beide U-Boote wurden unter Wasser gedrückt.

Während Kretschmer der Wabo-Verfolgung entgehen konnte, wurde U 70 den ganzen Tag über von den Korvetten „Camellia" und „Arbu-tus" verfolgt und schließlich durch eine Wabo-Serie auseinandergeris-sen. Der Kommandant und einige Männer der Besatzung wurden auf-gefischt.

Als U 99 wieder auftauchte, fing es einen Funkspruch von U A (Kapitänleutnant Eckermann) auf, das schwere Schäden und seine Rück-kehr nach Lorient meldete.

Nun waren nur noch U 47 und U 99 am Geleit. Aber U 47 meldete sich nicht. Wahrscheinlich war das Boot unter Wasser gedrückt worden. Im Verlauf des 7. März wurde U 47 mehrfach vergeblich von der Stabsfunkstelle des BdU in Kernevel gerufen. Es meldete sich auch jetzt nicht. Und es sollte sich nie wieder melden.

Über das wahrscheinliche Ende von U 47 gab Lieutenant-Commander J. M. Rowland, Kommandant des Zerstörers „Wolverine", später im Feststellungsbüro der britischen Admiralität in London dem Befehls-haber der „Western Approaches", Captain Creasy, einen mündlichen Be-richt. Er sei hier wiedergegeben:

„Ich begleitete mit meinem Zerstörer ‚Wolverine' den Konvoi OB 293. Am Abend des 7. März standen wir südöstlich von Island. Wir hielten genauen Kurs und feuerten keine Leuchtgranaten, um den Standort des Geleites nicht zu verraten. Dann gab es U-Boot-Alarm, und ich eilte auf die Brücke. Um 00.23 Uhr meldete der Horchgast am Asdic Schraubengeräusche, und eine halbe Minute später sichtete der Ausguck Brücke voraus Rauchwolken.

Ich operierte mit 18 Seemeilen auf diese Stelle zu und gab Signal an ‚Verity', die als zweiter Zerstörer auf der Steuerbordseite des Konvois lief. Als der Ausguck Kielwasser sichtete, ging ich auf 22 Meilen herauf. Um 00.27 Uhr erkannte ich ein U-Boot und ging auf AK voraus. Als die ‚Verity' um 00.31 Uhr Leuchtgranaten feuerte, tauchte das Boot. Entfernung von mir ungefähr eine Meile. Um 00.48 Uhr, als der Horchraum ‚Over Head' meldete, ließ ich einen Wabo-Teppich werfen. Wenig später bekam ich wieder Kontakt, warf einen Achterfächer und anschließend eine überschwere Wabo.

Gegen 03.31 Uhr meldete mein Ingenieur-Offizier Ölflecke auf der See. Er nahm eine Probe und kam zu der Überzeugung, daß es das Öl eines deutschen U-Boots sei.

Abermals faßten wir das Boot auf und warfen erneut Wabos. Um 04.03 Uhr sichteten wir eine weitere Ölspur. Als wir dieser Spur nachliefen, meldete der Horchraum Schraubengeräusche achteraus. Wir hatten es mit einem gewiegten Kommandanten zu tun.

Auf Gegenkurs gehend, sichteten wir dann um 05.18 Uhr das U-Boot, das aufgetaucht war.

Ich befahl ‚AK voraus! – Klar zum Rammen!' Doch das Boot bemerkte uns rechtzeitig und kippte an. Im Wegtauchen sah ich, daß es drehte, und befahl meinem Rudergänger, mitzugehen. Zum Glück war das Wasser sehr klar. Ich erkannte deutlich die Hecksee des niederstoßenden Bootes und sah eine keilförmige Blasenspur ausgestoßener Preßluft am Heck.

Als ich über dem Boot stand, ließ ich einen Zehnerteppich werfen. Es war genau 05.22 Uhr. In Intervallen von vier Sekunden wurden jeweils zwei Wabos geworfen, mit kleiner, mittlerer und tiefer Einstellung. Ich selbst lief nach Abgeben des Befehls zur Steuerbordnock und sah, daß die Steuerbord-Racks ihre Wabos genau dort in die See schleuderten, wo sich die eine Seite der Blasenspur befand. Das U-Boot konnte kaum fünfzehn Meter tief gekommen sein.

Ich ließ aufdrehen, um nach Wrackteilen zu suchen; doch im gleichen Augenblick meldete der Horchraum neue Kontakte. Ich drehte auf diesen neuen Gegner ein. Dort aber, wo wir die Bomben geworfen hatten, sah ich kurz darauf orangerote Flammen auf der See, die zehn Sekunden aufleuchteten und dann erloschen.

Drei Stunden später stellten wir fest, daß die neuen Kontakte von keinem U-Boot, sondern von einem Schwarm Schweinsfische stammten. Sie hatten uns zum Narren gehalten. Sofort lief ich wieder zurück. Doch wir fanden nichts."

Soweit der Bericht Rowlands. Captain Creasy stellte abschließend fest:

„Ich bin fast sicher, daß es U 47 gewesen ist, das Sie am Morgen des 8. März mit Wabos belegten, und daß Sie wahrscheinlich das Boot versenkt haben. Dennoch ist Ihr Bericht kein Beweis, daß das Boot wirklich von Ihnen vernichtet wurde und daß die gesamte Besatzung mit dem Boot untergegangen ist."

Doch war es leider so! Die „Wolverine" hatte U 47 vernichtet! Der strahlende Stern des Korvettenkapitäns Günther Prien war erloschen!

Am gleichen Tag, an dem U 47 für immer verschwunden war, erhielt U 99 vom BdU einen Funkspruch, nach welchem die „Terje Viken" noch immer Hilferufe funkte. Als U 99 die bezeichnete Stelle erreichte, ging die „Terje Viken" gerade endgültig unter.

Aber das war noch nicht das Ende der Märzoperationen im Nordatlantik.

Am 9. März lief U 110, ein neu in Dienst gestelltes Boot, zu seiner ersten Feindfahrt aus. Kommandant war Kapitänleutnant Fritz-Julius Lemp, der vorher U 30 auf sechs Feindfahrten geführt und nach der sechsten Feindfahrt auf diesem Boot am 14. August 1940 das Ritterkreuz erhalten hatte.

Bereits am 14. März meldete U 110 den Konvoi HX 112. Sofort stießen die beiden im Operationsgebiet stehenden Boote U 99 und U 100 hinterher. Während U 99 und U 100 mit AK auf Kollisionskurs zum Geleitzug heranzuschließen suchten, lief U 110 bereits am 15. März auf der Steuerbordseite dieses Konvois zum Angriff an.

Während des Tages jedoch wurde das Boot mehrfach von den Geleitfahrzeugen der 5th Escort Group abgedrängt, ohne daß diese Geleitfahrzeuge das U-Boot zu Gesicht bekamen. Als die Dunkelheit einfiel, befand sich U 110 wieder in ausgezeichneter Angriffsposition. Kapitänleutnant Lemp ließ U 110 zum Angriff eindrehen.

„Wir schießen die ganze Chargierung auf die Steuerbordkolonne. Es sind alles große Dampfer, die einander überlappen!" sagte er.

Die Bugrohre wurden klar gemeldet. Lemp hatte allen Grund, zu hoffen, auch auf dieser ersten Feindfahrt mit seinem neuen Boot Erfolge zu erringen.

„Jetzt schießen, Greger!" befahl Lemp dem I. WO, der hinter der UZO stand.

Der Viererfächer verließ die Bugrohre und rauschte mit vierzig Knoten Fahrt durch die See, dem Geleitzug entgegen. Zwei der vier Torpedos trafen den Benzintanker „Erodona" (6207 BRT). Unmittelbar nach den beiden Detonationen sprangen hell lodernde Flammen aus dem Tanker in den Nachthimmel empor. Wie eine riesige Fackel lag die „Erodona" gestoppt auf der See.

Geben wir hier Captain Donald Macintyre das Wort, der als Commander und Chef der 5th Escort Group diesen Angriff von U 110 miterlebt hatte:

„Wir liefen am 14. März zu unserem Rendezvous mit dem Konvoi HX 112. Das Treffen mitten im Atlantik war immer ein besonderes navigatorisches Experiment, denn in dem üblicherweise schlechten Atlantikwetter war es schwierig, einen Konvoi sofort zu finden. Neben meinem eigenen Schiff, der ‚Walker', bestand meine Geleitgruppe aus den Zerstörern ‚Vanoc', ‚Volunteer', ‚Sardonyx' und ‚Scimitar' sowie den Korvetten ‚Bluebell' und ‚Hydrangea'.

Wir trafen den Konvoi und dampften mit ihm ostwärts. Mit Einbruch der Dunkelheit des 15. März warnte ich meine Geleitfahrzeuge, sie sollten sich auf einen Angriff der deutschen U-Boote nach Einbruch der Finsternis vorbereiten. Wir hatten auch nicht lange zu warten.

Kurz vor Mitternacht am 15. März zeigte sich das erste U-Boot (irrtümlicherweise nahm Macintyre an, es sei U 100 gewesen) auf der Steuerbordseite des Konvois. Es griff an und feuerte einen Viererfächer auf eine lange Reihe überlappender Dampfer. Zwei Minuten später wurde der Petroleumdampfer ‚Erodona' getroffen. Sie stand sofort in hellen Flammen, und dann klangen die Torpedodetonationen eindrucksvoll hinterher.

Ich hatte niemals vorher dieses entsetzliche nächtliche Unglück gesehen. Auf der Brücke der ‚Walker' herrschte entsetztes Schweigen. Dann klingelten die Alarmglocken und schickten die Männer auf ihre Stationen. Verzweifelt suchten wir die See, die von den lodernden Flammen des brennenden Tankers erhellt wurde, nach dem U-Boot ab. Im Zickzackkurs liefen wir hindurch. Nichts war zu sehen, und auch unser Asdic zeigte uns keinen Gegner.

Alle anderen Geleitfahrzeuge sichteten ebenfalls nichts. Ich beorderte die Korvette ‚Bluebell' zu dem sinkenden Tanker, um die in der See schwimmenden Schiffbrüchigen aufzufischen. Aber selbst die See brannte in der Nähe des Tankers von dem ausgelaufenen Benzin. Und in diesem grellroten Flammenteppich konnte eigentlich niemand mehr am Leben sein.

Zu unserer eigenen Erleichterung brachte die Nacht keinen weiteren Angriff. Ich konnte mir nicht helfen, aber ich mußte mit einem tiefen Gefühl der Besorgnis an die nächste Nacht denken. Sollte ich meinen Bericht über diese erste Geleitfahrt als Group-Commander mit einer niederschmetternden Geschichte von gesunkenen und torpedierten Dampfern und keinem versenkten U-Boot beenden?"

Soweit der Bericht des britischen Commanders.

U 110 kam in der Nacht nicht mehr zum Schuß, weil die Geleitfahrzeuge mit Hartruderlegen auf das Boot eingedreht hatten.

Kapitänleutnant Lemp ließ mit Schnelltauchen auf 120 Meter gehen und lief ab, um auf dieser ersten Fahrt mit dem neuen Boot nichts zu riskieren. Ein paar Wabos fielen, die dem Boot zeigten, daß die Bewacher noch immer auf der Steuerbordseite des Konvois standen.

Als U 110 am anderen Morgen auftauchte und, achtern des Konvois stehend, wieder Anschluß zu bekommen versuchte, kam es nicht mehr heran.

Inzwischen aber war es U 100 gelungen, aufzuschließen. Aber die „Scimitar", die vor dem Konvoi lief, sichtete das Boot und meldete:

„To ‚Walker' from ‚Scimitar': U-Boot in Sicht! Sechs Meilen voraus!"

Sofort ließ Commander Macintyre alle vorn laufenden Geleitfahrzeuge auf volle Kraft voraus gehen. Signale verließen die Brücke der „Walker", und die „Vanoc" begleitete sie auf dem Weg nach vorn zur „Scimitar".

Als die Verfolger ihre Entfernung zum U-Boot auf drei Seemeilen verringert hatten, tauchte das U-Boot binnen weniger Sekunden weg. Macintyre dirigierte nun seine beiden anderen Boote so, daß sie U 100 mit ihren Horchgeräten finden mußten, wohin immer sich das Boot auch wenden mochte. Diese drei Geleitfahrzeuge waren fest vom Erfolg ihrer Jagd überzeugt. Aber die Suche war vergebens. Nach zwei Stunden lief „Walker" zum Konvoi zurück, während „Vanoc" und „Scimitar" die Jagd noch zwei weitere Stunden fortsetzten, ehe auch sie aufgaben.

Immerhin war es ihnen gelungen, das Boot unter Wasser zu drücken. Es konnte nach den Berechnungen Macintyres nun frühestens in der

Nacht zum 17. März angreifen. Aber diese Hoffnung des Führers der Geleitsicherung trog. Gerade als die „Walker" sich am Ende des Konvois befand — es war am 16. März um 10.06 Uhr — hörte Commander Macintyre eine donnernde Explosion auf der anderen Seite des Konvois, die ihm zeigte, daß seine Überlegungen falsch gewesen waren.

Der Kampf um das Schicksal des Konvois HX 112 hatte begonnen. U 100 hatte ein Schiff aus dem HX 112 heraustorpediert. Dann griff U 99 in das Kampfgeschehen ein.

Mit AK stieß U 99 zwischen den beiden Zerstörern der Außensicherung hindurch mitten in den Konvoi und torpedierte einen Tanker. Es war die „Ferm" (6593 BRT), die nach der explosionsartigen Stichflamme binnen weniger Sekunden über alles in Flammen stand. Ein Zerstörer tauchte auf, und U 99 ging mit Alarmtauchen in die Tiefe.

Als die „Walker" nach der ersten Explosion eine leichte Kurve lief, sichtete Captain Macintyre in dieser Drehung einen weißen Gischtstreifen, der nur von einem U-Boot herrühren konnte. Plötzlich sah er auch das U-Boot vor sich. Es war U 100. Sofort gab der Commander den Befehl, auf dreißig Knoten zu gehen, und ließ die „Walker" direkt auf das Ziel zustoßen.

Eben noch rechtzeitig sichtete die Brückenwache von U 100 den Verfolger, und in einem Schwall von Gischt verschwand das Boot wieder von der Wasseroberfläche. Nur ein großer Flecken phosphoreszierenden Wassers stand dort, als die „Walker" wenige Sekunden später die Tauchstelle passierte. Sie warf einen Zehnerfächer.

Captain Macintyre sagte dazu:

„So schnell, wie wir ihm nachgestoßen waren und gehandelt hatten, mußten wir das U-Boot eigentlich getroffen haben. Die zehn Wabos detonierten mit hartem Krachen, und gigantische Wasser-Spouts sprangen masthoch aus der See hinter unserem Heck empor. Zweieinhalb Minuten später krachte eine weitere Explosion, und ein orangeroter Blitz sprang sekundenlang an die Wasseroberfläche. Wir glaubten, daß wir das U-Boot versenkt hätten und daß es mit der zweiten Explosion auseinandergerissen worden sei. Doch bald darauf wurde ich eines Besseren belehrt. ‚Vanoc' kam angelaufen und bot uns ihre Unterstützung an, aber ich beorderte sie zurück und trug die vermeintliche Versenkung in das Logbuch ein.

Eineinhalb Stunden später hatten wir mit dem gleichen Boot wieder Kontakt. Wir hatten es also doch nicht versenkt."

Während der Jagd der Zerstörer auf U 100 war U 99 wieder aufgetaucht, um der wirksamen gegnerischen Asdic-Ortung zu entgehen. Das Boot passierte den nun sinkenden Tanker „Ferm" und brach, von achtern aufdampfend, in die mittlere Dampferkolonne ein.

Otto Kretschmer suchte große Schiffe und nahm das Risiko auf sich, gesichtet und wieder unter Wasser gedrückt zu werden. Dicht an kleineren Dampfern vorbeilaufend, kam er wieder auf einen großen Tanker zum Schuß. Es war inzwischen längst finster geworden. Die „Bedouin" (8136 BRT) stand ebenfalls unmittelbar nach dem Treffer in Flammen. Krachende Explosionen ließen immer neue Feuersäulen emporsteigen. Dicke Rauchwolken deckten das U-Boot, das nun in die nächste Schiffskolonne eindrehte, während alle Bewacher Leuchtgranaten schossen.

Gut eine Viertelstunde später nahm U 99 einen dritten Tanker aufs Korn. Auch die „Franche Comte" (9314 BRT) blieb nach dem Treffer brennend liegen.

Jetzt wurde die Stille der Nacht von Wabo-Detonationen zerrissen. Noch immer lief U 99 mitten im HX 112 weiter. Es gelang Otto Kretschmer, sein Boot bis zur Spitze des Geleitzuges vorzubringen, wo einige große Frachter liefen.

Zwei gezielte Einzelschüsse ließen beide anvisierten Dampfer stoppen. Die „Venetia" (5728 BRT) sank schnell. Es gelang der Besatzung, von Bord und in die Boote zu gehen. Die „J. B. White" (7375 BRT) jedoch sank nicht. Wohl sackte sie tiefer, doch bald stand fest, daß sie noch einen Aal haben mußte. Der nächste Torpedo, als Fangschuß geschossen, wurde ein Fehlläufer, weil seine Steuerung versagte. Der dritte Torpedo traf die „J. B. White" achtern. Auf ebenem Kiel reitend, sank auch dieses Schiff.

U 99 ließ sich wieder achteraus sacken.

Während die feindliche Geleitsicherung Wasserbombenteppiche warf, lief die „Walker" auf die Stelle zu, wo die „J. B. White" gesunken war. Unter dem Schutz der „Vanoc" fischte die „Walker" den Kapitän und 37 Besatzungsmitglieder der „J. B. White" auf.

U 99 war inzwischen auf einen achtern laufenden Tanker zum Angriff übergegangen. Mit dem Hecktorpedo wurde das Schiff in zwei Teile zerrissen. Oberfunkmaat Kassel gelang es noch, den Namen des Tankers aufzufangen. Es war die „Korsham" mit 6673 BRT.

Völlig verschossen, stieß U 99 zwischen zwei Bewachern hindurch und lief nun in Richtung der Läuse-Bänke.

U 100, das bei der Wabo-Verfolgung durch die „Walker" schwere Schäden erlitten hatte, konnte gegen 03.00 Uhr des 17. März nicht mehr länger unter Wasser bleiben und mußte auftauchen. Gerade als die „Vanoc" die „Walker" umkreiste, um sie bei der Bergung der Schiffbrüchigen der „J. B. White" zu schützen, stand U 100 direkt unter der „Vanoc" und passierte den Zerstörer, während es langsam auftauchte. Das Boot wurde zuerst von der Radarstation der „Vanoc" gesichtet und dann, als es durchbrach, auch sofort von der Brücke. Dort gab man einen Morsespruch zur „Walker" hinüber, den der Signalgast der „Walker" jedoch nicht entziffern konnte. Er meldete seinem Kommandanten:

„Sie signalisieren uns an, Sir! Aber ich kann den Spruch nicht lesen, das Licht flackert so stark."

Commander Macintyre befahl, mit voller Kraft nach vorn zu laufen. Lieutenant Bray, der neben dem Kommandanten der „Walker" auf der Brücke stand, schrie plötzlich:

„Sie müssen ein U-Boot gesichtet haben, Sir!"

Da kam auch schon ein neuer Funkspruch von der „Vanoc", die mit AK auf irgendein Ziel zulief und plötzlich stoppte. Dieser Spruch lautete:

„Habe soeben ein U-Boot gerammt und zum Sinken gebracht!"

Die „Vanoc" hatte U 100 mittschiffs gerammt.

Joachim Schepke, der gehofft hatte, der Zerstörer würde achtern vorbeilaufen, wurde durch die Wucht des Zerstörerstevens auf der Brücke seines Bootes eingeklemmt. Er verlor beide Beine und wurde dann, als die „Vanoc" auf volle Kraft zurückging, über Bord geschleudert. Er versank, um sich schlagend, in der See.

U 100 sank unmittelbar darauf. Nur fünf Männer der Besatzung von U 100 wurden von der „Vanoc" aufgefischt.

„Dies", so sagte Captain Macintyre, „war für uns ein glücklicher Moment, ein erfolgreicher Höhepunkt in einem langen und mühsamen Kampf. Wir hatten für unsere Verluste am Konvoi Rache genommen. Aber nun mußten wir die ‚Vanoc' schützen, die die wenigen Schiffbrüchigen des versenkten U-Bootes auffischte."

In dieser Situation fing auch der Asdic-Mann auf der „Walker" Geräusche auf. Er meldete Kontakt mit einem anderen U-Boot.

Commander Macintyre wollte einfach nicht glauben, daß ausgerechnet an dieser Stelle des Atlantik zwei Boote so dicht beieinander gestanden haben konnten. Er äußerte seine Zweifel gegenüber dem Asdic-Offizier, First-Lieutenant J. C. Langton. Aber der Asdic-Mann beharrte auf der Richtigkeit seiner Meldung.

„Der Kontakt kommt definitiv von einem U-Boot!" meldete er abermals.

Da gab Oberleutnant Langton Befehl an die Wasserbombenracks, zu feuern. Ein Fächer von sechs Wabos wurde geworfen. Als die „Walker" drehte, um den nächsten Angriff einzuleiten, kam von der „Vanoc" das alarmierende Signal:

„U-Boot hinter Ihnen aufgetaucht!"

Der Scheinwerfer der „Vanoc" glitt wie ein Lichtbalken über die See und erleuchtete den Umriß von U 99, das gestoppt auf der See lag.

Die Geschützbedienungen der „Walker" traten in Aktion. Die 10-cm-Geschütze begannen zu feuern. Dann fiel die Leuchtspur der leichteren Waffen in das Feuer ein. Wild feuerte der Zerstörer. Die Männer der versenkten „J. B. White" schleppten freiwillig Munition. Während noch alle Geschütze der „Walker" feuerten, blitzte auf der Brücke des U-Bootes eine Signallampe auf:

„Wir sinken!"

Das machte der „Walker" klar, daß der Kampf vorüber war. Captain Macintyre glaubte schon, er würde das Boot kapern und einschleppen können, als er sah, daß die Besatzung von Bord ging. Dann sank U 99 auf einmal schnell in die Tiefe.

Die „Walker" wurde auf die Windseite der Schiffbrüchigen dirigiert und die überlebenden Deutschen an Bord geholt. Einige waren von dem eisigen Wasser so erschöpft, daß sie nicht mehr mit eigener Kraft über die ausgebrachten Kletternetze an Bord gehen konnten. Einer von ihnen mußte, wie Macintyre erzählte, „erst in der Kombüse aufgetaut werden". Es war Oberfunkmaat Kassel.

Der letzte, der von Bord ging und zum Zerstörer hinüberschwamm, war Kapitänleutnant Kretschmer. Otto Kretschmer hatte sein gutes Nachtglas umgehängt. Lieutenant Peter Sturdee griff es und brachte es seinem Kommandanten. Captain Macintyre trug dieses Beutestück während des ganzen Krieges. Er sagte:

„Der Sankt-Patricks-Tag, der für den Konvoi so grimmig begonnen hatte, hatte nun auch die Rache der Geleitsicherung gesehen, die die Bitternis über den Verlust der Schiffe versüßte."

Aber wie hatte das mit U 99 geschehen können? Wie konnte dieses Boot mit der erfahrenen und sicheren Besatzung solcherart vernichtet werden?

Während die „Vanoc" fünf Mann der Besatzung von U 100 auffischte, faßte die „Walker" — wie vorher beschrieben — ein U-Boot direkt unter der „Vanoc" auf. Macintyre vermutete zuerst, daß es sich um die Trümmer von U 100 handelte. Aber es war tatsächlich U 99. Das Boot war um 03.00 Uhr Obersteuermann Petersen, dem III. WO, vom Kommandanten übergeben worden und befand sich auf dem Rückmarsch nach Lorient, als Obersteuermann Petersen einen Zerstörer an Steuerbord querab sichtete, der knapp eine Meile entfernt stand. Er gab sofort Tauchalarm, und mit Schnelltauchen ging U 99 in die Tiefe. Gleich darauf wurden aus dem Horchraum die Schraubengeräusche des Zerstörers geortet. U 99 ging auf neunzig Meter hinunter. Wenig später erreichte der Zerstörer das Boot und warf einen Fächer, dessen Druckwelle das Boot voll traf. Die Beleuchtung fiel aus. Der zweite Fächer lag noch dichter beim Boot. Ein Wassereinbruch im Bugraum ließ U 99 sofort mit starker Schlagseite tiefer sacken. Als es auf 180 Meter stand, fielen beide E-Maschinen aus. Es gab nur noch eine Möglichkeit, das weitere Fallen des Bootes und die damit verbundene Vernichtung aufzuhalten. Otto Kretschmer befahl, die Tauchtanks mit Preßluft auszublasen. Doch der Zentrale-Maat bekam das Ventil nicht auf. Schon zeigte das Tiefenmanometer im Bugraum — das in der Zentrale war ausgefallen — 205 Meter an, als im Hecktorpedoraum ein großes Leck aufriß, durch welches die See in dichtem Strom ins Boot eindrang.

Endlich, das Boot war auf 216 Meter durchgefallen, blies zischend die Preßluft. Das Boot stand und stieg langsam und dann schneller werdend empor. Bei 60 Meter ließ Kapitänleutnant Kretschmer die Preßluft dichtdrehen. Aber das Boot ließ sich nicht mehr halten. Es brach durch. Und während Otto Kretschmer auf den Turm eilte, machte Funkmaat Stohrer einen Funkspruch nach Lorient:

„Wasserbomben — Wasserbomben!"

Kurz darauf befahl Otto Kretschmer, der die beiden Zerstörer so dicht bei seinem tauchunklaren Boot sah, noch einen Funkspruch, der sofort durchgetastet wurde. Dieser letzte Funkspruch von U 99 lautete:

„Zwei Zerstörer — Wasserbomben. 53 000 BRT — versenkt. — Kretschmer."

Auf dem Turm seines Bootes sah Otto Kretschmer die „Vanoc", die breitseits zu ihm lag. Jetzt noch einen Aal in den Rohren haben! Aber die Rohre waren leergeschossen. Und das Boot ließ sich nicht mehr weiterbringen. Es hatte seine Schrauben verloren. Oder waren nur die beiden Schraubenwellen verbogen? Es war den beiden Zerstörern hilflos ausgeliefert. Während die „Vanoc" etwas von dem bewegungslosen U-Boot ablief, eröffnete die „Walker" das Geschützfeuer auf das Boot. „Alle Mann auf Oberdeck. Auf die Steuerbordseite!" befahl Kretschmer. Sie stiegen durch das Kombüsenluk aus. Der Kommandant folgte ihnen als letzter. Noch immer feuerte die „Walker" wie irrsinnig. Mit wenigen Worten befahl Kretschmer, daß sich jeder bereithalten möge, von Bord zu gehen. Noch befanden sich der I. WO, Oberleutnant z. See Knebel-Döberitz, und der LI, Oberleutnant z. See Ing. Schröder, im Boot. Während der I. WO nachprüfte, ob alle Geheimsachen weg waren, drehte der LI die Preßluft für Tauchtank eins (den achteren Tauchtank) etwas auf, weil das Achterschiff plötzlich wegsackte. Beide Offiziere wurden aus dem Turmluk herausgezogen. Noch immer schwamm U 99. Die Männer aber, die achtern gestanden hatten, wurden beim Wegsacken in die See gespült. Der Zerstörer stellte sein Feuer ein.

Daraufhin befahl Kretschmer Obersteuermann Petersen, den zunächststehenden Zerstörer anzumorsen:

„C an C: Please, pick up my men drifting towards you in the water — I am sinking."

Als sich die „Walker" jetzt dem U-Boot näherte, glaubte Otto Kretschmer zu erkennen, daß auf dem Zerstörer die Kutter gefiert werden sollten. Sie wollten also sein Boot kapern.

Noch befanden sich 25 Besatzungsmitglieder an Bord von U 99. Oberleutnant z. See (Ing.) Schröder schlug jetzt vor, ins Boot zurückzugehen und die Entlüftungszelle der Tauchzelle eins zu öffnen. Dadurch würde das Boot über das offene Kombüsenluk — durch das die Mannschaft ausgestiegen war — und das Turmluk vollaufen.

Kretschmer schärfte Schröder ein, das Ventil nur wenig zu öffnen, damit er noch Zeit genug habe, herauszukommen. Der LI verschwand im Boot, und bald darauf drang das Zischen der Preßluft empor.

„Viel zuviel!" rief Kretschmer. Er beugte sich über das Turmluk.

„'raus, LI!" rief er. 'raus!"

Da sackte U 99 auch schon, auf ebenem Kiel reitend, hinunter. Die Männer schwammen auf. Kretschmer rief sie zu einem engen Pulk zusammen. Mit dem Boot aber war Oberleutnant z. See (Ing.) Schröder in die Tiefe gegangen. Kretschmer zählte am Kletternetz seine Männer. Außer dem LI wurden zwei weitere Besatzungsmitglieder vermißt.

Als letzter kam Otto Kretschmer an Bord der „Walker". Hier erfuhr er auch, daß das Boot seines Freundes Joachim Schepke keine halbe Stunde vor ihm auf dem gleichen Standort vernichtet worden war und daß sich Schepke nicht unter den wenigen Geretteten befand.

Zur gleichen Zeit rief die Funkstelle des BdU in Kernevel immer wieder den gleichen Funkspruch in den Äther:

„U 99 und U 100: Standort, Lage und Erfolg melden!"

Dieser Funkspruch wurde nicht beantwortet. Beide Boote waren nicht mehr. Otto Kretschmer wurde im April 1941 außerplanmäßig zum Korvettenkapitän befördert. In der Verlustmeldung des Bootes, die am 25. April 1941 herausgegeben wurde, hieß es unter anderem:

„Korvettenkapitän Kretschmer hat nunmehr nach der Vernichtung von drei feindlichen Zerstörern insgesamt 313 611 BRT feindlichen Schiffsraumes versenkt."

Nachdem drei Monate lang kein einziges deutsches U-Boot verlorengegangen war, fielen im März 1941 allein fünf Boote den Abwehrwaffen des Gegners zum Opfer. Als fünftes Boot wurde U 551 unter Kapitänleutnant Schrott am 23. März südostwärts Island durch die britische Korvette „Visenda" versenkt. Es entstand Totalverlust.

Noch am selben Morgen des 17. März, als Commander Macintyre seinen Erfolg meldete, sprach ihm der Premier seine und der Lordschaften Glückwünsche aus. Sie würdigten diese beiden Versenkungserfolge der 5th Escort Group durch die Verleihung des D.S.O.* an Commander Macintyre.

Der Verlust dieser fünf Boote und die offenbar werdende Verkehrsstille im Seeraum südlich Island veranlaßte Vizeadmiral Dönitz Ende März dazu, dieses Seegebiet nach Südwesten hin zu räumen. Ein Operieren so dicht vor dem Nordkanal schien nicht mehr erfolgversprechend zu sein.

Mit dieser Verlegung der U-Boot-Operationsgebiete ging die zweite Phase der Schlacht im Atlantik zu Ende. Sie war die erfolgreichste Phase des Kampfes zur See und hatte neben den U-Booten auch noch den deutschen Schlachtschiffen und Kreuzern – und nicht zuletzt auch den Hilfskreuzern – große Erfolge beschert.

Nie wieder wurden von deutschen U-Booten so bedeutende Erfolge errungen, wie sie diese drei im März 1941 gefallenen oder in Gefan-

---

* = Distinguished Servive Order, der nach dem Victoria Cross höchsten britischen Auszeichnung, die mehrfach verliehen werden konnte.

genschaft geratenen „Asse" Kretschmer, Prien und Schepke errungen hatten.

Ein neuer Abschnitt des Kampfes begann. Es war die Zeit der mit letzter Erbitterung ausgefochtenen Duelle zwischen U-Booten und Geleitfahrzeugen, bei denen „Pardon weder gegeben noch erwartet wurde", wie Captain Roskill in „Royal Navy" schrieb.

Am 23. Mai 1941 wurde auch der Verlust von U 47 bekanntgegeben, als feststand, daß das Boot unter keinen noch so glücklichen Umständen mehr existieren konnte. Der Wehrmachtsbericht gab an jenem Tage bekannt:

„Das von Korvettenkapitän Prien geführte Unterseeboot ist von seiner letzten Unternehmung nicht zurückgekehrt."

Als Vizeadmiral Dönitz der U-Boot-Waffe den Tod eines seiner Besten und seiner Besatzung mitteilte, las man aus den wenigen, klaren und scharfumrissenen Worten heraus, daß der Tod dieses Offiziers sein Inneres tief berührt hatte:

„Tagesbefehl des Befehlshabers der Unterseeboote.

Günther Prien, der Held von Scapa Flow, tat seine letzte Fahrt. Wir U-Boot-Männer neigen uns in stolzer Trauer und grüßen ihn und seine Besatzung. Auch wenn ihn der weite Ozean deckt, Günther Prien steht doch noch mitten unter uns. Kein U-Boot wird nach Westen fahren, das er nicht begleitet, das nicht von seinem Geiste mitnimmt. Kein Schlag gegen England wird von uns geschlagen werden, den er nicht, zum Angriff drängend, mitgeführt. Überschäumend von Jugendkraft und Draufgängertum, ist er den U-Boots-Kämpfern ewiges Vorbild. Wir verloren ihn und gewannen ihn wieder; Symbol ist er uns geworden für unseren harten, unerschütterlichen Angriffswillen gegen England. Der Kampf geht weiter in seinem Geiste. — Dönitz"

DAS ZWEITE KRIEGSJAHR

ALLGEMEINE ÜBERSICHT

Die ersten drei Süd-Boote — Die Konvois SL 67 und SL 68

Am Ende des ersten Kriegsjahres zog der BdU das Fazit des U-Boot-Einsatzes:
Achtundzwanzig U-Boote waren in den vergangenen zwölf Monaten auf See geblieben. Damit war die Hälfte aller deutschen U-Boote versenkt worden.

Trotz der Schwere dieser Verluste hatte die kleine U-Boot-Waffe Erfolge errungen, die alle Erwartungen übertrafen. Es wurden von ihr im ersten Kriegsjahr versenkt:

1 Flugzeugträger,

1 Schlachtschiff,

2 U-Boote,

3 Zerstörer,

5 Hilfskreuzer und

440 Handelsschiffe

mit insgesamt 2 330 000 BRT.

Elf Angehörigen der U-Boot-Waffe wurde im ersten Kriegsjahr das Ritterkreuz des Eisernen Kreuzes verliehen. Darunter als drittem Vizeadmiral Dönitz.

Dönitz, der immer wieder mindestens hundert am Feind stehende Boote gefordert hatte, wäre mit der geforderten Bootszahl, die eine Gesamt-Frontbootszahl von 300 U-Booten vorausgesetzt hätte, in der Lage gewesen, der feindlichen Handelsschiffstonnage den Todesstoß zu versetzen und England hermetisch von jeder Zufuhr an Nachschub abzuschneiden.

Aber er verfügte im Höchstfall über acht Boote, die ständig am Feind standen.

In „The Second World War" schrieb Winston Churchill, der am 10. Mai 1940 als britischer Kriegspremier eine neue Regierung gebildet hatte und an deren Spitze getreten war, darüber folgendes:

„Der U-Boot-Krieg war unser schlimmstes Übel. Es wäre weise von den Deutschen gewesen, alles auf diese Karte zu setzen."

Die oberste deutsche Führung war nicht so weise wie Churchill. Er faßte auf der Gegenseite alle Kräfte zusammen, um sie der deutschen U-Boot-Gefahr entgegenzuwerfen. Er selbst war die treibende Kraft im „Defence Comittee" für die Organisation der U-Boot-Abwehr. Er selbst übernahm auch den Vorsitz in dem „Battle of the Atlantic Comittee", das seine Arbeit ausschließlich dem Ziel widmete, die „Schlacht im Atlantik" zu gewinnen.

Im April begann die dritte Phase der Schlacht im Atlantik.

Schon im Februar 1941 waren allerdings die ersten drei U-Boote in ein neues Kampfgebiet, in den Seeraum von Freetown, entsandt worden. Sie sollten Öl und Torpedos auf See aus Hilfskreuzern und Versorgungsschiffen ergänzen. Diesen Booten folgten im April 1941 vier weitere Boote. Sie alle zusammen erzielten im Südraum große Erfolge und trugen mit dazu bei, daß die Monate April bis Juni 1941 wieder kaum glaubliche Versenkungsziffern erbrachten.

Folgen wir diesen Booten in den Südraum.

Am 23. Februar 1941 lief U 124 unter Kapitänleutnant Wilhelm Georg Schulz als erstes von drei U-Booten in das neue Operationsgebiet um Freetown aus. Es war die vierte Feindfahrt des Bootes. Erster Wachoffizier war Oberleutnant z. See Mohr. Zweiter WO Oberleutnant z. See Henke. Beide Offiziere sollten später als Kommandanten stolze Erfolge erringen.

Am 24. Februar lief U 105 unter Kapitänleutnant Schewe ins gleiche Operationsgebiet aus, am 26. Februar U 106 unter Kapitänleutnant Oesten.

Im Hafen von Las Palmas auf Gran Canaria versorgte sich U 124 an dem dort liegenden deutschen Tanker „Germania" mit Öl. Kapitänleutnant Schulz, ein alter, erfahrener Handelsschiffs-Kapitän, schaffte das Kunststück, bei Nacht ungesehen neben der „Germania" anzulegen und den Hafen ebenso ungesehen wieder zu verlassen. Das war insofern besonders wichtig, als auch U 105 und U 106 sich noch unbemerkt an der „Germania" vollsaugen sollten.

In den frühen Morgenstunden des 4. März setzte U 124 seinen Südmarsch mit Generalrichtung Freetown fort. Im Seegebiet um Freetown vermutete der BdU den Sammelpunkt für den von Südamerika und vom Kap der Guten Hoffnung nach England laufenden Verkehr. Die Vermutung war richtig, wie sich in den folgenden Monaten herausstellte.

Zur gleichen Zeit wie die drei U-Boote waren auch die beiden deutschen Schlachtschiffe „Scharnhorst" und „Gneisenau" zum Tonnagekampf in den Atlantik entsandt worden. Darüber hinaus erwartete die Seekriegsleitung von dem Einsatz der beiden Schlachtschiffe eine Bindung schwerer gegnerischer Streitkräfte. Diese trat dann auch ein. Die Geleitzüge, die im Frühjahr auf dieser Route liefen, wurden außer von den üblichen Geleitfahrzeugen auch noch von je einem Schlachtschiff gesichert.

Durch einen Zufall, der um ein Haar verheerende Folgen gehabt hätte, stieß U 124 am 5. März auf die „Scharnhorst" und die „Gneisenau". Als das erste Kriegsschiff in Sicht kam, glaubte der Kommandant, die „Malaya", ein britisches Schlachtschiff, vor sich zu haben. Dann erst erkannte er, daß es sich um deutsche Schiffe handelte. Ein FT-Spruch an den BdU bestätigte die Annahme, und die Torpedierung unterblieb.

Am 7. März aber erhielt U 124 von der Operationsabteilung einen wichtigen Funkspruch: Der Konvoi SL 67*, mit dem Schlachtschiff „Malaya" als zusätzlicher Sicherung, war von den deutschen Schlachtschiffen aufgefaßt worden. Neben U 124 hatte noch U 105 Befehl erhalten, auf diesen Konvoi zu operieren, der auf Standort 20.30° Nord / 18.10° West mit Nordkurs auf die Höhe der Kapverdischen Inseln lief.

U 124 wurde auf den Kollisionskurs eingesteuert. Mit hoher Fahrt lief das Boot dem Konvoi entgegen. Stunden später tauchte ein deutsches U-Boot auf.

„Schießen Sie ES, Mohr!" befahl Schulz seinem Ersten Wachoffizier.

Das Erkennungssignal wurde von dem anderen Boot erwidert. Es war U 105 unter Kapitänleutnant Schewe.

„Schewe, ich greife die Steuerbordkolonne an!"

„Dann nehme ich die Backbordkolonne, Schulz. So halten wir die Geleitfahrzeuge am Laufen."

---

* Siehe Anlage: „Bezeichnungen der hauptsächlichen Geleitzüge".

„Gut, Hals und Bein!"

Die beiden Boote trennten sich und liefen mit AK weiter. Zwei Stunden nach Einbruch der Dunkelheit sichtete Oberleutnant Henke, der die Wache übernommen hatte, den Konvoi SL 67.

„Wie im Industrierevier, Herr Kaleunt. Rauchfahnen über Rauchfahnen!"

„Auf Gefechtsstationen! Boot greift an!"

„Zehn Grad Backbord voraus Zerstörer, Herr Kaleunt!"

Zwischen der rechten und der mittleren Dampferkolonne liefen zwei Zerstörer mit hoher Fahrt nach Backbord voraus. Nur 700 Meter vor dem herumgehenden U-Boot passierte einer der Zerstörer, während der zweite nun nach Steuerbord drehte.

„Boot läßt sich in das Geleit hineinsacken."

In diesem Augenblick tauchte ein gigantischer Schatten hinter der Steuerbordkolonne des Konvois auf.

„Die ,Malaya'!" rief Henke erregt.

Sofort ließ Schulz sein Boot auf das britische Schlachtschiff eindrehen. Doch eine knappe halbe Stunde später, als fast schon Schußmöglichkeit bestand, drehte die „Malaya" scharf weg und trennte sich, mit AK ablaufend, vom Konvoi.

„Wieder auf den Konvoi eindrehen!"

U 124 lief herum. Abermals tauchten Zerstörer auf. Doch da war das Boot schon mitten im Konvoi und lief zwischen der Steuerbordkolonne und der mittleren Kolonne in Angriffsposition.

„Alle Rohre klar zum Überwasserschuß! — Einzelschüsse aus Rohr I bis VI!"

Fieberhaft und doch zielsicher und gekonnt wurde gearbeitet. Auf einmal zackte einer der Zerstörer herum und lief nun in Lage Null auf das Boot zu. Der zweite folgte ihm.

„Verdammt, der überkarrt uns!"

In diesem Augenblick blies an der Backbordkolonne des Konvois eine Torpedodetonation empor. Ein Dampfer blieb gestoppt liegen. Er schoß Seenotraketen, und die beiden Zerstörer drehen sofort auf den getroffenen Dampfer ein, um hinter dessen Heck nach dem deutschen U-Boot zu suchen. Die ersten Wasserbombendetonationen hallten durch die Nacht.

Kapitänleutnant Schulz visierte die Ziele an. Die Schußunterlagen für sechs Dampfer wurden mit dem Torpedorechner errechnet. Dann fielen kurz hintereinander die Schüsse. Innerhalb von zwei Minuten war die gesamte Chargierung leergeschossen. Bereits dreißig Sekunden nach dem ersten Schuß blitzte die erste Trefferdetonation durch die Nacht. Zwanzig Sekunden darauf folgte eine zweite wuchtige Detonation, dann die dritte, die vierte und fünfte. Die Nacht schien tobsüchtig zu werden. Der sechste Aal hatte sein Ziel ebenfalls getroffen, war aber nicht hochgegangen.

Fünf Dampfer brannten, sackten tiefer und schrien ihre SSS-Meldungen in die Nacht hinein. Leuchtraketen erhellten die See, der ganze SL 67 war in Aufregung geraten. Wie von Furien gepeitscht, liefen die Schiffe in allen Richtungen der Windrose auseinander. Vergebens war der Ruf des Geleitzugführers, beisammenzubleiben. Blanke Furcht hatte alle Kapitäne gepackt. Wann würden die Grauen Wölfe abermals zuschlagen? Es mußte ein ganzes Rudel im Geleit stehen.

Die Zerstörer ließen bis auf einen von U 105 ab. Sie wandten sich der Stelle zu, an der sie das zweite U-Boot oder sogar mehrere U-Boote vermuteten. Sie schossen Leuchtgranaten, deren flache Flugbahnen wie Lichtstreifen über die See flitzten und sich weit jenseits von U 124 in den schwarzen Mantel der Nacht bohrten und verschwanden.

„Sinkgeräusche!" meldete der Mann am Horchgerät.

Das Seegebiet um 20.51 Nord / 20.32 West glich einem Inferno. Das erste der fünf getroffenen Schiffe sank über das Heck. Gurgelnd schloß sich die See über dem Dampfer. Ein zweites Schiff brach nach einer gewaltigen Kesselexplosion in der Mitte auseinander. Zwei weitere brannten schon über alles. Auch sie hatten starke Schlagseite. Wasserbombenserien erschütterten See und Luft. Das Meer wurde von zehnfachen Explosionen hochgepeitscht.

Mit Hartruder drehte U 124 vom Geleitzug fort, um irgendwo weiter in See die Rohre nachladen zu können.

Eine unbeschreibliche Begeisterung erfüllte das Boot. Während die Männer im Bugraum schufteten, suchte Kapitänleutnant Schulz die See achtern vom Boot ab. Ein Zerstörer lief heran, zackte dann aber wieder weg, warf blind Wasserbomben und drehte wieder ein, um nach Wrackteilen zu suchen. Den waren sie los!

Am 8. März gewann U 124 keine Fühlung mehr zum Konvoi. Es war zu weit abgedrängt worden. Weisungsgemäß trat es den Weitermarsch in das Gebiet von Freetown an.

Als U 105 weit genug an der Backbordkolonne des Konvois nach vorn gelaufen war, wandte sich Kapitänleutnant Schewe an den TWO.

„Wir nehmen zuerst den großen Dampfer. Hat schätzungsweise 8000 Tonnen. Zweierfächer aus Rohr I und II."

„Und dann, Herr Kaleunt?"

„Zweimal Einzelschüsse auf den dahinter halb überlappenden und den weiter achtern laufenden Dampfer von 5000 Tonnen."

Alle Rohre wurden klar gemeldet. Die Einzelschüsse wurden berechnet. Der Torpedorechner lieferte die Schußunterlagen.

Georg Schewe, schon seit Juli 1939 als U-Boot-Kommandant im Dienst, kannte sein Metier. Er wußte, daß sie schnell schießen mußten. Noch war an der Steuerbordseite des Konvois nichts zu hören. Am besten mußte er gleichzeitig mit U 124 schießen. Dann war der Gegner gespalten.

„Hartlage, Hartlage!" kam es vom Zielgeber.

„Noch etwas näher 'rankommen lassen!"

„So, jetzt schießen!"

Der Fächerschuß rauschte durch die See, dem großen Dampfer entgegen. U 105 drehte ein wenig herum. Der TWO ließ die nächsten Torpedos auf den überlappenden Dampfer und einen dritten schießen. Schon gingen die beiden Torpedos am vordersten Dampfer hoch, der sofort Dampf ausstieß und gestoppt liegenblieb. Das dahinter laufende Schiff zackte scharf weg, um nicht mit seinem Vorläufer zu kollidieren.

„Der Torpedo geht vorbei und..."

„Rabamm!" krachte ganz weit achtern auf dem zweiten Dampfer die Detonation. Auch dieser blieb gestoppt liegen. Der dritte Torpedo verschwand hinter dem Heck des mit AK weiterlaufenden dritten Dampfers.

„Steuerbord querab Zerstörer. Kommt in Lage Null, Herr Kaleunt."

Leuchtgranaten zischten dicht über den U-Boot-Turm hinweg. Dann krachte der Abschuß des Zwillingsturmes auf dem Bug des Zerstörers. Die Granaten hieben kurz hinter dem U-Boot in die See.

U 105 drehte mit Hartruderlage weg. So entging es der nächsten Salve.

„Schnelltauchen!"

Steil vorlastig kippte das Boot an. Der LI jagte zehn Männer als fliegendes Trimmgewicht in den Bugraum. Erst als das Boot fünfzehn Meter tief hinuntergegangen war, verstummten die Diesel. Beide E-Maschinen arbeiteten mit AK. An Oberdeck krachte es mordsmäßig.

„Lecksicherungsgruppen sofort nachsehen!"

„Wenn sie uns nur nicht den Druckkörper beschädigt haben, Herr Kaleunt!"

„Unsinn!" sagte Georg Schewe mit überzeugender Schärfe.

„Zerstörerschraubengeräusche in Lage Null."

„Steuerbord zehn!"

Leicht glitt U 105 aus dem Kurs heraus. Schnell kamen die Schraubengeräusche auf. Dann wurde das Boot von einem Sechserfächer Wabos erschüttert, die achtern detonierten. Es gab Schäden, die jedoch schnell wieder behoben waren.

„Auf 150 Meter gehen!" befahl der Kommandant.

Das Boot stieß tiefer hinunter. Die folgenden Wabos detonierten alle hoch über dem Boot, und nach dreistündiger Wabo-Verfolgung gelang es U 105, dem Zerstörer zu entkommen.

Nach dem Wiederauftauchen bekam U 105 keine Fühlung mehr am Geleit. Es wurde zusammen mit U 106 und U 124 nach Süden dirigiert.

Am 18. März versorgte U 124 am „Schiff 41" *. Zur gleichen Zeit spürte U 106 den Konvoi SL 68 auf und rief U 105 durch Peilzeichen heran.

„Wir bleiben als Fühlunghalter dran, bis Schewe auch herangekommen ist!" entschied Kapitänleutnant Oesten.

Wie Schewe, hatte auch er vor dem neuen Boot einen Einbaum, U 61, geführt. Nun brannten beide Kommandanten darauf, sich mit den neuen, größeren Booten zu bewähren.

Jürgen Oesten blieb auf dem Turm seines Bootes, das im harten Nordostpassat auf der Flanke des SL 68 Anschluß hielt. Er suchte die See ab und erkannte die Zerstörer der Flankensicherung und den Feger.

Der aus Nordost wehende Passat trug gelbe Staubschleier aus der afrikanischen Wüste mit, der die Gläser zuklebte und mit dem Saugstrom der Frischluftumwälzer ins Boot drang und allen Männern zwischen den Zähnen knirschte.

Gegen Abend des 18. März ging der Konvoi SL 68 auf Nordkurs.

Ein Zerstörer und ein gelbgestreifter Hilfskreuzer sichteten das U-Boot und beschossen es. Mit Alarmtauchen ging U 106 in den Keller. Zwei Stunden später tauchte es wieder auf und knüppelte hinter dem Geleitzug her. Im Morgengrauen des 19. März kam plötzlich ein Zerstörer aus dem grauen Dunst herausgelaufen. Wieder Alarmtauchen.

---

* = Hilfskreuzer „Kormoran"

Dennoch gelang es dem Boot unter seinem zähen Kommandanten, später wieder Anschluß zu gewinnen.

„Mindestens vier Zerstörer, Männer!" sagte Jürgen Oesten seiner Besatzung durch, die blind auf ihren Stationen stand und auf jedes Wort lauerte, das ihnen ein Bild von der Lage gab.

„Dazu der Hilfskreuzer!"

„Achtern, Herr Kaleunt! Großer Schatten achtern der mittleren Dampferkolonne!"

Jürgen Oesten drehte sich um. Er setzte sein Glas an die Augen.

„Das muß das britische Schlachtschiff sein, die ‚Malaya'!"

„Wenn wir der einen verpuhlen könnten!" sagte der Bootsmannsmaat der Wache wehmütig.

„Was macht U 105, Funkraum?"

„Kommt schnell auf, muß in spätestens fünf Stunden rangeschlossen haben."

„Geben Sie für alle anderen Peilzeichen!"

„Hoffentlich macht unser Kapitän eine gute Navigation!"

„Auf Kapitän Kamenz können wir uns verlassen", sagte Oesten.

Dazu muß man folgendes wissen:

Kapitän Kamenz vom Deutschen Lloyd war Navigationsoffizier des Hilfskreuzers „Atlantis". Er war an Bord von U 106 eingeschifft worden, um im Mittelatlantik wieder auf „Schiff 16"* zurückzukommen, das er verlassen hatte, um eine Prise, die „Schiff 16" aufgebracht hatte, nach Japan zu bringen. Über Rußland war Kapitän Kamenz dann nach Deutschland zurückgekehrt. Nun sollte Oesten ihn zu seinem Schiff zurückbringen. Dabei machte Kamenz sich nützlich, indem er die Navigation für das U-Boot übernahm.

Am Morgen des 19. März tauchte U 105 aus dem Dunst auf. Beide Boote liefen aufeinander zu. Sie hatten sich in der unendlichen Weite des Atlantik gefunden.

„Wie geht es, Georg? Gut hingekommen?"

„Bestens, Jürgen! Wann raken wir 'ran?"

„In der kommenden Nacht, und dann gemeinsam, damit wir die gegnerische Abwehr spalten."

„Klar, Alter."

„Also dann!"

---

* = Hilfskreuzer „Atlantis"

Den ganzen Tag liefen beide Boote auf den Flanken des SL 68 dahin. Die Sonne stand sehr hoch. Ihre Strahlen brachen immer wieder durch den Dunst. Hohe Roller mit weißen Schaumkronen zogen an den Booten vorbei. Dann fiel die Dunkelheit ein. Auf beiden Booten rüstete man sich zum Angriff. Ein Kurzsignal wurde noch gewechselt. Dann stieß U 106 als erstes vor.

„Wir greifen an. Viererfächer auf die einander überlappenden Ziele! Alles Einzelschüsse!"

Die Schüsse wurden genau eingestellt. Immer wieder gab der Torpedorechner Korrekturen. Eine ganze Wand von Schiffen zog neben dem U-Boot dahin. Vier dieser Schiffe hatte U 106 sich als Opfer auserkoren. Die vier Torpedos im Bugraum würden gleich losflitzen und sich ihre Ziele suchen.

Als der Viererfächer lief und der Zentrale-Maat die Ausgleichtanks flutete, als im Bugraum die Preßluft aufwölkte, die die Torpedos ausgestoßen hatte, sah Jürgen Oesten schon den Zerstörer, der von achtern aufdampfte. Sein weißer Schnauzbart verriet den Feind als erstes, dann tauchten auch die Aufbauten aus der Nacht.

In diesem Augenblick ging der erste Torpedo am vordersten Dampfer der Kolonne in die Höhe. Dann krachten die Treffer, immer im Abstand von zwei Sekunden.

Viermal dröhnten Detonationen. Viermal stiegen feuerdurchmischte Wassersäulen empor. Brände stiegen zum Himmel. Die ersten Schiffe funkten „SSS"!

„Alle vier Aale Treffer! Ein Schiff starke Schlagseite. Zwei brennen!"

Das vierte Schiff wurde von einer gewaltigen Doppelexplosion im Maschinenraum erschüttert. Teile der Aufbauten wirbelten durch die Luft.

„Zerstörer Backbord querab! Kommt in Lage Null!"

„Alarrrm! — Schnelltauchen!"

Als letzter ging Jürgen Oesten durch das Turmluk ins Boot und drehte das Luk dicht.

U 106 kippte an und stieß schnell vorlastig hinunter. Schon rasselten die Zerstörerschrauben heran.

Vier Wasserbomben schüttelten das Boot durch, das Licht fiel aus.

„Notbeleuchtung ein!"

Eine Stoffbuchse leckte; die Abgasklappen machten Wasser, wurden aber sofort wieder dichtgedrückt. Tiefer fiel das Boot hinunter. Auf 120 Meter pendelte der LI es ein.

„Horchraum! Frage Schraubengeräusche?"

„Schraubengeräusche schnell auswandernd!"

„Menschenskinder, der dreht ab!"

Mit AK der beiden E-Maschinen entkam U 106.

„Alle Rohre nachladen!"

Im Unterwassermarsch, wenn das Boot ganz genau auf ebenem Kiel liegt, ist es am leichtesten, die schweren Torpedos nachzuladen. Die beiden Kettenzüge klirrten. Männer keuchten. Mit bloßen Oberkörpern arbeiteten sie geschickt und wie besessen, um dem stählernen Hai seine „Giftzähne" wieder einzusetzen.

„Alle Rohre nachgeladen, Herr Kaleunt!" meldete der TWO nach knapp eineinhalb Stunden.

„Auftauchen!"

Nachdem sich der Kommandant davon überzeugt hatte, daß die See frei war, brach das Boot durch und knüppelte mit AK hinter dem Konvoi SL 68 her. Wenige Minuten später kippte plötzlich der Bug von U 106 nach vorn. Schon unterschnitt er.

„Anblasen acht!"

Die Tauchzelle acht wurde angeblasen, um das Boot zu halten.

„Wassereinbruch durch Kettenkasten!" meldete der Mann auf der Station. „Tauchzelle acht flutet selbständig!"

„Verdammt! Wir müssen die Tauchzelle alle Viertelstunde mit Preßluft lenzen."

Noch in der gleichen Nacht griff auch U 105 an. Georg Schewe gelang es, einen Dampfer aus dem Konvoi herauszuschießen. Dann wurde U 105 abgedrängt. Aber beide Boote nahmen die Verfolgung des Geleitzuges auf. Sie wollten noch mehr Schiffe versenken. So kamen sie in der nächsten Nacht wieder zum Schuß. Wieder schrien zwei feindliche Schiffe ihren Notruf hinaus. Leuchtgranaten erhellten das Untergangsbild. Zerstörer feuerten.

Die „Malaya", die in den Nächten immer ablief, kehrte tagsüber zum Schutz des Konvois zurück. Die Briten glaubten, fünf deutschen U-Booten gegenüberzustehen. Aber es waren und blieben nur zwei, und diese beiden Boote versetzten nicht nur den Konvoi, sondern auch die Sicherungskräfte in Furcht und Schrecken. Sie ließen sich nicht abdrängen und kamen auch in der vierten Nacht trotz der zweimaligen Kursänderung wieder heran.

Als die achte Nacht niederfiel, hatten beide Boote acht Dampfer versenkt und einige weitere torpediert. In der letzten Nacht — sie waren rund 1200 Seemeilen am Geleitzug SL 68 geblieben — griffen sie noch einmal an. Diesmal stellte sich ein anderes Wild vor die Rohre von U 106.

„Herr Kaleunt, riesiger Schatten hinter der Kolonne! Kommt schnell näher!"

„Mensch, die ‚Malaya'! Werden sie mit den Hecktorpedos angreifen!"

U 106 drehte zum Angriff. Die „Malaya" war inzwischen auf 3500 Meter herangekommen. Beide Torpedos liefen dem Schiffsriesen entgegen. Als die Zeit um war, blitzten die Treffer am Rumpf des Schlachtschiffes auf. Zehn Sekunden später krachten dumpf die Detonationen.

„Beide Aale Treffer!" rief der Kommandant.

Im gleichen Augenblick schien sich die „Malaya" in einen Vulkan zu verwandeln. Aus ihren Geschützen blitzten die Abschüsse der Breitseiten. Ganze Serien Leuchtgranaten überzogen den Himmel mit fiebriger Helle und ließen die Nacht zum Tage werden. Die Artillerie der „Malaya" ballerte in wilder Wut blindlings in die Nacht.

Auf einmal löste sich von der Brücke der „Malaya" ein steil in die Höhe schießender Feuerstreifen, der in der Luft in weitem Umkreis auseinanderzischte und ein ganzes Spinnennetz von Lichtbündeln ausblies.

Diese Signalrakete befahl allen Schiffen des Geleitzuges SL 68, den Verband aufzulösen. Nun setzten die Dampfer, die die acht Angriffsnächte überlebt hatten, ihren Weg allein fort.

U 106 lief zur „Nordmark", die auf ihrer Position 31.00 West / 05.00 Nord lag und die leergeschossenen und brennstoffschwachen Boote versorgte.

Die „Malaya" jedoch mußte im Geleit von zwei Zerstörern mit halber Fahrt den Weg nach New York machen. Dort ging sie ins Dock.

Als die drei deutschen U-Boote von der ersten Südunternehmung zurück in die Stützpunkte einliefen, hatten sie zusammen 190 260 BRT Handelsschiffsraum versenkt. Daß diese Boote nach einem Anmarschweg von 2800 Seemeilen noch so lange vor Freetown zu operieren vermochten, war der Seekriegsleitung zu verdanken, die zu ihrer Versorgung Überwasserschiffe auf Treffpunkten im Mittelatlantik stationierte.

Die nächsten vier U-Boote, die von Ende März bis Anfang Mai in das Gebiet der Kanaren/Freetown ausliefen, waren U 38 (Kapitänleutnant Liebe), U 69 (Kapitänleutnant Metzler), U 103 (Korvettenkapitän Schütze) und U 107 (Kapitänleutnant Hessler).

Am 29. März 1941 legte U 107 um 19.30 Uhr von der „Surveillant" in Lorient ab. Kapitänleutnant Günter Hessler machte mit U 107 seine zweite Feindfahrt. Auf der ersten hatte er vier Dampfer mit 21 000 BRT versenkt. Dieses Mal sollten es mehr werden. Bereits am 7. April 1941 schrieb der Kommandant in das KTB:

„Langsam wird man ungeduldig. Es muß bald etwas passieren."

Einen Tag später wurde die „Eskdene" (3800 BRT) durch Torpedoschuß und 104 Schuß aus der Artillerie versenkt. Noch am selben Tag sank die „Helena Margaretha" (3316 BRT) nach einem Einzelschuß, und um 23.10 Uhr fiel auch der Schuß auf die „Harpathion", die nach knapp einer Minute, vorn zehn getroffen, sank. Am Tage darauf kam ein schnellaufender Einzelfahrer heraus. Es war die „Dudfield" (8516 BRT). Zehn Stunden nach der Sichtmeldung wurde dieser schnelle Tanker von einem Einzelschuß gestoppt. Er brauchte noch drei Torpedos, bis er endlich durchbrach und sank.

Am 13. April wurde ein weiterer Dampfer mit vier Aalen beschossen. Es war der einzige, der U 107 entkam.

Im Windschatten der Insel San Antao wurden die in den Oberdeckstuben liegenden Torpedos umgeladen. Ein Mann der Besatzung ging, mit Tauchretter angetan, außenbords und untersuchte die klemmende Verkleidungsklappe von Rohr II. Im gespenstischen Licht des Handscheinwerfers wurde wenig später ein Hai gesichtet, der verscheucht werden konnte. Dennoch waren es bange Minuten, bis sich der Taucher wieder an Bord wagen konnte.

Der Angriff auf die „Calchas" (10 305 BRT) am 21. April wurde zu einem Artilleriegefecht, denn das Schiff war mit einem 12,5-cm- und einem 7,5-cm-Geschütz bestückt und hatte darüber hinaus noch zwei Fla-Maschinenwaffen. Die Besatzung der „Calchas" feuerte, bis zum Bauch im Wasser stehend, auf das Sehrohr. Dann sank sie. Als am 3. Mai die „Nordmark" in Sicht kam, hatte U 107 noch einen weiteren Dampfer vernichtet.

Die „Wilwood", ein Amerikaner, wurde nicht versenkt.

Eine Stunde vor Mitternacht tauchte auch U 105 bei der „Nordmark" auf und ging längsseits. Die Treibölübernahme begann. Beide Kommandanten tauschten ihre Erfahrungen aus. Dann ging es zum Baden und zum Kinobesuch auf die „Nordmark". Anschließend legte U 107 wieder ab.

Sechs Tage darauf wurden von der „Egerland" Torpedos übernommen. Als U 107 am Morgen des 10. Mai wieder losmachte, hatte es 14 neue Aale geladen. Dazu 25 Zentner Kartoffeln, Obstkonserven, Brot, Öl und Wasser. Am 17. Mai fiel dem Boot der Tanker „Marisa" (8029 BRT) zum Opfer. Am 18. Mai war es die „Piako" (8286 BRT), die nur 120 Seemeilen vor Freetown sank. Mit der „Colonial" lieferte sich U 107 ein Feuergefecht, bevor sie, über den Achtersteven sinkend, in die Tiefe fuhr. Bis zum 1. Juni versenkte U 107 noch zwei weitere Dampfer. Am Pfingstsonntag stieß es auf eine U-Boot-Falle.

Die „Alfred Jones" (5013 BRT) hatte 15-cm-Kanonen an Bord, die durch große Verschläge verdeckt waren. Nach drei Torpedotreffern kenterte der heimtückische Gegner.

Als das Boot am 6. Juni auf 270 Grad ging, um das Versorgungsschiff „Egerland" anzulaufen, fing U 107 einen FT-Spruch von U 38 auf:

„‚Egerland' Punkt Rot gesunken. Überlebende anscheinend aufgenommen. Rückmarsch. Brennstoff reicht. ‚Esso' nicht gesehen. — Liebe."

U 38 hatte zu diesem Zeitpunkt im Raum Freetown ebenfalls 46 678 BRT feindlichen Schiffsraumes vernichtet. Drei Tage später erhielt Korvettenkapitän Heinrich Liebe — als vierter U-Boot-Kommandant — das Eichenlaub zum Ritterkreuz. Seit Kriegsbeginn war er auf U 38 neunmal ausgelaufen und hatte nach seiner letzten Feindfahrt insgesamt 33 Handelsschiffe mit 200 124 BRT versenkt.

Liebe war einer der zähesten Kämpfer. Die Kommandantenschüler seines Bootes und seine Offiziere, die später selbst Boote erhielten, zählten zu den am besten ausgebildeten Angehörigen der U-Boot-Waffe. Liebe wurde nach Rückkehr von dieser Feindfahrt Referent in der Seekriegsleitung des OKM.

U 107 hatte noch für vier Wochen Vorräte an Bord. Es versenkte zwei weitere Dampfer und stieß am 17. Juni 1941 beim Treffpunkt mit dem Versorgungsschiff „Lothringen" auf U A und U 69. Die „Lothringen" erschien jedoch nicht.

U 107 trat den Rückmarsch an. Es schickte einen FT-Spruch an den BdU: „U A geht Punkt Anton. Metzler erbittet Culebra 30. Juni. Punkt Weiß kein Verkehr. NO 5. Kein besserer Vorschlag. Selbst: direkter Rückmarsch. Verschossen. Insgesamt 90 272 BRT. EH 34 — U 107."

Am 25. Juni erhielt Kapitänleutnant Hessler den Funkspruch mit der Nachricht, daß ihm das Ritterkreuz verliehen worden war.

Er hatte die erfolgreichste Feindfahrt des Zweiten Weltkrieges durchgeführt und 14 Schiffe mit 86 699 BRT versenkt.

U 69 war am 5. Mai 1941 als letztes der vier Boote der zweiten Welle in den Südraum ausgelaufen. Es hatte Befehl, die beiden westafrikanischen Häfen Lagos und Takoradi zu verminen und dann im Seegebiet um Freetown zu operieren. Es gelang ihm, unbemerkt in beide Häfen einzudringen und jeweils acht Minen zu legen. Als das Boot zum Versorgungstreff mit der „Egerland" lief, wurde ein FT-Spruch aufgefangen, der besagte, daß die „‚Egerland' auf Punkt Rot" von dem englischen Kreuzer „London" überrascht worden sei und sich selbst versenkt habe.

Am 19. Juni erreichte U 69 den Treffpunkt mit dem Troßschiff „Lothringen". Drei weitere Boote waren schon zur Stelle: U 107, U 103 und U A. Nicht jedoch die „Lothringen". Ein FT-Spruch des BdU erklärte ihr Ausbleiben:

„Troßschiff ‚Lothringen' von Kreuzer ‚Dunedin' am 15. Juni südöstlich Bermudas überrascht und aufgebracht."

U A wurde auf einen schnellaufenden Südkonvoi angesetzt, da es noch gut versorgt war. Die anderen Boote erhielten Rückmarschbefehl.

Auf diesem Rückmarsch sichtete Obersteuermann Marienfeld (der III. WO von U 69) am siebenten Tag eine Rauchfahne. Es war ein schneller Dampfer, der Zickzackkurs lief. U 69 folgte.

„LI auf die Brücke!" befahl Kapitänleutnant Metzler.

Eine Minute später stand Oberleutnant z. See (Ing.) Rohweder auf dem Turm.

„Sehen Sie sich den Dampfer an, Rohweder. Mindestens 180 Meter lang, bis unter die Halskrause mit Kriegsmaterial vollgeladen. Können wir den noch mit unserem Saft kriegen?"

„Den müssen wir kriegen, Herr Kaleunt!"

„Gut, Rohweder. 'runter und allen Dampf aufgemacht, der drin ist. Nach Einbruch der Dunkelheit greifen wir an."

Als die Abenddämmerung einfiel, hatte U 69 die zum Angriff notwendige vorliche Position erreicht. Als das Boot dann angreifen wollte, wurden Steuerbord querab Schatten gesichtet. Ein Geleitzug tauchte auf, und bald darauf stand U 69 mitten drin.

„Alle Rohre klar zum Überwasserschuß!"

Dreizehn Minuten nach diesem Befehl fiel der erste Schuß. Nacheinander machte U 69 vier Torpedos los.

Als das Boot abdrehte, ging der erste Schuß hoch. Die bis unter die Lukendeckel mit Sprengstoff vollgeladene „River Lugar" (5432 BRT) platzte förmlich auseinander. Dreißig Sekunden später war sie gesunken. Ihr folgte die „Empire Ability" (7603 BRT). Der dritte Einzelschuß traf einen modernen Frachter, der wenig später zu brennen begann.

Es war der Konvoi SL 76, der an dieser Stelle zwei seiner Schiffe verlor. Der dritte getroffene Frachter konnte in einen westafrikanischen Hafen eingeschleppt werden.

U 69 versorgte sich in einem anderen Hafen an einem internierten deutschen Dampfer mit Treiböl, ehe es seinen Marsch fortsetzte. Am 30. Juni sichtete einer der Ausgucks Mastspitzen. Nach einigen Stunden hatte U 69 den Hilfskreuzer „St. Anselm" erreicht und griff ihn mit Artillerie an. Durch Treffer der Achtacht in die Maschinenanlagen wurde das Schiff, das das Feuer erwiderte, zum Sinken gebracht.

Am 28. Juli lief U 69 wieder in St. Nazaire ein. Es hatte außer dem Hilfskreuzer noch 36 499 BRT versenkt. Der Funkgefreite Hinzpeter faßte einem PK-Mann gegenüber die Erlebnisse des Bootes in der klassisch-knappen Schilderung zusammen:

„War aber auch alles dran! Minen geschmissen. Richtig nach Prisenordnung einen angehalten. Dann drei auf einmal aus einem Geleitzug abbuddeln lassen, und zuletzt noch einen mit der Kanone gekrallt."

Kapitänleutnant Metzler erhielt das Ritterkreuz.

U 103 unter Korvettenkapitän Schütze versenkte im Südraum ebenfalls zwölf Schiffe mit 62 834 BRT.

Damit versenkten allein diese sieben U-Boote in den zwei ineinanderlaufenden Phasen des Kampfes im Südraum insgesamt 422 916 BRT feindlichen Handelsschiffsraumes und den Hilfskreuzer „St. Anselm".

Damit hatten diese Boote erheblichen Anteil an den hohen Versenkungszahlen der Monate April, Mai und Juni, in denen insgesamt 169 Schiffe mit 915 768 BRT versenkt wurden.

Die beiden Wellen der Südboote hatten in dreimonatigem Ringen eine der erfolgreichsten U-Boot-Unternehmungen überhaupt durchgeführt. Diese großen Erfolge konnten nicht verdecken, daß der Einsatz der U-Boote im Nordatlantik eine Wendung zum Schlechten genommen hatte.

Im Nordatlantik waren inzwischen die Konvoirouten sehr weit nach Norden hinaufgezogen worden. Damit erreichte der Feind, daß die Geleitzüge sehr lange im Aktionsbereich der auf Island stationierten Fliegerverbände des Coastal Command der RAF blieben. Außerdem streute die englische Admiralität die bisher starren Konvoirouten immer mehr

in die Breite, so daß mit den wenigen zur Verfügung stehenden U-Booten die Überwachung des riesig gewordenen Operationsgebietes nicht
mehr möglich war.

In den ersten Maitagen führte die Operationsabteilung des BdU weiträumige Suchbewegungen durch. Sie ergaben Angriffsmöglichkeiten an
zwei Konvois, die sofort ausgenutzt wurden.

KAMPFRAUM NORDATLANTIK

Der Konvoi OB 318 — Verlust von U 110 — Die HX-Konvois

Durch die Ende März 1941 erfolgte Verlegung des Operationsgebietes im Nordatlantik wurde bereits am 2. April 1941 der Konvoi SC 26 von der neuen U-Boot-Gruppierung erfaßt. In gemeinsamer Operation gelang es mehreren U-Booten, zum Angriff heranzuschließen und zehn Schiffe aus dem Konvoi zu versenken.

Schon jetzt ergab sich die beruhigende Gewißheit, daß die Häufung der U-Boot-Verluste im März nicht durch neuartige Ortungsmittel verursacht worden, sondern rein zufällig gewesen war.

Zur gleichen Zeit, als die Geleitzugschlacht gegen den SC 26 im Gang war, lief U 552 unter Kapitänleutnant Erich Topp zur zweiten Feindfahrt in den Nordkanal aus. Als das Boot dort keinen Verkehr antraf, wurde es zusammen mit U 123 (Kapitänleutnant Möhle) und U 96 (Kapitänleutnant Lehmann-Willenbrock) in einer Suchharke südlich Island angesetzt. Am 27. April stellte U 552 den Motorfrachter „Beacon Grange" (10 160 BRT) und torpedierte ihn. Auf 62.05 N/16.20 W. sank der große Frachter.

Einen Tag darauf brachte der Funkmaat dem Kommandanten eine Fühlunghaltermeldung auf die Brücke: U 123, das einen Konvoi entdeckt hatte, gab Peilzeichen. Es war der HX 121, der südlich Island angekommen war. Sofort griffen die drei Boote an. U 552 kam zuerst zum Schuß. Der Zweierfächer brachte einen Sechstausendtonner nach kurzer Zeit zum Sinken. Unmittelbar darauf griff auch U 65 an. Kapitänleutnant Hoppe schoß ebenfalls einen Zweierfächer. Sein Boot wurde jedoch durch die Geleitsicherung unter Wasser gedrückt und abgedrängt. Er versuchte, wieder Anschluß zu gewinnen.

U 96 war Mitte April zu seiner vierten Feindfahrt aus St. Nazaire ausgelaufen. Kapitänleutnant Heinrich Lehmann-Willenbrock hatte nach seiner dritten Feindfahrt, auf der er vom Gegner bestätigte acht Schiffe mit 52 591 BRT versenkt hatte, das Ritterkreuz erhalten. Der „Recke" (so war Lehmann-Willenbrock überall bekannt) sollte auch die vierte Feindfahrt erfolgreich gestalten.

Bereits auf dem Marsch ins Operationsgebiet wurde das Boot mehrfach von Flugzeugen angegriffen und unter Wasser gedrückt. Nur ein hundertprozentig funktionierender Ausguck ließ es immer wieder rechtzeitig entkommen.

Als U 123 seine Meldung durchgab, sichtete auch U 96 kurze Zeit später den stark von Bewachern flankierten Konvoi HX 121.

Im Tagesunterwasserangriff lief U 96 auf das Geleit zu. Zweimal wurde das Boot durch Zerstörer geortet und stundenlang mit Wabos belegt, ehe es dem Kommandanten gelang, den Verfolgern zu entkommen und wieder Anschluß zu gewinnen. Am Nachmittag erreichte das Boot den zum Torpedoschuß nötigen Vorlauf. Im Turm saß der Kommandant im Sattelsitz hinter dem Sehrohr und gab die Werte durch. Ein großer Tanker von rund 10 000 Tonnen wanderte ins Fadenkreuz ein.

Der Zweierfächer lief und traf den Tanker „Caledonia" (9892 BRT) mittschiffs und Achterkante Brücke. Riesige Flammenfahnen wurden aus dem Innern des Tanker in die Höhe geschleudert. Innerhalb von zwei Minuten brannte die „Caledonia" über alles. Durch Rauch und Flammen schoben sich die noch rechtzeitig zu Wasser gelassenen Rettungsboote. Menschen wurden für Sekunden im Wasser sichtbar. Dort, wo der Riese sank, war die Hölle los.

Die Hölle brach aber auch über U 96 herein. Zwei Geleitfahrzeuge faßten das Boot auf. Abermals begann ein förmlicher Wabo-Regen. Schäden wurden gemeldet und wieder in Ordnung gebracht. Die Crew von U 96 wußte, was in solchen Situationen zu tun war. Es gab keine Panik. Alles faßte mit an. Mit ruhiger Stimme gab der Kommandant seine Befehle. Heinrich Lehmann-Willenbrock hatte Besatzung und Boot fest in der Hand. Es gelang ihm schließlich, U 96 aus der Todesschlinge der beiden hartnäckigen Zerstörer herauszulösen.

„Wir greifen den Konvoi wieder an!" klang es bald wieder aus der Zentrale.

U 96 tauchte auf und versuchte, von achtern aufdampfend, in den Konvoi hineinzustoßen.

Nach einer Stunde lief U 96 erneut in Schußposition. Auch diesmal hatte der Kommandant einen Tanker in der Herde entdeckt. Das war „Edelwild".

„Boot greift Tanker von schätzungsweise 8000 Tonnen an!"

Im Überwasser-Nachtangriff lief U 96 in die günstigste Schuß-position, während achteraus noch eines der Geleitfahrzeuge mit Leucht-granaten schoß und ein zweites Wasserbomben warf.

Für eine Sekunde dachte Lehmann-Willenbrock daran, wem wohl diese Wabos gelten mochten. U 123 oder U 65?

„Hartlage! Hartlage!" meldete der Zielgeber.

„Schießen!"

Zum zweitenmal wurde vom TWO ein Zweierfächer auf einen Tan-ker des Konvoi HX 121 geschossen. Wieder gingen beide Torpedos als Treffer am Gegner hoch. Brennend blieb der Riese liegen. Durch starke Explosionen wurden seine Aufbauten weggerissen. Man hörte das Rumoren im Schiff und das knackende, splitternde Brechen der Decks-beplankung. Dann donnerten zwei wuchtige Maschinenexplosionen durch das Dunkel.

Die „Oilfield" (8516 BRT) starb. Wohl rief der Funker immer noch seinen Notruf in die Nacht. Aber es war für jede Rettungsaktion zu spät. Mit heulenden Dampfsirenen ging der Tanker in die Tiefe, wäh-rend Zerstörer, Korvetten und Fregatten der Geleitsicherung heranliefen, Schiffbrüchige aufnahmen und ein wildes Leuchtgranatenschießen ver-anstalteten.

Doch U 96 war schon hakenschlagend abgelaufen und verschwand im Schutz der Nacht.

„Wir greifen noch einmal an. Sieht so aus, als kämen wir schnell genug heran."

Zäh und unerbittlich ging U 96 wieder auf Angriffskurs. Komman-dant und Besatzung bildeten auf dieser vierten Feindfahrt eine ver-schworene Gemeinschaft.

Zwei Stunden nach der letzten Versenkung ließ der Kommandant auf einen Sechstausendtonner schießen. Der Einzelschuß traf, und gestoppt blieb der Dampfer liegen. Von seiner Brücke stiegen Seenotraketen in den Nachthimmel. Zerstörer flitzten hin und her. Sie warfen Wasser-bomben, deren Schläge die Nacht mit dumpfem Grollen erfüllten. Leuchtgranaten flitzten über die See. Der Konvoi lief auseinander. Die Schiffskapitäne versuchten, jeder auf sich gestellt, ihre Schiffe vor den Grauen Wölfen in Sicherheit zu bringen.

Dann spürte eine Fregatte U 96 auf. Die wilde Jagd begann. Leh-mann-Willenbrock wollte nicht tauchen. Er versuchte, die Fregatte aus-zudampfen. Doch diese rief weitere Bewacher heran. Mit AK tauchte das Boot schließlich doch in die See hinunter.

Während das Boot durch ständige Änderungen der Fahrtstufen und des Kurses zu entkommen versuchte, meldete der Funkmaat im Horchraum die Sinkgeräusche des dritten Dampfers.

Neun Stunden wurde U 96 verfolgt. Zuletzt war nur noch der Zerstörer an der Verfolgung beteiligt. Alle anderen Sicherungskräfte waren zum Konvoi zurückgerufen worden, weil ein anderes U-Boot angegriffen und einen Torpedotreffer auf einem der Einzelfahrer erzielt hatte. U 96 hängte wenig später auch den letzten Gegner ab. Auf 150 Meter Wassertiefe lief es mit Schleichfahrt zur Seite. Die Schraubengeräusche des · Verfolgers verstummten. Dann waren nur noch hie und da die dumpfen Wabo-Detonationen, immer schwächer werdend, zu vernehmen, bis auch sie in der Ferne verhallten.

U 96 tauchte auf und lief ab. Die Schäden wurden bis Tagesanbruch behoben. Dann lief das Boot mit hämmernden Dieseln hinter dem Gegner her.

Eine Stunde nach dem ersten Büchsenlicht wurde U 96 durch eine Sunderland unter Wasser gedrückt. Die geworfenen Bomben lagen achteraus. Viermal wiederholten sich die Angriffe. Das englische Coastal Command der RAF sicherte den Konvoi, und die Maschinen drückten alle U-Boote unter Wasser.

Noch am frühen Morgen fing U 96 einen FT-Spruch auf, mit dem U 65 gerufen wurde. Doch das Boot, das noch kurz zuvor Fühlunghaltermeldung gegeben hatte, antwortete nicht.

„Was mag mit Hoppe geschehen sein?" fragte Heinrich Lehmann-Willenbrock seinen I. WO. Der zuckte die Achsel, aber in sein Gesicht war Besorgnis geschrieben. Die Geleitsicherung des Konvois war sehr stark gewesen. Hatte sie U 65 erkannt und vernichtet?

U 96, das keinen Anschluß mehr an HX 121 fand, lief in den Raum der Hebriden und von dort in den Seeraum südlich Island.

Kapitänleutnant Hoppe war durch die Fühlunghaltermeldung von U 123 an den Konvoi HX 121 herangekommen. Noch bevor das Boot auf der Backbordseite angreifen konnte, sah Hoppe den Doppeltreffer am ersten Tanker hochgehen.

„Seht euch das an. Das muß der ‚Recke' sein!"

Kapitänleutnant Hoppe machte auf U 65 seiner erste Feindfahrt. Ein Jahr hatte er auf dem Begleitschiff „Wassner" als Offizier herumgegammelt, ehe es ihm im März gelungen war, dieses Boot zu bekommen. Nun war er draußen und stand an einem Konvoi, an dem schon eines der Kameradenboote rakte. Gleich würde auch sein Boot angreifen.

„An Torpedowaffe! Rohre I bis IV klar zum Überwasserschuß!"

Alle Rohre wurden klar gemeldet. Als eine der Korvetten auf ihn eindrehte, ließ Hoppe das Boot mit AK vorlaufen. Eine Meile hinter dem Boot stieß die Korvette ziellos in die Nacht hinein. Nun hatte U 65 die zum Schuß benötigte Stellung erreicht.

„Zweierfächer auf den großen Dampfer!"

Der Fächerschuß ging vorbei. Sofort ließ der Kommandant auf den folgenden Fünftausendtonner schießen. Diesmal hatte U 65 mehr Glück. Mittschiffs getroffen blieb das Schiff liegen und bekam schnell Schlagseite. Wieder tauchten zwei Geleitfahrzeuge auf.

Mit Schnelltauchen verschwand U 65 von der Wasseroberfläche. Die Wabos erschütterten das Boot. Einige undichte Stellen waren bald repariert. Dumpf hörten alle eine weitere Torpedodetonation. Joachim Hoppe fluchte leise. So ein Pech, daß ausgerechnet sie abgedrängt wurden. Immer noch krachten hinter seinem Boot die Wabos. Die Druckwellen prallten gegen den Körper des stählernen Haies, der mit AK direkt auf Geleitkurs zu entkommen versuchte. Eine Stunde nach Mitternacht ließ der Gegner vom Boot ab. U 65 tauchte auf.

Kapitänleutnant Hoppe ließ zum zweiten Angriff klarmachen. Das Boot gewann Anschluß und dampfte an der Backbordkolonne auf. Wabo-Detonationen von der Steuerbordseite des Konvois zeigten ihm, daß noch mindestens eines der Kameradenboote am Konvoi stehen mußte.

Gerade als U 65 feuern wollte, tauchte Steuerbord querab ein Schatten auf. Kapitän Hoppe ließ den Zweierfächer schießen und dann sofort mit AK ablaufen, dabei vom Geleit wegdrehend. U 65 war noch keine zwei Meilen weit gekommen — Kapitänleutnant Hoppe hatte vergebens auf eine Torpedodetonation gewartet —, als voraus ein anderer Schatten stand. Das mußte der „Feger" sein, der vor dem Geleit gelaufen war. Mit Schnelltauchen verschwand U 65 von der Bildfläche. Aber noch war das Boot nicht weit gekommen, als das zuletzt aufgetauchte Geleitfahrzeug mit rasselnden Schrauben herankam.

„Jetzt müßte der Gegner werfen!" ging es Kapitänleutnant Hoppe durch den Kopf.

Sieben Sekunden darauf erschütterte eine vierfache Detonation das Boot. Die Männer, die in der Zentrale um den Kartentisch herumstanden, wurden zu Boden geschleudert.

Die Besatzung
von U 124 ist von
erfolgreicher
Feindfahrt zurück=
gekehrt.
Im Vordergrund,
mit weißer Mütze,
der Kommandant,
Jochen Mohr,
inmitten seiner
Mannschaft.
Die Bilder links
zeigen die
Korvettenkapitäne
Georg W. Schulz
und
Johann (Jochen)
Mohr.

Bild links außen:
Korvettenkapitän
Herbert Kuppisch
(links)
und Korvettenkapitän
Klaus Korth
an der Mole.
Bild oben:
Korvettenkapitän
Reinhard Hardegen.

Korvettenkapitän
Heinz=Eberhard Müller
kurz vor neuer Feind=
fahrt im Gespräch
mit Kameraden.

„Wassereinbruch Bugraum!" schrie jemand.

Plötzlich spritzte von allen Seiten Wasser ins Boot. Kapitänleutnant Hoppe konnte keinen Befehl mehr geben, denn in dieser Sekunde krachte der zweite Wabo-Fächer unmittelbar über dem Boot auseinander. Durch das aufgesprengte Turmluk gischtete die See ins Boot und vereinigte sich mit dem vom Heck und aus dem Bugraum kommenden Strom. Alles im Boot war schon tot, ehe es von dem übergewaltig werdenden Wasserdruck wie eine Nuß geknackt wurde. U 65 war durch die britische Korvette „Gladiolus" versenkt worden.

Die Fühlung am Geleit ging für die übrigen drei Boote verloren. Erst am 30. April fand U 552 ein vom Konvoi abgesprengtes Schiff und versenkte es. Sechs Schiffe büßte HX 121 ein. Ein deutsches U-Boot war von seinen Sicherungsstreitkräften vernichtet worden.

Im Mai begannen im Nordatlantik die langen Tage. Mit den kürzer werdenden Nächten schmolzen auch die Schießmöglichkeiten für die U-Boote zusammen. Für die Geleitzüge war dies die günstigste Zeit. Der Gegner versuchte mit steigender Sonne, immer mehr Geleitzüge durchzubringen. Vor allem konnte auch die gegnerische Luftsicherung viel länger operieren. Vom ersten Büchsenlicht bis zur Abenddämmerung wachten die Aufklärer und drückten alle gesichteten Boote unter Wasser.

Dennoch griffen die U-Boote immer wieder an. Aber die Engländer schliefen nicht. Der Schock, den ihnen die Rudelschlachten vom Herbst 1940 bis zum Frühjahr 1941 eingejagt hatten, zwang sie gleichzeitig zu vermehrten Verteidigungs- und Sicherungsmaßnahmen.

So war Admiral Sir Percy Noble, der Chef der Western Approaches, im Februar 1941 mit seinem Stabe von Plymouth nach Liverpool übergesiedelt. Er hatte die ständigen Geleitgruppen eingeführt. In besonderen Schulen wurde die Technik und Taktik der U-Boot-Bekämpfung laufend weiter vervollkommnet. Darüber hinaus gestaltete er die Zusammenarbeit mit der 15th Group des Coastal Command immer lückenloser.

Vom Derby-House in Liverpool aus, seinem Hauptquartier, koordinierte er die Zusammenarbeit zwischen seinen Seestreitkräften und der Air Force.

In den ersten drei Monaten des Jahres 1941 waren 687 Schiffe in HX-Konvois, 306 in SC-Konvois und 1282 Schiffe in auslaufende OB-Konvois zusammengefaßt worden. Alle ausgehenden Geleite wurden nun bis 35.00 Grad West gesichert.

Ende April 1941 wurden im Hafen von Liverpool 17 Schiffe zum Konvoi OB 318 zusammengestellt, um in Richtung Westen auszulaufen. Zwölf weitere Schiffe, die sich in westschottischen Häfen befanden, sollten auf See zu diesem Konvoi stoßen. Es kamen noch fünf Schiffe aus dem Firth of Clyde und vier aus Milford Haven hinzu, die zum Teil schon von den Ostküstenhäfen um Nordschottland herumgeleitet worden waren.

Durch einen FT-Spruch wurde der Geleitzugkommodore informiert, daß sich weitere vier Frachter aus Island dem Konvoi anschließen würden, während drei Dampfer seines Geleites Order für Island hatten. Der Konvoi OB 318 erhielt Befehl, geschlossen bis auf 50.50 Nord/35.00 West zu laufen. Dort — zwischen der Südspitze von Grönland und Island — sollte er sich auflösen und getrennt zu den Bestimmungshäfen weiterdampfen. Jeder Geleitzugteil wurde auf seinem Weg zum Sammelpunkt von einer Sicherungseskorte begleitet. Die britische Admiralität hatte die 7. Geleit-Group als Geleitschutz für den ersten Teil der Fahrt bestimmt. Ihr Führer war Korvettenkapitän I. H. Bockett-Pugh auf dem Zerstörer „Westcott". Die Geleit-Group bestand aus drei Zerstörern, einer Sloop, fünf Korvetten und einem Fischdampfer. Von diesen Fahrzeugen war nur die „Westcott" mit Radar ausgerüstet. Die 15th Group des Coastal Command wurde über den Kurs des Konvois verständigt.

Am 7. Mai sollte die 3. Geleit-Group unter Korvettenkapitän A. J. Baker-Cresswell 150 Seemeilen südlich Reykjavik die bisherige Geleitzugsicherung ablösen.

Als der Konvoi OB 318 am Nachmittag des 2. Mai 1941 von Liverpool auslief, wußte der Geleitzugkommodore, Konteradmiral D. W. B. Makkenzie, daß er zwei Tage später 38 Schiffe unter seiner Führung vereinigt haben würde, die eine Gesamttonnage von 204 811 BRT umfaßten. In dem Geleit befanden sich fünf Tanker, die in die Karibische See gehen sollten. Am 7. Mai waren die vier Dampfer aus Reykjavik zu übernehmen. Auf See würden die neun Kolonnen des Konvois in strenger Formation laufen. Die Entfernung von Kolonne zu Kolonne sollte höchstens fünf Kabellängen (rund 1000 Meter) betragen.

Die Kapitäne sämtlicher Schiffe hatten in mehreren Besprechungen Weisungen für den Notfall erhalten.

Am Abend des 4. Mai erreichte der Geleitzug den Nordausgang des Minch-Kanals. Hier schloß sich der Zerstörer „Westcott" an und übernahm die Führung. Auf freier See wurde der Kurs N 74° W rechtweisend abgesetzt. Korvettenkapitän Bockett-Pugh hatte seine Geleitfahrzeuge genau instruiert. Er selbst umkreiste mit der „Westcott" ständig den Konvoi.

Am 5. Mai wurde das Geleit den ganzen Tag über auch aus der Luft gesichert. Außer den Maschinen der 15th Group des Coastal Command waren noch die Whitley's des 612., die Hudson's des 220. und 269. Squadron sowie einige Blenheim-Bomber aus Wick eingesetzt.

Die 3. Geleit-Group erhielt den Befehl, so rechtzeitig Island zu verlassen, daß sie sich am 7. Mai um 10.00 Uhr auf 61.07 Nord/23.37 West mit dem Geleitzug zur Ablösung der „Westcott" und der übrigen Sicherungsfahrzeuge treffen konnte.

Am 6. Mai stand eine Suchharke von sechs deutschen U-Booten im mittleren Atlantik. Es waren U 93, U 94, U 97, U 98, U 201 und U 556. Zwei Aufklärer sichteten am Morgen dieses Tages den nach England laufenden Konvoi HX 122. Außer ihm war zu dieser Zeit noch der ebenfalls ostgehende SC 29 unterwegs. Diesen Geleitzug sichtete U 95 am nächsten Tag gegen 13.57 Uhr. Er war jedoch schon zu dicht an England herangekommen, so daß es viel zu gefahrvoll war, auf ihn zu operieren.

Die Sichtmeldung von U 95 wurde vom englischen Funkhorchdienst eingepeilt. Die britische Admiralität war allerdings der Meinung, daß der Deutsche den OB 318 gesichtet habe. In einem Funkspruch teilte sie deshalb dem Geleitzugkommodore und dem Führer der Sicherungsstreitkräfte mit, daß ein deutsches U-Boot den Konvoi oder die aus Island mit der Sicherungsgruppe von Baker-Cresswell auslaufenden Schiffe gesehen habe. Gleichzeitig wurde dem Geleit befohlen, mit Kursabweichungen nach Steuerbord bis auf 62 Nord herunterzulaufen und von dort aus genau Westkurs zu steuern.

Commodore Mackenzie ließ den Konvoi auf N 42 West herumschwenken. Durch diese Kursänderung wurde der Geleitzug genau einem deutschen U-Boot zugeführt, das der BdU am 6. Mai zu der Suchharke im mittleren Atlantik geschickt hatte. Es war U 94.

Korvettenkapitän Baker-Cresswell hatte am Vormittag des 7. Mai sein Führerschiff (den Zerstörer „Bulldog"), zwei weitere Zerstörer, den Hilfskreuzer „Ranpura", drei Korvetten, den Fischdampfer „St. Apollo" und die vier für den Konvoi OB 138 bestimmten Islandschiffe auf die Treffpunktposition gebracht und eine Stunde vor der Zeit den Konvoi getroffen. Die beiden Geleit-Groupführer besprachen sich. Dann lief Korvettenkapitän Bockett-Pugh mit seinen drei Zerstörern, die bereits brennstoffschwach waren, zurück, während die übrigen Fahrzeuge seiner Sicherungsgruppe noch 24 Stunden beim Konvoi blieben. Am Abend des 8. Mai sollten sie dann entlassen werden, um die Bewachung des einlaufenden HX 123 zu übernehmen.

„Kommandant auf die Brücke!"

Der Rudergänger im Turm von U 94 leitete diesen Ruf zur Zentrale, die ihn zur Kommandantenkammer durchgab. Kapitänleutnant Herbert Kuppisch klappte das KTB zu. Er eilte durch den Gang, zwängte sich durch das Kugelschott in die Zentrale und enterte auf den Turm.

„Was ist los, Eins Null?"

„Rauchsäulen, Herr Kaleunt! Geleitzug auf Westkurs!"

Herbert Kuppisch blickte durch sein Glas. Er zählte mindestens zwanzig Rauchsäulen, die über der Kimm aufstiegen.

„Das ist tatsächlich ein auslaufender Konvoi. Wir stehen weit vor ihm und können ihn bequem packen."

„Also Angriff, Herr Kaleunt?"

Der Kommandant ließ U 94 in genau vorliche Position zum Geleitzug laufen. Noch konnte niemand das U-Boot entdecken.

„Meldung an BdU: Konvoi gesichtet in AK 2699. Kurs 15 Grad West, Geschwindigkeit neun Knoten."

Der Funkspruch wurde durchgegeben, und wenig später erhielt U 94 den Befehl des BdU:

„Angreifen. Auf jeden Fall weiter Fühlung halten!"

„Auf Gefechtsstationen!" befahl Kuppisch.

Um 19.45 Uhr ließ der Kommandant das Boot auf Seerohrtiefe tauchen, um nicht vorzeitig gesichtet zu werden. Er saß im Sattelsitz vor dem Sehrohr.

„Wir schleichen uns in den Konvoi und schießen die ganze Chargierung."

Immer wieder ließ Herbert Kuppisch das Sehrohr zu kurzen Rundblicken ausfahren und sofort wieder einholen. Er sah die ersten Schiffe über der Kimm auftauchen. Der Konvoi kam immer näher.

„Zerstörer, 30 Grad Backbord voraus, in Lage Null! — Auf 80 Meter gehen!"

Der Zerstörer, der durch das Asdic kurze Zeit Fühlung am Boot hatte, verlor diese wieder, als U 94 im Unterwassermarsch zwischen der 5. und 6. Kolonne in den Konvoi hineinstieß.

„Auf Sehrohrtiefe auftauchen!"

„Boot hängt im Sehrohr!" meldete der LI dem Kommandanten.

Als das Periskop surrend ausfuhr, waren schon die ersten Schraubengeräusche mit bloßem Ohr zu vernehmen.

Fest preßte sich die Stirn des Kommandanten gegen die Gummiwulst. des Sehrohrs. Die Mütze weit in den Nacken geschoben, suchte Herbert Kuppisch die See ab. Er sah einen großen Dampfer an der Steuerbordseite von U 94 und einen anderen bereits Backbord querab vom Boot.

„Konvoi hat einen Zack eingelegt. Wir stehen mittendrin! Alle Rohre klär zum Unterwasserschuß!"

Die Rohre waren klar. Der Kapitänleutnant suchte die Ziele aus.

„Wir schießen je einen Einzelschuß auf drei große Handelsschiffe. Dann den Heckaal auf einen Tanker!"

Der Zielgeber meldete Hartlage. Hintereinander fielen die drei Schüsse aus den Bugrohren. U 94 drehte und schoß noch den Hecktorpedo. Es war genau 21.11 Uhr. Dann ließ der Kommandant das Boot auf 80 Meter gehen. Am Ende der Laufzeit des ersten Torpedos erschütterte eine gewaltige Detonation das Boot. Sekunden später dröhnten gleichzeitig die beiden nächsten Torpedotreffer. Dann erfolgte noch eine Explosion, die aber nach Ansicht von Herbert Kuppisch nicht von einem ihrer Aale herrührte. Der I. WO war anderer Meinung.

„Wir haben mindestens drei Schiffe getroffen", berichtete der Kommandant ins Boot hinunter und befahl dann: „'raufgehen zum Nachsehen!"

U 94 stieg auf Sehrohrtiefe empor.

Schon saß Kuppisch wieder im Turm. Der „Spargel" wurde ausgefahren. Im ersten Augenblick sah der Kapitänleutnant nichts als grelleuchtende Flammen, die ihn blendeten. Dann bemerkte er, daß knapp vierhundert Meter an Steuerbord ein Bewacher plötzlich auf das Boot eindrehte.

„Auf 100 Meter gehen!"

Mit AK stieß U 94 in die Tiefe hinunter. Es war gerade auf 80 Meter gekommen, als über ihm ein Zehnerfächer Wabos detonierte. Das Boot wurde durchgeschüttelt. Für kurze Zeit fiel das Licht aus. Die Schäden waren aber schnell behoben. Doch das Pinken der gegnerischen Asdicortung war immer noch zu hören. Einer der Verfolger griff abermals an und warf fünf Wabos, die jedoch mindestens 50 Meter über dem Boot und 400 Meter achteraus detonierten. Sie verursachten keinen Schaden. In der nächsten Stunde fielen weitere sechs oder sieben Wabo-Fächer.

Es war Herbert Kuppisch klar, daß mindestens drei Zerstörer, wenn nicht gar vier, sein Boot jagten. Der Horchraum meldete nacheinander aus drei verschiedenen Richtungen Schraubengeräusche. Immer wieder ließ der Kommandant U 94 zur Seite ausbrechen.

Gegen 22.36 Uhr detonierte ein weiterer Wabo-Fächer genau über dem Boot.

Manometergläser zersprangen. Alle Kompasse fielen zeitweise aus. Das achtere Tiefenruder ließ sich nicht mehr elektrisch bedienen. Es mußte von Hand gedreht werden. Dazu bliesen zwei Preßluftflaschen zischend ihre Luft aus.

„Kinnings, nicht die Nerven verlieren! Vati macht das schon", beruhigte der Hamburger Kuppisch die Besatzung.

Er gab seine Befehle wie immer: klar, knapp und präzise. Seiner Führung war es zu danken, daß U 94 die vierstündige Wabo-Verfolgung heil überstand, bei der die Seemännische Nummer Eins 67 Wabos zählte (tatsächlich wurden 89 Wabos geworfen).

Obwohl U 94 schwere Schäden erlitten hatte, blieb das Boot in See. Sein Anschluß am Konvoi OB 318 war jedoch verlorengegangen.

Lassen wir diese dramatischen Stunden aus der Sicht des Führers der Geleitsicherung passieren:

Es war kurz vor 21.00 Uhr, als der Wachgänger am Asdic der „Bulldog" einen U-Boot-Kontakt bekam. Korvettenkapitän Baker-Cress-well ließ daraufhin seinen Zerstörer zwischen der 8. und 9. Kolonne des Konvois hindurch nach achtern laufen. Plötzlich erreichten die Druckwellen zweier Torpedodetonationen die Schiffe. Kurz hinterein-ander waren die „Eastern Star" und der 10 263 BRT große Dampfer „Ixion" von Torpedos getroffen. Beide Schiffe hatten große Mengen Whisky geladen. Die „Eastern Star" stand eine Minute nach dem Treffer in Flammen. Sie glich sehr bald einem feuerspeienden Vulkan. Nicht so schlimm wütete der Brand auf der „Ixion".

„Wabos werfen!" befahl Korvettenkapitän Baker-Cresswell. „‚Ro-chester' von ‚Bulldog': Werfen Sie ‚Wabos'!"

Kapitänleutnant Allen, der Kommandant der „Rochester", begann das Bombardement mit einem Zehnerfächer. Wenig später sichtete der

144

Ausguck auf dem Achterdeck der „Rochester" nahe an Backbord querab ein ausgefahrenes Sehrohr und meldete sofort. Gleichzeitig erfaßte
der Zerstörer „Amazon" mit seinem Asdic das U-Boot, das 1600 Meter
von ihm ab stand. Auch dieses Sicherungsfahrzeug warf Wabos.
Schließlich beteiligte sich an der Jagd auch die „Bulldog", die sich erst
einen Weg aus dem um 40 Grad nach Backbord zackenden Konvoi
heraussuchen mußte.
Immer wieder warfen „Rochester", „Amazon" und „Bulldog" Wabos.
Trotzdem war das U-Boot vier Stunden später entkommen. Keines der
Geleitfahrzeuge hatte noch Kontakt mit U 94. „Bulldog" und „Amazon"
setzten die Suche bis um neun Uhr des nächsten Tages fort, ohne jedoch
Erfolg zu haben.
Die 105 Mann Besatzung der „Ixion" gingen auf Befehl ihres Kapi-
täns W. F. Dark unmittelbar nach dem Treffer auf „Bootsstationen".
Die Geheimsachen wurden in einem mit Blei beschwerten Sack über
Bord geworfen. Alle Besatzungsmitglieder wurden gerettet. Die Leute
der lichterloh brennenden „Eastern Star" rettete der Fischdampfer
„Daneman" unter Oberleutnant z. See Ballard. Es gelang den Männern,
auch einige Dutzend Kisten Whisky als „Medizin" zu bergen.
Um 01.15 Uhr sank die „Eastern Star". Die See schien zu kochen,
als die Flammen zischend erloschen. Schon glaubte man, die „Ixion"
nach Reykjavik einschleppen zu können, als sie um 02.45 Uhr ebenfalls
sank. Mit ihr gingen 900 Postsäcke unter.
Damit war der erste U-Boot-Angriff auf den OB 318 erfolgreich
beendet. Weitere Operationen sollten folgen.
Der Konvoi erreichte um 23.55 Uhr den 62. nördlichen Breitengrad
und ging dann — nach den Weisungen der Admiralität — auf Westkurs.

Nach der Erfolgsmeldung von Kapitänleutnant Kuppisch ließ die
Operationsabteilung des BdU alle weiter nördlich stehenden Boote
nach Westen stoßen. U 110 unter Kapitänleutnant Fritz-Julius Lemp,
das am 15. April 1941 aus Lorient ausgelaufen war, sichtete am Nachmittag des 8. Mai den OB 318 und gab die Meldung an den BdU
weiter. Die Operationsabteilung befahl, Fühlunghaltermeldungen zu
geben und anzugreifen. Gleichzeitig wurden alle in der Nähe stehenden
Boote aufgefordert, auf diesen Konvoi zu operieren.
Eines der Boote, das nahe am Konvoi OB 318 stand, war U 201
unter Oberleutnant z. See Schnee. Er ließ sein Boot sofort mit AK auf
Kollisionskurs zum Geleitzug hinterherlaufen.

Die englische Horchfunkstelle hatte indes die Sichtmeldung von U 110 aufgefangen und warnte den Konvoi vor dem Fühlunghalter. Commodore Mackenzie befahl deshalb am Abend des 8. Mai einen Backbordzack, der den Konvoi um 30 Grad aus dem normalen Kurs herausführte.

Aber Fritz-Julius Lemp blieb am Geleitzug. Er schloß bei Anbruch der Dunkelheit noch näher heran. Da die Nacht jedoch völlig mondhell war, griff Lemp nicht an. Am frühen Morgen des nächsten Tages gab er wieder Fühlunghaltermeldung. Vom BdU wurden U 96 und U 556 auf den Konvoi mit angesetzt.

U 201 sichtete gegen 08.30 Uhr das Kameradenboot U 110. Beide schlossen dicht aneinander heran und liefen mit kleiner Fahrtstufe durch die See weiter.

Addi Schnee blickte zum Turm von U 110 hinüber. Er sah, wie Kapitänleutnant Lemp die Flüstertüte hob.

„Morgen, Schnee! Ich greife von Nordwesten an und ziehe die Bewacher heraus. Dann gehen Sie ran!"

„Was von ‚Päckchen' gehört?"

„Wohlfahrt steht mit U 556 wahrscheinlich ostwärts hinter uns. Lehmann-Willenbrock wird wohl nicht mehr rechtzeitig 'rankommen. Nach seiner Standortmeldung steht er viel zu weit ab."

„Wann soll es losgehen, Herr Kaleunt?"

„Ich laufe sofort um den Konvoi herum und werde gegen 12.00 Uhr klar sein. — Sie kommen dann gegen 12.30 Uhr, Schnee. — Machen Sie es gut und legen Sie um!"

„Danke, dito, Herr Kaleunt!"

Beide Boote trennten sich, und U 110 umrundete den Konvoi.

Um 10.30 Uhr sichtete die Brückenwache von U 110 Rauchfahnen 30 Grad Steuerbord voraus.

„Auf Tauchstationen!" befahl Lemp. Eine halbe Minute später war U 110 von der Wasseroberfläche verschwunden. Die Schraubengeräusche des Konvois kamen näher. Lemp ließ auf Sehrohrtiefe einpendeln und den Spargel ausfahren.

„Torpedowaffe, Achtung! Rohr I bis IV klar zum Unterwasserschuß!"

Die Mündungsklappen wurden aufgedreht, die Rohre bewässert. Dann meldete der Torpedomaat die Rohre klar. Fritz-Julius Lemp gab die Schußwerte durch und korrigierte sie. Die einzelnen Torpedos wurden eingestellt.

„Zerstörer legt sich vor das Geleit!"

Lemp sah, wie der Brite an der Steuerbordseite mit AK aufdampfte. Schon wanderten die vier hintereinander laufenden Schiffe der Steuerbordkolonne ins Fadenkreuz des Sehrohrs hinein. Vom Torpedorechner wurde Hartlage gemeldet. Lemp wartete noch einige Sekunden. Seine Uhr zeigte genau 11.58 Uhr, als er Feuerbefehl gab. Die Aale verließen das Boot. Der Zentralemaat flutete die Ausgleichstanks. Oberleutnant z. See (Ing.) Eichelborn, der LI, pendelte U 110 auf Sehrohrtiefe ein.

„Drei Torpedos laufen. Vierter Versager der Abfeuervorrichtung, Herr Kaleunt."

„Mist!" knurrte Lemp. „Der vierte Aal war auf einen großen Tanker gerichtet."

„'runtergehen, Herr Kaleunt?" fragte der II. WO, Ulrich Wehrhöfer.

„Diesmal will ich das Schußergebnis abwarten, Ulrich."

Zwei Torpedotreffer ließen das Boot zur Seite rucken.

„Aus!" befahl Lemp.

Der Motor trieb das Sehrohr surrend empor. Lemp sah das vorderste Schiff der Steuerbordkolonne mit starker Schlagseite gestoppt liegen. Es brannte bereits. Ein zweiter Dampfer, der nach Backbord herausgestaffelt war, lag ebenfalls brennend in der See. Von dem dritten Torpedo war nichts zu hören.

In dem Augenblick, als Lemp das Sehrohr zum zweitenmal ausfahren ließ, sah er den an der Steuerbordseite laufenden Zerstörer mit hochgischtender Bugsee auf das Boot zulaufen. Schon setzte die Ortung ein.

„Runter! Auf 120 Meter gehen! Hart Steuerbord. Beide AK!"

Das Hummeln der E-Maschinen verstärkte sich. Steil kippte U 110 an. Der LI hatte zehn Mann in den Bugraum befohlen, um das Boot noch vorlastiger zu machen.

Das Rasseln der schnell näher kommenden Schrauben steigerte sich zu wildem Getöse. Schon detonierten die ersten Wabos mit mittlerer Tiefeneinstellung an Backbord. Das Boot lag auf 40 Meter. Als der Zerstörer gedreht hatte, brach die Hölle über U 110 herein. Wabos detonierten links und rechts über dem Boot.

Das Tiefenruder fiel aus. Beide E-Maschinen verstummten, die Batterien begannen zu gasen. Ein Öleinbruch im Bugraum wurde gemeldet. Immer tiefer glitt das Boot in die See. Bei 95 Meter Tiefe zischte Preßluft aus einem gebrochenen Verteilerstutzen.

„Boot ist nicht zu halten, Herr Kaleunt!"

„Preßluft auf alle Tanks!"

Das Boot wurde zum Stehen gebracht. Dann stieg es in die Höhe. Als es durchbrach, befahl Fritz-Julius Lemp: „Alle Mann aus dem Boot!"

Als die Männer aus dem Turmluk stiegen, begann der Gegner zu schießen. PK-Mann Ecke, der diese Fahrt auf U 110 mitmachte, sprang als einer der letzten von Bord. Kapitänleutnant Lemp stand allein auf der Brücke, als der Zerstörer auf das Boot zulief, um es zu rammen. Jetzt sprang auch er außenbords, tauchte unter, kam wieder hoch und schwamm auf den Pulk der im Wasser dicht beieinander liegenden Männer zu.

Sofort vermißte Lemp seinen II. WO.

„Loewe, wo ist Wehrhöfer?" fragte er den I. WO.

„Nicht gesehen, Herr Kaleunt!"

Oberleutnant z. See Loewe sah, wie sein Kommandant weiterschwamm, um nach dem eben von einer Krankheit genesenen II. WO zu suchen.

Fritz-Julius Lemp wurde nicht wiedergesehen. Er gab sein Leben in selbstverständlicher Aufopferung für den Kameraden.

Aus der Sicht des Konvois war über Wasser zur gleichen Zeit folgendes geschehen:

Kapitänleutnant Smith, Kommandant der Korvette „Aubrietia", faßte die drei von U 110 geschossenen Torpedos im Asdic auf und drehte sofort nach Steuerbord ab. Als er sich den Schiffen zuwandte, sah er, wie an der Steuerbordseite des Dampfers „Esmond", dem Spitzenschiff der Steuerbordkolonne, eine masthohe, feuerdurchlohte Wassersäule emporstieg.

Auf der „Bulldog" hatte Korvettenkapitän Baker-Cresswell kaum diesen Treffer erblickt, als eine zweite Torpedodetonation von der 7. Steuerbordkolonne herüberdröhnte. Hier war die „Bengore Head" getroffen worden. Keine Minute später stellte sich die „Esmond" auf den Bug. Das Heck hob sich hoch, und die Fahrzeuge der Deckladung stürzten ins Meer. Das Schiff stieß hinterher, als wolle es sie einholen.

Die „Bengore Head" brach kurz darauf in der Mitte auseinander.

„Gefechtswendung nach Backbord!" befahl Kommodore Mackenzie.

Im selben Augenblick ließ der Führer der Geleit-Group seinen Zerstörer „Bulldog" mit Hartruderlegen herumgehen und lief der Stelle zu, auf der das U-Boot gestanden hatte. Über Sprechfunk delegierte Baker-Cresswell die Sicherung des Konvois an die „Amazon" und befahl Kapitänleutnant Taylor auf der „Broadway", mit anzugreifen.

Es waren nicht die Zerstörer, die den Gegner zuerst stellten, sondern die „Aubrietia".· Sie bekam das U-Boot in die Asdicortung und schloß auf 800 Meter heran. Dann versagte das Gerät. Kapitänleutnant Smith ließ nach Augenmaß einen Zehnerfächer mit Einstellungen zwischen 35 und 70 Meter werfen.

Als bald darauf Obermatrose Rutledge sein Asdic wieder klar meldete, erkannte Kapitänleutnant Smith, daß das U-Boot unter Wasser auf die sinkenden Handelsschiffe zusteuerte. Wieder wurde ein Zehnerfächer geworfen. Diesmal mit 50 bis 120 Meter Tiefeneinstellung. Kapitänleutnant Smith glaubte, zu spät geworfen zu haben. Er ließ sein Schiff zur sinkenden „Esmond" weiterlaufen. Plötzlich zeigte sich vor den beiden nun ebenfalls angreifenden Zerstörern eine kabbelige Stelle auf der See; und gleich darauf durchbrach U 110 die Wasseroberfläche.

Die „Bulldog", die auf Rammkurs lief, drehte hart vor dem Boot weg. Baker-Cresswell sah die Besatzung sich vorn auf Oberdeck sammeln. Er glaubte daß die U-Boot-Männer zu ihrem Geschütz liefen und ließ deshalb das Feuer auf sie eröffnen. Zuerst schoß die 7,6-Fla-Kanone und traf sofort den U-Boot-Turm. Dann ratterte ein Lewis-MG.

In dem Augenblick, als Baker-Cresswell einen Kutter mit einem Prisenkommando zu Wasser lassen wollte, sah er, wie die „Broadway" mit AK direkt auf das U-Boot zulief.

„Morsespruch an ‚Broadway': Sofort abdrehen!"

Baker-Cresswell griff zum Lautsprecher:

„Nicht rammen!" brüllte er zur „Broadway" hinüber.

Der Zerstörer rammte das U-Boot trotzdem leicht, weil seine Brückenfenster durch das Feuer der eigenen 10,2-cm-Geschütze zersplittert waren und Taylor nichts sehen konnte.

Das vordere Tiefenruder von U 110 schnitt ein klaffendes Loch in die Backbordseite des Zerstörers und riß die Backbordschraube ab. Die „Broadway" hatte sich selbst ausgeknockt.

Vierunddreißig Männer von U 110 wurden aufgefischt. Unter denen, die in See blieben, waren der Kommandant und sein II. WO.

Das Prisenkommando ging an Bord von U 110. Es bestand aus acht Mann. Sie durchsuchten jeden Winkel des Bootes.

Im Kommandantenraum fanden sie das Ritterkreuz von Fritz-Julius Lemp und übergaben es Korvettenkapitän Baker-Cresswell. Der englische Seeoffizier hielt es bis zum Kriegsende in Verwahrung, dann übergab er es der Schwester des gefallenen U-Boot-Kommandanten.

Gegen 14.30 Uhr erhielt die „Bulldog", die ihren Sicherungsdienst wieder aufgenommen hatte, Kontakt mit einem anderen U-Boot. Die „Aubrietia" und die „Broadway" liefen auf Wurfpositionen. Fünf Angriffe wurden auf das getaucht laufende Boot gefahren.

Was aber war am Geleitzug geschehen, seitdem der Geleit-Group-Führer die Zerstörer zum Kampf gegen U 110 aus der Sicherung herausgezogen hatte?

Nachdem sich U 201 vom Kameradenboot getrennt hatte, lief es zum Angriff auf den OB 318 an. Es war genau 11.05 Uhr, als Oberleutnant z. See Schnee „Auf Gefechtsstationen!" befahl. Das Boot tauchte und drehte im Unterwassermarsch auf den Konvoi ein.

„Sehrohr aus!" befahl Schnee, als die Schraubengeräusche anzeigten, daß der Konvoi nahe genug herangekommen war.

Der Kommandant erkannte beim ersten Rundblick einen Zerstörer, der an der Steuerbordseite des Konvois von achtern aufkam. Dann sah er, wie der Konvoi um 40 Grad zackte. Im gleichen Augenblick kamen zwei Zerstörer auf und drehten in Lage Null auf U 201 herum.

„Ein! Auf 80 Meter gehen! Beide AK!"

Das Boot stieß stark vorlastig hinunter. Adalbert Schnee, von Freunden „Addi" genannt, ließ es mit Hart-Backbordruder herumgehen. Beide Zerstörer wurden vom Horchraum aufgefaßt, doch nichts geschah. Sie schienen ein anderes Ziel zu verfolgen.

Lemps Boot? fragte sich Schnee.

Zwanzig Minuten später ließ er auf Sehrohrtiefe auftauchen. Er sah, daß zwei Bewacher zwischen Boot und Konvoi standen. Abermals ließ Schnee U 201 auf Tiefe gehen und lief tollkühn zwischen den beiden Bewachern hindurch, die ihr Asdic offensichtlich nicht eingeschaltet hatten. Es waren die „Amazon" und die „Hollyhock".

Nachdem ein weiteres Schiff unterlaufen war, tauchte Schnee kaltblütig auf Sehrohrtiefe auf. Er sah ein ganzes Rudel Schiffe und berichtete seiner Besatzung:

„Boot steht vor dem Geleit! Mindestens 14 Dampfer in Sicht. 20 Grad Steuerbord voraus Zerstörer. — An Torpedowaffe, fertig?"

„Torpedowaffe klar!"

Knapp und bestimmt erteilte der junge Kommandant seine Befehle. Er war im Mai 1937 zur U-Boot-Waffe gekommen und hatte auf U 23 seine U-Boots-Ausbildung erhalten. Mit dem gleichen Boot, das unter Führung von Kapitänleutnant Kretschmer stand, war er zu den ersten

Feindfahrten ausgelaufen. Nach fünf Fahrten als Kretschmers WO übernahm er das Schulboot U 6. Später bekam er den Einbaum U 60, mit dem er am 10 August 1940 den britischen Hilfskreuzer „Transsylvania" (16 913 BRT) versenkte. Nach drei Feindfahrten auf U 60 hatte Schnee zu Beginn des Jahres 1941 mit U 201 ein Boot des Typs VII C in Dienst gestellt. Dies war sein erster Einsatz mit U 201.

Noch einmal ließ Schnee, trotz der unmittelbaren Nähe des Zerstörers, das Sehrohr zu einem kurzen Ausblick ausfahren. Dann gab er Befehl zum Abschuß eines Zweierfächers aus Rohr I und II auf das große Schiff und eines Einzelschusses aus Rohr III auf den kleinen Dampfer.

Als alle drei Torpedos liefen, ließ er das Boot drehen und schoß den Hecktorpedo auf einen weiteren Sechstausendtonner.

Bereits während der Drehung hörten alle Männer im Boot die Detonationen, mit denen die zuerst geschossenen Aale am Gegner hochgingen. Vierzig Sekunden nach dem Abschuß des Hecktorpedos traf dieser den zuletzt anvisierten Dampfer. Im Sehrohrausblick sah Schnee eine 200 Meter hohe Explosionswolke. Er bemerkte, daß der Konvoi abermals einen scharfen Zack einlegte und erkannte im gleichen Augenblick einen Zerstörer, der in Lage Null auf sein Boot zulief.

„Hart Steuerbord! — Mittschiffs! — Auf 60 Meter gehen!"

Als U 201 eine Wassertiefe von 35 Meter erreicht hatte, detonierte in der Nähe der erste Wabo-Fächer.

Addi Schnee ließ das Boot auf 140 Meter hinuntergehen. Wieder krepierte ein Fünferfächer. Das Licht fiel aus.

„Notbeleuchtung ein!" befahl der junge Berliner.

„Stopfbuchsen machen Wasser!"

„Abgasklappen undicht!"

„Wassereinbruch E-Maschinenraum!"

„Alle Außenbordverschlüsse überholen!"

Das Hauptlicht leuchtete schnell wieder auf. Von den Stationen kamen Klarmeldungen.

„Horchraum an Kommandant: Weitere Schraubengeräusche. Zweiter Gegner kein Zerstörer. — Zerstörer ablaufend!"

Eine einzelne Wasserbombe detonierte achtern über dem Boot. Schnee wußte sofort, was das bedeutete: dort markierte das kleine Fahrzeug seinen Standort für einen Fächerwurf des größeren.

„Beide dreimal AK!"

Mit acht Knoten Fahrt schoß U 201 durch die See. Keine Minute nach dem Wurf der Markierungsbombe explodierte an der gleichen Stelle ein Zehnerteppich. Aber U 201 hatte sich bereits 300 Meter davon entfernt. Das helle Pinken der auftreffenden Ortungsstrahlen zeigte, daß der Zerstörer wieder Kontakt fand. Wenig später war das Mahlen seiner Schrauben zu vernehmen. Der Kommandant ließ das Boot mit Steuerbordruder 20 herumgehen. Mitten in der Drehung krachten dicht am Boot die Wabo-Detonationen. U 201 machte einen Satz zur Seite. Die Rudermaschine fiel aus. Klirrend zersprangen Wasserstandsgläser. Die Beleuchtung erlosch zum zweitenmal. Pfeifend zischte die lecke Preßluftleitung. Ein Ölbunker schien beschädigt zu sein.

Diese für U 201 sehr gefährlichen Angriffe hatte der Fischdampfer „St. Apollo" durchgeführt. Als ein öldurchmischter Wasserstrahl an der Oberfläche aufbrodelte, schrien die Ausgucks auf der „St. Apollo":

„U-Boot taucht auf!"

Aber U 201 blieb unten. Das Boot entkam nach einer stundenlangen Wabo-Verfolgung. Zwischen 12.30 und 17.05 Uhr zählte die Besatzung 99 Wasserbomben. Schnee ließ gegen 21.15 Uhr auftauchen. Dann lief das Boot nach Südosten ab. Der Treibstofftank leckte und zog eine lange Ölspur hinter U 201 her.

Der BdU stellte dem Boot den Rückmarsch frei. Aber Schnee blieb im Operationsgebiet. Er sagte zu seiner Besatzung:

„Wir haben noch sieben Torpedos, und die wollen wir anlegen, ehe wir auf Heimatkurs gehen."

Aus dem Geleit hatte U 201 — genau eine halbe Stunde nach dem Angriff von U 110 — die „Empire Cloud" und die „Gregalia" versenkt.

In seinen weiteren Operationen versenkte U 201 noch zwei Dampfer, ehe es den Rückmarsch nach Lorient antrat.

Damit waren aus dem Konvoi OB 318 sechs Dampfer herausgeschossen worden.

Es bleibt zu erwähnen, daß durch Schnees kluges Verhalten der Anschein erweckt wurde, als befänden sich noch mehrere U-Boote am Geleitzug. So glaubte Kapitänleutnant Smith, der Kommandant der „Aubrietia", daß es drei U-Boote gewesen sein müßten. Sein Rudergänger hingegen sagte:

„Sir, es waren fünf Boote, die wir angegriffen haben. Und drei davon haben wir zu den Fischen geschickt!"

U 110 wurde von den Briten in Schlepp genommen, um es nach Reykjavik zu bringen. Der Geleitzug erreichte bereits den 34. Grad westlicher Länge, als er von Admiral Noble die Weisung erhielt, sich am 10. Mai aufzulösen.

Zuvor hatte jedoch Kapitänleutnant Wohlfahrt auf U 556 die Fühlunghaltermeldung von U 110 und U 201 aufgenommen. Sein Boot lief mit AK hinterher. U 556 nahm am frühen Morgen des 10. Mai, als es zur Horchpeilung tauchte, die Schraubengeräusche des Konvois wahr. Herbert Wohlfahrt erkannte, daß er sich an Steuerbord voraus des Geleitzuges befand. Da es noch dunkel war und außerdem eine dichte Wolkendecke vor dem Mond lag, beschloß Wohlfahrt, einen Überwasserangriff zu fahren.

Der im Jahre 1915 in Kanagawa in Japan geborene Kapitänleutnant machte bereits als Kommandant von U 14 und U 137 auf sich aufmerksam. Mit seinem kleinen Einbaum hatte er bereits große Erfolge errungen, und sein Funkspruch: „Löwe von Parzival: Jaja, die kleinen Boote!" erregte damals ebensoviel Heiterkeit wie Hochachtung.

„UZO auf den Turm!" befahl Herbert Wohlfahrt, als er die ersten Dampfer sah. Die Besatzung befand sich seit einer halben Stunde auf Gefechtsstationen. Die See war grob. Sie lief genau von Backbord querab gegen die Flanke des Bootes.

„Wir geben Einzelschüsse auf einen Acht- und einen Fünftausendtonner!"

Der Schußbefehl kam um 02.42 Uhr. Beide Torpedos liefen.

Die als einziges Schiff noch in der Steuerbordkolonne außen stehende „Aelbryn" wurde das Opfer des ersten Schusses. Der zweite ging daneben. Die „Chaucer" schoß kurz nach dem Treffer auf die „Aelbryn" eine Rakete und drehte mit Hartruder Steuerbord und AK ab. Während das Schiff noch manövrierte, lief der Torpedo unmittelbar vor seinem Bug vorbei.

„Sieht aus, als hätten wir zwei Schiffe getroffen, Herr Kaleunt!"

„Glaube ich nicht! Der zweite Schuß ist vorbeigegangen, weil der Gegner wegdrehte. Wir laufen ab, laden die Rohre nach und greifen wieder an!"

U 556 tauchte auf. Während die Mixer im Bugraum die Rohre nachluden, kam der Funkmaat auf die Brücke gestürzt.

„Herr Kaleunt! FT-Spruch von der ‚Herkules', ein Schiff des Geleites. Sie funkt ‚U-Boot-Angriff!'"

„Haben wir etwa doch beide Schiffe getroffen? Mir war doch, als hätte ich die zweite Detonation gehört."

„Rohre nachgeladen!" meldete eine Stunde später der TWO.

„Wir greifen an!"

Mit AK lief U 556 wieder auf den OB 318 zu. Aber als die ersten Mastspitzen in Sicht kamen, war es schon zu hell geworden. Herbert Wohlfahrt beschloß, am Rande der Sichtweite entlang vorzupreschen und sich vor den Konvoi zu legen. Damit hoffte er, im Unterwasser-Tagesangriff zum Schuß zu kommen.

Etwa um die gleiche Zeit gab Commodore Mackenzie Signal zur Auflösung des Konvois. Die Schiffe standen 60.12 Nord/30.00 West.

Als U 556 die vorliche Stellung zum Geleitzug erreichte, erkannte Herbert Wohlfahrt, daß sich der OB 318 aufgelöst hatte.

„Wir versuchen, einen Einzelfahrer zu erwischen", sagte er zu seinem I. WO.

„Rauchsäule achtern!" meldete der steuerbordachtere Ausguck.

„Sieht wie ein Einzelfahrer aus. Auf Tauchstationen!"

U 556 tauchte und legte sich auf dem Kurs des Dampfers in Warteposition. Immer wieder ließ Herbert Wohlfahrt das Sehrohr zu kurzen Ausblicken herauffahren und Sekunden später wieder einziehen. Der Kommandant blickte auf seine Uhr. Es war jetzt 05.28 Uhr. Vor neun Minuten hatte der Ausguck den Dampfer in Sicht bekommen. Nun war alles bereit. Wohlfahrt wollte einen Zweierfächer anlegen.

Träge schlichen die Minuten dahin. Langsam lief der Dampfer ins Fadenkreuz des Sehrohres. Alle Werte waren eingestellt. Der Feuerbefehl kam um 05.32 Uhr. Beide Torpedos verließen dicht hintereinander die Rohre und trafen die „Empire Caribou", die mit einer Kalkladung nach Portland im Staate Maine unterwegs war.

„Treffer mittschiffs und Achterkante Brücke!" berichtete der Kommandant. „Frachter bekommt Schlagseite. Liegt gestoppt. Jetzt werden Flöße über Bord geworfen. Die Besatzung verläßt das Schiff!"

Zwei Minuten später stieß der Bug der „Empire Caribou" steil in die See hinunter, die sich rauschend über ihr schloß.

„Wir laden nach und suchen weiter. Irgendwo werden wir noch einen Kahn aufpicken."

Herbert Wohlfahrt gab sich mit den bisherigen Erfolgen noch nicht zufrieden. Er war ein zäher Mann und von dem Willen beseelt, eine möglichst große Versenkungszahl zu erreichen.

Um 06.00 Uhr nahm U 556 die Verfolgung wieder auf. Drei Stunden später gab Wohlfahrt einen Einzelschuß auf einen Zickzackkurs laufenden Dampfer ab. Da dieses Schiff jedoch in Ballast fuhr, lief der Torpedo unter seinem Kiel hindurch.

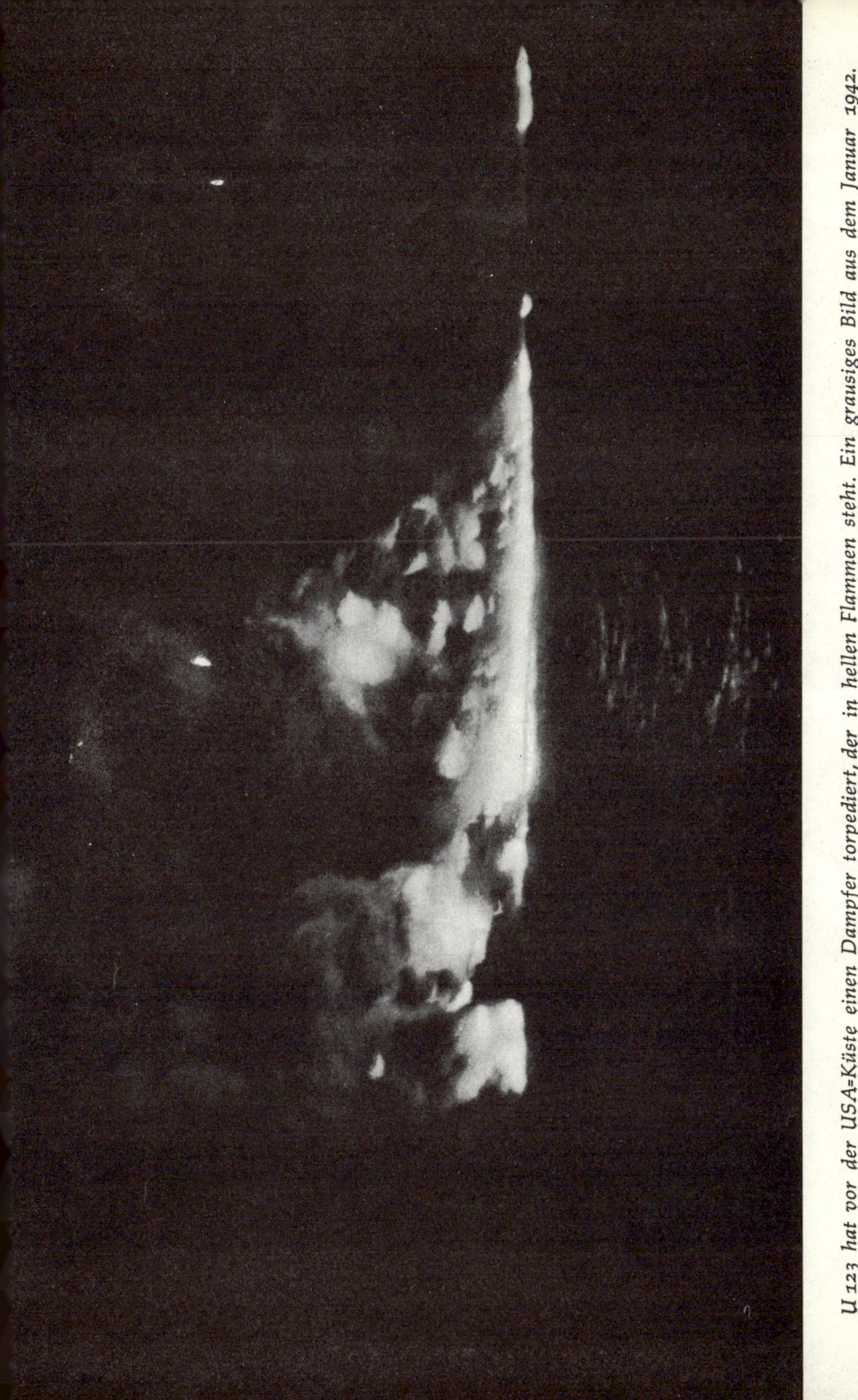

U 123 hat vor der USA-Küste einen Dampfer torpediert, der in hellen Flammen steht. Ein grausiges Bild aus dem Januar 1942.

Korvettenkapitän
Jürgen Wattenberg
meldet sich bei seinem
Vorgesetzten und
berichtet über seine
Erfahrungen auf der
letzten Feindfahrt.

Kapitän z. See
Karl=Friedrich Merten
(links im Bild),
der 1942 als 147. Soldat
der deutschen Wehr=
macht mit dem
Eichenlaub zum Ritter=
kreuz ausgezeichnet
wurde.

Herbert Wohlfahrt gab die Jagd nicht auf. Mit AK knüppelte das Boot hinter den Schiffen her, die noch nicht zu weit auseinandergezogen waren. Am Nachmittag wurde der Kommandant auf den Turm gerufen. Als Wohlfahrt erschien, sah er zwei Dampfer.

„Einer läuft schnurgerade, und der andere steuert Zickzackkurse, Herr Kaleunt."

„Dann nehmen wir den, der geraden Kurs läuft, Eins Null. Ihn erwischen wir schneller."

Das Boot gewann innerhalb von zwei Stunden den zum Unterwasserangriff nötigen Vorlauf. Es tauchte und drehte auf Dampferkurs ein. Der um 18.00 Uhr geschossene Torpedo traf den belgischen Frachter „Gand" Unterkante Brücke.

„Wir laufen herum und sehen nach, ob das Schiff abbuddelt."

U 556 umkreiste die „Gand". Wohlfahrt sah die Besatzung von Bord gehen.

„Schauen Sie mal durch, Eins Null!"

Der I. WO blickte durch das Sehrohr. Als er sich aufrichtete, grinste er.

„Der buddelt nicht ab, Herr Kaleunt. Der braucht ein paar Granaten, die ihn anlüften."

„Gut, Eins Null! Geschützbedienung sich im Turm klarhalten. — Auftauchen!"

Mit Geschützfeuer wurde die „Gand" versenkt. Als Wohlfahrt anschließend die Verfolgung der anderen Dampfer aufnehmen wollte, wurde ihm ein Defekt am Luftkompressor gemeldet. Das Vorhaben mußte abgebrochen werden, weil der Fehler nur bei stillgelegten Dieselmaschinen zu beheben war.

„Dann laufen wir langsam zurück. Alles hundertprozentigen Ausguck halten. Vielleicht treffen wir noch einen Nachzügler."

Sie fanden kein Schiff mehr. U 556 stellte sich in einer neuen Suchharke bereit. Es beteiligte sich an der Bekämpfung des Konvois HX 126 und verschoß hier die restlichen Torpedos.

Sechs weitere Boote dieser Suchharke gewannen ebenfalls an dem Konvoi HX 126 Fühlung und griffen in der Zeit vom 19. bis 21. Mai mehrfach an. Unter ihnen befand sich auch U 74 unter Kapitänleutnant Kentrat.

Das Boot war Mitte Mai zur zweiten Feindfahrt ausgelaufen. Am 19. Mai nahm der Funkmaat einen FT-Spruch von U 94 (Kuppisch) und die anschließende Fühlunghaltermeldung auf. U 94 hatte den Konvoi

HX 126 gesichtet und gab Peilzeichen. Die Boote aus der Suchharke schlossen heran. Am Abend des 20. Mai konnte U 74 angreifen. Kentrat versuchte, über Wasser zum Schuß zu kommen.

In der vergangenen Nacht hatte bereits U 98 unter Kapitänleutnant Gysae einen Dampfer versenkt. Jetzt griff neben U 74 das ganze Rudel an.

„Boot greift Konvoi an. Auf Gefechtsstationen!"

U 74 hatte die zum Angriff nötige vorliche Position gewonnen. Auf der vorigen — seiner ersten — Feindfahrt hatte das Boot den britischen Hilfskreuzer „Worcestershire" (11 402 BRT) torpediert.

Hinter der UZO stand der Torpedowaffenoffizier und ließ den ersten Dampfer einwandern. Alle Werte waren durchgegeben und eingestellt. Noch hatte U 74 keine sehr günstige Schußposition erreicht, als von der anderen Flanke des Geleitzuges Torpedodetonationen emporstiegen und Flammen die Nacht mit flackernder Helle erfüllten. Leuchtgranaten wurden von den Geleitfahrzeugen geschossen. Ihre Flugparabeln zogen grelle Striche durch die Nacht. Dann meldete der Funkraum zwei SSS rufende Dampfer. Wenig später wurden die ersten Sinkgeräusche gehorcht.

U 74 kam in Schußposition. Kentrat sah den 6000-Tonnen-Dampfer mitten im Visier. Der TWO gab den Feuerbefehl, und ein Zweierfächer lief dem Feind entgegen.

„Zeit ist um!" meldete die Nummer Eins. In diesem Augenblick stiegen beim Gegner mittschiffs und dann auch Achterkante Brücke die Treffersäulen empor. Flammen züngelten in den Nachthimmel.

„Dampfer gibt Notruf!"

„Er hat gestoppt."

„Wir geben ihm den Fangschuß und..."

„Zerstörer! Backbord querab. Kommt in Lage Null!"

Eitel-Friedrich Kentrat fluchte und befahl:

„Alarrrm! Schnelltauchen!"

Die Brückenwache stieg ein. Kentrat schloß das Luk. Stark kippte das Boot ab und stieß mit zwanzig Grad Vorlastigkeit in die See hinunter. Die anschließende Wabo-Verfolgung dauerte vier Stunden. Durch diese Jagd wurden zwei Begleitfahrzeuge vom Konvoi abgezogen, so daß U 556 heranschließen konnte. Dieses Boot versenkte einen Dampfer und torpedierte einen weiteren.

Nach den Detonationen, die dem Führer der Geleit-Group zeigten, daß ein ganzes Rudel am Konvoi operierte, ließen die beiden Zerstörer von U 74 ab, um wieder zum Konvoi zurückzulaufen.

U 74 war weit abgedrängt. Doch Kentrat entschloß sich, hinterherzulaufen. Er bekam wieder Anschluß und versenkte am 21. Mai einen Frachter. Dann hatten die Einheiten dieses Konvois die Sicherheitszone der Western Approaches erreicht. Insgesamt waren neun Schiffe aus dem HX 126 versenkt und zwei weitere torpediert worden. Die vernichtete Tonnage betrug 54 452 BRT.

Außer U 94, U 98, U 74 und U 556 hatten noch U 97 (Kapitänleutnant Heilmann), U 93 (Kapitänleutnant Korth) und U 109 (Kapitänleutnant Fischer) den Konvoi angegriffen.

Das U-Boot-Rudel ordnete sich zu einem neuen Suchstreifen. U 556, das sich verschossen hatte und als Auge fungieren sollte, stieß am 26. Mai 1941 auf einen großen Kriegsschiffverband mit der „Renown" und der „Arc Royal".

Als Wohlfahrt in Angriffsposition war — ohne jedoch der leeren Rohre wegen einen Angriff unternehmen zu können —, starteten auf dem Flugdeck der „Arc Royal" Maschinen zum Angriff auf das deutsche Schlachtschiff „Bismarck". Tatenlos mußte Wohlfahrt, dem am 15. Mai auf See das Ritterkreuz verliehen worden war, zusehen.

„Wenn wir jetzt noch Torpedos hätten! Wir brauchten nur auf die Tube zu drücken!" rief er sorgenvoll aus.

Sein Angriff hätte mit Sicherheit eine Wende im Kampf um die „Bismarck" gebracht, denn die Swordfish-Torpedomaschinen, die Wohlfahrt von der „Arc Royal" aufsteigen sah, trafen die „Bismarck" mit einem Lufttorpedo in die Ruderanlage. Dieser Treffer machte das deutsche Schlachtschiff manövrierunfähig und bereitete sein Ende vor.

Der Zerstörer „Bulldog", der das am Konvoi OB 318 gekaperte U 110 nach Reykjavik einzuschleppen versuchte, hatte kein Glück. Am 11. Mai sackte U 110 plötzlich ab. Die Schlepptrosse mußte gekappt werden.

Von den entlassenen und im Einzelmarsch weiterlaufenden Schiffen des OB 318 wurden noch zwei versenkt. U 38 (Liebe) vernichtete am 23. Mai die „Berhala" und U 107 am 26. Mai die „Colonial", die bereits bis auf 100 Seemeilen an Freetown, ihren Zielhafen, herangekommen waren.

TIEFPUNKT DER SCHLACHT IM ATLANTIK

Der HX 129 — Kampf um den HX 133 — Der Funkverkehr —
Niedrige U-Boot-Verluste

Mitte Mai 1941 wurden acht kanadische Zerstörer und zwanzig Korvetten zu einer Escort-Gruppe zusammengeschlossen. Sie unterstand der westlichen Sektion der Nordatlantik-Route. Die Operationskontrolle unterlag der Britischen Admiralität. Da die britischen Geleitgruppen auch kanadische Schiffe sicherten, akzeptierte das Hauptquartier der kanadischen Marine den Vorschlag, ihre Escort Group nicht nur in den Gewässern bei Neufundland operieren zu lassen, sondern sie auch als Anti-Submarine-Gruppe zur Sicherung·des ersten Teiles des Seeweges von Amerika nach England einzusetzen. Sie begleiteten ·deshalb die Schiffe bis zum Treffpunkt mit den britischen Geleit-Gruppen südlich Island.

Mit der Einrichtung der „St. John's Escort Forces" war zum erstenmal eine Geleitsicherung über den ganzen Atlantik vorhanden.

Diese „Vollsicherung" erhielt als erster Geleitzug der am 27. Mai 1941 aus Halifax auslaufende Konvoi HX 129. Der Konvoi erreichte unentdeckt England. Kein Schiff ging verloren.

Obgleich mehrere U-Boote im Juni Erfolge errangen, schien es zu keiner weiteren Rudelschlacht in diesem Monat zu kommen. Die U-Boot-Leere im Nordatlantik bewirkte einen Fehlschlag des Versuches, die Schiffsneubauten des Gegners durch Versenkungen zu übertreffen.

Da sichtete am 23. Juni U 203 unter Kapitänleutnant Mützelburg im Nordatlantik den Konvoi HX 133. Die Operationsabteilung des BdU setzte alle Boote, die noch Chancen hatten, zum Schuß heranzukommen, auf den Geleitzug an. Selbst Boote, die sehr weit abstanden, wurden aufgeboten.

Insgesamt strebten neun U-Boote dem Kollisionspunkt mit HX 133 entgegen. Als erstes griff U 203 an. Rolf Mützelburg, der Kommandant des Bootes, war von der 12. Minensuch-Flottille zur U-Boot-Waffe gekommen. U 203 schoß zwei Dampfer aus dem Konvoi heraus, dann wurde das Boot von Zerstörern abgedrängt und unter Wasser gedrückt. Als es wieder auftauchte und die Verfolgung aufnahm, stieß es durch einen Zufall auf den Konvoi OB 336. Mützelburg griff an. Er ließ die gesamte Chargierung schießen, und es gelang ihm, auch hier zwei Schiffe zu versenken.

Am 24. Juni stießen U 77 (Kapitänleutnant Schonder), U 556 (Kapitänleutnant Wohlfahrt), U 371 (Kapitänleutnant Driver), U 564 (Oberleutnant z. See Suhren) und U 79 (Kapitänleutnant Kaufmann) auf den Konvoi HX 133.

Diese fünf Boote versenkten sieben Schiffe aus dem Geleit und torpedierten zwei Tanker. Am 27. Juni wurde U 556 bei einem neuerlichen Angriff von drei Geleitfahrzeugen überrascht.

Die britischen Korvetten „Celandine", „Gladiolus" und „Nasturtium" griffen das U-Boot mit Wasserbomben an und beschädigten es schwer. Das Boot mußte auftauchen. Wohlfahrt gab den Befehl, auszusteigen. Der Kommandant und ein Teil der Besatzung gerieten in Gefangenschaft. U 556 sank.

Inzwischen war U 651 unter Korvettenkapitän Lohmeyer herangeschlossen und hielt Fühlung. Am 28. Juni versenkte es ein Schiff aus dem Konvoi. Südlich Island wurde das Boot von den Geleitzerstörern „Malcolm" und „Scimitar" aufgefaßt und versenkt. Auch hier konnten sich der Kommandant und ein Großteil der Besatzung aus dem sinkenden Boot retten. Sie kamen in Gefangenschaft.

Der BdU brach am 29. Juni die Operation am Konvoi HX 133 ab. Insgesamt waren elf Schiffe mit 57 215 BRT aus dem Geleitzug versenkt worden. Zwei weitere wurden torpediert. Dieser Erfolg war jedoch mit dem Verlust von zwei U-Booten außerordentlich teuer bezahlt. Der Gegner hatte die Gefahr vom HX 133 durch eine starke Konzentration von Sicherungsfahrzeugen abgewandt. Dem ursprünglich nur durch vier Sicherungsfahrzeuge geschützten Konvoi wurden von der britischen Admiralität noch weitere Bewacher von zwei auslaufenden Geleitzügen entgegengeschickt. Am HX 133 standen damit 13 Geleitfahrzeuge, die den Konvoi völlig abschirmten.

In diesem Falle wurde zum erstenmal die Taktik angewandt, die Sicherung eines Geleitzuges zu verstärken, wenn er von mehreren U-Booten bedroht wurde. Dies war die Geburtsstunde der „Support-

Groups", die auf dem Höhepunkt der Schlacht im Atlantik ausschlaggebenden Anteil an den gegnerischen Erfolgen haben sollten.

Während der folgenden zwei Monate standen nur jeweils acht bis zwölf deutsche U-Boote in der unendlichen Wasserwüste zwischen Grönland und den Azoren.

Das Hauptaugenmerk wurde im Sommer 1941 zwangsläufig auf das Auffinden der Konvois gelegt. Die Operationsgebiete hatten sich bis in den Raum südlich Grönland und in die Seegebiete um Island und nordwestlich Irland verschoben. Das Fehlen der „Augen" ließ nach den einzelnen Geleitzugschlachten immer wieder Lücken entstehen, durch die der Schiffsverkehr ungehindert laufen konnte.

Die Engländer hatten ein weites Peilnetz ausgebaut, mit dem sie nunmehr den ganzen Atlantik überspannten. Ihre Peilstellen konnten damit den Funkverkehr der deutschen U-Boote einpeilen, die Lage einer Suchharke bestimmen und diese durch geschickte Geleitzugführung umgehen.

Die günstige Ausdehnung dieser englischen Peilstationen reichte von den Shetlands bis nach Landsend, der südwestlichsten Spitze von England; sie ermöglichte ausgezeichnete Peilungen.

Die deutsche U-Boot-Führung war davon überzeugt, daß der Gegner wahrscheinlich jeden Funkspruch eines in See stehenden U-Bootes auffassen, ihn einpeilen und dadurch den Standort des abgebenden U-Bootes feststellen konnte. Es mußte eine größtmögliche Reduzierung der abzusetzenden Funksprüche erreicht werden.

Den Funkverkehr ganz zu unterbinden war unmöglich, da ja größtenteils aus den Funkmeldungen einzelner Boote die Heranführung und der Ansatz der Wolfsrudel resultierte. Es kam zu dem vom Operationsstab des BdU ausgearbeiteten, ständigen Kriegsbefehl Nummer 243 vom 9. Juni 1941, der die genauen Richtlinien für den Funkverkehr enthielt. Die wichtigsten Punkte waren:

„Im Angriffsraum:

Funkspruchabgabe nur bei taktisch wichtigen Meldungen oder auf Anforderung der Führung, oder wenn die Positionen ohnehin dem Gegner gerade bekannt geworden sind.

Auf dem Marsch:

Wie vorher. Gelegentliche Funkspruchabgabe von weniger wichtigen Nachrichten: Hierbei beachten, daß durch das Senden nicht das Gebiet für folgende oder dort stehende Boote vergrämt wird.

Technisch:
Häufiger Wellenwechsel, zusätzliche Verkehrskreise, Funkdisziplin, um dem Gegner das Einpeilen zu erschweren."

Auch die Frage des absichtlichen Funkverkehrs mit dem Ziel der Täuschung wurde angeschnitten. Doch es kam nur sehr selten zu solchem Täuschungsfunkverkehr. So gab z. B. der BdU am 29. Juni 1941 mehreren rückmarschierenden U-Booten den Befehl, südwestlich Irland zu funken, um ein Abdrehen des 300 Seemeilen westlich Irland gesichteten Geleitzuges nach Süden zu verhindern. Ob dieser Funkverkehr Erfolg hätte, konnte nicht festgestellt werden. Die große Gefahr dieser Scheinmanöver lag darin, daß bei falscher Einpeilung durch den Gegner Positionen bekannt wurden, die dem Zweck des Täuschungsfunks entgegenwirkten.

Mit Beginn des Krieges gegen die Sowjetunion am 22. Juni 1941 wurden acht U-Boote gegen sowjetischen Schiffsverkehr in der Ostsee eingesetzt. U 140 (Kapitänleutnant Hellriegel) versenkte am 22. Juni das sowjetische U-Boot S 11. Einige Besatzungsmitglieder wurden gerettet. U 144 unter Kapitänleutnant von Mittelstaedt konnte am 23. Juni 1941 vor Windau ein russisches U-Boot torpedieren. Am 28. Juni wurde von U 149 ein weiteres sowjetisches U-Boot vernichtet. Zu Geleitzugkämpfen gegen russische Konvois in der Ostsee kam es jedoch nicht.

Die sechs in das Polarmeer entsandten U-Boote konnten ebenfalls nur Einzelfahrer versenken.

Im Juli kam es im Nordatlantik kaum zu Rudelansätzen auf Konvois. Die Operationsabteilung des BdU konnte die in See stehenden U-Boote erst wieder auf den Geleitzug OG 69 ansetzen, der vom B-Dienst am 24. Juli erfaßt und am nächsten Tag zweimal von Focke-Wulff 200 des K.G. 40 gemeldet wurde.

Als eines der ersten gewann U 68 unter Kapitänleutnant Merten am 26. Juli Fühlung am Geleit und führte durch ständige Peilzeichen fünf weitere U-Boote heran.

U 68 wurde, noch bevor es zum Schuß gekommen war, von den Sicherungsfahrzeugen abgedrängt. Das Boot befand sich auf seiner ersten Feindfahrt. Es war am 11. Februar 1941 von Karl-Friedrich Merten bei der Deschimag in Bremen in Dienst gestellt worden.

Kapitänleutnant Merten gelang es, der stundenlangen Wabo-Verfolgung zu entkommen, doch U 68 verlor den Anschluß. Die anderen

Boote hatten Erfolg. Als erstes kam U 126 unter Kapitänleutnant Bauer zum Schuß. Es torpedierte einen Dampfer. Als nächstes folgte U 79 (Kapitänleutnant Kaufmann). Dann griff U 203 an.

„Das ist ein England—Gibraltar—Geleitzug", sagte Rudolf Mützelburg, der 28jährige Kieler, als er den Befehl des BdU erhielt, auf diesen Konvoi zu operieren. Der Kalender in der Zentrale zeigte den 26. Juli 1941. Erst vor einigen Minuten hatte das Boot die alltägliche Trimmgewichtsrechnung erledigt.

„Nach der Standortmeldung müßten wir schon bald Anschluß gewinnen, Herr Kaleunt!" sagte sein I. WO, Oberleutnant z. See Heyda.

Heyda gehörte dem gleichen Jahrgang an wie der Kommandant. Er war in Arys in Ostpreußen geboren und verstand es, gut und langandauernd zu fluchen.

„Gehen wir zum Horchen hinunter, Herr Kaleunt?"

„Gut! Auf Tauchstationen!"

Das Boot tauchte. Es dauerte kaum eine Minute, bis der Funkmaat am Gruppen-Horchgerät Schraubengeräusche vernahm. U 203 tauchte wieder auf und nahm Kurs auf das Geräuschband.

Der Schmutt, der Mann mit den besten Augen auf dem Boot, wurde auf die Brücke geholt. Eine halbe Stunde lang operierte U 203 direkt in Richtung der Horchpeilung. Es war jedoch immer noch nichts zu sehen.

„Noch einmal horchen!"

Das Geräuschband wurde stärker. Der gemeldete Konvoi mußte sich also nähern.

Zehn Minuten nach dem Wiederauftauchen meldete der Schmutt Mastspitzen am Horizont. Der Konvoi kam an der Steuerbordseite von U 203 auf. Am Rande der Sichtweite hängte sich das Boot an. Die Nummer Eins errechnete Kurs, Geschwindigkeit und die einzelnen Schwenkbewegungen des Geleitzuges OG 69.

„Funkenpuster: Kurzsignal an BdU. Sichtmeldung, Position und Kurs."

Der Funkspruch ging hinaus. Standort und Kurs des Konvois wurde vom BdU an U 79, U 126 und U 371 weitergegeben.

Kurz vor Einbruch der Dunkelheit ließ Mützelburg sein Boot näher an die Steuerbordkolonne des Konvois herangehen, um ihn nicht zu verlieren. Mit AK setzte sich U 203 vor, damit es eine Angriffsposition erhielt. Endlich war es soweit.

„Wir durchbrechen die Steuerbordsicherung!"

„Mitten in das Geleit hinein, Herr Kaleunt, und dann alle Aale verkaufen?"

„Sicher, so machen wir es!"

Mützelburg sah, wie der in der Mitte laufende Zerstörer seine Fahrtgeschwindigkeit steigerte, um zur Spitze vorzustoßen. Das war die Chance für das Boot.

„Backbord zwanzig! — Beide halbe Fahrt!"

U 203 drehte mit Schleichfahrt in den Geleitzug hinein. Der Kommandant wollte so wenig wie möglich verräterische Hecksee und Kielwasser haben.

Hinter der UZO hatte sich Oberleutnant Heyda postiert. Nacheinander wurden die beiden Dampfer bezeichnet, für die Einzelschüsse vorgesehen waren. Die Rechenanlage, die mit der Zielsäule der UZO ebenso wie mit dem Sehrohr verbunden war, gab die Schußwerte, die eingestellt und ständig verbessert wurden. Noch einmal kam ein Zerstörer von achtern auf, zackte aber nach Steuerbord weg.

„Ob dort ein Kameradenboot steht?" überlegte Mützelburg.

Ein Dampfer von schätzungsweise 6000 Tonnen glitt aus dem Kurs heraus. Beinahe sah es so aus, als wolle er das U-Boot rammen. Dann drehte er ab und rauschte in 200 Meter Entfernung an U 203 vorüber. Seine Diesel arbeiteten langsam und fast lautlos. Der Schiffsschatten überdeckte das U-Boot völlig.

Auf U 203 wurden die Rohre bewässert. In den Ausstoßpatronen ballte sich die Preßluft.

„Torpedowaffe fertig!" meldeten die Mixer im Bugraum.

Der Kommandant gab Feuerbefehl. Kurz nacheinander verließen zwei Einzelschüsse auf mittlere Dampfer die Rohre I und III. Die Entfernung zum Gegner betrug 800 Meter. Nach 49 Sekunden stieg die erste Torpedodetonation in den Nachthimmel. Der Dampfer in der Steuerbordkolonne vorn wurde mittschiffs getroffen und blieb gestoppt liegen. Drei Sekunden später ereilte den dahinter laufenden Frachter sein Geschick.

„Dampfer geben SSS, Herr Kaleunt!"

„Die sinken mit Sicherheit. Gut gemacht, Heyda!" lobte der Kommandant.

„Nichts wie weg von hier!" meinte der I. WO.

„Wir bleiben im Geleitzug! Rohre nachladen."

An Steuerbord war die Nacht von Leuchtgranaten erhellt. Dort feuerten die Zerstörer blind durcheinander. Sie hofften, das deutsche U-Boot zu sichten. Wabo-Serien wurden geworfen. Die sinkenden Schiffe funkten noch immer Hilferufe. Seenotraketen hüllten die untergehenden Dampfer in rotes Licht. Rolf Mützelburg sah, wie ein Sicherungsfahrzeug und ein Dampfer zu den mit starker Schlagseite brennend auf der See liegenden Frachtern liefen, um die Schiffbrüchigen zu retten.

„Mut haben sie, Heyda! Sie liegen dort gestoppt wie auf dem Präsentierteller. Wenn wir denen einen verpuhlen wollten, wäre das ein Kinderspiel."

„Lieber noch ein paar dicke Plätteisen unter Deck schieben, Herr Kaleunt!"

Auf der Backbordseite des Geleites krachte plötzlich eine Torpedodetonation.

„Das muß Zwerg Bauer (Spitzname des kleinen Kommandanten von U 126) sein, Herr Kaleunt!"

„Oder U 79 unter Kaufmann!"

Auch an Backbord explodierten jetzt Wabo-Fächer. Schnellfeuerkanonen schickten glühende Feuerstrahlen durch die Nacht.

„Frage Bugraum?"

„Rohr I und III sind nachgeladen."

„Gute Arbeit!" lobte der Kommandant. Er ließ das Boot durch einen leichten Steuerausschlag aus dem deckenden Dampferschatten herauskommen und suchte die nächsten Ziele aus.

„Boot greift wieder an!"

Wieder glitt U 203 herum, bekam einen großen Dampfer ins Visier und schoß. Der getroffene Dampfer sank.

Drei Stunden später kam das Boot zum letztenmal mit einem Zweierfächer zum Schuß. Ein vierter Dampfer blieb brennend liegen. Der dritte Frachter war bereits von der See verschluckt.

„So, jetzt noch einen mit Rohr IV, Heyda, und dann..."

„Schatten an Steuerbord, zehn Grad vorlicher als querab!"

„Verdammt, das ist eine Korvette!"

Von der Steuerbordsicherung schnob eine Korvette mit AK um einen Dampfer herum. Plötzlich blitzte auf ihrer Brücke ein Scheinwerfer auf. Blendende Helle ließ die Brückenwächter auf U 203 die Augen zusammenkneifen.

„Dreimal AK! — Schnelltauchen!"

„Los, runter mit dem Ding!" Oberleutnant Heyda reichte die UZO in den Turm.

Die Männer der Brückenwache verschwanden wieselflink. Als Rolf Mützelburg in den Turm glitt, kippte das Boot schon an. Der Kommandant schlug das Luk zu und drehte es dicht.

Der Lärm der Diesel verstummte. Mit AK zogen die E-Maschinen das Boot in die Tiefe.

Die Korvette warf einen Viererfächer Wabos, der achtern vom Boot detonierte. Dann hörte die Besatzung die Schraubengeräusche des an Backbord stehenden Dampfers, den sie in vierzig Meter Tiefe unterliefen.

„Auf 100 Meter gehen, LI."

Der Dampfer machte mindestens acht Knoten Fahrt und bekam so allmählich vorliche Position. U 203 ließ sich noch tiefer hinunterfallen. Das Tiefenmanometer zeigte 180 Meter an, als Geräusche von Zerstörerschrauben gehorcht wurden. Wabos explodierten. Ab und zu pinkte die Asdicortung, um immer wieder nach den Wabo-Würfen zu verstummen.

Einmal krachte ein Fünferteppich keine hundert Meter schräg über dem Boot. Der Detonationsdruck ließ die elektrische Beleuchtung ausfallen. Glühbirnen zerplatzten, eine Abgasleitung machte Wasser, und ein Wasserstandsglas zerklirrte.

„Notbeleuchtung ein!"

Das Boot war durch den Druck bis auf 220 Meter durchgesackt. Mützelburg bestimmte, auf dieser Tiefe weiterzufahren.

Der Zentrale-Maat stand neben seiner Tafel und notierte gelassen die Anzahl der Wasserbomben. 50 — 60 — 70 — 78. Stunden vergingen. Ein zweites und ein drittes Sicherungsfahrzeug wurden gehorcht. Alle warfen Wabos. Zwei Fahrzeuge brachten jeweils das dritte auf Wurfposition.

Rolf Mützelburg ließ das Boot zur Seite ausbrechen, Haken schlagen und ganze Kreise dampfen, um dann wieder zur Seite zu schleichen.

Nach sieben Stunden gaben die Sicherungsfahrzeuge die Verfolgung auf. U. 203 hatte aus dem Konvoi OG 69 vier Dampfer torpediert. Das Boot war jedoch so weit abgedrängt, daß es keine Fühlung mehr am Konvoi erhielt.

Bei der Verfolgung des Geleitzuges stieß U 371 unter Kapitänleutnant Driver am 27. Juli auf einen OS-Konvoi und versenkte in einem tollkühnen Anlauf zwei Schiffe mit 13 985 BRT.

U 79 und U 561 (Oberleutnant z. See Bartels) hielten noch immer Fühlung am OG 69. Am 28. Juli kam U 79 zum Schuß und versenkte einen Dampfer. U 561 griff später mit Erfolg an. Schließlich wurde die Operation abgebrochen. Der Konvoi OG 69 hatte sieben Schiffe verloren.·

Dies war der einzige Angriff eines U-Boots-Rudels im Juli 1941. Mit einer Versenkungszahl von 17 Schiffen und 61 471 BRT war er der schwächste Monat der Atlantikschlacht.

Die verbesserte und weiter ausgedehnte Luftsicherung sowie die wesentlich verstärkte Geleitsicherung des Gegners trugen ihre Früchte. Die deutschen U-Boote wurden immer mehr durch die englische Luftüberwachung bedroht. Sie zogen sich deshalb in die 800 Seemeilen betragende Lücke zurück, die von den auf Island und Neufundland stationierten Luftgeschwadern noch nicht überbrückt werden konnten.

Die Zusammenkunft des britischen Kriegspremiers Churchill mit dem amerikanischen Präsidenten Roosevelt am 10. August 1941 vor Argentia leitete eine neue Phase in der Schlacht im Atlantik ein. Von nun an befanden sich die USA praktisch mit Deutschland im Kriegszustand. Roosevelt hatte nämlich versprochen, amerikanische Marineverbände am Geleitschutz im Atlantik zu beteiligen.

Die neue Einteilung sah nun so aus:

Die kanadische Marine führte die ostgehenden Geleitzüge ab Neufundland bis zum „Western-Ocean-Meeting-Point" (WOMP). Dort übernahmen amerikanische Sicherungsfahrzeuge die HX-Konvois. Kanadische Geleit-Groups und britische Einheiten sicherten die langsamen SC-Konvois.

Vom „Mid-Ocean-Meeting-Point" (MOMP), ungefähr 22.00 Grad West, führten dann die auf Island stationierten Sicherungsstreitkräfte alle einlaufenden Geleitzüge weiter. Sie begleiteten die Konvois bis zum Treffpunkt mit den Sicherungsverbänden des „Western Approaches"-Command, die von Londonderry oder vom Clyde aus operierten.

Ebenso wie die Marinestreitkräfte der USA begannen im August auch die Langstreckenflugzeuge der USAAF und der US-Marine deutsche U-Boote zu bekämpfen. Der freie Luftraum, in dessen Bereich deutsche U-Boote noch ungeschoren angreifen konnten, war wieder um ein beträchtliches Stück enger geworden.

Gleichzeitig entsandten die USA zwei Schlachtschiffe und zwei Kreuzer nach Island, die die Bewachung der nördlichen Ausgänge des Atlantik übernehmen sollten.

Anfang August gelang es dem BdU, vier U-Boote auf den Sierra-Leone-Konvoi SL 81 anzusetzen. Als erstes Boot kam U 74 zum Schuß. Es versenkte ein Schiff. U 75 (Kapitänleutnant Ringelmann), U 204 (Kapitänleutnant Kell) und U 372 (Kapitänleutnant Neumann) folgten seinem Beispiel. Insgesamt wurden aus diesem Konvoi fünf Schiffe mit 23 190 BRT vernichtet.

Vom 9. bis 16. August operierten erstmalig deutsche und italienische U-Boote gemeinsam auf einen Konvoi, den HG 69. Mit den neun deutschen Booten hatten die italienischen U-Boote „Marconi" und „Giuseppe Finzi" Fühlung am Geleitzug. Die Sicherung dieses Geleites war jedoch zu stark. Durch Radar konnte jeder Angriff rechtzeitig erkannt werden. Die Boote wurden abgedrängt. Nur die „Marconi" versenkte am 14. August den aus dem Geleit zurückgefallenen jugoslawischen Dampfer „Sud".

Am 17. August begann eine Geleitzugschlacht, die einen sehr bescheidenen Erfolg erbrachte.

An diesem Tag wurde der Konvoi OG 71 westlich von Irland durch eine „Condor" gesichtet und gemeldet. Der BdU setzte sofort vier U-Boote auf ihn an. Tags darauf kamen noch zwei weitere Boote hinzu. Am 19. August versenkten U 204 und U 559 den norwegischen Zerstörer „Bath" und drei Dampfer.

Einen Tag später wurde U 552 unter Kapitänleutnant Erich Topp angesetzt. Doch das Boot kam wegen Bruches einer Dieselkupplung nicht heran.

U 201 und U 564 hatten mehr Glück. Beide Boote gewannen am 22. August Fühlung und schlossen nach Einbruch der Abenddämmerung zum Angriff heran.

U 564 stand in günstiger Position. Oberleutnant „Teddy" Suhren hatte bereits „Torpedo fertig!" befohlen. Er plante einen Einzelschuß auf einen Sechstausendtonner. Sein nächstes Wort würde den I. WO sofort schießen lassen.

Doch Reinhard Suhren, der als Wachoffizier auf U 48 am 3. November 1940 das Ritterkreuz erhalten hatte, war geistesgegenwärtig genug, nicht zu sprechen. Seine Hand kam nach vorn. Sie umschloß die Rechte des TWO und hielt sie zurück.

„Nicht schießen!" sagte er dann, und jetzt erkannte auch der TWO die große Gefahr. Ein anderes deutsches U-Boot kreuzte den Kurs der eingestellten Torpedolaufbahn.

Beide Boote liefen dicht aufeinander zu. Suhren und Schnee besprachen den Verlauf der gemeinsamen Operation. Dann gingen sie zum Angriff heran. Als erstes Schiff fiel die Korvette „Zinnia" ihren Torpedos zum Opfer. Nacheinander schossen sie fünf Dampfer aus dem Konvoi heraus. Schließlich wurden sie vom Gegner unter Wasser gedrückt und abgedrängt.

Eines der fünf Schiffe sank nicht. Es wurde vom hinterherhinkenden U 552 am 23. August aufgefunden und durch Artillerie vernichtet.

Noch einmal kam eine Operation gegen einen Geleitzug in Gang, als U 141 westlich von Irland den gerade auslaufenden, für Sierra Leone bestimmten OS 4 sichtete. Der BdU setzte sechs weitere Boote auf diesen Konvoi an.

U 557 (Oberleutnant z. See Paulsen) und U 558 (Oberleutnant z. See Krech) kamen zum Schuß und versenkten vier Schiffe mit 20 407 BRT. Paulsen hatte das Glück, auf das Motorschiff „Otaio" zu stoßen. Er versenkte den 10 298 BRT großen Dampfer durch Dreierfächer. Damit endete der Augusteinsatz mit einer Versenkungszahl von 22 Schiffen mit 67 471 BRT.

Im zweiten Kriegsjahr hatte sich die Situation der U-Boot-Waffe im Vergleich zum ersten Kriegsjahr nicht verschlechtert. Erfreulich war vor allen Dingen die geringe Zahl der eigenen Verluste. Mit 19 vernichteten U-Booten war es das Jahr der niedrigsten U-Boot-Verluste überhaupt. Die Anzahl der Neuzugänge steigerte sich; sie begann, sich in den letzten Monaten des zweiten Kriegsjahres auszuwirken.

Die neu aus der Erprobung und vom Einfahren kommenden einsatzbereiten Boote erlaubten dem BdU die Bildung einer „Nordgruppe", die neben den auf der Gibraltar-Route operierenden U-Booten in Rudeln eingesetzt werden sollte.

Als die Nordgruppe 17 Boote umfaßte, wurde sie von der Operationsabteilung in einer großen Suchharke auf die von Island aus in Richtung Grönland und Neufundland laufenden Geleitzüge angesetzt.

Diese Maßnahme führte im September zu einer großen Geleitzugschlacht.

DAS DRITTE KRIEGSJAHR

Allgemeine Übersicht — Schlacht im Atlantik — Die Südboote

Im ersten Monat des dritten Kriegsjahrs nahmen die Versenkungserfolge deutscher U-Boote erstmals wieder für den Gegner bedrohliche Ausmaße an.

Im September vernichteten U-Boote auf allen „Sieben Meeren" 53 Schiffe mit 202 820 BRT *. Dies war „ein sehr scharfer und einschneidender Zuwachs, gemessen an den Versenkungsraten der Vormonate" **.

Die Erfolge wurden in erster Linie an vier Geleitzügen erzielt, an denen es zu Rudelschlachten kam. Zwei der Konvois waren die langsamen, nach England gehenden SC 42 und SC 44, die südlich von Grönland von den deutschen Suchharken aufgefaßt wurden. Beide Geleite verloren insgesamt 25 Schiffe und ein Sicherungsfahrzeug. Zwei U-Boote gingen beim Angriff auf den ersten der beiden Konvois verloren.

Die beiden anderen Geleitzüge waren der Gibraltar—England-Konvoi HG 73 und der von Sierra Leone heimkehrende SL 87.

Nicht zuletzt war es die Luftwaffe, die besonders beim Auffinden der Gibraltargeleite wertvolle Hilfe leistete. Der BdU hatte sich nach den mageren Monaten Juli und August entschlossen, den Atlantik weiter nach Westen abzuharken. Er ließ — je nach der Zahl der in See stehenden Boote — zwei, dann drei und in günstigen Fällen sogar vier Rudel bilden, die als Aufklärungsstreifen operierten und immer wieder nach den Ergebnissen des B-Dienstes über den Atlantik verschoben werden konnten.

---

* Vom Gegner bestätigte Versenkungen
** Roskill a. a. O.

Mit dieser U-Boot-Aufstellung sandte der BdU erstmals ein U-Boot-Rudel bis direkt unter die Küste von Grönland. BdU Dönitz war der Auffassung, daß alle aus Nordamerika kommenden Geleitzüge nach Passieren von Kap Race, dem Südzipfel von Neufundland, weit nach Norden ausholen würden. Diese Konzeption erwies sich als richtig, denn die U-Boot-Gruppe, die dicht unter der Küste von Grönland stand, entdeckte sehr bald einen Geleitzug. Es war der SC 42.

U 85 lief als drittes Boot auf der südlichen Flanke des Suchstreifens, der dicht unter der grönländischen Küste stand. Die Tage waren in diesen Breiten im September kurz.

Oberleutnant z. See Greger aß gerade zu Mittag, als der Ruf „Kommandant auf den Turm!" erscholl.

Greger eilte durch die Zentrale, rief sein „Aufwärts!" und enterte empor. Er nickte dem Rudergänger im Turm zu, schwang sich durch das Luk und sah seinen I. WO fragend an.

„Rauchsäulen 20 Grad Backbord voraus. Sieht aus wie eine ganze Fabrik, Herr Oberleutnant!"

Oberleutnant Greger, ein junger U-Boot-Kommandant, kam vom Zerstörer „Wolfgang Zenker", auf dem er II. Wachoffizier gewesen war. Als I. WO hatte er auf U 30 und U 110 alle Feindfahrten von Fritz-Julius Lemp miterlebt, bis auf die letzte, auf der U 110 verlorenging. Seit Juni führte er U 85.

Dies war seine erste Feindfahrt als Kommandant. Greger, der in Lieberose in den Niederlanden geborene Offizier, war ehrgeizig. Hier, so schien es, konnte er zeigen, was er bei Lemp gelernt hatte.

„Geleitzug, Hoffman! Wir laufen am Rande der Sichtgrenze mit und greifen bei Einfall der Dämmerung an."

U 85 ging mit AK herum und hängte sich an der Backbordflanke des Geleites an. Als Richtung und Geschwindigkeit errechnet waren, funkte das Boot einen Kurzspruch an den BdU:

„Geleitzug gesichtet. Mindestens 60 Schiffe. Einen Zerstörer und drei Korvetten erkannt."

Die genaue Position und die Fahrtrichtung wurden ebenfalls mitgeteilt.

Der BdU setzte sofort 14 U-Boote auf den Konvoi an. Es war der SC 42. Auf ihn operierte eines der größten Rudel, die bisher auf einen Geleitzug angesetzt wurden.

„Gleich ist es soweit, Herr Oberleutnant!"

Die Brückenwache auf U 85 hatte in der Zwischenzeit Leutnant z. See Eibke übernommen. Eberhard Greger setzte sein Glas ab, durch das er eines der Sicherungsfahrzeuge beobachtet hatte.

„Backbord zehn!"

U 85 glitt herum und schloß mit jeder Schraubenumdrehung näher an den Konvoi heran, der in der schnell einfallenden Dunkelheit zu verschwinden drohte.

„An Torpedowaffe: Rohre I bis IV klar zum Überwasserschuß!"

Wieder einmal entfaltete sich die rege Tätigkeit der Mixer. Bald darauf wurde die ganze Chargierung klar gemeldet.

Greger deutete auf einen Dampfer von 7000 Tonnen.

„Den nehmen wir, Eibke!"

Der II. WO stellte die Werte ein. Ein Zweierfächer verließ drei Minuten später die Rohre und glitt zum Dampfer hinüber.

Als das Boot einen zweiten Frachter anvisierte, lief eine Begleitkorvette mit AK in Lage Null auf das Boot zu.

Mit Hartruderlage drehte U 85 weg. Greger hörte den Doppelschlag der Torpedodetonation und sah eine masthohe Flammensäule aus dem getroffenen Schiff aufsteigen.

„Treffer! Dampfer liegt gestoppt. Hat starke Schlagseite!" berichtete er, während sein Augenmerk bereits der Korvette galt, die nun ebenfalls drehte. Ihre Besatzung eröffnete mit kleinkalibrigen Granaten das Feuer. Die Geschosse pfiffen über den Turm des U-Bootes.

„Brücke räumen! — Beide dreimal AK."

Noch wollte Greger nicht tauchen lassen, um auf keinen Fall den Anschluß am Konvoi zu verlieren.

U 85 machte jetzt 18 Knoten Fahrt. Der Vorsprung vor der Korvette vergrößerte sich. An Backbord voraus tauchte ein Dampfer aus der ersten Reihe auf.

„Rohr III — fertig!"

Blitzschnell wurden die Werte ermittelt. Unterdessen begann die 10,5-cm-Kanone am Bug der Korvette zu hämmern.

„Rohr III — lllos!"

„Torpedo läuft!"

Zehn Meter an Backbord schmetterten zwei Granaten in die See. Der Kommandant winkte dem II. WO, die Brücke zu räumen. Eibke reichte die UZO ins Boot und stieg ein. Greger schwang sich dicht hinter ihm ins Boot und schlug das Luk zu.

„Luk ist dicht!"

„Fünnef, vier, drei, zwo! — Zehn Mann Bugraum!"

Über dem jäh nach vorn kippenden Boot prasselte und klirrte es. Es hörte sich an, als sei eine Gitarrensaite gesprungen.

„Hat uns den Netzabweiser heruntergeholt!"

„Zwanzig Meter gehen durch!" meldete der LI.

„Steuerbord zwanzig!"

U 85 glitt aus dem Kurs heraus.

„Schraubengeräusche, von achtern schnell näherkommend. — Nach Backbord auswandernd!" meldete der Funkmaat aus dem Horchschapp.

Zweihundert Meter an Backbord krachten Wasserbomben mit flacher Einstellung.

„Schraubengeräusche einwandernd!"

„Auf 150 Meter gehen!"

Noch immer war die achtere Tauchzelle nicht geflutet. Stetig stieß U 85 tiefer in die bergende See hinunter.

Eine ohrenbetäubende fünffache Explosion ließ alles lose Gut umherfliegen. Schlagartig fiel das Licht aus. Wasser rauschte aus zerschlagenen Wasserstands- und Manometergläsern. Ventile wurden dichtgedreht. Klarmeldungen liefen in der Zentrale zusammen. Dort stand der Kommandant mit leicht geneigtem Kopf am Kartenpult.

„Hart Backbord!" befahl er, als die Schraubengeräusche plötzlich sehr laut wurden. Das Boot glitt herum. Abermals explodierte in der Nähe eine Wabo-Serie.

„Schleichfahrt!"

Mit nur noch zwei Knoten Fahrt drehte U 85 — nun auf 180 Meter eingesteuert — zur Seite. Hinter dem Boot detonierten Wasserbomben, ohne jedoch Schaden anzurichten.

Drei Stunden später tauchte U 85 auf und klotzte mit AK auf dem Generalkurs des Konvois weiter. Eine Stunde vor Tagesanbruch wurde das Boot erneut durch einen Zerstörer unter Wasser gedrückt, der den Kurs des Bootes kreuzte.

„Das ist kein Sicherungsfahrzeug des Geleitzuges, Herr Oberleutnant!"

„Dann kann es nur zu einer anderen Sicherungsgruppe gehören, die zur Verstärkung in Marsch gesetzt wurde."

Oberleutnant Greger hatte richtig vermutet. Als die ersten fünf U-Boote am 10. September Fühlung bekamen, war die Sicherung des SC 42 bereits verstärkt worden.

174

Im Lagezimmer des BdU in Kernevel waren am Nachmittag des 10. September die Astos zu einer zweiten Tagesbesprechung zusammengekommen. Korvettenkapitän Oehrn, der 1. Admiralstabsoffizier des BdU, trug dem Admiral vor:

„Bis 16.00 Uhr haben neben U 85 noch sieben Boote Fühlung am Geleitzug gemeldet. Die Geleitsicherung ist nach einer FT-Meldung von U 652 — Oberleutnant z. See Fraatz — durch eine weitere Sicherungsgruppe verstärkt worden. Der Standort ist dicht unterhalb der Eisgrenze, ungefähr hier."

Der 1. Asto ging zur Karte und deutete auf die aufgesteckten Schiffsfähnchen und die einzelnen U-Boot-Standorte, die nach den jeweiligen Meldungen der Boote sofort umgesteckt wurden.

„Also doch! Genau, wie wir es vermutet haben!" sagte Admiral Dönitz. „Die West—Ost-Geleitzüge sind demnach so weit wie möglich nach Norden ausgewichen. Die Aufstellung des Nordrudels macht sich jetzt bezahlt."

Alle notwendigen Maßnahmen wurden sorgfältig erwogen, die Kurzsprüche für die noch nicht herangeschlossenen Boote abgesetzt. Bevor die Besprechung gegen 17.55 Uhr zu Ende ging, traf ein FT-Spruch von U 202 ein. Kapitänleutnant Lindner meldete:

„Konvoi ungewöhnlich stark gesichert. Flugzeuge auch in der Nacht."

„Kurzspruch an alle Boote", befahl der BdU abschließend: „Sicherung durchstoßen und angreifen!"

„Herr Oberleutnant, FT-Spruch von U 432. Das Boot greift an!"

Eberhard Greger nickte. Die letzten fünfzig Minuten hatte U 85 mehrere ähnlich lautende FT-Sprüche aufgenommen und wieder Anschluß gewonnen. Seit acht Stunden stand der Kommandant auf der Brücke. Zweimal hatte der Brückenausguck Flugzeuge gesichtet. Nun wurde es dunkel, und U 85 wollte wieder angreifen.

„Auf Gefechtsstationen!"

Das Boot glitt vom Rande der Sichtgrenze nach Steuerbord herum, um die Backbordflanke des Geleitzuges zu erreichen.

„Da sind sie wieder!"

Die schemenhaft sichtbaren Schatten verdichteten sich zu geschlossenen Kolonnen wuchtiger Schiffskörper. Ein Zerstörer dampfte von achtern auf und preschte mit 30 Knoten Fahrt an der Backbordflanke

des Geleitzuges nach vorn. Eine Minute später verkündeten Wasserbombendetonationen vor dem Konvoi, warum es der Zerstörer so eilig
gehabt hatte.

„Wir stoßen hinter der Korvette in die Backbordkolonne hinein!"
befahl Greger.

U 85 verringerte die Fahrt. Die Sicherungs-Korvette kam auf und
gewann Vorlauf. Als sie eine halbe Seemeile voraus stand, scherte U 85
weiter nach Steuerbord herum und brach in den Konvoi ein.

Das Boot kam nicht weit. Als der erste Fächerschuß in den Rohren
bereit lag, sprangen auf der Steuerbordseite des Geleitzuges Torpedodetonationen gleich riesigen Springbrunnen aus Feuer und Wasser
empor. Eine weitere Detonation krachte vorn am Konvoi, die dritte
auf gleicher Höhe mit U 85, nur durch die gesamte Breite des Konvois
von dem Boot entfernt.

Eine Minute später dröhnte ein vierter Einschlag durch die Nacht.

„Verdammte Zucht! Sie zacken, Herr Oberleutnant! Der Dampfer
überkarrt uns!"

Mit Backbord-Ruderausschlag ging U 85 herum und kam 150 Meter
vom Bug des Dampfers frei, auf dessen Brücke eine Rakete abgeschossen
wurde. Plötzlich begann ein sMG zu feuern. Leuchtraketen stiegen
empor.

Der Turm von U 85 war in strahlendes Licht getaucht. Oberleutnant
Greger fluchte. Noch immer lief U 85 mit 20 Grad Ruderlage nach
Backbord.

„Mittschiffs!" befahl der Kommandant.

„Da den großen Dampfer, Herr Oberleutnant!"

„Steht mindestens 1500 Meter ab, Eins Null!"

Trotzdem ließ Greger das Boot zum Angriff andrehen. Die Schußwerte wurden durchgegeben. Die Korvette hatte, wahrscheinlich durch
einen ausbrechenden Dampfer behindert, das Boot verloren.

„Dreierfächer auf überlappende Ziele. Ein Aal wird schon treffen."

Der Obersteuermann hinter der Rechenanlage im Turm gab die
Werte durch.

„Hartlage! Hartlage!" meldete der Zielgeber.

„Fächer — lllos!"

Das Boot hob sich vorn empor, als die drei Torpedos im Zwei-
Sekunden-Rhythmus die Rohre verließen. Der Zentrale-Maat flutete die
Ausgleichtanks, damit das Boot mit der genau berechneten Wasser-
menge in Trimm kam.

176

Jäh blickten die Brückenwächter zum Nachthimmel empor. Alle hatten auf die brennenden Schiffe geachtet, auf Leuchtgranaten und auf das Feuer vorn vor dem Konvoi. Ein Flugzeug überraschte sie. Es überflog den Konvoi in ungefähr 500 Meter Höhe und hielt genau auf das Boot zu.

„Vorfluten! Brücke räumen!" befahl Greger.

Noch waren nicht alle Brückenwächter im Boot verschwunden, als bereits zwei Bomben fielen.

Die Detonationen ließen das Boot herumkrängen. Dann hieben wieder zwei Bomben keine sechzig Meter an Steuerbord querab in die See ein. Das Boot sprang förmlich empor.

In der Zentrale wurden die abgeenterten Brückenwächter zu Boden geschleudert. Das Licht fiel aus.

„Notbeleuchtung ein!" hörte Greger noch vom Turm aus seinen I. WO. Dann verschwand er im Luk.

Der Spuk dauerte eine Minute. Als der Komandant das Luk dichtdrehte, vernahm er einen wuchtigen Doppelschlag. Er kam aus der Richtung, in der das mit dem Dreierfächer bedachte Schiff stand.

„Treffer auf Dampfer!" berichtete er, als er ans Kartenpult trat. „Auf 40 Meter einpendeln!"

In diesem Augenblick pinkte die Ortung. Und nur Sekunden darauf meldete der Horchraum:

„Schraubengeräusche von Steuerbord querab!"

„Da kommt ein Bewacher durch das Geleit direkt auf uns zu."

Eine Ruderkorrektur ließ U 85 nach Steuerbord herumgehen. Das Boot kreuzte eine halbe Seemeile vor dem Verfolger. Dieser lief weiter nach Norden, wie die auswandernden Schraubengeräusche verieten.

Zwei Minuten später kam der Zerstörer zurück. Wasserbomben fielen querab. Aber U 85 war unter dem Geleitzug in Sicherheit.

„Alle Rohre nachladen!" befahl Oberleutnant Greger.

Die Mixer und die Freiwächter begannen zu arbeiten. Kettenzüge klirrten. Ein Rohr nach dem anderen wurde wieder zum Einsatz vorbereitet, während das Boot immer weiter nach achtern aus dem Konvoi zurückfiel. Dann verstummten die Schraubengeräusche vor dem Boot.

Nachdem U 85 auf Sehrohrtiefe aufgetaucht war, suchte der Kommandant die See ab. Sie war leer, nur zwei brennende Schiffe mit starker Schlagseite waren zu sehen.

Als das Boot durchbrach, wurde das Torso eines dritten Dampfers gesichtet: ein Heck, das wenige Minuten später jäh in die Tiefe stieß.

Doch ein anderes Geräusch ließ sie aufhorchen:

„Hören Sie sich das an, Herr Oberleutnant!"

„Verdammt schlecht für das Boot, das da vorn beharkt wird!" stimmte Greger zu.

An der Spitze des Geleites wurden auf der Steuerbordseite von mindestens drei Sicherungsfahrzeugen Wabos geworfen. Die Brückenwache von U 85 zählte zehn Fächerwürfe. Endlich verstummten die Detonationen.

Es war U 501, das derart eingedeckt wurde. Die kanadischen Korvetten „Chambly" und „Moonsejaw" hatten das U-Boot geortet. Sie zwangen es durch gutgezielte Wabo-Fächer zum Auftauchen. Als U 501 an der Wasseroberfläche erschien, wurde es vom Artilleriefeuer der Korvetten erfaßt. Der Turm geriet in Brand. Dennoch kamen ein Teil der Besatzung und der Kommandant mit dem Leben davon. Sie wurden von den beiden Korvetten aufgefischt und gut behandelt.

In dieser Nacht griffen noch acht Boote den Geleitzug an. Es gelang U 81 unter Kapitänleutnant Guggenberger, zwei Schiffe zu versenken. Auch U 652 unter Oberleutnant z. See Fraatz hatte Erfolg. Es vernichtete einen Dampfer und torpedierte einen zweiten.

Flugzeuge kreisten über dem Konvoi. Sie warfen Bomben auf jeden Schatten, der Ähnlichkeit mit einem U-Boot hatte. Zerstörer und Korvetten, Sloops und Fregatten machten verzweifelte Anstrengungen, das Geleit abzuschirmen. Dennoch brandeten ständig neue Torpedodetonationen an den Schiffen empor. Immer wieder gellten die Hilferufe der getroffenen Dampfer:

„SSS! Torpedoed by submarine, sinking over Stern!"

„Torpedoed, sinking quickly!"

Einige Schiffe blieben stumm; ihre Funkeinrichtung war zerschmettert worden. Andere fanden keine Zeit mehr zum Funken, wie der bis unter die Lukendeckel mit Munition und Sprengstoff vollgeladene Dampfer, der durch einen Zweierfächer von U 84 (Kapitänleutnant Uphoff) getroffen wurde. Er barst mit unheimlicher Gewalt auseinander. An Bord von U 84 fiel durch den furchtbaren Detonationsdruck das Licht aus. Der Feuersturm schleuderte Granaten hoch, von denen eine den Turm von U 84 beschädigte. Mit AK drehte das deutsche Boot aus dem Hexenkessel dieses Schiffsunterganges heraus. Von seinem Opfer war eine Minute nach den Treffern nichts mehr zu sehen. Kein Mann der Besatzung war lebend von Bord gekommen.

178

Bei Anbruch der Morgendämmerung ließen die U-Boote vom Geleitzug ab. Sie liefen an der Grenze der Sichtweite mit, wurden unter Wasser gedrückt, von Sicherungsfahrzeugen gejagt und von den über ihnen kreisenden Liberators und Sunderlands bombardiert. Entschlossen blieben sie am Feind. Wenn ein Boot abgedrängt wurde, stieß ein neues heran und gewann Fühlung.

Eines der Boote, die am 11. September neu heranschlossen, war U 207 unter Oberleutnant z. See Fritz Meyer. Im Juni 1941 hatte der aus Hannover stammende Seeoffizier das Boot in Dienst gestellt. Dies war seine erste Feindfahrt mit ihm. Früher war er auf U 34 gefahren: zu Beginn als Wachoffizier, dann als sein Kommandant.

Im dichten Tagesnebel versuchte U 207 Fühlung zu gewinnen. Es gelang dem Boot, sich vorzusetzen und im Unterwasserangriff an den Konvoi heranzudrehen.

Aber noch bevor der Kommandant das Boot in Schußposition gebracht hatte, trafen die in der Frühe des 11. September aus Island zu Hilfe gerufenen fünf Sicherungsfahrzeuge beim Konvoi ein. Zwei von ihnen, die Zerstörer „Veteran" und „Leamington", faßten U 207 mit ihren Asdics auf und versenkten es mit sieben Wabo-Fächern.

Der Kommandant hatte noch versucht, größte Tiefe zu erreichen, doch einer der letzten Wabo-Fächer mit sehr tiefer Einstellung explodierte genau über dem Turm und riß das Boot auseinander.

Die gesamte Besatzung fand den Tod.

Am 12. September brach der BdU den Angriff auf den Konvoi SC 42 ab, weil dichter Nebel die Boote an weiteren Operationen hinderte. Außerdem wurde die Gefährdung der U-Boote durch plötzlich aus dem Nebel auftauchende Geleitfahrzeuge und Flugzeuge immer größer.

Von den 64 Schiffen des SC 42, die am 30. August mit einer halben Million Tonnen Fracht nach England auf den Weg gebracht wurden, gingen in dieser Geleitzugschlacht 16 Dampfer mit 65 410 BRT verloren. Vier weitere Schiffe wurden torpediert, darunter ein großer Tanker, der aber — von einer Korvette geleitet — nach Island einlaufen konnte.

Dieser Geleitzugschlacht war ein Ereignis vorangegangen, das in aller Welt und insbesondere in Amerika großes Aufsehen erregte: der „Greer"-Zwischenfall.

Er begann damit, daß ein britisches Flugzeug den nach Island laufenden amerikanischen Zerstörer „Greer" davon unterrichtete, daß in seiner Nähe ein deutsches U-Boot geortet worden sei. Die „Greer" dampfte auf die angegebene Position zu und stellte das deutsche Boot fest. Zur gleichen Zeit griff das Flugzeug an und warf Wasserbomben. Der Kommandant von U 652, Oberleutnant z. See Fraatz, war überzeugt, daß die „Greer" sein Boot angegriffen habe. Er schoß deshalb einen Torpedo auf den Zerstörer. Der Amerikaner dampfte den Torpedo aus und warf nun Wabos auf das deutsche Boot.

Aus dieser Aktion wurde dann im Eifer des Propagandagefechts „ein böswilliger Angriff auf ein neutrales Schiff". Auf dem Navy-Day, am 27. Oktober 1941, sagte der amerikanische Präsident Roosevelt

„Viele in amerikanischem Besitz befindliche Schiffe sind auf hoher See versenkt worden. Ein amerikanischer Zerstörer wurde am 4. September angegriffen. Ein anderer Zerstörer wurde am 17. Oktober angegriffen und getroffen. Elf tapfere und treue Männer unserer Kriegsmarine wurden von den Nazis getötet.

Wir haben gewünscht, das Schießen zu vermeiden. Doch das Schießen hat begonnen. Und die Geschichte hat notiert, wer den ersten Schuß abgab."

Die Ausführungen des damaligen Präsidenten der USA werden durch Tatsachen widerlegt, die späterhin auch von den Amerikanern nie bestritten worden sind. Schon in dem „Destroyer-Naval Base-Deal" vom September 1940 und in dem „Lend Lease Act" vom März 1941 war eine Hilfeleistung für England enthalten. Bereits am 7. Juli 1941 landeten amerikanische Truppen auf Island, um die dort stationierten britischen Verbände abzulösen. Die amerikanische „Denmark Strait Patrol", die nach dem „Cinclant Operation Plan" vom 1. September 1941 im Hvalfjord stationiert wurde, hatte die Aufgabe, die Dänemarkstraße zu bewachen, durch die die deutschen Schlachtschiffe durchbrechen mußten, wenn sie im Atlantik operieren wollten. Bereits am 19. Juni war das amerikanische Schlachtschiff „Texas" an der Grenze des deutschen Operationsgebietes von U 203 gesichtet worden.

Zwischenfälle, die durch die kriegsmäßigen Aktionen der Vereinigten Staaten erfolgen konnten, wurden zum Teil nur dadurch vermieden, daß Hitler scharfe Weisungen erließ, Zusammenstöße mit amerikanischen Schiffen unbedingt zu vermeiden.

Die brennstoffstarken Boote der Nordgruppe blieben nach dem Erfolg gegen den SC 42 weiter auf ihrem Suchstreifen nahe der grönländischen Küste. Hier sichtete U 74 am 18. September südostwärts Grönland den Konvoi SC 44.

U 74 war bereits am 8. September aus St. Nazaire ausgelaufen und hatte vor einigen Tagen schon einen Einzelfahrer versenkt. Nun sandte es einen FT-Spruch an die Operationsabteilung:

„Geleitzug mit 66 Schiffen in Sicht, südostwärts Grönland. Ein Zerstörer, vier Korvetten."

Sofort setzte der BdU fünf weitere U-Boote auf diesen Konvoi an, doch allein U 552 unter Kapitänleutnant Topp gewann Anschluß. Der gesamte Funkverkehr mit den übrigen Booten riß ab. Es blieb ungewiß, ob alle Boote den Angriffsbefehl des BdU überhaupt erhalten hatten. Bei der Operationsabteilung des BdU herrschte große Sorge. Die schlimmsten Befürchtungen wurden gehegt. Auch U 74 und U 552 gaben keine FT-Meldungen mehr nach Kernevel durch. Es lagen atmosphärische Störungen vor, wie sich später ergab.

Im Kampfgebiet schloß unterdessen U 74 an den SC 44 heran. Auf dem Turm dieses Bootes war der „Stier" aufgemalt. Sein Kommandant, Kapitänleutnant Kentrat, griff nach Einbruch der Dunkelheit an. Bevor das Boot jedoch zum Schuß kam, wurde vom steuerbordachteren Ausguck ein Sicherungsfahrzeug gemeldet, das in Lage Null mit Rammkurs auf das Boot zulief: Eine Korvette.

Kentrat ließ U 74 herumgehen. Er schoß den für den ersten Dampfer in Rohr I liegenden Torpedo auf den Angreifer. Die Korvette konnte dem Schuß nicht mehr ausweichen. Der Aal traf sie mittschiffs. Sie blieb gestoppt liegen.

„Gibt Notruf, Herr Kaleunt! Name ist ‚Levis'!"

„Noch ein Torpedo, Eins Null! Achtern abkommen!"

Die Einstellung ging sehr schnell. Es war keine Zeit zu verlieren, denn schon lief ein anderer Bewacher, Leuchtgranaten schießend, durch die Geleitzugkolonnen hindurch und kam schnell auf.

„Rohr II — lllos!"

Der Torpedo verließ das Rohr. Im Bugraum hielten Mixer und Freiwächter den Atem an. Was würde geschehen?

Die Korvette wurde achtern getroffen. Die auf dem Heck zur U-Boot-Abwehr bereitliegenden Wasserbomben explodierten und rissen die Korvette in Stücke. Zwanzig Sekunden später war die „Levis" für immer verschwunden.

U 74 lief mit kleiner Fahrt achtern vom zweiten Sicherungsfahrzeug in den Konvoi hinein. Die beiden noch in den Bugrohren liegenden Torpedos trafen einen Siebentausendtonner mittschiffs und achtern 40. Der Dampfer blieb gestoppt liegen. Das zweite Sicherungsfahrzeug drehte. Mit Schnelltauchen ließ Kentrat sein Boot unterschneiden und nach Backbord ablaufen.

Eine Stunde später schloß U 74 erneut heran. Auf der Steuerbordseite des Konvois stieg die erste Torpedodetonation eines Kameradenbootes in den Nachthimmel.

„Jetzt haben wir die Chance, ungeschoren anzugreifen. Der andere drüben muß Topp sein. — Boot greift wieder an!" rief Kentrat.

U 74 glitt herum. Ein Sechstausendtonner wurde aufs Korn genommen. Der Zweierfächer traf den Dampfer tödlich.

Mit Alarmtauchen mußte U 74 nach diesem Fächerschuß wieder vor den Bewachern auf Tiefe gehen. Wenig später meldete der Horchraum die Sinkgeräusche.

Das Boot wurde in einer vierstündigen Wabo-Jagd abgehängt und kam nicht mehr zum Schuß.

Als U 552 die Fühlunghaltermeldung von U 74 aufgefangen und ausgewertet hatte, stand es nur dreißig Seemeilen von dem riesigen, langsamen Konvoi ab. Sofort ließ Kapitänleutnant Topp sein Boot auf Kollisionskurs herumlegen und mit AK durch die mäßig hochgehende See heranknüppeln.

Am 19. September gewann U 552 Anschluß und trat gleichzeitig mit U 74 zum Angriff an. Als der Kommandant auf den Konvoi eindrehen wollte, sichtete der Bootsmannsmaat der Wache ein anderes U-Boot. Es lief vor U 552 her und behinderte dessen Manöver: Das Boot von Kentrat! Topp ließ U 552 hinter dem Heck von U 74 eindrehen; so kam er näher an den Geleitzug heran.

U 552 durchbrach zwischen zwei Korvetten die Sicherung und erreichte die Dampferkolonne.

„Einzelschüsse auf den großen Frachter, der als erster läuft. Den zweiten Schuß auf den nächsten Dampfer!"

Die Schußwerte wurden durchgegeben. Beide Torpedos liefen. Aber es folgte keine Detonation. Die Aale waren spurlos in der Nacht verschwunden.

„Wir setzen nochmals vor. Einzelschüsse aus den beiden restlichen Bugrohren und dem Heckrohr. Alle Werte ganz genau eindrehen. Keinen Fehler machen!"

Während die Bugtorpedos auf zwei Dampfer zuliefen, schoß der Kommandant den Heckaal auf einen Tanker, der in einer weiter abstehenden Kolonne fuhr.

„Treffer am ersten Dampfer, Herr Kaleunt!" schrie der Bootsmannsmaat der Wache. Er hatte kaum ausgesprochen, als auch schon beim zweiten Dampfer die Torpedoexplosion mittschiffs aufbrandete und Flammen hochzüngelten.

„Beide Frachter liegen gestoppt. Der erste bekommt starke Hecklastigkeit."

„Da, der Tanker!"

Die Detonation stieg am Tanker empor.

In diesem Augenblick rammte ein nachfolgendes Schiff den zuerst getroffenen Dampfer.

Von allen Seiten feuerten die Sicherungsfahrzeuge Leuchtgranaten und warfen Wasserbomben.

Auf einmal zauberte die Natur ein grandioses Farbenspiel an den Nordhimmel. Strahlendes Licht überzog mit rosigem Schimmer den Horizont und erhellte die Nacht. Es war ein gewaltiges Bild: die beiden vom Nordlicht übergossenen Dampfer, die sich anschickten, in die Tiefe zu gehen, und dazwischen die flatternden Feuerschnüre der Leuchtspur und die grellen Magnesiumfackeln der Seenotraketen.

Mit AK drehte U 552 vom Konvoi weg. Alle Männer luden die leergeschossenen Rohre nach.

„Wir dürfen den Anschluß nicht verlieren", sagte Erich Topp auf der Brücke.

„Schatten an Steuerbord querab!" meldete der Ausguck. „Aus dem Geleitzug abgesprengte Einzelfahrer, Herr Kaleunt!"

„Frage, Torpedorohre?"

„Rohre sind nachgeladen bis auf Heckrohr!"

„Wir greifen die drei Einzelfahrer an!"

Wieder schloß U 552 mit hämmernden Dieseln auf. Während der Konvoi weiterlief, griff das Boot erneut an.

„Auf den Tanker. Diesmal einen Zweierfächer, TWO!"

Breitbeinig stand der I. WO hinter der UZO. Er ließ den Tanker einwandern. Immer größer wuchs der Riese ins Visier.

„Fächer — lllos!"

Am Ende der Laufzeit gingen beide Torpedos mit mächtigen Schlägen am Tanker hoch.

Sekunden später sprangen Flammen an zwei Stellen des Tankers empor, wurden größer und erhellten die See in weitem Umkreis mit rotglühendem Feuer.

„Achtung, einer schießt, Herr Kaleunt!"

„Mensch, das ist ja ein Hilfskreuzer! Kanonen auf der Back und beiderseits der Brücke."

Granaten flitzten auf das abdrehende U-Boot zu. Mit Alarmtauchen ließ Topp U 552 unter Wasser verholen. Dann lief er hakenschlagend ab und entkam den Wabos des Gegners. Der Verfolger wurde abgehängt. Als U 552 auftauchte, sahen die Brückenwächter, daß der getroffene Tanker sank.

Weder U 74 noch U 552 kamen an diesem Konvoi noch einmal zum Schuß. Sie hatten aus dem SC 44 eine Korvette und fünf Dampfer mit 31 798 BRT versenkt.

Nach diesen Operationen an langsamen SC-Konvois gelang es der U-Boot-Führung,, vor Gibraltar einen weiteren Geleitzug aufzufassen. Es war der HG 73, ein Gibraltar—England-Konvoi. Das Geleit wurde von dem italienischen U-Boot „Luigi Torelli" unter Korvettenkapitän di Giacomo unmittelbar nach dem Verlassen Gibraltars gesichtet.

Eine Stunde später sah U 371, das sich auf dem Marsch ins Mittelmeer befand, den Konvoi ebenfalls und gab Peilzeichen.

Drei in der Nähe auf einer Suchharke stehende italienische U-Boote gewannen am 20. September Fühlung, wurden aber von der starken Geleitsicherung abgedrängt. Am folgenden Tag schloß noch einmal das Boot „Luigi Torelli" heran. Es wurde von dem britischen Zerstörer „Vimy" aufgefaßt und mit einigen Wabo-Fächern eingedeckt. Dem Kommandanten gelang es, sein schwer beschädigtes Boot aus der Gefahrenzone herauszubringen und abzulaufen.

Zwei Tage später griff das italienische U-Boot „Allessandro Malaspina" unter Korvettenkapitän Prini an. Ihm gelang es, die Geleitzugsicherung zu durchbrechen und zum Schuß zu kommen. Nacheinander torpedierte der Italiener drei Schiffe aus dem Konvoi, ehe ihn Zerstörer erkannten. Nach einer kurzen Wabo-Verfolgung wurde die „Allessandro Malaspina" gestellt und vernichtet. Die gesamte Besatzung fand den Tod. Die Fühlung der U-Boote an diesem Geleit brach ab.

Erst einen Tag später entdeckten Fernaufklärer neuerdings den Konvoi. Die Boote U 201, U 124 und U 203 wurden angesetzt. Der Konvoi stand bereits auf der Höhe von Kap Finisterre. Am Morgen des 25. September griff U 124 unter Kapitänleutnant Mohr an.

Mohr, der unter Wilhelm-Georg Schulz auf diesem Boot als I. WO gefahren war, machte seine erste selbständige Feindfahrt. Der Hannoveraner wurde später eines der Asse unter den U-Boot-Fahrern.

Seine Operation hatte Erfolg. U 124 versenkte den modernen britischen Dampfer „Empire Stream". Dann wurde das Boot unter Wasser gedrückt und mit Wabos belegt, denen es jedoch ausweichen konnte.

Inzwischen hatte auch Mützelburg mit U 203 Anschluß gewonnen. Er ließ sein Boot vorlaufen und ging zum Unterwasserangriff heran.

Durch den Einsatz von U 124 war die Kolonnenordnung des Geleites aufgelöst worden. Als Mützelburg das Sehrohr ausfuhr, erblickte er drei Dampfer, die dichtgeschlossen hintereinander liefen. Er gab die Werte durch. Der Torpedorechner arbeitete, die Mündungsklappen wurden aufgedreht und die Rohre bewässert. Da meldete der Horchraum:

„Zerstörer, von achtern aufdampfend, in Lage Null!"

Durch einen Pedaldruck ließ sich Mützelburg um den Sehrohrblock herumkreiseln. Nun sah er das Fahrzeug, das nur noch einige hundert Meter vom Boot entfernt war. Es kam ihm riesengroß vor.

„Auf 25 Meter gehen!"

Alle Männer im Boot hielten den Atem an. Sie ahnten, was der Kommandant beabsichtigte: Einen Angriff auf den Zerstörer. Dies konnte aber nur gelingen, wenn das U-Boot nicht im ersten Anlauf von einem Wabofächer erwischt wurde.

Die Schraubengeräusche des Gegners wurden so laut, daß jeder sie hören konnte. Ein Zerstörer ohne Asdic, erstaunlich! Aber daß der Feind keine Wasserbomben warf, war Mützelburg völlig unerklärlich. Und doch war es so! Das Rätsel sollte sich erst nach dem Kriege lösen.

„Auf Sehrohrtiefe auftauchen!" befahl der Kommandant, nachdem der Zerstörer das Boot passiert hatte.

Das Boot wurde eingependelt. Mützelburg ließ den Spargel ausfahren.

„Rohr I fertig!"

Schnell wurden die Werte eingedreht. Als das Fahrzeug herumging und breit wurde, kam der Befehl zum Schuß.

„Torpedo läuft!" meldete der Mixer im Bugraum, der zusätzlich zur elektrischen Abfeuerung noch die Handtaste betätigt hatte. Genau 38 Sekunden nach dem Schuß traf der Torpedo.

„Auf achtzig Meter gehen!"

Während U 203 tiefer hinunterging, meldete der Horchraum die ersten Sinkgeräusche. Dann barst der vermeintliche Zerstörer in vielen Explosionen auseinander. Er sank in Blitzesschnelle.

„Hier spricht der Kommandant: Wir haben einen Zerstörer versenkt!"

Wenig später lief ein anderer Zerstörer auf das Boot zu. Auch er warf keine Wabos, sondern drehte zu der Trümmerstätte hinüber, um die wenigen Überlebenden zu bergen*.

In dieser Nacht gewann keines der beiden Boote mehr Fühlung am Konvoi. Auch U 201 stand noch zu weit entfernt. Es konnte frühestens am nächsten Tag heranschließen. In der Nacht zum 26. September griffen U 124 und U 203 wieder an. In überschneidenden Operationen, die die Sicherungsfahrzeuge auseinanderzogen, versenkten die beiden Boote jeweils zwei Schiffe, ehe sie von neuem abgedrängt wurden.

Am 26. September gewann schließlich auch U 201 Fühlung am Konvoi HG 73. Es war von U 124 herangeführt worden.

Kapitänleutnant Schnee griff den Geleitzug an. Sein Boot versenkte zwei Schiffe, ehe es durch eine dreistündige Wabo-Verfolgung abgedrängt wurde. Wieder aufgetaucht, lief U 201 den zum Angriff nötigen Vorlauf heraus, drang in den Konvoi ein und versenkte zwei weitere Frachter.

Am 29. September mußte der Angriff abgebrochen werden. Der Konvoi war in die Western Approaches eingelaufen. Die Gefahr, von Flugzeugen überrascht zu werden, wurde für die deutschen U-Boote nun zu groß. Zehn Schiffe und ein Katapultschiff hatte der HG 73 verloren. Hinzu kamen die drei von „Allessandro Malaspina" torpedierten Dampfer.

---

* Bei dem „Zerstörer" handelte es sich um das leichte Jäger=Katapult= Schiff „Springbank", das als einziges Geleitfahrzeug des HG 73 verloren= ging. Damit erklärt sich, warum keine Wasserbomben geworfen wurden. (Siehe Roskill: Band I, Seite 477.)

KAMPFRAUM SÜDATLANTIK

Die ersten Nordmeer-Geleitzüge — Das Mittelmeer — Allgemeines

Nach den großen Erfolgen der ersten sechs U-Boote im Südatlantik, die dort im Mai und Juni 1941 insgesamt 119 Schiffe mit 635 635 BRT versenkten, entsandte der BdU in den letzten Augusttagen und Anfang September wieder einige Boote in diesen Kampfabschnitt.

Eines dieser Boote war U 68 unter Kapitänleutnant Karl-Friedrich Merten. Fast gleichzeitig wurden U 67 (Kapitänleutnant Müller-Stöckheim), U 107 (Kapitänleutnant Hessler), U 103 (Kapitänleutnant Winter) und U 111 (Kapitänleutnant Kleinschmidt) in den Südraum beordert.

In den Abendstunden des 20. September 1941 sichtete U 107 einen Sierra-Leone-Konvoi, der aus acht Dampfern und vier Zerstörern bestand. Kapitänleutnant Hessler versuchte dreimal vergebens, in Schußposition zu kommen. Immer wieder wurde das Boot vorzeitig abgedrängt. Daraufhin ließ Hessler einen FT-Spruch an den BdU tasten: „Geleit DT 5618, 350 Grad, 7 sm, 8 Dampfer, 4 Zerstörer, wegen heller Nacht dauernd abgedrängt."

Der BdU befahl U 107, Fühlung zu halten, und forderte von den übrigen in den Südraum marschierenden Booten Positionsberichte an. Aus den Meldungen ergab sich, daß neben U 107 auch U 68, U 67 und U 103 eine Chance hatten, heranzuschließen. Diese Boote wurden auf den Konvoi SL 87 angesetzt.

Eine Rudelschlacht begann, die sich über sieben Tage hinzog. Die beteiligten Boote legten hierbei 1200 Seemeilen zurück.

Am 22. September, wenige Minuten nach Mitternacht, griff U 107 den Konvoi an. Die beiden ersten Torpedoschüsse gingen aus ungeklärten Gründen fehl. Drei Stunden später lag U 107 zum zweitenmal in Schußposition. Aber auch diese beiden Einzelschüsse gingen am Ziel vorbei.

Einer der vier Zerstörer ortete das Boot und griff es mit Wasserbomben an. U 107 wurde abgedrängt.

U 68 lief mit AK auf den von Hessler gemeldeten Konvoi zu. Ungefähr auf 24.35 Grad westlicher Länge, der Höhe von Tanger, kam das Geleit in Sicht.

„Auf Gefechtsstationen! Boot greift den Konvoi an!"

U 68 pirschte sich in Schußposition, und kurz nach den Wasserbomben-Detonationen, die U 107 galten, fielen nacheinander drei gezielte Einzelschüsse.

„Alles Treffer, Herr Kaleunt!" rief der Bootsmannsmaat der Wache, als die Flammen der Detonationen an den drei aufgefaßten und anvisierten Dampfern emporzuckten. Die Nacht war von Seenotraketen erhellt. Drei der vier Zerstörer schossen Leuchtraketen und suchten das zweite U-Boot, während der vierte noch immer Jagd auf U 107 machte.

„Zerstörer! Kommt in Lage Null, Herr Kaleunt!"

„Heckrohr — llos!"

„Läuft schnurstracks auf den Zerstörer zu, Herr Kaleunt!"

„Zeit ist um!" meldete die Nummer Eins.

„Was ist da los? Frage Horchraum: Auftreffgeräusch?"

Der Kommandant argwöhnte, daß der Torpedo durch Versagen der Zündpistole nicht hochgegangen sein könnte. Doch die nächste Meldung belehrte ihn eines Besseren.

„Torpedo läuft noch immer. Er ist auch nicht weggezackt!"

„Dann ist er unter dem Kiel des Zerstörers durchgelaufen!"

Diese Vermutung war richtig. Der Zerstörer rief einen zweiten zu Hilfe herbei. Mit Alarmtauchen stieß U 68 hinunter, um den Wabos zu entkommen. Kapitänleutnant Merten, der auf U 38 unter einem der zähesten U-Boot-Kommandanten, Heinrich Liebe, als Kommandantenschüler gefahren war, brachte sein Boot aus der Gefahrenzone heraus. Damit verlor er jedoch auch den Anschluß an den Konvoi. Von den drei Dampfern, die U 68 torpedierte, sanken zwei mit 15 896 BRT, der dritte konnte in einen westafrikanischen Hafen eingeschleppt werden.

Zur gleichen Zeit klotzte U 107 hinter Konvoi SL 87 her, um den Anschluß wiederzugewinnen, den es durch den Ausfall der Kühlwasserpumpe verloren hatte.

Hessler, der auf seiner vorhergehenden Feindfahrt, die die erfolgreichste im Zweiten Weltkrieg war, 14 Schiffe mit 87 000 BRT versenkt hatte, wollte unter allen Umständen noch einmal zum Schuß kommen. Verbissen folgte er dem Konvoi. Am 24. September war es dann soweit.

Karl Dönitz,
Oberbefehlshaber
der Marine, verleiht
am 13. August 1943
Werftarbeitern
in Hamburg
Auszeichnungen
für ihren kriegs=
wichtigen Dienst.

Bild rechts:
Professor Walter,
der Erfinder
der Walter=Boote,
im Gespräch mit
Großadmiral Dönitz.

Die Mannschaft eines U=Bootes ist an Bord angetreten, ehe es am 16. Juni 1941 in Lorient festmacht. Bild unten: Deutsche U=Boot=Bunker in dem alten französischen Kriegshafen Lorient an der Südküste der Bretagne.

Die gesamte Chargierung der vier Bugrohre waren jedoch Fehlschüsse, die ungeklärt blieben.

Der Kommandant ließ die Bugrohre durch alle verfügbaren Leute nachladen. In einer Rekordzeit von 63 Minuten meldete der TWO, der die Aufsicht übernommen hatte, die Ausführung des Befehls. Das Boot, das an der äußersten Grenze der Sichtweite mitgelaufen war, drehte an. Hessler sichtete einen gigantischen Schatten.

„Eins Null, den nehmen wir! Fächerschuß aus Rohr I und II. Dann jeweils einen gezielten Einzelschuß auf die beiden dahinterlaufenden Dampfer."

„Steht bannig weit ab, Herr Kaleunt!"

„Aber er läuft, ohne zu zacken."

Nachdem alle Schußunterlagen durchgerechnet waren, kam der Befehl zum Fächerschuß. Die beiden Torpedos liefen auf den sehr weit entfernt stehenden Tanker zu. Unmittelbar darauf ließ der Kommandant auch die beiden Einzelschüsse losmachen. Die beiden Dampfer traf es zuerst. Sie machten Notrufe.

„Erster Dampfer heißt ‚John Holt', Herr Kaleunt! Hat nach dem Schlauen Buch 4975 BRT. Zweiter Dampfer ist ‚Dixcove', hat nach Lloyds-Register 3790 BRT."

Genau vier Minuten nach Abschuß des Zweierfächers stiegen an dem Tankerriesen, den Hessler auf 13 000 BRT schätzte, die beiden Trefferdetonationen mittschiffs in die Höhe. Flammen stoben aus den Lecks in den Himmel empor.

„Doppeltreffer auf Tanker. Stoppt seine Fahrt."

Gespannt starrte Günter Hessler auf den riesigen Tanker. Was würde dort geschehen? Er glaubte zu sehen, wie sich Heck und Bug gleichzeitig aus der See emporhoben und die Mastspitzen sich immer näher zueinander senkten.

„Tanker knickt in der Mitte durch! Mastspitzen berühren sich!" lautete sein Bericht, auf den jeder Mann unten im Boot wartete.

„Zerstörer von Steuerbord. Dreißig Grad achterlicher als querab", meldete der Ausguck.

Günter Hessler sah die weißgischtenden Schnauzbärte von Zerstörern herankommen.

Mit AK lief U 107 querab zum Geleitzug davon und entwischte den beiden wild schießenden Zerstörern. Da sie auch Leuchtgranaten abfeuerten, wußte Hessler, daß sie das Boot weder gesichtet noch geortet hatten. U 107 entkam seinen Verfolgern.

Zur gleichen Zeit versuchte U 67, Anschluß an den Geleitzug zu gewinnen. Am 23. September um 18.20 Uhr sichtete der Bootsmannsmaat der Wache den Konvoi. Zuerst drei Dampfer und drei Zerstörer. Bald darauf kamen noch zwei weitere Dampfer in Sicht.

Unmittelbar vor dem Befehl „Auf Gefechtsstationen!" hörte der Kommandant, der in der Zentrale mit Oberleutnant z. See (Ing.) Wiebe und dem Obermaschinisten Koch „Mensch ärgere dich nicht" spielte, ein helles Zischen. Wenig später folgte die Meldung:

„Saugleitung der Hauptlenzpumpe gebrochen!"

Der Leitende Ingenieur verständigte den Kommandanten, daß das Boot nur noch bedingt tauchklar sei. Der Anschluß Regelbunker und der Sauganschluß für die Regelzellen waren undicht geworden.

„Wir greifen trotzdem an!" lautete der Entschluß des Kommandanten.

„Torpedowaffe, Achtung! Angriff auf drittes, viertes und fünftes Schiff der Kolonne."

Im Bugtorpedoraum warteten die Mixer auf den Befehl zum Schuß. Er kam nach einem schulmäßig durchgeführten Manöver.

„Treffer auf Dampfer von schätzungsweise 7000 Tonnen!" rief der Kommandant ins Boot hinunter.

Zerstörer schossen mit Leuchtgranaten und warfen Wasserbomben, doch U 67 entkam in die Nacht. Um 04.42 Uhr des 24. September gab Kapitänleutnant Müller-Stöckheim einen FT-Spruch an den BdU durch:

„Aus Geleit ein Dampfer von 7000 Tonnen versenkt."

Wenig später meldete auch U 107 die Versenkung eines Tankers und der beiden Dampfer.

Insgesamt bestätigte der Gegner sieben Versenkungen mit 33 290 BRT. Fest steht jedoch, daß mindestens acht Dampfer versenkt wurden.

Im Laufe des 29. September ließ der BdU einen Funkspruch an die beteiligten Boote übermitteln:

„Boote am Hessler-Geleit: Gut gepaukt!"

Während die Schlacht im Atlantik mit unvorstellbarer Härte weiterging, lief am 28. September 1941 der erste planmäßige Konvoi QP 1 mit 14 Schiffen von Archangelsk in Richtung Scapa Flow. Zur Geleitsicherung gehörte der britische Kreuzer „London", der eine britisch-amerikanische Mission nach Murmansk gebracht hatte und nun wieder zurücklief.

Einen Tag später folgte der erste planmäßige Nachschubkonvoi PQ 1, der von Hvalfjord auf Island nach Archangelsk in See ging.

Dieser Konvoi bestand aus zehn Frachtern, die der britische Schwere Kreuzer „Suffolk", zwei Zerstörer und eine U-Jagd-Gruppe sicherten.

Damit war eine neue Geleitzugroute entstanden, auf der fortan immer wieder Nachschubgeleitzüge nach Rußland gingen. An ihnen errangen deutsche U-Boote, ebenfalls in zähen Rudelschlachten, im Zusammenwirken mit der Luftwaffe und Überwasserstreitkräften große Erfolge.

Vor diesem Zeitpunkt waren von den Alliierten verschiedene Seewege nach Rußland benutzt worden: erstens die transpazifische Route zwischen den USA und Wladiwostok, zweitens die Route durch den Persischen Golf.

Da aber die Hafenanlagen von Wladiwostok dem Massenverkehr nicht gewachsen waren und darüber hinaus die kleine, schmalspurige Transsibirische Eisenbahn die Kriegsgüter nicht in dem erforderlichen Ausmaß transportieren konnte, war die transpazifische Route bald zur Wirkungslosigkeit verurteilt. Die Route durch den Persischen Golf aber war, nach Sperrung des Mittelmeeres durch die Achsenmächte, für die Geleitzüge zu zeitraubend, da die 14 500 Seemeilen lange Fahrt um das Kap der Guten Hoffnung 70 bis 75 Tage dauerte. Die dritte Route durch den Panama-Kanal, den Stillen und den Indischen Ozean betrug sogar 18 000 Seemeilen. Außerdem waren die Häfen im Persischen Golf — Basra und Ormuz — bald ebenso verstopft wie der von Wladiwostok.

Stalin aber bestürmte Churchill um Waffenlieferungen. Daher beschlossen die Alliierten Mitte September 1941, trotz aller Schwierigkeiten Geleitzüge nach russischen Häfen zu beordern. Die neue Route nach Archangelsk erschien geeignet. Sie war nur 1400 bis 2000 Seemeilen lang.

Die ersten dieser Geleitzüge erreichten ungeschoren ihren Bestimmungsort, da auf dieser Route keine deutschen U-Boote standen.

Die Alliierten beschlossen zunächst, die Konvois in einem Zyklus von 40 Tagen auslaufen zu lassen. Doch schon im Oktober verfügten sie, alle 20 Tage einen PQ-Geleitzug nach Osten in Marsch zu setzen. Die Konvois liefen entweder nach Murmansk (1400 Seemeilen) oder weiter nach Archangelsk (2000 Seemeilen).

Bis Ende Dezember 1941 erhielten die Sowjets auf dieser Route 600 Panzer, 800 Flugzeuge und 1400 Kraftwagen.

Als die deutschen Luftaufklärer diese Konvois zum erstenmal sichteten, wurde ein neuer englischer Handstreich auf Norwegen vermutet.

Dann erst wurde klar, daß es Konvois waren, die nach russischen Häfen gingen.

Der von Hitler Ende September befohlene Angriff auf den Hafen Murmansk, der das Ziel verfolgte, diesen einzigen im Winter eisfreien russischen Hafen bis Ende Dezember zu nehmen, kam nicht zum Tragen.

Der erste U-Boot-Angriff auf einen PQ-Geleitzug wurde am 2. Januar 1942 von U 134 unter Kapitänleutnant Schendel durchgeführt. Aus dem PQ 7 versenkte das Boot den britischen Dampfer „Waziristan" (5135 BRT).

Die erste Rudelschlacht folgte 15 Tage später. Die ins Nordmeer detachierte U-Boot-Gruppe „Ulan" mit U 134, U 454 (Kapitänleutnant Hackländer) und U 584 (Oberleutnant z. See Joachim Deecke) griff den PQ 8 an. Es kam zu einem erbitterten Duell mit den sehr starken Sicherungsstreitkräften.

Kapitänleutnant Hackländer gelang ein wahres Husarenstück. Er griff als erster an, brach mit U 454 in den Konvoi ein und torpedierte den Frachter „Harmatris" (5395 BRT). Die „Harmatris" war das Konvoi-Flaggschiff. An Bord befand ·sich der Geleitzug-Kommodore, der mit dem Schiff unterging.

Als U 454 zum zweiten Angriff andrehte, kam von achtern an der Steuerbordkolonne ein Zerstörer heraus.

Kapitänleutnant Burkhard Hackländer war einer der wenigen Seeoffiziere, die im Zweiten Weltkrieg zweimal in Kriegsgefangenschaft gerieten. Als Torpedooffizier auf dem Zerstörer „Erich Koellner" war er nach der Versenkung seines Schiffes im Ofotfjord westlich von Narvik vom Gegner geborgen und bis zum Juni gefangen gehalten worden. Wieder befreit, hatte er sich zur U-Boot-Ausbildung gemeldet. Als „Überplanmäßiger" hatte er zunächst eine Fahrt auf U 454 gemacht. Nun führte er das gleiche Boot bereits auf der dritten Feindfahrt. Er war Torpedo-Spezialist, und das erklärt seine folgende Handlungsweise.

„Wir greifen den Zerstörer an!" befahl der gebürtige Lüneburger.

Die Werte waren schnell errechnet und eingestellt. Der Zerstörer zackte ganz überraschend auf das U-Boot zu und kam in Lage Null. Hackländer ließ sein Boot ebenfalls herumgehen. Es folgte die Fertigmeldung des Rohres. Der Zerstörer wurde breit, während von seiner Brücke ein MG zu feuern begann.

„Rohr III — llos!"

U 454 lief auf dem alten Kurs weiter, um den Zerstörer nicht zu einem neuen Zack herauszufordern. Dreißig Sekunden lang fetzten MG-Feuerstöße in die Bordwand von U 454.

„Hart Steuerbord!" befahl Hackländer.

U 454 drehte mit Hartruderlegen herum. Als der Zerstörer gerade das gleiche Manöver beginnen wollte, stieg an seinem Heck schon der Torpedotreffer empor.

„Zerstörer gibt Notruf! Name ‚Matabele', Herr Kaleunt!"

Sekunden nach dieser Meldung aus dem Funkschapp explodierten die wurfbereit auf dem Heck und in den Wasserbombenracks liegenden Wabos und rissen den Zerstörer auseinander. Die „Matabele" sank mit der gesamten Besatzung.

Aber noch war die Gefahr für U 454 nicht gebannt. Wenig später griff bereits ein zweites Sicherungsfahrzeug an, als das Boot nach dem Nachladen des leergeschossenen Rohres wieder heranschließen wollte.

„Der will uns unter Wasser drücken, Herr Kaleunt!"

„Zweierfächer aus Rohr I und II — lllos!"

Beide Torpedos glitten dem spitz auf das U-Boot zulaufenden Feind entgegen. Es war ein Russe. Einer der Aale traf. Der Bug des Gegners wurde weit aufgerissen. Wasser strömte in das Fahrzeug, das sich sehr schnell auf den Kopf stellte und steil in die Tiefe jagte. Als das Heck unterschnitt, liefen noch immer die beiden Schrauben und wirbelten die See auf. Der sowjetische Minensucher Nr. 68 war als erstes russisches Geleitfahrzeug eines PQ-Konvois gesunken.

Alle anderen U-Boote kamen nicht mehr zum Schuß, aber mit diesem Erfolg des ersten kleinen Rudels begann im Kampfraum Nordmeer der Einsatz der U-Boot-Rudel.

Am 10. Oktober 1941 begannen auch die ersten Einsätze deutscher U-Boote im Mittelmeer. Bereits Anfang September griff Hitler auch in die Führung der U-Boot-Waffe ein. Er befahl die Entsendung deutscher U-Boote ins Mittelmeer, da er die Lage der deutsch-italienischen Truppen bedroht sah. Tatsächlich wurden seit Juli 1941 mehr als 70 Prozent der über See gehenden Nachschubtransporte von englischen Fliegern, U-Booten und Überwasserstreitkräften versenkt.

So liefen Ende September die ersten sechs deutschen U-Boote durch die Straße von Gibraltar in den neuen Kampfraum. Unter ihnen U 331 (Oberleutnant z. See von Tiesenhausen), U 75 Kapitänleutnant Ringelmann), U 79 (Kapitänleutnant Kaufmann), U 81 (Kapitänleutnant Guggenberger) und U 97.

Bei ihrem Einsatz zwischen Alexandria und Tobruk griffen diese Boote den britischen Nachschubverkehr an. Am 18. Oktober schickte U 331 einen Nachschubleichter in die Tiefe. U 75 versenkte zwei Leichter, U 97 zwei Frachter und U 79 einen Küstensegler sowie das britische Kanonenboot „Gnat".

So begann auch im Kampfraum Mittelmeer der U-Boot-Einsatz, der sich in den kommenden Wochen zu einem gnadenlosen Ringen zwischen den deutschen U-Booten, den britischen Sicherungsfahrzeugen und der Luftwaffe entwickelte. Diese Kämpfe kosteten im Laufe der Zeit 58 deutsche U-Boote.

FLAUTE IM ATLANTIK

Der Kearny-Zwischenfall am Konvoi SC 48 —
Kampfraum Mittelmeer — Die „Lange Jagd" — Verluste, Verluste

Nach den großen U-Boot-Erfolgen im September 1941 fiel die Versenkungsziffer im Oktober auf 33 Schiffe mit 176 095 BRT ab. Damit war jedoch der Tiefstand noch nicht erreicht, denn im November betrug die Versenkungsziffer nur 18 Schiffe mit 85 028 BRT. Als im Dezember dann nur noch zwölf Schiffe mit 67 603 BRT versenkt wurden, erschien es überhaupt fraglich, ob die Erfolgsziffern jemals wieder so hoch steigen würden wie in den ersten Kriegsmonaten.

Die Ursache für den Rückgang der Versenkungserfolge war die noch immer ungenügende Zahl an U-Booten, die im Dezember 1941 den Stand von 90 U-Booten erreichte. Wenngleich dieser Bestand auch eine Steigerung gegenüber Kriegsbeginn darstellte, so lag er doch weit unter dem von Admiral Dönitz geforderten Minimum von 300 U-Booten.

Die U-Boot-Führung sah in einer raschen Versenkungsfolge vieler feindlicher Schiffe die einzige Möglichkeit, mit den U-Booten den Kriegsverlauf entscheidend zu beeinflussen. Aus diesem Grunde strebte der BdU immer wieder an, die verfügbaren Boote den Versenkungschancen entsprechend ausschließlich ökonomisch einzusetzen. Das war im Atlantik der Fall, denn dort waren Schnittpunkte des großen Geleitzugverkehrs.

Das Jahr 1941 hatte gezeigt, daß große Versenkungserfolge gegen Konvois nur in Rudelschlachten erzielt werden konnten. Die Gruppentaktik hatte ihre Schlagkraft an vielen Geleitzügen bewiesen.

Die außerdem angewandte Bewegungstaktik, die die Überwassergeschwindigkeit der U-Boote voll ausnutzte, brachte diese in einem stunden-, ja tagelangen Marsch an den Gegner heran. Vereint mit der Gruppentaktik wurde so der gleichzeitige Angriff mehrerer Boote ermöglicht und die Zersplitterung der Sicherungsstreitkräfte erreicht.

Selbst wenn U-Boote, wie dies geschehen war, tagelang hinter einem gemeldeten Geleitzug herliefen, ehe sie zum Schuß kamen, belohnte schließlich fast immer ein Erfolg den harten Einsatz. Das Heranschließen und Mitlaufen des Rudels war dann die Krönung von oft unvorstellbaren Anstrengungen.

Nachdem Hitler im September 1941 die ersten sechs Boote in den Kampfraum Mittelmeer entsandt hatte, wurden bereits Anfang November vier weitere Boote in diesen Abschnitt kommandiert. Sie erzielten dort große Erfolge. Der englische Flugzeugträger „Arc Royal" wurde durch U 81 (Kapitänleutnant Guggenberger) versenkt. Das Schlachtschiff „Barham" ging am 25. November 1941 unter. Es war von U 331 (Oberleutnant z. See Frhr. von Tiesenhausen) torpediert worden. Schließlich versenkte U 557 (Kapitänleutnant Paulsen) noch am 14. Dezember westlich Alexandrien den englischen Kreuzer „Galatea".

Die Kriegführung im Atlantik wurde durch den Abzug dieser Boote jedoch entscheidend geschwächt und damit der Kampf gegen feindliche Geleite.

Der 22. November 1941 brachte eine ganz besondere Überraschung für den Befehlshaber der U-Boote. Die Seekriegsleitung erteilte Admiral Dönitz den Befehl, die gesamte Front-U-Boot-Waffe schwerpunktmäßig im Mittelmeer und westlich der Straße von Gibraltar einzusetzen. Zwei Feststellungen des Befehls gaben eine Begründung für diesen schwerwiegenden Schritt:

„1. Die britische Nordafrika-Offensive in Verbindung mit Nachrichten über britisch-gaullistische Landungsabsichten in Französisch-Nordafrika bringt akute Gefahrlage für Gesamt-Mittelmeer und Italien. Soweit durch Seekriegführung beeinflußbar, ist Seeraum Gibraltar für Weiterentwicklung der Lage und Abwendung der Krise von entscheidender Bedeutung, da hier Abfluß feindlicher Kräfte nach Osten und Zustrom vom Westen sich zwangsläufig bündeln.

2. Die Lage und Bedeutung der Erhaltung eigener Mittelmeer-Positionen für den Gesamtkrieg zwingt zu durchgreifender Schwerpunktbildung des U-Boot-Einsatzes bis zur Wiederherstellung der Lage*."

Eine weitere Anordnung der Skl vom 29. November 1941 zwang Admiral Dönitz dazu, ständig beiderseits der Straße von Gibraltar fünf-zehn U-Boote und im östlichen Mittelmeer zehn weitere U-Boote Position beziehen zu lassen.

---

* =KTB Skl Teil A vom 22. 11. 1941

Um diese Forderung erfüllen zu können, mußte die gesamte Front-U-Boot-Waffe dem Atlantik entzogen werden. Der U-Boot-Krieg auf dem Atlantik versiegte.

Immer wieder versuchte Admiral Dönitz in vielen mündlichen und schriftlichen Anträgen an die Skl zu erreichen, die vor Gibraltar eingesetzten U-Boote für den Geleitzugkampf im Atlantik freizubekommen. Lassen wir an dieser Stelle Großadmiral Dönitz berichten, wie er die Sache sah:

„Es war meiner Ansicht nach operativ nicht notwendig, eine so starke Gruppe von U-Booten ständig im Gibraltarraum einzusetzen. Ich hielt ihre Aufstellung dort aber auch taktisch für nicht richtig. Das Seegebiet um Gibraltar war durch englische Flugzeuge von dem unmittelbar in der Nähe liegenden Luftstützpunkt aus leicht und ständig zu überwachen. Ebenso konnten U-Boot-Jagdfahrzeuge vom Seestützpunkt Gibraltar aus ohne langen Anmarschweg westlich und ostwärts der Enge aufgestellt werden. Es kam hinzu, daß die Engländer nach dem Eindringen der ersten deutschen U-Boote in das Mittelmeer, Ende September 1941, zur Verstärkung der U-Boot-Abwehr im Seegebiet von Gibraltar Kräfte aus dem Atlantik abgezogen hatten, zumal sie sehr bald den Rückgang der U-Boot-Kriegführung im atlantischen Raum spürten. Die westlich und ostwärts der Gibraltarstraße eingesetzten deutschen U-Boote konnten sich daher nicht über Wasser aufhalten. Sie waren nahezu ständig getaucht und einer dauernden erheblichen Gefährdung ausgesetzt. Ihr Gesichtskreis war dementsprechend klein. Sie hatten auch nur geringe Möglichkeiten, etwaigen Schiffsverkehr festzustellen. Es wurde auch tatsächlich während der ganzen Dauer ihrer Aufstellung kein Ost-West-Verkehr beobachtet.

Außerdem traten Verluste ein. Von den ersten vier U-Booten, die im September ins Mittelmeer liefen, gingen beim Durchbruch durch die Gibraltarstraße keines, von der zweiten Gruppe ein U-Boot verloren. Von den dann folgenden wurden durch die mittlerweile verstärkte U-Boot-Bekämpfung drei weitere vernichtet, und fünf mußten wegen schwerer Schäden durch Fliegerbomben den Durchbruchsversuch durch die Enge aufgeben und nach den Biskaya-Stützpunkten zurückkehren. Das entsprach einem Ausfall von 33 Prozent der angesetzten Boote.

Es war bei diesem Stand der Abwehr auch nur schwer möglich, U-Boote, die einmal im Mittelmeer waren, wieder in den Atlantik zurückzubringen. Ein ständiger starker Strom läuft aus dem Atlantik durch die Gibraltarenge in das Mittelmeer hinein. — Der Marsch über

Wasser gegen den Strom in der gegebenen Kriegslage hätte zu lange gedauert, um während der Dunkelheit in einer einzigen Nacht durchgeführt werden zu können. Der Unterwassermarsch, zu dem die U-Boote durch die feindliche Überwachung mit großer Wahrscheinlichkeit gezwungen worden wären, ist in der Mitte der Straße kaum möglich, weil der Strom die getauchten U-Boote zu sehr ins Mittelmeer zurückversetzt, während die Navigation an den Rändern der Enge im Gegenstrom für Kriegsverhältnisse zu schwierig ist.

Die Atlantikboote, die einmal im Mittelmeer waren, befanden sich also dort, wie ich mich in meinem KTB ausdrückte, ‚in der Mausefalle‘. Es war daher sehr zu überlegen, wieviel Kräfte man in das Mittelmeer hineinschickte, weil sie hierdurch für den Einsatz in anderen Operationsgebieten für immer ausfielen."

Diese Ereignisse hatten also die „Flaute in der Atlantikschlacht" bewirkt. Sie hatten die U-Boote von ihrer Hauptaufgabe, dem Versenken, abgehalten, und selbst wenn diese Abstellung von U-Booten ihren Sinn und Zweck gehabt hätte, war doch ihr Nutzen gering. In Rudelschlachten auf dem Atlantik hätten sie bedeutend wirksamer operieren können.

Doch kehren wir zum Atlantik zurück. Hier sichtete am Morgen des 15. Oktober 1941 U 553 (Kapitänleutnant Thurmann) einen Konvoi aus wahrscheinlich 39 Schiffen, der von vier Korvetten gesichert war.

Dieser Konvoi SC 48 war am 5. Oktober von Sydney in Neu-Schottland ausgelaufen. Nach dem Passieren der Belle-Isle-Straße und dem Einlaufen in den Atlantik am 10. Oktober steuerte er mit genau östlichem Kurs.

Der Geleitzug hatte in Wirklichkeit 50 Schiffe. Er lief in neun Kolonnen. Elf dieser Schiffe waren jedoch durch das schlechte Wetter zurückgefallen. Sie konnten die befohlene Marschgeschwindigkeit von neun Knoten nicht halten. Unter ihnen befand sich auch das Schiff des Konvoi-Commodore.

Als der Konvoi am 15. Oktober auf den deutschen Vorpostenstreifen stieß, war er immer noch um diese elf Schiffe reduziert. Die vier Sicherungs-Korvetten waren: „Wetaskivin", „Gladiolus", „Mimose" und die „Baddeck".

Als U 553 den Konvoi SC 48 sichtete, befand er sich bereits innerhalb der Blockadezone. Um 04.07 Uhr begann U 553 mit dem Vorsetzen.

„Auf Gefechtsstationen! Wir schießen die gesamte Chargierung als Einzelschüsse!" befahl Rolf Thurmann.

Der im Jahre 1909 in Mühlheim/Ruhr geborene Kommandant war einer der „Senioren" der U-Boot-Waffe. Er war ein umsichtiger Mann, und seine Angriffe zeichneten sich durch gut überlegte Ansätze aus.

„Hinter der Korvette brechen wir in den Konvoi ein!"

Mit Backbordruder 20 lief U 553 durch eine Lücke in der Bewachung in die Geleitzugkolonne hinein. Sorgfältig wurden die fünf Ziele ausgesucht. Dann kam der Befehl zum Schuß.

Nacheinander verließen fünf Torpedos die Rohre und wühlten sich durch die See auf den Gegner zu.

Der erste Torpedo traf die „Ila" (1583 BRT), der nächste die „Silvercedar" (4354 BRT). Beide Schiffe sanken. Ein dritter Dampfer wurde getroffen und bekam sofort starke Schlagseite. Das Sinken dieses dritten Dampfers wurde zwar nicht beobachtet; doch ist es sicher, daß auch er vernichtet wurde*. Unmittelbar nachdem der letzte Torpedo die Rohre verlassen hatte, setzte sich U 553 aus dem Konvoi ab, lief im heraufziehenden Tag auf der Steuerbordseite des Konvois mit und lud alle Rohre nach.

„Funkspruch an BdU!" befahl der Kommandant, als sie die unmittelbare Gefahrenzone passiert hatten. Der Funkmaat setzte um 05.34 Uhr folgenden Spruch ab:

„Aus Geleit ostgehend, ca. 40 Schiffe, vier Bewacher. Zwei Schiffe versenkt, eines torpediert. Halte Fühlung, gebe stündlich Peilzeichen."

Jede Stunde gab nun der Funkmaat von U 553 Peilzeichen und tastete den Kurs und die Geschwindigkeit des Geleitzuges durch.

Im Lagezimmer des BdU in Kernevel standen die Astos vor der Karte. Sie waren bereits um 07.00 Uhr erschienen, um den Ansatz weiterer Boote zu besprechen. Um 07.19 Uhr wurden die fünf Boote, die sich dem Standort des Konvois am nächsten befanden, auf ihn angesetzt. Es waren U 568 (Kapitänleutnant Preuß), U 502 (Kapitänleutnant v. Rosenstiel) U 432 (Oberleutnant z. See H. O. Schultze) und U 558 (Kapitänleutnant Krech).

---

* = S. E. Morison: „The Battle of the Atlantic"; S. 92: »Three ships were torpedoed and sunk that night.«

Im Verlaufe des Tages erhielten vier weitere Boote Befehl, auf diesen Konvoi zu operieren: U 77, U 751, U 73 und U 101.

Inzwischen hatte der britische Escort Commander durch einen „OU-Funkspruch"* die Admiralität Seiner Majestät um Hilfe gebeten.

Zwar war bereits eine Stunde nach dem ersten U-Boot-Angriff der kanadische Zerstörer „Columbia" als Verstärkung zum Geleit gestoßen, dennoch erschien dem Commander die Sicherung zu dünn, um gegen ein ganzes U-Boot-Rudel bestehen zu können. Die Admiralität entsandte aus Reykjavik den englischen Zerstörer „Broadwater" und die französische Korvette „Lobelia".

Wieder eine Stunde später wurden auch die Korvetten „Veronica" und „Pictou" zur Sicherungsgruppe des SC 48 beordert. Gegen Abend erhielt dann noch eine US Escort Group unter Captain Thebaud mit den fünf Zerstörern „Plunkett", „Livermore", „Kearny", „Greer" und „Decatur" Weisung, den aus England auslaufenden Konvoi ON 24 zu verlassen und als weitere Sicherung mit AK zum SC 48 zu stoßen. Damit standen – sobald alle Fahrzeuge ihr Ziel erreicht hatten – 13 Sicherungsfahrzeuge am Konvoi SC 48.

U 553 behielt am 15. Oktober den ganzen Tag über, trotz starker Regenböen und dichter Wolkenfelder, die die Sicht behinderten, Fühlung mit dem Konvoi. Ab 10.45 Uhr sendete U 553, anstatt stündlich, alle halbe Stunden Peilzeichen, um die übrigen Wölfe heranzuführen. Kurz nach Mittag wurde U 553 von der „Columbia" geortet und unter Wasser gedrückt.

Kapitänleutnant Thurmann führte sein Boot in schnellen Rochaden und Kreisen aus der Gefahrenzone der Wabo-Teppiche heraus. Nur einmal entstand eine Krisenlage. Als U 553 nämlich um 15.09 Uhr auf Sehrohrtiefe auftauchte, weil die Schraubengeräusche verstummt waren, wurde der Zerstörer nahebei gesichtet. Er lag gestoppt auf Lauerposition. Kapitänleutnant Thurmann ließ einen Einzelschuß feuern. Die Ausgucks der „Columbia" sichteten jedoch den Torpedo rechtzeitig, so daß der Zerstörer – mit AK angehend – haarscharf dem tödlichen Geschoß entkommen konnte. Eine Stunde später wurde er zum Konvoi zurückbefohlen.

U 553 tauchte auf, gewann um 16.46 Uhr abermals Anschluß und gab Peilzeichen.

---

* OU = größte Dringlichkeit

Als gegen 18.17 Uhr eine Korvette das Boot auffaßte und abdrängte, verlor U 553 in einer Regenbö den Konvoi außer Sicht. Inzwischen war U 558 herangeschlossen und setzte die Peilzeichen fort. Kapitänleutnant Krech ließ U 558 um 22.30 Uhr angreifen. Er versenkte den Dampfer „Heron" (6023 BRT), wurde aber kurz nach Mitternacht, nachdem er seine Erfolgsmeldung durchgegeben hatte, von der „Gladiolus" abgedrängt.

Die „Gladiolus" war eigentlich zurückgeschickt worden, um Nachzügler aufzufinden und sie wieder an den Konvoi heranzubringen. U 558 schoß einen Torpedo gegen die Korvette, ohne aber eine Detonation zu hören.

Dennoch kehrte die „Gladiolus" nicht mehr zum Konvoi zurück. Wahrscheinlich erhielt sie einen Treffer, der an Bord des U-Bootes für eine Wabo-Detonation gehalten wurde, und ist unbemerkt gesunken.

Dieses Ereignis zeigte der Geleitzugführung, „daß sich niemals ein einzelnes Schiff bei Nacht in unsichtigem, schwerem Wetter allein mehr als höchstens 5000 Yards vom Konvoi entfernen" durfte.

In der Nacht zum 16. Oktober hatten nur U 553 und U 558 Aussicht, wieder Fühlung mit dem Geleitzug zu bekommen. Sie stießen in der Generalrichtung hinterher. Am Morgen des 16. Oktober um 06.15 Uhr sichtete U 558 wieder den Konvoi. Nach eineinhalb Stunden gewann auch U 502 Fühlung und gab für die anderen Boote Peilzeichen. Drei Stunden später wurden alle herangeschlossenen Boote durch die Sicherung unter Wasser gedrückt und abgedrängt.

Um 11.40 Uhr erreichten schließlich vier der fünf amerikanischen Zerstörer den Konvoi. Die „Greer" hingegen war wegen Maschinenschadens zurückgefallen.

Eine Stunde nach Mittag fand U 553 den Konvoi zum viertenmal wieder. Zäh und unbeirrt war das Boot hinterhergegangen und hatte es abermals geschafft. Nacheinander gewannen nun, durch Peilzeichen herangeführt, auch U 558, U 586, U 502 und U 432 Fühlung. Das beharrliche Heranschließen und die immer wieder gegebenen Peilzeichen hatten ihre Früchte getragen. Das Rudel der Grauen Wölfe stand am Geleitzug. Sie behielten auch dann noch Fühlung, als am Nachmittag die ersten Flugboote vom Typ Sunderland des auf Island stationierten 204. Squadrons der RAF über dem Konvoi erschienen.

Das Geleit hatte sich inzwischen in mehrere gesicherte Einzelgruppen aufgelöst. Es zackte stark, um die fühlunghaltenden U-Boote abzuschütteln. Die Sicherungsfahrzeuge begannen nach Einbruch der

Dunkelheit mit der „Aktion Butterblume", dem Schießen von Leuchtgranaten zur Aufhellung. Einige der amerikanischen Zerstörer, die
erstmalig im scharfen Gefecht standen (ohne daß der Krieg erklärt
worden war), warfen blindlings Wabos.

U 553 schloß zuerst zum Angriff heran. Nur 150 Meter hinter dem
Zerstörer „Livermoore" eindrehend, erreichte das Boot eine gute Schußposition und machte drei Einzelschüsse auf Tanker los. Keiner der
Torpedos erzielte indessen einen Erfolg. Fünfzehn Minuten später ließ
Kapitänleutnant Thurmann auf einen großen Frachter schießen. Unmittelbar nach der Torpedodetonation flog die mit Phosphat vollbeladene „Erviken" (6595 BRT) in die Luft.

In dem blendenden Feuerschein erkannte der Gegner jedoch das
deutsche U-Boot. Ein Zerstörer drehte auf U 553 ein, und mit Alarmtauchen ging das Boot hinunter. Drei Wasserbomben wurden regi-
striert, die aber keinen Schaden anrichteten.

Bereits 53 Minuten nach diesem Erfolg tauchte U 553 auf. Kapitänleutnant Thurmann gab einen FT-Spruch an den BdU:

„Geleit Qu 1965, 90 Grad 5 sm, mindestens 10 mittlere und große
Tanker dabei, 2 Zerstörer der ‚Tribal'-Klasse. Achten auf Peilzeichen."

Noch vor diesem Funkspruch war übrigens U 558 zum Schuß gekommen. Der Esso-Tanker „W. C. Teagle" (9551 BRT) stand unmittelbar nach dem Doppeltreffer in Flammen. Fünf Minuten später sank
das riesige Schiff.

Nun griffen weitere U-Boote an. Die Rudelschlacht erreichte einen
Höhepunkt. U 432 versenkte die „Evros" (5283 BRT) Dieser unter
griechischer Flagge fahrende Dampfer war mit Sprengstoff beladen. Er
flog mit krachenden Explosionsschlägen in die Luft. Zwei Minuten
später war nichts mehr von ihm zu sehen.

Alle Sicherungsfahrzeuge feuerten nun Leuchtgranaten und warfen
blindlings Wabo-Fächer. Die Schiffe liefen nach allen Richtungen auseinander, um dem Wolfsrudel zu entkommen.

U 502, das inzwischen ebenfalls Anschluß gefunden hatte, wurde
beim Eindrehen zum Angriff erkannt und von der Korvette „Pictou"
mit Wabo-Fächern belegt. Das Boot schoß zwei Torpedos, die aber die
„Pictou" verfehlten.

Eine halbe Stunde nach Mitternacht griff U 558, das alle Rohre nachgeladen hatte, zum zweitenmal an. Es versenkte den Norweger „Rym"
(1369 BRT). Mit einem Zweierfächer traf U 432 den Frachter „Bold

Venture" (3222 BRT) und torpedierte drei Minuten später den großen Motortanker „Barfonn" (9739 BRT).

Der nur 1200 yards vor diesen Schiffen stehende amerikanische Zerstörer „Kearny" drehte mit Hartruder-Backbord und warf eine Wabo-Sperre.

In diesem Augenblick kam die „Kearny" genau in die Schußlinie von U 568. Sein Kommandant, Kapitänleutnant Preuß, sah den Umriß des Zerstörers, der sein Boot schon dreimal abgedrängt hatte.

„Viererfächer — Illos!" befahl er.

Zur selben Zeit kreuzte eine Korvette den Kurs der „Kearney", die sofort stoppte. Gleichzeitig wurden Lieutenant-Commander Davis, dem Kommandanten der „Kearny", die laufenden Torpedos gemeldet. Sofort ließ er den Zerstörer wieder mit AK angehen und auf Backbordruder herumdrehen.

Während ein Torpedo achtern und der zweite vorn vorbeiging, traf der dritte die „Kearny" auf der Steuerbordseite über der Bilge und detonierte mitten im Kesselraum. Elf Matrosen wurden dabei getötet und sieben verwundet. Darüber hinaus wurden durch die Detonationswelle auf Deck weitere fünfzehn Mann — darunter der Kommandant — verletzt.

Die Steuerbordmaschine der „Kearny" war zertrümmert. Die ausgefallene Backbordmaschine konnte von der Besatzung wieder in Gang gebracht werden, und mit kleiner Fahrt lief der Zerstörer in Richtung Reykjavik.

Captain Thebaud sandte den Zerstörer „Greer", der um 02.30 Uhr den Konvoi erreichte, als Eskorte und Sicherung der „Kearny" hinterher.

Die beiden Zerstörer erreichten am 19. Oktober den rettenden Hafen von Reykjavik. Die Verwundeten wurden auf das im Hafen liegende amerikanische Lazarettschiff „Avonglen" gebracht.

Am Konvoi SC 48 ging der Kampf weiter. U 553 griff gegen 02.00 Uhr erneut an und schoß einen Zweierfächer auf den Zerstörer „Plunkett". Da einer der Torpedos Oberflächenläufer war und immer wieder geräuschvoll auf die See aufklatschte, wurde der Zerstörer rechtzeitig gewarnt.

Die „Plunkett" drehte auf U 553 ein und warf Wabos, obwohl das U-Boot überhaupt nicht getaucht war, sondern sich mit dreimal AK entfernte.

In den nächsten Stunden wurden drei U-Boot-Angriffe von der Sicherung im Ansatz erkannt und die Boote durch Wabo-Fächer unter Wasser gedrückt.

Als Oberleutnant z. See H. O. Schultze sah, daß der von seinem Boot torpedierte Tanker „Barfonn" immer noch schwamm, griff er ihn erneut an. Der aus 800 Meter Entfernung abgegebene Fangschuß ließ den Tanker in einer mächtigen Explosion sinken.

Im Morgengrauen des 17. Oktober stieß die britische Escort Group, die aus fünf Zerstörern bestand, zum SC 48. Sie sollte auf dem MOMP die kanadische Geleit-Group ablösen. Damit standen nunmehr zehn Zerstörer und sechs Korvetten am Konvoi SC 48. Mit dem anbrechenden Tag erschienen auch die Sunderland-Flugboote wieder ·über dem Geleit.

U 553 trat nach Abschuß sämtlicher Torpedos den Rückmarsch an.

Kurz vor Mittag trafen noch drei Flugboote des auf Island stationierten 73. und 74. VP-Squadrons beim Konvoi ein. Wenig später drehten die drei übriggebliebenen amerikanischen Zerstörer ab und liefen nach Argentia auf Neufundland zurück.

Gegen 14.18 Uhr erlitt U 558 durch eines der britischen Flugboote schwere Bombenschäden und war nur noch bedingt tauchfähig. Es trat den Rückmarsch an.

Der BdU setzte vier weitere U-Boote auf das Geleit an: U 73, U 77, U 101 und U 751. Der Konvoi wurde jedoch an diesem Tag von keinem der Boote gefunden.

Erst in der Nacht stieß U 101 (Kapitänleutnant Mengersen) auf eine Geleit-Group. Er versenkte mit einem Zweierfächer die „Broadwater". Der Zerstörer sank so schnell, daß nur die Hälfte der Besatzung gerettet werden konnte. U 101 wurde durch die anderen Sicherungsfahrzeuge abgedrängt.

Noch einmal sichteten am Morgen des 18. Oktober drei U-Boote einen Bewacher und einige Dampfer. Kurz darauf ging die Fühlung jedoch endgültig verloren. Der BdU ließ deshalb gegen 20.00 Uhr die Operation abbrechen.

Der Konvoi SC 48 hatte neun Schiffe mit 47 719 BRT, die Korvette „Gladiolus" und den Zerstörer „Broadwater" verloren. Zwei weitere Schiffe und der Zerstörer „Kearny" wurden torpediert.

Diese zäh und verbissen geführte Geleitzugschlacht war mit einem durchschlagenden Erfolg der deutschen U-Boote zu Ende gegangen.

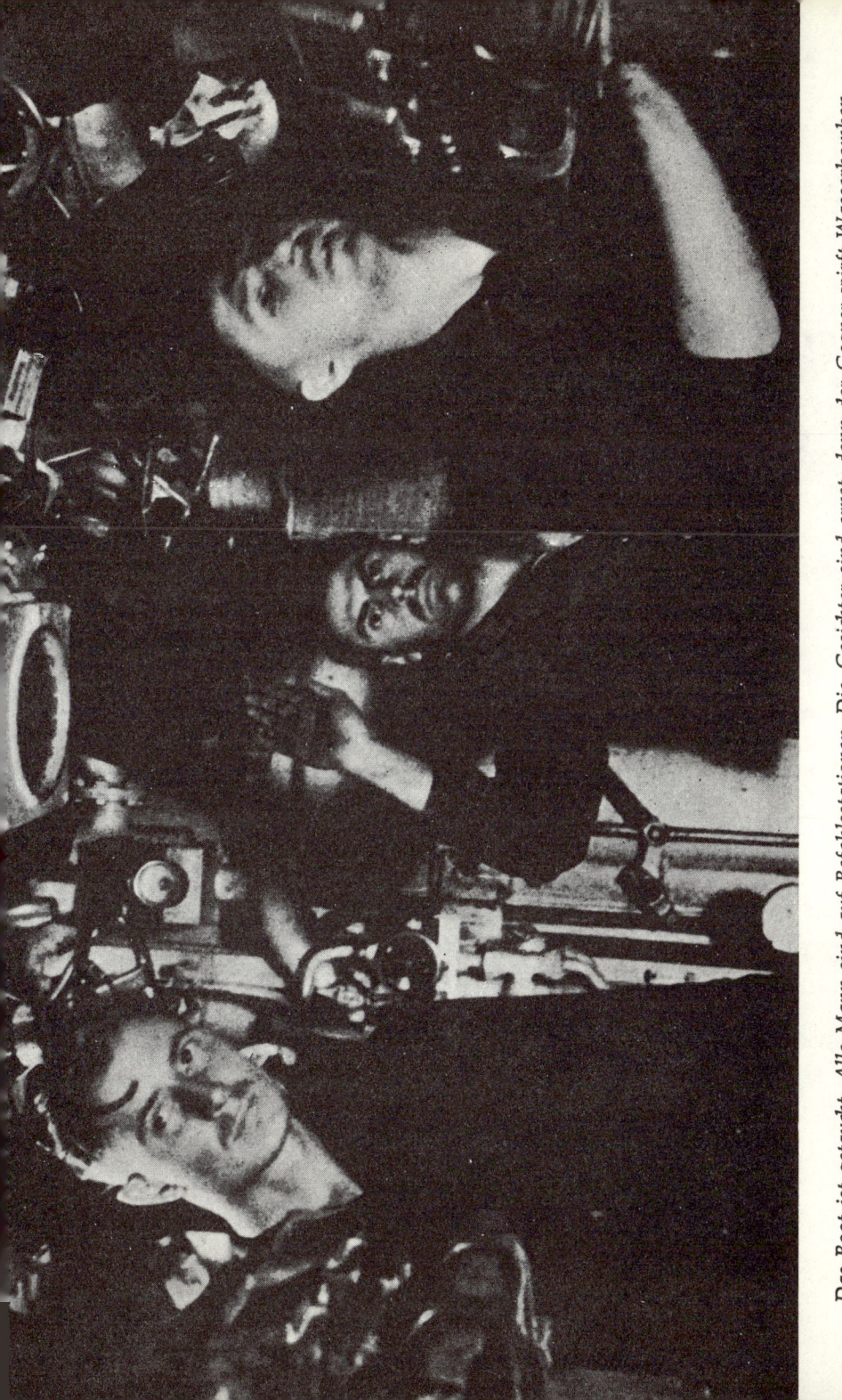

Das Boot ist getaucht. Alle Mann sind auf Befehlsstationen. Die Gesichter sind ernst, denn der Gegner wirft Wasserbomben.

Fregattenkapitän Heinrich Liebe vor seinem Boot, an dem die Wimpel mit den Zahlen der versenkten Tonnage flattern.

Korvettenkapitän Jost Metzler, als er noch Kapitänleutnant war. Ein Wehrmachtsfahrer hat ihn an sein Boot gebracht.

Fregattenkapitän Herbert Schultze (Mitte) bekam am 12. 6. 1941 das Eichenlaub.

Die Torpedierung der „Kearny" fand in der Rede des amerikanischen Präsidenten Roosevelt auf dem Navy-Day am 27. Oktober 1941 * ihren Niederschlag. In einer amerikanischen Presseveröffentlichung vom 18. Oktober 1941 hieß es bereits, daß die „Kearny" „während einer Patrouillenfahrt 350 Seemeilen südwestlich Island torpediert" worden sei.

Die amerikanischen Zerstörer befanden sich nicht nur innerhalb der Blockadezone, sondern nahmen bereits acht Stunden vor der Torpedierung der „Kearny" am Wabo-Werfen auf die deutschen U-Boote teil. Damit hatten sie die Kampfhandlungen eröffnet. Die Worte des amerikanischen Präsidenten konnten deshalb nur darauf ausgerichtet sein, eine Änderung des Neutralitätsgesetzes zu erreichen. Die Zeitungsnotiz verschwieg den amerikanischen Bürgern den eigentlichen Sachverhalt.

Am 22. Oktober 1941 verließ der Geleitzug HG 74 Gibraltar. Er wurde von einem deutsch-italienischen U-Boot-Rudel bekämpft. Das italienische U-Boot „Galileo Ferraris" (Korvettenkapitän Flores) wurde durch ein Flugboot bombardiert und zum Auftauchen gezwungen. Es kämpfte im Artillerieduell mit einem Zerstörer der Sicherung, bis seine ganze Munition aufgebraucht war. Dann gab der Kommandant den Befehl zur Selbstversenkung. U 563 (Oberleutnant z. See Bargsten) vernichtete in der Nacht zum 26. Oktober den Zerstörer „Cossack" von der Geleitsicherung. Am nächsten Tag erlitt das Rudel den Verlust des italienischen U-Bootes „Guglielmo Marconi".

Trotz der starken Sicherung gelang es den Booten U 564 (Kapitänleutnant Suhren), U 206 (Opitz) und U 204 (Kell) vier Schiffe mit 8772 BRT zu versenken sowie das Jäger-Katapultschiff „Ariguani" zu torpedieren.

Am 31. Oktober sichtete U 552 (Erich Topp) den Konvoi HX 156. Commander R. E. Webb führte die aus vier Zerstörern gebildete Sicherungsgruppe. Nur sein Flaggschiff, die „Niblack", war mit Radar ausgerüstet. Der Konvoi stand auf 51.59° N/27.05 W, ungefähr 600 Seemeilen westlich Irland, als Topp ihn aufspürte. Er gab Peilzeichen und zog U 567 an den Konvoi heran. Dieses Boot führte Engelbert Endrass, ein persönlicher Freund von Topp. Endrass sah, wie das Kameradenboot ein Sicherungsfahrzeug angriff.

---

* = siehe das vorige Kapitel

Der amerikanische Zerstörer „Reuben James", der 2000 yards aus dem Zentrum des Konvois herausgesetzt lief, wurden durch einen Zweierfächer von U 552 achtern getroffen. Die an Oberdeck stehenden Besatzungsmitglieder gingen von Bord. Auf dem Heck wurfbereit liegende Wabos explodierten und zerrissen die „Reuben James"; sie sank. Die am Heck des Zerstörers von Bord gegangenen Seeleute wurden von der Detonationswucht zerfetzt. Von der 160 Mann starken Besatzung konnten nur 45 Mann von den übrigen Sicherungsfahrzeugen gerettet werden. Die „Reuben James" war innerhalb von vier Minuten untergegangen.

U 567 schloß zu U 552 auf. Beide Boote blieben dicht nebeneinander gestoppt liegen. Winksprüche gingen von Brücke zu Brücke.

„K an K: Haben Verfolger abgeschüttelt!"

„Was war denn los, Erich?" fragte Endrass.

„Einen Zerstörer versenkt, Bertl."

„Beruhigend, Erich. Setzen wir uns wieder vor?"

„Klar, vorsetzen und dann im Unterwasserangriff 'rangegangen."

Aber beide Boote kamen nicht mehr zum Schuß. Am 3. November brach der BdU diese Operation ab. U 567 und U 552 erhielten Rückmarschbefehl.

Im Dezember war die U-Boot-Leere noch größer als im Monat zuvor. Nur U 130, das unter Korvettenkapitän Kals Anfang des Monats zu seiner ersten Feindfahrt auslief, griff einen ostgehenden Konvoi im Überwasser-Nachtangriff an. Kals schoß trotz starker Sicherung einen Frachter heraus, dann wurde er abgedrängt. Noch in der gleichen Nacht gewann er zum zweitenmal Fühlung und versenkte einen Tanker. Insgesamt verlor der von dem Einzelgänger angegriffene Konvoi 14 971 BRT.

In der Abenddämmerung des 14. Dezember wurde in Gibraltar der Homeward-Geleitzug HG 76 mit 32 Schiffen zu fünf Marschsäulen zusammengestellt. Fregattenkapitän Walker erhielt Befehl, mit seiner 36. Geleitgruppe die Sicherung dieses Konvois zu übernehmen. In der Lagebesprechung wurde ihm erklärt:

„Der Feind hat bisher jeden Gibraltar-Geleitzug aufgerieben. Versuchen Sie, diesen wichtigen Konvoi möglichst vollzählig nach Hause zu bringen. Ihr Sicherungskommando wird zusätzlich durch einige Zerstörer verstärkt."

210

Auf der Sloop „Stork" lief Walker mit seiner 36. Geleitgruppe — bestehend aus der zweiten Sloop „Deptford" sowie den Korvetten „Rhododendron", „Marigold", „Convolvulus", „Penstemon", „Gardenia", „Samphire" und „Vetch" — zum Treffpunkt mit den Verstärkungen. Hier erwarteten ihn außer dem Flugzeugträger „Audacity" * die Zerstörer „Blankney", Exmoor" und „Stanley".

In der Nacht lief der Konvoi HG 76 mit Nordwestkurs aus. Um den Geleitzug waren zwei Sicherungsschirme gelegt. Fregattenkapitän Walker auf der „Stork" fuhr an der Spitze des Geleites.

Am folgenden Tage, dem 15. Dezember 1941, traf eine Agentenmeldung in der Operationsabteilung des BdU ein. Sie berichtete über das Auslaufen des Konvoi HG 76 und die ungewöhnlich starken Sicherungskräfte des Geleites. Der BdU setzte sofort die beiden Boote U 74 und U 77, die auf dem Marsch ins Mittelmeer dicht westlich Gibraltar standen, auf den HG 76 an. U 74 hatte den Konvoi am späten Abend des 14. Dezember bereits einmal gesichtet. Am 15. Dezember faßte der BdU die in einer Suchharke südwestlich St. Vincent stehenden Boote U 107, U 127, U 574, U 67, U 131 und U 108, ferner das sich in Vigo aus einem deutschen Tanker versorgende U 434 sowie die westlich Portugal in Marschrichtung Mittelmeer laufenden U-Boot U 569, U 573 und U 83 zur U-Boot-Gruppe „Seeräuber" zusammen. Gleichzeitig setzte Admiral Dönitz Luftaufklärer ein. Diesmal schien das Glück den deutschen U-Booten zu winken.

Die „Lange Jagd" begann.

Am späten Nachmittag des 16. Dezember sichtete die Brückenwache von U 131 (Fregattenkapitän Baumann) den Konvoi und meldete dem BdU:

„Beim Geleitzug Flugzeugträger. Schnelle einmotorige Jäger. Windstille, glatte See. 32 Schiffe. Mindestens 14 Bewacher."

„Auf Tauchstationen!" befahl Fregattenkapitän Baumann. Die Brückenwache verschwand durch das Turmluk ins Boot. Als letzter verließ der Kommandant den Turm und drehte das Luk dicht. Der LI gab den Tauchbefehl. Die Schnellentlüfter wurden gerissen.

---

* = Die „Audacity" war der ehemalige HAPAG=Frachter „Hannover", der 1940 vom Gegner aufgebracht und zum Hilfs=Flugzeugträger umgebaut worden war.

Rauschend füllten sich die Tauchtanks. Leicht vorlastig stieß U 131 in die Tiefe und wurde auf 80 Meter abgefangen.

„Boot steht auf 80 Meter, Herr Kapitän!"

„Beide E-Maschinen kleine Fahrt! — Wir lassen den Konvoi über uns weglaufen, hängen uns achtern an und geben Fühlunghaltermeldung für die in der Nähe stehenden Boote."

„Schraubengeräusche in Lage Null, schnell näher kommend", berichtete der Oberfunkmaat aus dem Horchschapp.

„Danke, Eggert! Melden Sie von jetzt an alle halbe Minute."

Ruhig und sicher lehnte Fregattenkapitän Arent Baumann am Kartentisch. Die Nummer Eins, die gerade den neuen, unter dem Konvoi führenden Kurs eintrug, sah den fast vierzigjährigen Kommandanten dicht neben sich stehen. Bis zum Oktober 1940 war Baumann Nachrichtenoffizier auf dem Leichten Kreuzer „Köln" gewesen, ehe er sich zur U-Boot-Waffe meldete. Im Juli 1941 hatte er U 131 in Dienst gestellt. Nun befand er sich auf seiner ersten Feindfahrt. Vor genau zehn Tagen hatte das Boot seinen ersten Dampfer versenkt. Alle brannten darauf, diesmal noch erfolgreicher zu sein.

Schon waren die Schraubengeräusche der Sloop zu hören, doch bald darauf verstummten sie. Wenig später blieben auch die ständigen Meldungen des Oberfunkmaaten aus. Eggert meldete:

„Horchgerät ausgefallen!"

Fregattenkapitän Baumann zerquetschte einen Fluch zwischen den Zähnen. Er eilte durch das Kugelschott in den dicht dahinter liegenden Horchraum. Aber alle Bemühungen schlugen fehl.

„Wir müssen auftauchen, wenn wir die Fühlung nicht verlieren wollen", entschied der Kommandant nach kurzem Überlegen. „Lassen Sie auf Sehrohrtiefe gehen!"

Die Preßluft blies die Tanks aus. U 131 stieg langsam in die Höhe. Der LI beobachtete den Tiefenmesser. Dann erreichte der Zeiger die richtige Marke, und das Boot wurde eingetrimmt.

„Boot hängt im Sehrohr!" meldete der LI.

Oben im Turm saß Baumann bereits im Sattelsitz.

„Sehrohr aus!" befahl er.

Surrend trieb der Elektromotor den „Spargel" empor. Die Stirn an die Gummiwulst gepreßt, die Mütze weit in den Nacken geschoben, suchte der Kommandant die See voraus ab. Ein langer Schatten tauchte auf; nur undeutlich zu erkennen: ein Schiff. Ein Druck des Pedals ließ den Sitz um den Sehrohrblock herumdrehen. Wieder sichtete der Kommandant einen Dampfer. Er war von beträchtlicher Größe.

„Wir stehen mitten im Konvoi."

„Rohr I und II klar zum Unterwasserschuß!"

Arent Baumann beobachtete den Gegner. Die Entfernung zu ihm betrug höchstens 1200 Meter. Geschwindigkeit, Kurs und Eigengeschwindigkeit wurden ermittelt. Der Obersteuermann hinter dem Torpedorechner gab die laufend korrigierten Schußwerte. Immer größer wuchs der Dampfer ins Visier.

„Rohr I und II sind klar. — Mündungsklappen auf."

Gerade wollte Fregattenkapitän Baumann den Befehl zum Schuß geben, als der anvisierte Dampfer plötzlich wegzackte. Von achtern kamen Schraubengeräusche auf. Zerstörerschrauben, nach den Umdrehungen zu urteilen.

„Gegner ist weggezackt. — Auf 100 Meter gehen. Beide AK voraus!" befahl Baumann.

Heller wurde das Hummeln der E-Maschinen. Mit sieben Meilen Fahrt stieß U 131 tiefer. Der Zerstörer überlief das Boot, aber er warf keine Wasserbomben.

Mit 20 Grad Backbordruder lief U 131 einen Halbkreis, tauchte vier Stunden später achtern am Geleit wieder auf und meldete sich zum zweitenmal.

U 434 (Kapitänleutnant Heyda) und U 574 (Oberleutnant z. See Gengelbach) gewannen in den Morgenstunden des 17. Dezember Fühlung am Geleit.

U 131 stand gegen 11.00 Uhr an Steuerbord querab vom Konvoi HG 76, als Fregattenkapitän Baumann die Motorengeräusche eines Flugzeuges hörte. Mit Alarmtauchen ging U 131 hinunter.

„Wir drehen auf den Konvoi ein!" befahl der Kommandant. „Damit entgehen wir einem Überwasserangriff, denn das Flugzeug wird uns sofort gemeldet haben."

Im Unterwassermarsch lief das Boot auf den HG 76 zu. Eine halbe Stunde nach der Kursänderung erschütterte eine Zehnerserie Wasserbomben das Boot. Alles lose Gut flog durcheinander. Der Kommandant wurde zu Boden geschleudert. Dann kamen die Meldungen von den Stationen:

„Batterien gasen!"

„Sternbuchsen machen Wasser."

„Wassereinbruch Hecktorpedoraum."

Während die Notbeleuchtung brannte, machten sich die Männer an die Arbeit. Die kleinen Schäden wurden schnell behoben, aber durch das Leck strömte die See ins Boot.

„Wir müssen auftauchen, Herr Kapitän", sagte der II. WO.

„Sobald wir 15 Seemeilen vom Gegner entfernt sind; sonst ist die Gefahr zu groß", lautete die Antwort. „Auf 180 Meter gehen. Beide Maschinen AK!"

Mit sieben Knoten Geschwindigkeit versuchte U 131 dem Gegner zu entkommen. Würde das Manöver gelingen, bevor die gasenden Batterien das Boot in ein Leichenhaus verwandelt hatten?

Zwei Stunden später mußte U 131 auftauchen. Es sah so aus, als sei die Flucht geglückt. Doch bereits um 13.55 Uhr meldete der backbordachtere Ausguck:

„Achteraus Schiffe, Herr Kapitän! Kommen in Lage Null."

Arent Baumann setzte sein Glas an die Augen und erkannte vier Fahrzeuge, die mit hohen Schnauzbärten hinter dem Boot hersetzten.

„Beide AK! — LI, holen Sie das Letzte heraus!"

Mit Höchstfahrt versuchte das Boot zu entkommen, während die vier Geleitfahrzeuge hinterherliefen. Neun Minuten dauerte diese Jagd schon, als ein Flugzeug auftauchte. Die Maschine erreichte das Boot und warf eine Bombe, die jedoch nicht traf. Durch rasendes Abwehrfeuer wurde das Flugzeug zur Umkehr gezwungen. Aber um 14.10 Uhr tauchte die Martlet, die von der „Audacity" aufgestiegen war, wieder auf und flog das Boot an.

„Feuer frei!" befahl der Kommandant.

Die Dreisieben und die Zwozentimeter begannen zu feuern. Die Martlet stürzte sich direkt auf den Turm des Bootes. Ihr Maschinengewehr begannen zu tacken und riß Löcher durch den Stahl. Dann aber hatte der Richtschütze der Dreisieben die Maschine im Visier. Eine Reihe Granaten traf den Jäger, der hundert Meter vor U 131 brennend in die See stürzte.

„An Funkraum. Machen Sie FT-Spruch: ‚Boot tauchunklar. Werden von vier Zerstörern gejagt!'"

Der Spruch wurde um 14.15 Uhr von U 67 aufgefangen. Dieses Boot hatte U 131 bereits um 06.05 Uhr einmal gesichtet.

Eine Minute später eröffnete die „Stork", mit Fregattenkapitän Walker an Bord, das Artilleriefeuer auf U 131. Die Zerstörer „Blankney" und „Exmoor" begannen ebenfalls zu schießen, während die Korvette „Penstemon" noch nicht nahe genug herangekommen war.

Vom ersten Schuß bis zu dem Zeitpunkt, da Fregattenkapitän Baumann „Alle Mann von Bord!" befahl, vergingen 20 Minuten. Während dieser Zeit feuerten erst drei, dann alle vier Verfolger auf U 131. Das Boot erhielt acht schwere Treffer. Wassereinbrüche deuteten das Ende an. Die Besatzung sprang über Bord. Fregattenkapitän Arent Baumann blieb auf der Brücke, während die See schon über das Oberdeck hinwegspülte. Er blickte zu seiner Besatzung hinunter, und auf einmal hörte er, daß die Männer sangen:

„Deutschland, Deutschland, über alles!"

Arent Baumann nahm das Doppelglas und befestigte es mit dem Riemen am Sehrohrblock. Tiefer und tiefer sackte das Boot. Schon drang das Wasser über die Brückennock und brach durch das Turmluk ins Boot ein.

Dann stellte U 131 sich plötzlich fast senkrecht empor, glitt über das Heck blitzschnell in die Tiefe und nahm den Kommandanten mit.

Doch die See gab ihn wieder frei. Eine halbe Stunde später befand er sich an Bord des Zerstörers „Blankney". Die „Exmoor" fischte weitere Überlebende auf. Auch der tote Pilot der Martlet wurde geborgen. Es war Leutnant z. See Fletcher. Die 36. Geleitgruppe hatte die erste Runde in der „Langen Jagd" gewonnen.

Am Nachmittag des 17. Dezember hatte U 108 am Konvoi HG 76 Fühlung gewonnen.

„FT an BdU: ‚Haben Fühlung am Geleit. Geben Peilzeichen!"

Korvettenkapitän Klaus Scholz war in den Funkraum gekommen, um diese Meldung durch seinen Oberfunkmaaten durchtasten zu lassen.

Der Kommandant kehrte wieder auf den Turm zurück. Gleich würde es dunkel werden, und dann mußte er angreifen.

„Herr Kapitän! FT-Spruch von U 107. Das Boot hat ebenfalls Fühlung am Geleit."

„Sauber gemacht", sagte Scholtz anerkennend. Diese Worte galten Oberleutnant Fritz, der das Boot eben erst von Hessler übernommen hatte. Der Korvettenkapitän sah durch sein Glas einen Zerstörer der Sicherung, der mit Höchstfahrt an der Backbordflanke des Konvois entlanglief und nach vorn aufschloß. Dann heftete sich sein Blick auf einen Dampfer.

„Auf Gefechtsstationen! Boot greift Dampfer an. Hat schätzungsweise 7000 Tonnen. — Beide AK!"

Als abermals ein Bewacher nahe herankam, ließ Scholtz aus großer Entfernung einen Einzelschuß auf den Dampfer abgeben.

Nachdem eine hohe Torpedodetonation mittschiffs am Ziel zu sehen war, gab Scholtz „Treffer Mitte" durch. Doch wenig später mußte er sich korrigieren. Der Torpedo war ein Frühdetonierer.

Ein Zerstörer lief mit AK an und drückte U 108 unter Wasser. Als das Boot später wieder aufschließen wollte, mußte es zum zweitenmal wegtauchen und kam in dieser Nacht nicht mehr an den Konvoi heran.

Am 18. Dezember wurde U 108 ständig von Geleitfahrzeugen und später auch von Flugzeugen des mitten im Geleit laufenden Trägers „Audacity" unter Wasser gedrückt. Aber Klaus Scholtz gab nicht auf. Immer wieder jagte er hinter dem Geleit her. Der Kommandant von U 108 war sicher, daß er bald zum Schuß kommen würde.

Mit Beginn der Morgendämmerung stiegen die Martlet-Jäger der „Audacity" zu ihren ersten Patrouillen auf. Der Commodore des Trägers ließ ein Flaggensignal an Commander Walker richten:

„Keine Bange vor dem drohenden Sturm. Mit dem Ergebnis von Eins zu Null fühlt sich der Konvoi in guter Hut."

Die Sicherung am Geleit lief ihren Stremel herunter. Die „Stanley", die an Backbord querab vom Konvoi stand, sichtete kurz nach dem Hellwerden backbord achteraus ein deutsches U-Boot in sechs Seemeilen Entfernung. Der Kommandant des Zerstörers brach die befohlene Funkstille und meldete dem Führer der Geleitgruppe das deutsche Boot. Sofort ließ Walker die „Exmoor", „Blankney" und die „Deptford" auf die „Stanley" zulaufen, während der Zerstörer mit 24 Knoten Fahrt auf das U-Boot zu operierte. Es war U 434 (Kapitänleutnant Heyda). Als die „Stanley" noch drei Seemeilen vom Boot entfernt war, sichtete der Bootsmannsmaat der Wache den Gegner. Mit Alarmtauchen ging das Boot auf Tiefe.

Die „Stanley" lief unbeirrt weiter. Als eine Seemeile von der Tauchstelle entfernt Ölblasen aus der See aufstiegen, warf sie dort einzelne Wabos. Ihr Asdic war nicht in Ordnung.

Erst die „Blankney" stellte durch ihr Asdic ein Echo fest und warf schnell hintereinander fünf Einzelbomben mit 45 Meter Tiefeneinstellung. Nach den Detonationen erhielt sie neuen Kontakt und wies nun die „Stanley" ein.

Der Zerstörer warf einen Teppich von 14 Wabos mit Tiefeneinstellungen von 45 bis 90 Meter. Noch während der letzten Detonationen griff auch die „Blankney" an und warf zehn weitere Wabos. Durch eine dieser Wasserbomben und den unerhört harten Wasserdruck der Detonationen wurde ein Hecktorpedo von U 434 gezündet, der im Ausstoßrohr explodierte und ein riesiges Loch ins Boot riß.

Kapitänleutnant Heyda erkannte, daß das Boot rasch durchsackte. Er gab sofort den entscheidenden Befehl:

„Preßluft auf alle Tanks! — Ausblasen!"

Das beinahe Unmögliche gelang. U 434 stieß mit wachsender Geschwindigkeit an die Wasseroberfläche. Das Boot tauchte eine Seemeile vor den beiden Zerstörern auf. Die Besatzung sprang von Bord, während die „Blankney" auf das Boot eindrehte, um es zu rammen. Aber U 434 rollte herum und sackte blitzschnell ab. Der letzte Mann hatte gerade noch das Boot verlassen können.

Die Überlebenden wurden von den beiden Zerstörern und der eintreffenden „Exmoor" aufgefischt. Unter den Geretteten befand sich auch der Kommandant.

Damit hatte die Sicherung des Konvoi HG 76 bereits das zweite U-Boot versenkt, ohne einen eigenen Verlust hinnehmen zu müssen.

Fregattenkapitän Baumann hatte von der Brücke des Zerstörers „Blankney" aus die letzte Phase des Unterganges von U 434 miterlebt. Er sah auch Kapitänleutnant Heyda eine Viertelstunde später an Bord klettern. Der Kapitänleutnant meldete dem Fregattenkapitän:

„Boot gesunken. Besatzung lebt!"

„Ein doppelter Trost, Heyda."

Zwei Focke Wulf 200 Condor, die am gleichen Morgen das Geleit sichteten, wurden von den aufsteigenden Jägern des Flugzeugträgers abgedrängt. Eine Maschine erhielt einen Treffer, konnte aber den Heimathorst noch erreichen.

Am Nachmittag verließen die „Exmoor" und die „Blankney" das Geleit, um wieder nach Gibraltar zurückzulaufen. Damit bestand die Sicherungsgruppe nur noch aus elf Einheiten. Nachdem der Kommandant der „Blankney" von seinen Gefangenen erfahren hatte, daß der Konvoi dem BdU bekannt sei, funkte er an die „Stork":

„Erfahre von Gefangenen, daß Standort, Kurs und Geschwindigkeit des Konvois wie auch Name des Flugzeugträgers dem Feind bekannt sind."

Bei Einbruch der Dunkelheit meldete die „Penstemon" ein aufgetauchtes U-Boot ungefähr zehn Seemeilen an Backbord. Commander Walker befahl ihr, sofort anzugreifen, und sandte die „Convolvulus" zu Hilfe. Das U-Boot tauchte sofort weg. Es war U 107, das den Standort des

Konvois nach den Peilstrahlen einer Condor erkoppelt hatte. Unmittelbar vor dem Tauchen ließ Oberleutnant z. See Fritz zwei Torpedos auf die „Penstemon" abschießen. Sie verfehlten ihr Ziel nur um sechs Meter. In den frühen Morgenstunden des 19. Dezember meldete die „Stanley" ein U-Boot. Oberleutnant z. See Gengelbach, der dieses Boot — U 574 — führte, stand auf der Brücke, als die „Stanley" in Sicht kam. Er ließ sofort einen Zweierfächer auf diesen Zerstörer schießen, während Fregattenkapitän Walker zur gleichen Zeit über Sprechfunk die „Stanley" anrief:

„Feuern Sie Leuchtsignal, daß ich Sie sehen kann!"

Sekunden später kam eine Meldung von der „Stanley". Sie lautete:
„Torpedos von achtern!"

Walker erhielt das verlangte Leuchtzeichen. Er sah durch sein Glas, wie die „Stanley" nach dem Treffer beider Torpedos in Flammen aufging.

„Operation Butterblume!" befahl Walker.

Alle Begleitfahrzeuge schossen Leuchtgranaten. Während die See hell erleuchtet war, lief die „Stork" dicht an die brennende „Stanley" heran und warf Wabos.

Als sie am Heck des Wracks vorbeilief, meldete das Asdic einen Kontakt. Walker ließ sofort einen Zehnerteppich werfen. Die „Stork" lief eine halbe Meile ab und machte sich für einen neuen Teppichwurf klar. Kaum hatte sie gedreht, stieß U 574 in 200 Meter Entfernung vor ihr aus der See. Geben wir hier Fregattenkapitän Walker das Wort *:

„‚Stork' ging auf Äußerste Kraft und steuerte Kollisionskurs. Als ich zum Rammstoß ansetzte, drehte das Boot ab und lief nach Backbord davon. Ich folgte und stellte später zu meiner eigenen Überraschung fest, daß ich drei vollständige Kreise gefahren war. Das U-Boot drehte unablässig mit Hart-Backbord-Ruder, lief nur zwei oder drei Knoten weniger als ich und hielt sich dauernd innerhalb meines Drehkreises. Ich feuerte unablässig Leuchtgranaten und beschoß es mit den 10-cm-Geschützen, bis sich die Mündungen nicht weiter senken ließen. Von nun an mußten sich die Geschützbedienungen darauf beschränken, mit den Fäusten zu drohen und Flüche gegen einen Feind auszustoßen, der oft kaum mehr als einen Meter von uns entfernt zu sein schien. MG-Feuer setzte ein, sobald es Wirkung versprach. Am saubersten schoß mein Erster Offizier, Leutnant z. See Gray, mit einem von seinem Po-

---

* = siehe Robertson: „Jagd auf die Wölfe"

dest abmontierten Lewis-MG, das über die obere Kante der Brückenverkleidung feuerte.

Schließlich gelang es ‚Stork‘, ihre Beute eben vor dem Turm zu rammen. Einen Augenblick hing U 574 am Steven, glitt dann ab und schrappte unter dem Kiel entlang bis zum Heck, wo ein Hagel von Wasserbomben mit geringster Tiefeneinstellung das Wrack empfing. Es flog in tausend Stücke, und ‚Stork‘ selbst geriet gefährlich ins Schwanken."

Dennoch wurden deutsche Überlebende geborgen. Durch ihre Aussage erfuhr Walker, daß es sich um U 574 gehandelt hatte.

Während der Rettungsarbeiten sah man plötzlich ein Aufblitzen aus dem Konvoi. Eine donnernde Torpedodetonation folgte. Unmittelbar darauf funkte die „Ruckinge" ihren Namen und verstummte sofort wieder. Die „Stork" lief unverzüglich zum Geleit zurück. Unterwegs nahm sie aus einem Rettungsboot den Kapitän, den Ersten Offizier, den Ersten Ingenieur und zwölf Besatzungsmitglieder der „Ruckinge" auf.

Die Grauen Wölfe hatten zugeschlagen und das erste Schiff aus dem Konvoi versenkt. Wie war es trotz starker Bewachung einem U-Boot geglückt, sich heranzupirschen und den tödlichen Schuß abzufeuern?

Am Abend des 18. Dezember kam U 108 in günstige Schußposition zum Konvoi. Ehe das Boot jedoch zum Zuge kam, wurde es durch das Asdic eines Geleitzerstörers erkannt und unter Wasser gedrückt. Eine mehrstündige Wabo-Jagd begann. Geben wir hier einem Besatzungsmitglied von U 108 das Wort:

„Wir wurden von drei Zerstörern erkannt und gejagt. Trotz Artilleriebeschuß versuchte der Kommandant, über Wasser abzulaufen, um so die Zerstörer so weit wie möglich vom Konvoi zu trennen und für die Kameradenboote eine Angriffschance zu schaffen. Die beiden Diesel hämmerten auf Höchsttouren. Mit allen Mitteln gelang es, die unwahrscheinliche Geschwindigkeit von 22 Knoten aus dem Boot herauszuholen.

Nach zwei Stunden hatten die Zerstörer so weit aufgeholt, daß ihre 12,7-cm-Granaten bedenklich nahe beim Boot einschlugen. Korvettenkapitän Klaus Scholtz gab den Befehl zum Schnelltauchen. Erst auf 180 Meter wurde das Boot abgefangen und eingesteuert. Dann kamen auch schon die Zerstörer heran. Zwei von ihnen liefen in Asdic-Peilpositionen und dirigierten den dritten mit seinen Wabos auf Wurfkurs. Doch unser Kommandant war nicht leicht zu übertölpeln. Die beiden

Funkmaate Patz und Paulsen waren Spezialisten in der Auswertung der Horchpeilungen.

Klaus Scholtz gab bei jedem Zerstöreranlauf leise die Befehle über Fahrtstufen- und Kursänderungen. Fünfmal lief der dritte Zerstörer an und warf je acht Wabos. Ventile, Stopfbuchsen und andere Außenbordverschlüsse wurden undicht. Sie mußten wieder klargemacht werden. Durch die Stevenrohre drang Wasser in dickem Strahl in den Heck- und E-Maschinenraum. Nach harter Arbeit brachte Bootsmann Treu mit seinen Männern den Wassereinbruch zum Stillstand. Nach sechs Stunden Wabo-Verfolgung waren von den drei Zerstörern neunzig Wabos geworfen worden. Dann blieb es lange Zeit still, und die Zerstörer täuschten Ablaufgeräusche vor.

Das Boot war inzwischen durch die dauernden Wassereinbrüche so schwer geworden, daß es nur durch Anblasen von zwei Tauchzellen gehalten werden konnte. Scholtz entschloß sich, auf Sehrohrtiefe zu gehen. Kaum war das Boot auf 30 Meter angestiegen, da meldete Funkmaat Patz:

,Zerstöreranlauf auf 45 Grad!'

Das Boot stieß wieder in die Tiefe. Es konnte erst auf 240 Meter abgefangen werden. Bei den nun folgenden Wabo-Würfen handelte es sich um Spezialbomben mit größter Tiefeneinstellung. Sie detonierten dicht beim Boot. U 108 drohte auseinanderzubrechen. Dann sackte es wie ein Stein weg. Das Tiefenmanometer zeigte die Endmarke an: 250 Meter. Der Kommandant gab Befehl zum Anblasen. Es schien eine Ewigkeit zu dauern, bis das Boot stand. Kapitänleutnant Schmidt, der LI, maß mit einem selbstgebastelten Druckmanometer einen Druck von 30 kg/qcm. Das Boot war also auf 300 Meter Tiefe durchgesackt. Langsam stieg es wieder empor. Der Kommandant ließ Geschütz- und MG-Bedienung im Turm und in der Zentrale versammeln. Im Augenblick stand nur ein Zerstörer in der Nähe, und es war dunkel. Vielleicht hatten wir Glück.

Das Boot brach durch die Wasseroberfläche. Der Kommandant schwang sich schnell auf den Turm, dicht hinter ihm folgte Obergefreiter Käufer. Ein schneller Rundblick zeigte, daß die drei Zerstörer abgelaufen waren. U 108 war der Vernichtung entronnen und — es griff wieder an."

Soweit der Bericht.

Bereits am 19. Dezember 1941 war das Boot um 05.00 Uhr wieder dicht am Geleit. Korvettenkapitän Scholtz gab den Befehl:

„Boot greift an. Rohr I und II klar zum Überwasserschuß!"

Noch lag die Dunkelheit über der See, und der I. WO, der hinter der UZO stand, sah den Dampfer einwandern.

„Kommen Sie mittschiffs, Vorderkante Turm ab, Fenn!"

Der Oberleutnant nickte.

„Zweierfächer — looos!"

Das Boot hob sich vorn mit einem Ruck, ein Zeichen, daß beide Aale das Rohr verlassen hatten. Rauschend schoß die See in die Ausgleichstanks und brachte das Boot wieder in Trimm.

Mit 20 Grad Backbordruder drehte U 108 heraus, während der Obersteuermann auf den weiterwandernden Zeiger seiner Stoppuhr starrte.

„Zeit ist um!" meldete er.

Eine Sekunde darauf stiegen kurz hintereinander beide Treffersäulen beim Gegner in die Höhe. Flammen schossen aus den Aufbauten des Schiffes.

„Treffer Mittschiffs und Achterkante Brücke!" berichtete Klaus Scholtz den im Boot wartenden Männern.

„Dampfer macht Notruf. Name ,Ruckinge'. Hat nach Lloyds-Register 6212 BRT, Herr Kapitän!"

Das Heck des getroffenen Schiffes sackte schnell weg. Klaus Scholtz sah, daß Boote gefiert wurden.

„Zerstörer von vorn!" meldete der wachhabende Bootsmannsmaat.

Auch an Steuerbord tauchten nun querab Zerstörer auf und begannen plötzlich wild Leuchtgranaten zu schießen. Die Dunkelheit wurde von einem Netz glühender Lichter erhellt.

„Schnelltauchen!"

Kapitänleutnant Schmidt, der LI, sah die Sektionslampen nacheinander aufglühen. Als das Turmluk dichtgedreht war, erschien das Wort „Tauchklar!" auf der Scheibe. Schmidt ließ das Boot ankippen.

„Zehn Mann Bugraum!"

Mit diesem zusätzlichen „fliegenden Trimmgewicht" stieß U 108 steil vorlastig in die Tiefe.

„Hart Steuerbord! Beide E-Maschinen AK!"

U 108 drehte in den Konvoi hinein. Hinter dem Boot dröhnten Wabo-Detonationen. Klaus Scholtz gab noch nicht auf. Er wollte noch weitere Dampfer aus diesem Geleitzug herausschießen. Als das Boot nach einer Stunde wieder auftauchte, sichtete er durch das Sehrohr einen Einzelfahrer, der vom Konvoi abgekommen war.

„Rohr III und IV klarmachen!" befahl der Kommandant.

„Rohr III und IV werden bewässert!" meldete Torpedo-Obermaat Wilke.

Zischend drückte die Preßluft das Wasser aus den Torpedozellen in die Ausstoßrohre. Der Torpedo-Obermaat gab in kurzer Folge die Befehle:

„Druckausgleichshähne öffnen. Schußhebel auf Unterwasserschuß. Preßluft auf Ausstoßflasche III und IV. Mündungsklappe öffnen!"

Die beiden Obergefreiten Härting und Bayer arbeiteten zuverlässig wie immer. Dann meldete Obermaat Wilke:

„Rohr III und IV sind klar zum Unterwasserschuß. Mündungsklappen sind auf!"

Im Turm schätzte Klaus Scholtz die für den neuen Schußwinkel erforderlichen Werte. Diese Chance, unerkannt zum Schuß zu kommen, war sehr groß, weil die Sicherungsfahrzeuge um die sinkende „Rukkinge" bemüht waren. Schon lief der Gegner ins Fadenkreuz.

„Rohr III und IV fertig zum Einzelschuß!"

Obermaat Wilke legte die Sicherungshebel der elektromagnetischen Abfeuerungsschalter sowie die Sicherungen der Handabfeuerung herum und meldete die Rohre fertig. Die Stoppuhr in der Linken, blickte er auf die Signaltafel der Abfeueranlage. Da kam der Befehl:

„Rohr III — looos!"

Die Preßluft drang hinter die Ausstoßkolben und drückte den Aal nach vorn. Sicherheitshalber betätigte Wilke noch die Handabfeuerung und setzte die Stoppuhr in Gang. Vom Horchgerät meldete Oberfunkmaat Patz:

„Torpedo läuft!"

„Das schon", fiel Wilke ein, „aber im Rohr!"

Sekunden später wurde Rohr IV abgefeuert. Dieser Torpedo traf den Gegner. (Es stellte sich später heraus, daß das Schiff nicht zum Konvoi HG 76 gehörte.)

Das Boot mußte ablaufen. Klaus Scholtz besprach mit Oberleutnant Neckel, dem TWO, und Obermaat Wilke die Lage. Der Obermaat erklärte, daß ein treibendes Wrackteil genügen würde, um den etwa zwei Meter aus des Ausstoßrohr III herausragenden Torpedo zur Detonation zu bringen und das Boot zu vernichten. Wenn nämlich der Plombendraht einmal gerissen sei, würde die Pistole* bei hoher Fahrtstufe des Bootes nach 365 Propellerumdrehungen automatisch scharf.

---

* = Die Zündeinrichtung des Torpedos

Der Torpedo ließ sich trotz vieler Versuche nicht ausstoßen. Klaus Scholtz beschloß deshalb, das Boot über den Achtersteven laufen zu lassen und bis zum Dunkelwerden unter Wasser zu bleiben.

Nach Einbruch der Dunkelheit tauchte U 108 auf. Obermaat Wilke wurde mit Tauchretter und Bleischuhen ausgestattet und zum Rohr III hinuntergelassen. Er holte die Gefechtspistole herauf. Sie war scharf geworden. Ein einziger falscher Handgriff Wilkes bei der Demontage hätte für Boot und Mannschaft das Ende bedeutet.

Die Pistole wurde weit über Bord geworfen. U 108 war noch einmal davongekommen. Aber es war weit vom Konvoi HG 76 zurückgefallen.

Die „Lange Jagd" ging weiter. Den ganzen Tag kam kein U-Boot in Schußposition. Zwei Focke Wulf 200, die den Konvoi sichteten, wurden von den aufsteigenden Martlets angegriffen. Nur eine entkam.

Am Abend dieses Tages setzte der BdU drei weitere Boote auf den HG 76 an, die in ihren Stützpunkten in der Biskaya einsatzbereit lagen. Es waren U 71 (Kapitänleutnant Flachsenberg), U 567 (Kapitänleutnant Endrass) und U 751 (Kapitänleutnant Bigalk).

Während des 20. Dezember gewannen die U-Boote immer wieder Fühlung am Konvoi. Sie wurden jedoch ständig von den Martlets unter Wasser gedrückt. Der Konvoi legte einen Zack als Ausweichbewegung ein, doch die Boote ließen sich nicht abschütteln. Fregattenkapitän Walker schrieb an diesem Tage in sein KTB:

„Das Netz von U-Booten um uns scheint immer enger zu werden — trotz ‚Audacitys' aufopferndem Bemühens, den Feind von uns abzudrängen."

Walker ließ in der Nacht zum 21. Dezember den Konvoi HG 76 wieder auf den Generalkurs zu den Western Approaches einschwenken.

Vizeadmiral Sir Percy Noble hatte als Chef dieser Western Approaches den Oberbefehl über alle Schiffe, die in Geleitzügen zwischen Gibraltar und Murmansk sowie Halifax und dem Englischen Kanal fuhren.

Am Morgen des 21. Dezember schloß U 567 heran und schoß den zweiten Dampfer aus dem HG 76 heraus. Sofort machten alle Begleitfahrzeuge des Konvois Jagd auf dieses U-Boot. Es war für U 751 nun ein leichtes, ebenfalls in Schußposition zu kommen.

Kapitänleutnant Bigalk lief mit U 751 die „Audacity" an und traf den Flugzeugträger durch einen Zweierfächer mittschiffs. Sekunden später rief die „Audacity":

„Bin von einem U-Boot torpediert worden!"

Commander Walker schickte sofort die „Marigold", die „Convolvulus" und die „Samphire" zu dem Träger, der schon mit starker Schlagseite gestoppt lag. Während die Rettungsarbeiten noch im Gange waren, entdeckte die „Deptford" ein U-Boot querab zum Konvoi. Sofort kam ihr die „Stork" zu Hilfe. Eine Stunde lang warfen beide Schiffe Wasserbomben. Dann ging der Kontakt mit dem deutschen Boot verloren. Der Angriff wurde abgebrochen. Das verfolgte Boot — es war U 567 unter Kapitänleutnant Engelbert Endrass, der das Eichenlaub zum Ritterkreuz trug — war gesunken. Die Wasserbomben hatten es in Stücke gerissen.

Dieser Kampf endete am 22. Dezember um 03.00 Uhr. Die „Audacity" war mit allen ihren Flugzeugen gesunken. Das von U 567 vernichtete Schiff war der 3005 BRT große norwegische Tanker „Annavore" gewesen.

Um 03.15 Uhr wurde die „Stork" von der „Deptford" gerammt, die ein U-Boot zu sehen glaubte. Hierbei wurde das Asdic-Gerät der „Stork" unbrauchbar und fiel aus. Nachdem der Konvoi HG 76 in den Morgenstunden des 23. Dezember die Sicherheitszone der Western Approaches erreicht hatte, ließ der BdU den Kampf abbrechen. Um 09.21 Uhr nahm der Funkmaat von U 67 folgenden Spruch des BdU auf:

„Operation am Geleit abbrechen. Rückmarsch antreten."

Auch U 108 beendete die Verfolgung. 144 Stunden hatte Korvettenkapitän Scholtz fast ohne Schlaf verbracht. Er und seine Mannschaft waren nicht nur den gefährlichsten Situationen ausgesetzt gewesen, sie mußten auch das Ende von vier Kameradenbooten am Geleit erfahren. Neben diesen vier Booten, die direkt von der 36. Geleitgruppe versenkt wurden, ist noch U 127 (Kapitänleutnant Hansmann) zu den Opfern zu zählen, die der Angriff auf den HG 76 gekostet hatte. U 127 wurde auf dem Marsch zum Konvoi HG 76 bereits am 15. Dezember westlich Gibraltar durch den britischen Zerstörer „Nestor" versenkt. Kein Mann der Besatzung kam mit dem Leben davon.

Diese letzte Operation war, trotz der Versenkung von zwei Schiffen sowie des Zerstörers „Stanley" und des Flugzeugträgers „Audacity", eine schwere Niederlage in der zweiten Phase der Schlacht im Atlantik. Ende Dezember wurde im Operationsstab des BdU die Ansicht laut, daß man nun nicht mehr in der Lage sei, Geleitzüge zu bekämpfen.

Dönitz war jedoch anderer Meinung. Er sagte darüber:

„Ich konnte mich jedoch auf Grund der bisherigen Erfahrungen und angesichts der Tatsache, daß eine Niederlage von so großer Schwere im Geleitzugskampf einmalig war, dieser Meinung nicht anschließen. Die Wetterlage war für die U-Boote bei dem soeben beendeten Kampf sehr ungünstig gewesen: Windstille und Windstärke 1 und oft spiegelglatte See. Dadurch war der englischen Abwehr das Sichten, Horch-Orten und Überwasser-Orten der U-Boote sehr erleichtert. Wir hatten zwar erwartet, daß der Geleitzug stark gesichert sein würde, wir wissen aber erst heute, eine wie starke Zusammenfassung von U-Boots-Bekämpfungskräften diesen Abwehrerfolg errungen hatte. —

Geführt wurde der Geleitschutz von dem Commander Walker. Er war ‚der berühmteste und erfolgreichste Führer von Geleitschutzgruppen des ganzen Krieges.'

Es erwies sich später als richtig, daß ich aus diesem Ereignis keine grundsätzlichen Schlüsse für die weitere Bekämpfung der Geleitzüge durch U-Boote zog. Wir sollten im Jahre 1942 bis zum März 1943 noch die größten Geleitzugschlachten schlagen.

Das Jahr 1941 ging für die U-Boot-Führung in Kummer und Sorgen zu Ende. Das Jahr 1942 begann. Es sollte im U-Boot-Krieg außerordentliche Erfolge bringen *."

---

* = siehe Karl Dönitz: „Zehn Jahre und zwanzig Tage"

DIE DRITTE PHASE DER SCHLACHT IM ATLANTIK

Allgemeines — U-Boot-Kampf vor Amerikas Küsten —
Geleitzugschlachten

Das deutsche Oberkommando wurde am 7. Dezember 1941 durch den Angriff der Japaner auf Pearl Habour überrascht. Damals stand noch kein deutsches U-Boot vor der amerikanischen Küste. Zwei Tage später teilte die Skl der U-Boot-Führung mit, daß nunmehr alle Einschränkungen im U-Boot-Krieg entfielen. Damit waren die amerikanischen Gewässer in das Kriegsgebiet mit einbezogen. Admiral Dönitz erbat noch am selben Tage von der Skl die Freigabe von zwölf U-Booten für den Einsatz vor Amerikas Küsten.

Der BdU erwartete vom Einsatz der U-Boote in den amerikanischen Gewässern einen großen Erfolg. Dort liefen die Handelsschiffe noch nicht in Konvois, und selbst die Schiffe, die zu den Sammelpunkten für ostgehende Geleitzüge fuhren, legten diesen Weg einzeln zurück. Wie es allerdings mit der amerikanischen U-Boot-Abwehr stand, wußte man in Deutschland nicht.

Auf alle Fälle schuf die Freigabe der amerikanischen Gewässer, auf denen sich viele Schiffahrtswege kreuzten und ein reger Verkehr herrschte, ein weites Operationsfeld für U-Boote.

Standen jedoch auch genügend U-Boote für das Küstenvorfeld Amerikas zur Verfügung?

Dem BdU standen am 1. Januar 1942 insgesamt 91 deutsche U-Boote zur Verfügung. Nicht weniger als 23 Boote lagen aber im Mittelmeer fest. Drei weitere Boote sollten ihnen folgen. Sechs U-Boote operierten auf einer Suchharke westlich Gibraltar, vier standen nördlich von Norwegen. Von den 55 verbleibenden Booten lagen bis zu 60 Prozent in den Häfen fest, weil die anfallenden Reparaturen durch den Mangel an Werftarbeitern nur zögernd vorangingen.

Dies bedeutete, daß insgesamt nur jeweils 20 bis 22 Boote in See standen, von denen sich die Hälfte stets auf dem An- oder Abmarsch befand. Zehn bis zwölf Boote konnten also effektiv den Tonnagekrieg führen.

Für den Einsatz vor den Küsten Amerikas standen diese zwölf Boote aber nicht einmal zur Verfügung. Dönitz hatte darum gebeten, die sechs U-Boote, die westlich Gibraltar operierten, für den „Paukenschlag" vor der amerikanischen Ostküste freizugeben. Dieser Antrag wurde nicht bewilligt. So konnte der BdU nur sechs Boote vor der USA-Ostküste einsetzen. Davon war eines nicht rechtzeitig auslaufbereit.

Der Angriff gegen die USA, denen Deutschland am 12. Dezember 1941 den Krieg erklärte, wurde also mit fünf U-Booten begonnen. Diese Boote erhielten Weisung, völlig unbemerkt zur USA-Ostküste vorzudringen und ihren Angriff auf Befehl des BdU hin schlagartig zu beginnen. Nur besonders wertvolle Schiffe von mehr als 10 000 Tonnen durften auf dem Anmarsch torpediert werden.

Während diese fünf Boote Ende Dezember aus den Häfen der Atlantikküste liefen, bat Admiral Dönitz die Skl noch einmal um Freigabe der „Gibraltarboote". Die Seekriegsleitung entschied am 2. Januar 1942 mit Chefsache 2220 unter Punkt 3:

„Westlich Gibraltar sind laufend drei U-Boote aufzustellen. Absetzen in Richtung Azoren bleibt für diese Boote anheimgestellt."

Die Chefsache 2220 enthielt außerdem den Bescheid, daß nur noch zwei bis drei U-Boote ins Mittelmeer geschickt werden sollten. Admiral Dönitz schrieb hierüber am 2. Januar 1942 in sein KTB: *

„Mit dieser Entscheidung ist also der Abschluß weiterer U-Boot-Abgaben ins Mittelmeer und damit die Wiederaufnahme einer Kriegführung im Atlantik abzusehen, die seit gut zwei Monaten zum überwiegenden Teil, seit sechs Wochen praktisch ganz aufgehört hat."

Nachdem Mitte Januar weitere vier große U-Boote auslaufbereit waren, konnte Dönitz diese zweite Gruppe in die Karibische See zu einem überraschenden Schlag im Raume Aruba—Curaçao—Trinidad schicken.

Der BdU setzte am 9. Januar 1942 den Beginn des Angriffs in den amerikanischen Gewässern auf den 13. Januar 1942 fest. Der erste große „Paukenschlag" gelang. Im Januar 1942 versenkten vor der USA-Ostküste:

---

* = Karl Dönitz a. a. O.

U 66 (Kapitänleutnant Zapp)	5 Schiffe mit 33 457 BRT,
U 109 (Kapitänleutnant Bleichrodt)	4 Schiffe mit 24 764 BRT,
U 123 (Kapitänleutnant Hardegen)	9 Schiffe mit 52 586 BRT,
U 125 (Kapitänleutnant Folkers)	1 Schiff mit 7 096 BRT,
U 130 (Korvettenkapitän Kals)	5 Schiffe mit 38 200 BRT.

Kapitänleutnant Reinhard Hardegen, der Kommandant des erfolgreichsten Bootes dieser ersten Angriffswelle, schrieb in sein KTB:

„Es ist ein Jammer, daß in der Nacht, als ich vor New York stand, nicht außer mir noch zwei große Minen-Boote da waren und alles dichtwarfen, und daß heute nacht statt meiner nicht zehn bis zwanzig Boote hier waren. Ich glaube, alle hätten genügend Erfolge haben können. Ich habe schätzungsweise zwanzig Dampfer, zum Teil aufgeblendet, gesehen; dazu noch ein paar kleine Kolcher. Alle klemmten sich dicht unter die Küste."

Wäre der Antrag des BdU von der Skl gebilligt worden, dann hätten statt sechs wenigstens zwölf Boote vor der USA-Küste raken können.

Als dieses erste U-Boot-Rudel den Rückmarsch antrat, hatten drei weitere Boote die Ostküste der USA erreicht. Auch sie erzielten große Versenkungserfolge. Im Januar 1942 wurde durch die Vernichtung von 63 Schiffen mit 327 357 BRT wieder ein Höchststand in der Versenkungsziffer erreicht. Der Großteil dieser Schiffe war vor der USA-Ostküste torpediert worden. Im übrigen Atlantik stand fast kein deutsches U-Boot. Am 1. Februar 1942 waren eingesetzt:

Nördlich Norwegen	7 Boote (Sicherungsaufgaben),
Amerikanische Küste	6 Boote (Tonnagekrieg),
Westlich Gibraltar	3 Boote (Sicherungsaufgaben).

Da Hitler einen alliierten Angriff auf Norwegen befürchtete, erteilte die Skl dem BdU Weisung, acht Boote für den Schutz der skandinavischen Küste aufzustellen. Am 6. Februar 1942 wurden außerdem die vier im Nordmeer stehenden Boote um zwei vermehrt. Ferner befahl die Skl, zwei U-Boote ständig in Narvik oder Tromsö einsatzbereit zu halten. Auch in Drontheim und Bergen sollten stets je zwei Boote liegen und acht im Raum Island—Hebriden auf Suchstreifen stehen.

Admiral Dönitz erkannte aus den vielerlei Forderungen, daß das Führerhauptquartier keine exakten Vorstellungen von den vorhandenen Booten und dem notwendigen Kräfteaufwand für einen laufenden Einsatz an der amerikanischen Küste hatte. Dieser Raum sollte selbstverständlich Operationsgebiet bleiben.

Die Skl befahl weiter, daß bis zum 15. Februar 1942 nicht weniger als 20 U-Boote im Raume Norwegen stationiert sein müßten. Damit wurde der Nachschub an Booten aus der Heimat für die Kriegführung im Atlantik auf Monate hinaus völlig gedrosselt.

Die Bindung von gut einem Drittel aller Front-U-Boote an die für den Tonnagekrieg toten Gebiete Mittelmeer und Nordmeer wirkten sich auf die Versenkungserfolge der Schlacht im Atlantik wesentlich aus. Daß im ersten Halbjahr 1942 dennoch große Erfolge erzielt wurden, verdankte die U-Boot-Waffe den neuen Operationsgebieten vor der amerikanischen Küste.

Es dürfte ein entscheidender Fehler gewesen sein, dem Tonnagekrieg eine so große Zahl U-Boote zu entziehen, waren sie doch die einzige schlagkräftige deutsche Waffe auf See.

Am 16. Februar 1942 erhielten die in den Raum Aruba–Curaçao–Trinidad entsandten Boote Befehl zum Angriff. Auch sie erzielten große Erfolge. Die Versenkungsquote lag im Februar bei 69 Schiffen mit 403 231 BRT. Hiervon entfielen auf die USA-Ostküste 31 Schiffe mit 199 695 BRT, während die Boote in der Karibischen See 18 Schiffe mit 88 981 BRT — meistenteils Tanker — vernichteten. Im Kampfraum Nordatlantik wurden 15 Schiffe mit 95 617 BRT versenkt.

Der ökonomische U-Boot-Einsatz von Admiral Dönitz feierte damit einen neuen Triumph. Er täuschte den BdU jedoch nicht darüber hinweg, was ohne den Abzug der U-Boote nach Norwegen noch hätte erreicht werden können.

Der März brachte eine weitere Steigerung der Versenkungszahlen auf 79 Schiffe mit einer Tonnage von 429 276 BRT.

Hinzu kamen die ersten zählbaren Erfolge der italienischen U-Boote, die im Februar vier Schiffe mit 23 670 BRT, im März bereits zwölf Schiffe mit 74 120 BRT versenkt hatten.

Diese für den Gegner besorgniserregenden Erfolge waren nicht in Rudelschlachten, sondern in Einzeleinsätzen errungen worden. Die ersten sechs Monate des Jahres 1942 brachten den deutschen U-Booten eine Wiederholung der Glückssträhne des Vorjahres. Geben wir hierzu Captain Roskill das Wort: *

„In der britischen Admiralität erregte das von den U-Booten angerichtete Gemetzel die schwersten Besorgnisse. Die meisten versenkten Schiffe waren britische, gingen aber in Gewässern verloren, in denen

---

* = S. W. Roskill: „Royal Navy" S. 177/178

die Admiralität nicht zu bestimmen hatte. Zudem fühlten wir mit Recht, daß Verluste dieses Ausmaßes vermieden werden konnten, wenn die Amerikaner nur das Geleitzugsystem einführten ...

Es war daher natürlich, daß unser Admiralstab baß erstaunt war über die Prozession ungesicherter Handelsschiffe, die sich auf wohlbekannten schmalen Seestraßen vor der USA-Küste auf und ab bewegte, von Schiffen, die noch immer Positionslichter führten und ihre Funkstationen ohne weiteres benutzen durften; in London wußte man schließlich, daß man mit Praktiken dieser Art dem Feind direkt in die Hände spielte. Wir setzten unseren Verbündeten auf verschiedene Weise unter Druck, doch es dauerte bis Mai, bevor das Geleitzugsystem längs der amerikanischen Küste eingeführt wurde ...

Als die Angriffe gegen die Schiffahrt in der westlichen Hemisphäre ihren Höhepunkt erreichten, liehen wir den Amerikanern zwei Dutzend U-Jäger, verlegten zwei unserer mittelatlantischen Sicherungsgruppen zur Verstärkung an die amerikanische Ostküste, boten der US-Marine eine Anzahl unserer Korvetten an und verlegten ein kampferfahrenes Flugzeuggeschwader des Coastal Command auf die Westseite des Atlantik. Es fiel uns schwer, mehr zu tun, denn Dönitz war ein viel zu gewitzter Taktiker, als daß er die Transatlantik-Geleitzüge sich selbst überlassen und uns so eine umfassende Neuverteilung unserer Geleitschutz-Flottillen gestattet hätte. Er erneuerte vielmehr die Wolfsrudel-Angriffe und befahl eine U-Boot-Gruppe in den Nordatlantik und eine weitere in das Seegebiet vor Gibraltar; beide Gruppen erzielten bei Geleitzugschlachten einige Erfolge."

Wie stand es nun um diese von Captain Roskill angeführten Geleitzugschlachten? Im Frühjahr 1942 kam es nur zu kleinen Geleitzugoperationen. Dies geschah immer nur dann, wenn ausmarschierende Boote zufällig auf einen Konvoi trafen.

So sichtete U 136 (Kapitänleutnant Zimmermann) am 4. Februar 1942 den Konvoi ONS 63. Durch Peilzeichen wurden zwei weitere U-Boote herangezogen. Am 5. Februar vernichtete U 136 die britische Korvette „Arbutus" der Geleitsicherung und versenkte am 6. Februar einen Dampfer. Danach wurden die drei U-Boote abgedrängt. Sie erhielten den Befehl zum Weitermarsch.

Wenige Tage darauf stieß U 136 abermals auf einen Geleitzug, den SC 67. Auch U 591 (Kapitänleutnant Zetzsche) gewann Fühlung am Konvoi. Hansjürgen Zetzsche, aus Annaberg im Erzgebirge, war erst am 1. Januar dieses Jahres zum Kapitänleutnant befördert worden. Es gelang ihm, einen Dampfer aus dem Konvoi zu versenken, während U 136 wiederum auf ein Sicherungsfahrzeug stieß und es durch einen Torpedotreffer versenkte. Es war die kanadische Korvette „Spikenard". Dann verloren die beiden U-Boote den Geleitzug SC 67.

Erst am 25. Februar gelang es der Operationsabteilung des BdU, sechs Boote wieder geschlossen auf einen Konvoi anzusetzen. Die erste Rudelschlacht des Jahres 1942 begann. Aus dem Geleitzug ONS 67 fielen acht Schiffe mit insgesamt 54 750 BRT drei U-Booten zum Opfer.

Im März operierten vier auslaufende Boote gegen den Konvoi ONS 76. Nachdem sie zwei Tage lang ohne Erfolg versucht hatten, zum Schuß zu kommen, entließ sie der BdU in ihre Operationsgebiete.

Das Ereignis des Monats April 1942 war das Auslaufen des ersten U-Boot-Tankers U 459 unter Korvettenkapitän von Wilamowitz-Möllendorff. Dieses Boot des Typs XIV führte nicht weniger als 700 Tonnen Dieselöl mit. Es konnte (je nach der Länge des eigenen Anmarschweges) bis zu 600 Tonnen Kraftstoff an U-Boote abgeben. Booten mittlerer Größe war es bei Übernahme von 50 Tonnen Dieselöl möglich, in der Karibischen See zu operieren. Die großen U-Boote, die in den Raum Kapstadt entsandt wurden, mußten 90 Tonnen Öl aus diesen „Milchkühen" tanken.

Als erstes deutsches Boot übernahm am 22. April 1942 U 108 (Korvettenkapitän Scholtz) 500 Seemeilen nordostwärts der Bermudas von U 459 Öl. In den nächsten zwei Wochen versorgte U 459 noch 14 Boote mit Dieselkraftstoff. Zwei weitere U-Tanker gingen ebenfalls im April in See. Es waren U 460 (Kapitänleutnant Schäfer) und U 116 (Korvettenkapitän von Schmidt). Diese drei Boote versorgten bis Mitte Juni zwanzig deutsche U-Boote, die in der Karibischen See rakten.

Anfang Mai faßte Admiral Dönitz im Nordatlantik acht Boote zur U-Boot-Gruppe „Hecht" zusammen. Sie sollte bis zum 14. Mai einen Vorpostenstreifen auf dem „Großkreis" (dem kürzesten Weg zwischen den amerikanischen Auslaufhäfen und dem Nordkanal) nördlich Irland bei 30 Grad West gebildet haben.

Noch vor Erreichen dieses Zieles sichtete U 569 (Oberleutnant z. See Hinsch) am 11. Mai 1942 einen Geleitzug, der südwestlichen Kurs steuerte. Sechs Boote wurden auf diesen Konvoi angesetzt. Es war der ONS 92 mit 42 Schiffen. Drei Boote kamen zum Schuß, unter ihnen U 124 (Kapitänleutnant Mohr).

Dieses Boot befand sich seit dem 4. Mai 1942 auf seiner vierten Feindfahrt.

Auf der dritten Feindfahrt hatte U 124 in der zweiten großen Welle vor der USA-Ostküste gerakt und neun Schiffe mit 50 000 BRT versenkt. Mohr hatte seinen Erfolg mit einem durchaus nicht üblichen Funkspruch an den BdU bekanntgegeben:

„In der Gewitter-Neumondnacht
bei Hatteras tobte die Tankerschlacht.
Der arme Roosevelt verlor
50 000 Tonnen — Mohr."

Jochen Mohr hatte um jeden Mann seiner Besatzung gekämpft, um ihn an Bord zu behalten; und so stand er auch während der vierten Feindfahrt mit fast gleicher Besatzung wieder in See. Der BdU hatte U 124 der Gruppe „Hecht" zugeteilt. Operationsgebiet war der Nordatlantik. Ein Kampf gegen sehr stark gesicherte Konvois stand bevor.

Nachdem U 569 am 11. Mai den ONS 92 gesichtet hatte und Peilzeichen gab, lief U 124 bei grober See diesem Ziele entgegen. In der Nacht zum 12. Mai gewann das Boot Anschluß. Jochen Mohr befahl:

„Auf Gefechtsstationen!"

Am Geleitzug blies bereits die erste Torpedodetonation empor.

„Das ist Otto! Wollen wir wetten, Coester?"

Oberleutnant Coester schüttelte den Kopf.

„Das ist bestimmt Otto Ites mit U 94. Nach den Meldungen vom Nachmittag muß er schon vor uns dagewesen sein", beharrte Mohr.

„Da, ein Sicherungsfahrzeug!"

„Läuft in Richtung von U 94, Herr Kaleunt."

„Diese Chance nutzen wir! Boot greift an! Sechs gezielte Einzelschüsse!" befahl der Kommandant.

„Wir stoßen in den Konvoi hinein!"

U 124 glitt herum und brach, zwischen zwei Dampferkolonnen hindurchlaufend, in den Konvoi ein. Mohr ließ die sechs Torpedos nacheinander lösen. Vor Abschuß des letzten Torpedos wurde bereits die erste Detonation am Ziel sichtbar. Es folgte die zweite und schließlich noch eine dritte.

Der erste Frachter brach eine Minute nach dem Treffer durch und sank. Der zweite begann zu brennen und bekam starke Backbord-Schlagseite.

Die Geleitfahrzeuge feuerten Leuchtgranaten. Auf der Backbordseite des Konvois warf ein Zerstörer Wasserbomben. Und mitten in dieses Getöse hinein barst der zuletzt getroffene Dampfer mit fürchterlichen Explosionsschlägen auseinander.

„Der hatte Munition geladen, Coester!" bemerkte Mohr sachlich.

„Zerstörer in Lage Null!" kam die Meldung.

Mit Alarmtauchen ging U 124 in die Tiefe und wurde auf 50 Meter abgefangen. Wieder krachten Wabos, doch diese Explosionen lagen weit ab.

Der Konvoi ONS 92 lief nach allen Seiten auseinander. Vergebens versuchte der Geleitzug-Commodore, seine Herde beisammen zu halten. Ein versprengter Konvoi würde die Angriffschancen des U-Boot-Rudels wesentlich vergrößern.

„Auf Sehrohrtiefe auftauchen!" befahl Mohr.

Oberleutnant z. See (Ing.) Subklew*, einer der erfahrensten Leitenden Ingenieure, der bereits zehn U-Boot-Einsätze gefahren hatte, brachte das Boot auf den Zentimeter genau hoch und meldete:

„Boot hängt im Sehrohr!"

Achteraus sah Jochen Mohr einen brennenden Frachter. Sekunden später sichtete er einen anderen Dampfer, der mit Höchstfahrt ablief.

„Auftauchen, Subklew!"

Die ersten beiden Rohre waren inzwischen nachgeladen worden. Eben wurde das dritte Rohr beschickt. Die Mixer arbeiteten mit Hochdruck.

„Wir greifen wieder an!"

Das Boot drehte auf den Einzelgänger ein. Der erste Torpedo wurde vom Frachter ausgedampft und lief hinter dessen Heck vorbei. Aber der zweite traf. Der Frachter begann zu brennen.

„Zerstörer! Zehn Grad Steuerbord voraus. Kommt in Lage Null!"

„Schießt auf uns, Herr Kaleunt!"

Leuchtgranaten tauchten den U-Boot-Turm in strahlende Helle. Unmittelbar vor dem Bug von U 124 krachten die ersten Granaten in die See.

„Alarmtauchen!"

Zweiundzwanzig Sekunden später hatte der LI das von ihm vorsorglich vorgeflutete Boot unter Wasser gebracht.

„Auf 150 Meter gehen!"

Oberleutnant z. See Subklew arbeitete sicher und schnell. Er meldete nach eineinhalb Minuten, daß das Boot auf 150 Meter eingependelt sei.

Die Asdic-Ortung des Gegners traf klickend auf den Bootskörper. Dann waren auch Schraubengeräusche zu hören. Ein Ruderkommando

---

* = Jetzt Fregattenkapitän in der Bundeswehr

ließ das Boot eben noch rechtzeitig zur Seite ausbrechen. Vier Wabo-Detonationen erschütterten U 124. Manometergläser platzten. Eine undicht gewordene Preßluftleitung begann zu zischen. Ein Maat sprang hinzu und drehte sie dicht.

„Sternbuchsen machen Wasser!" wurde gemeldet.

Nach kurzer Zeit waren die Schäden behoben. Die Klarmeldungen trafen in der Zentrale ein, in der Jochen Mohr seine Ruderkommandos gab. Sie wurden vom Gefechtsrudergänger oben im Turm sofort in die Tat umgesetzt.

U 124 wurde insgesamt drei Stunden mit Wasserbomben beharkt. Dann brach der Zerstörer die Verfolgung ab. Zehn Minuten später ließ Mohr auftauchen.

Aber U 124 kam nicht mehr zum Schuß. Ein weiteres Boot der Gruppe „Hecht" hatte noch einen Dampfer versenkt. Der Konvoi ONS 92 verlor insgesamt sieben Schiffe mit 36 285 BRT.

U 124 blieb weiter in der Gruppe „Hecht" in See. Das Boot sollte auf dieser Feindfahrt noch einen stolzen Erfolg erringen. Vorher jedoch kam es im Juni zu einer Geleitzugschlacht, in der nur ein einziges U-Boot zum Schuß kam und dabei nicht weniger als fünf Schiffe versenkte und einen Tanker torpedierte.

Die 36. Geleitgruppe unter Commander Walker traf am 9. Juni 1942 mit dem aus Gibraltar heimwärts fahrenden Konvoi HG 84 zusammen. Das Geleit, das Kommodore H. T. Hudson von der „Pelavo" aus führte, bestand aus zwanzig Schiffen. In der 36. Escort Group standen die Sloop „Stork", das Flaggschiff Walkers, die „Marigold", die „Convolvulus" und „Gardenia", die auch den Dezember-Konvoi HG 76 gesichert hatten.

In der Backbordkolonne lief die „Empire Morn". Sie hatte ein Katapult zum Starten eines Flugzeuges an Bord. Der Dampfer „Copeland" fungierte als Rettungsschiff und stand demzufolge am Schluß des Konvois.

Die Leistungen der Rettungsschiffe verdienen höchstes Lob. Sie allein verhinderten größere Menschenverluste auf den Geleitzugwegen. Unter eigener Gefahr fuhren sie zu den getroffenen Schiffen und bargen die Schiffbrüchigen. Dabei boten sie sich förmlich als Zielscheibe an.

Am 10. Juni wurden drei aus Lissabon kommende Schiffe von der Escort Group abgeholt. Walker erreichte am 12. Juni den Konvoi und übernahm die Sicherung.

U 552, das Boot des Eichenlaubträgers Kapitänleutnant Topp, war am 9. Juni von St. Nazaire ausgelaufen. Vier Tage später nahm der Funkmaat des Bootes die Meldung einer Focke-Wulf 200 auf. Diese Maschine hatte einen Konvoi auf der Gibraltar—England-Route gesichtet und Peilzeichen gegeben. U 552 gab diese Meldung an den BdU weiter und operierte sofort auf den gemeldeten Standort zu. Der Konvoi wurde noch am gleichen Tage um 14.30 Uhr vom Boot gesichtet. Topps Sichtmeldung lautete:

„Geleitzug besteht aus voraussichtlich 21 Schiffen. Sicherung fünf bis sechs Fahrzeuge."

Das Wetter war wechselhaft. Einmal gab es kurze Gewitter mit Sturmböen, dann wieder Regenböen, und schließlich war der ganze Himmel mit einer dichten Wolkendecke behangen.

Kapitänleutnant Topp ließ noch einmal Standort, Kurs und Fahrtstufe des Konvois durchgeben. Wenig später befahl der BdU den Rudelansatz der neu gebildeten „Gruppe Endrass" (zu Ehren des im Dezember am HG 76 gefallenen Kommandanten von U 567) auf diesen Konvoi. Acht Boote versuchten, Anschluß zu gewinnen und zum Schuß zu kommen. Nach Einbruch der Dunkelheit war U 552 herangeschlossen.

Noch wußte Topp nicht, daß sein an den BdU gesandter FT-Spruch von der „Copeland" mit ihrem Huff-Duff-Funkpeiler eingepeilt worden war. Huff-Duff-Funkpeiler wurden die High Frequency Direction Finder — HF/DF, genannt, mit denen die auf Kurzwelle getasteten Funksprüche deutscher U-Boote auf See eingepeilt werden konnten. Damit war es möglich, den Standort eines Bootes zu ermitteln.

Commander Walker wußte also, daß ein deutsches U-Boot achtern vom Geleit stand und schnell aufkam. Eine Viertelstunde später sichtete der Brückenausguck der „Stork" das Boot. Die Sichtmeldung wurde an die achtern stehende „Gardenia" weitergegeben, die ebenfalls auf das Boot andrehte. Aus einer Entfernung von 13 600 yards eröffnete die „Stork" das Feuer. Topp ließ das Boot mit Alarmtauchen hinuntergehen und drehte ab.

Eine halbe Stunde lang wurde U 552 von dem Asdic der „Stork" erfaßt. Viermal griff die Sloop in dieser Zeit das Boot mit Zehnerfächern an. Doch Topp, einer der gewitztesten Taktiker, der allein auf U 552 schon die neunte Feindfahrt machte, entkam. Gelassen gab er seine Befehle. Seine Crew arbeitete zuverlässig und schnell.

Um 22.00 Uhr ließen die beiden Sicherungsfahrzeuge von U 552 ab. „Auf Sehrohrtiefe auftauchen!" befahl Erich Topp, als die Schraubengeräusche verstummt waren.

Die See war in Sichtweite leer. Aufgetaucht lief U 552 auf dem Generalkurs weiter, erreichte erneut den Geleitzug HG 84 und schloß an der Steuerbordseite heran.

„Verdammt viel Meeresleuchten, Herr Kaleunt!" sagte der I. WO, der die Wache übernommen hatte.

„Wir gehen auf jeden Fall in den Konvoi hinein. — Auf Gefechtsstationen!"

Erich Topp sah auf die Uhr, sie zeigte genau Mitternacht. Die an Backbord laufenden Dampfer waren nur schwach zu erkennen. Es schien jedoch gefährlich, noch näher heranzugehen, da das Meeresleuchten sie verraten konnte.

„Boot greift an!" befahl Topp, als die Fertigmeldungen aus dem Bug- und Heckraum kamen. Hinter der Korvette „Marigold" drang U 552 in den Geleitzug ein.

„Einzelschüsse aus Rohr I bis V. Mit drehendem Boot."

Die einzelnen Ziele wurden bestimmt. Die Schußwerte kamen mit großer Schnelligkeit aus der Rechenanlage.

Topp gab den Befehl zum Schuß. Binnen 90 Sekunden wurden alle vier Einzelschüsse abgegeben. Noch ahnte keines der Sicherungsfahrzeuge, daß U 552 bereits in ihr Geleit eingedrungen war.

Erst als die „Pelavo", die das Spitzenschiff in der mittleren Dampferkolonne und zugleich das Flaggschiff von Kommodore Hudson war, den ersten Treffer erhielt und — weil es Sprengstoff geladen hatte — innerhalb einer Minute in die Luft flog, wußte Commander Walker auf der „Stork" um die Anwesenheit des Gegners im Konvoi. Die Ereignisse der nächsten Minuten brachten ihm Gewißheit. Zwei weitere Torpedodetonationen erfolgten. Sie trafen den Dampfer „Strib" und den Tanker „Slendal".

„Hart Steuerbord! — Rohr V fertig!" befahl Topp auf U 552.

Mit Hartruderlage ließ er sein Boot herumgehen, um auch noch für das Heckrohr ein Ziel zu finden, während schon alle Sicherungsfahrzeuge Leuchtgranaten schossen, die das Kampffeld hell ausleuchteten. Die Magnesiumfackeln der großen Leuchtsätze hingen an ihren Fallschirmen am Himmel und ließen die „Aktion Butterblume" zu einem weithin wirksamen Feuerwerk werden. Alle Sicherungsfahrzeuge suchten die See nach dem Gegner ab.

Der fünfte Schuß von U 552 ging fehl.

Der Frachter, dem dieser Torpedo galt, zackte plötzlich zur Seite weg. Alle Schiffe des Konvois starteten wilde Ausweichmanöver.

„Korvette! Achtern an Backbord, schnell aufkommend. – Korvette von Steuerbord querab!"

„Beide dreimal AK!"

Mit Höchstfahrt lief U 552 in 90 Grad Bootspeilung vom Konvoi weg und verschwand in der Nacht, ohne daß die suchenden Korvetten das Boot sichteten.

Die „Aktion Butterblume" lief noch immer.

„Seht euch das an! Die haben vielleicht Munition!" sagte der Kommandant auf der Brücke von U 552.

Erst dreißig Minuten nach diesem schnellen, erfolgreichen Angriff erloschen die letzten Leuchtfallschirme.

„Meldung, sobald die Rohre nachgeladen sind!" befahl Erich Topp.

Er führte nun das Boot, während der I. WO als TWO hinter der UZO stand. Langsam drehte U 552 wieder an den Konvoi heran. Die See klatschte gegen die Flanken des Bootes. Der Turm wurde von Gischtschleiern übersprüht.

Es kam die Meldung:

„Rohre I bis V nachgeladen!"

„Wenn ich nur wüßte, wo die übrigen Boote stecken!" sagte der Kommandant.

„Wahrscheinlich alle abgedrängt. Muß ein guter Sicherungschef sein, der diesen Konvoi geleitet, Herr Kaleunt!"

Am späten Nachmittag hatte U 552 Funkmeldungen einzelner Boote aufgenommen, daß sie abgedrängt und unter Wasser gedrückt worden seien.

„U 94 erbittet Peilzeichen, Herr Kaleunt!"

„Geben Sie eine Minute Peilzeichen, Funkenpuster!" entschied der Kommandant.

Die Peilung bestätigte Topp, daß er allein am Konvoi HG 84 stand.

„Boot greift wieder an!"

Es war 04.05 Uhr, als dieser Befehl kam.

„Wieder auf der Steuerbordseite, Herr Kaleunt? Dort stehen alle Bewacher!"

„Gerade deshalb, Eins Null. Wir werden wieder alle Aale als Einzelschüsse losmachen, diesmal mit den gleichen Schußunterlagen und drehendem Boot schießen, das geht schneller und sicherer."

U 552 schloß heran. Um 04.31 Uhr gab der Zielgeber „Hartlage!"
Eine Minute später ließ Topp Rohr I schießen.
„Kreisläufer, Herr Kaleunt!" meldete der Funkmaat. Topp unterdrückte einen Fluch.

Rohr II wurde auf einen Frachter gerichtet, Rohr III auf zwei überlappende Dampfer und Rohr IV aus spitzer Lage auf einen weiteren Dampfer. Alle Torpedos hatten nach 105 Sekunden das Boot verlassen. Der erste Schuß traf den Dampfer „Thurso", der in der mittleren Kolonne stand. Er barst in tausend Stücke auseinander. Die Männer auf dem U-Boot-Turm sahen einen weißglühenden, zweihundert Meter hohen Feuerball. Als ihre von dem gleißenden Licht geblendeten Augen wieder sehen konnten, war die „Thurso" verschwunden. Sie war förmlich von der See weggeblasen worden.

Dann ereilte die „City of Oxford" ihr Schicksal. Die Brückenwache sah von diesem Treffer nur eine schwache Detonationsflamme, denn der Torpedo hatte die Bordwand des Schiffes durchschlagen und war erst im Laderaum explodiert. Die „City of Oxford" sank. Auch der Torpedo aus Rohr IV erreichte sein Ziel.

Obgleich wieder ein wilder Feuerzauber begann, drehte U 552, und Kapitänleutnant Topp ließ noch das Heckrohr schießen. Dieser fünfte Torpedo ging fehl. Mit AK zog sich U 552 aus der Flankennähe des Geleites HG 84 zurück.

Commander Walker erblickte auf der Brücke seiner Sloop „Stork" den Feuerball der explodierenden „Thurso". Er sah, wie unmittelbar darauf die „City of Oxford" liegenblieb und die nachfolgenden Schiffe das Wrack umfuhren.

Von allen Schiffen wurden blindlings Seenotraketen gefeuert. Leuchtgranaten zischten durch die Nacht, und plötzlich peitschten MG-Salven in die Brücke der „Storck" hinein.

„Commander an alle: Feuer einstellen, wenn kein Ziel gesehen wird!" befahl Walker. Es bestand Gefahr, daß die Sicherungsfahrzeuge einander schließlich noch selbst versenken würden oder miteinander kollidierten.

Die „Aktion Butterblume" erleuchtete alle Kolonnen des Konvois taghell. Aber kein U-Boot war zu sehen.

U 552 schloß um 05.45 Uhr wieder an den Konvoi heran. Die letzten beiden Torpedos waren nachgeladen. Noch einmal gab U 552 für die anderen Boote Peilzeichen, dann griff es an. Doch die Geleitsicherung war auf der Hut und drängte U 552 ab. Zwanzig Minuten später versuchte Topp mit großer Beharrlichkeit noch einmal zum Schuß zu kommen. Wieder wurde er abgedrängt.

Konsequent verfolgte Erich Topp sein Ziel. Diesmal wollte er im Tages-Unterwasserangriff heranschließen und die letzten Torpedos schießen.

Das stundenlange Vorsetzen begann. Doch der Konvoi hatte kurz vor Passieren der Angriffsbasis einen Zack eingelegt und stand zu weit ab. So zogen zwölf Dampfer in zu weitem Abstand an U 552 vorbei.

Nachdem Topp sein Boot achteraus hatte sacken lassen, tauchte U 552 wieder auf und setzte die Verfolgung fort. Am Nachmittag wurde das Boot von einem Bewacher (wahrscheinlich der „Convolvulus") unter Wasser gedrückt. Als das Boot wieder auftauchte, empfing es einen FT-Spruch des BdU:

„An ‚Gruppe Endrass'! Lage und Erfolg melden."

Der Funkmaat tastete wenig später den FT-Spruch durch:

„Aus Geleit: 5 Frachter versenkt und 1 Tanker torpediert. 1 Kreis- und 1 Oberflächenläufer. 2 Fehlschüsse."

Die Antwort des BdU lautete:

„Bravo, Topp!"

Außer U 552 hatte kein Boot der „Gruppe Endrass" Erfolg. Am Abend des 15. Juni hatte zwar ein anderes Boot zum Angriff angesetzt, es wurde jedoch von einer Liberator angegriffen. Das Boot ging mit Alarmtauchen in die Tiefe, und die Liberator meldete:

„Habe U-Boot angegriffen und 17 Treffer erzielt. Feind ist entweder versenkt oder getaucht."

Gegen Mitternacht des 15 Juni wurde ein anderes Boot, das herangeschlossen hatte, von der „Stork" aufgespürt und mit den letzten zehn Wabos beharkt.

Am Nachmittag des 16. Juni ließ der BdU diese Operation abbrechen. Lediglich U 552 war zum Schuß und zu einem großen Erfolg gekommen.

Commander Walker ließ veröffentlichen, er habe wahrscheinlich zwei deutsche U-Boote versenkt. In Wirklichkeit war jedoch kein Boot an diesem Konvoi verlorengegangen.

Das erste Halbjahr 1942 hatte einen großen Erfolg für die deutschen U-Boote gebracht. Die Zahl der Boote war inzwischen zwar vermehrt worden, doch statt der monatlich erwarteten zwanzig Neubauten kamen von Januar bis März lediglich je dreizehn, und von April bis Juni sogar nur noch zehn Boote monatlich zur Front.

Der Zuwachs betrug im ersten Halbjahr 1942 insgesamt 69 U-Boote
Von ihnen wurden allein 26 — das sind 40 Prozent — in den Raum
Norwegen entsandt, in dem kaum Erfolge zu erzielen waren. Zwei
weitere Boote wurden ins Mittelmeer geschickt.

Von Januar bis Juni 1942 waren im Atlantik zwölf Boote verloren
gegangen, so daß als Zuwachs für den Tonnagekrieg nur 29 Boote
verblieben. Damit standen zu Beginn der zweiten Jahreshälfte 101
Front-U-Boote im Atlantik. Im Tagesdurchschnitt waren hiervon
59 Boote in See und 42 in Reparatur. Von den in See stehenden U-
Booten befanden sich ungefähr 19 im Operationsgebiet.

Admiral Dönitz bemühte sich unablässig um die Vergrößerung der
U-Boot-Waffe, um so den Aufgaben des Seekrieges gerecht zu werden.

Das entscheidende Problem für die erfolgreiche Durchführung des
Kampfes war die Erhaltung der Kampfkraft der U-Boote. Sie bereitete
dem BdU große Sorge. Admiral Dönitz richtete deshalb sein besonderes
Augenmerk auf die Geleitzugschlachten im Mai und Juni 1942. Es sollte
erkundet werden, ob der Gegner neue Abwehrmaßnahmen oder neue
U-Boot-Abwehrgeräte — vor allem Überwasser-Ortungsmittel — eingesetzt hatte.

Als sechs U-Boote der Gruppe „Hecht" zwischen dem 8. und 12. Juni
im Nordatlantik den Konvoi ONS 100 attackierten, wurden alle Kommandanten angehalten, auf solche Überwasser-Ortungen des Gegners
zu achten.

Zur Gruppe „Hecht" gehörte U 124. Dieses Boot war nur wenige
Tage zuvor um Haaresbreite der Vernichtung entgangen. Es mußte
viermal vor Trägerflugzeugen tauchen. Beim viertenmal schlugen die
Bomben haarscharf neben dem Boot ein. Zum Glück — und dank der
guten „Röntgenaugen" von Oberbootsmaat Hennig — konnte U 124
jedesmal schnell genug wegtauchen.

Jochen Mohr drückte die Sprechtaste.

„Männer, Boot ist auf einen neuen Konvoi angesetzt. Ites (U 94)
und Hinsch (U 569) haben einen Geleitzug ausgemacht und geben Peilzeichen. Wir stehen nur zwanzig Seemeilen davon ab und werden ihn
gegen Abend erreichen. — Alle Brückenwächter hundertprozentigen
Ausguck!"

Bei Einbruch der Dämmerung sichtete — wieder einmal — Oberbootsmaat Hennig die ersten Rauchsäulen und kurz darauf auch Schatten.

„Das ist der Konvoi! Auf Gefechtsstationen!" befahl der Kommandant.

Großadmiral Dönitz zeichnet persönlich verdiente U=Boot= Männer aus.

Bild rechts: Der Befehlshaber der U=Boote, Großadmiral Dönitz, bei einer Lage= besprechung.

Rechts: Kapitänleutnant Winter.

Vier verdiente U=Boot=
Offiziere:
Korvettenkapitän Salman
(links oben) und Kapitän=
leutnant Hellmut Rosen=
baum (links unten).

Oberleutnant z. See Jebsen,
später Kapitänleutnant
(oben); Korvettenkapitän
Otto Kretschmer, Eichen=
laub= und Schwerterträger.

Mit AK knüppelte U 124 durch die mit Stärke vier gehende See. Drei Dampfer tauchten plötzlich dreißig Grad voraus an Backbord auf.

„Die nehmen wir. UZO auf den Turm!"

Die U-Boots-Zieloptik wurde aus der Zentrale heraufgereicht. Oberleutnant Coester, als TWO, setzte sie auf die Zielsäule, die, ebenso wie das Sehrohr, mit der Rechenanlage im Turm verbunden war. Die ersten Werte wurden zu Oberbootsmaat Hennig in den Turm gegeben. Hennig hatte seinen Posten hinter der Rechenanlage bezogen.

Jochen Mohr suchte die See ab. Auf einmal sah er einen silbern blitzenden Streifen, der direkt auf das Boot zugerast kam.

„Steuerbord zehn!"

U 124 drehte aus dem Kollisionskurs heraus. Der anlaufende Zerstörer aber fuhr seinen Stremel weiter.

„Hat uns nicht gesehen. Macht nur Routinezack!"

Das Sicherungsfahrzeug mußte das Boot aber doch gesehen haben, denn dort, wo U 124 vor einer oder zwei Minuten noch gestanden hatte, krachten Wasserbomben.

„Der denkt, wir hätten uns unter Wasser verholt."

„Ist auch verdammt schwer, einen U-Boot-Turm zu sehen, wenn das Boot spitz läuft. Zu unserem Glück."

Wieder drehte U 124 in Richtung Konvoi ein.

„Da läuft eine Gruppe, Herr Kaleunt!"

„Wir greifen sie an!"

Bevor das Boot jedoch zum Schuß kam, wurde U 124 abermals von einem scheinbar aus dem Nichts auftauchenden Zerstörer angelaufen.

Mit Hartruder-Backbord und Alarmtauchen ging U 124 in die Tiefe.

Im Horchraum hörte Funkmaat Kreckel, der anstelle des zum Obermaaten beförderten und zu einem Landkommando abgemusterten Schroeder an Bord gekommen war, die schnell näherkommenden Schraubengeräusche. Wenig später krachten die ersten Wabos hundert Meter hinter dem Boot.

Es fielen noch mehrere Wabo-Fächer, denen das Boot entkommen konnte. Dann drehte der Zerstörer ab.

U 124 lief wieder hinter dem Konvoi her. Als Mohr eine halbe Stunde später auf Sehrohrtiefe auftauchen ließ und die See absuchte, sah er eine Korvette, die mit abgestellten Maschinen auf dem „Wechsel" lauerte.

„Rohr V klar zum Unterwasserschuß!"

Mit Schleichfahrt glitt U 124 in Sehrohrtiefe auf den Gegner zu. Aus dem Jäger wurde in diesem Augenblick ein Gejagter, ohne daß die Korvette das geringste davon ahnte.

Bis auf 600 Meter ließ Mohr sein Boot herangehen, ehe er den Feuerbefehl gab, um dann sofort mit Hartruder abzudrehen.

Diese Vorsichtsmaßnahme war nicht nötig. 56 Sekunden nach dem Schuß sprang am Heck der Korvette eine masthohe Wassersäule empor. Unmittelbar explodierten alle auf dem Heck feuerbereit liegenden Wasserbomben. Die Korvette „Mimose" verschwand unter einem grellen Feuerpilz, aus dem ein Regen zerborstener Einzelteile auf die See niederging.

„Treffer auf Korvette. Sinkt schnell!" berichtete der Kommandant.

Nur noch eine Seenotrakete stieg von der Brücke der Korvette in die Nacht empor, dann sank die „Mimose" über das Heck in die Tiefe.

„Schraubengeräusche! Schnell aufkommend!"

Mohr ließ das Boot tiefer gehen.

In den nächsten vier Stunden erlebte U 124 eine Wabo-Hölle schlimmsten Ausmaßes. Als das Boot nach bangen Augenblick tödlicher Bedrohung den Gegner endlich abgeschüttelt hatte und auftauchte, war die Fühlung am Konvoi verloren gegangen. Erst am nächsten Tag brachten die Peilzeichen von U 94 Mohr wieder auf die Spur des Geleites. Bis dahin hatten die anderen Boote drei Dampfer aus dem Konvoi versenkt.

Am 12. Juni kam U 124 erneut zum Schuß. Nach fünfstündiger Verfolgung gab Kapitänleutnant Mohr einen Zweierfächer auf einen Frachter von 7000 Tonnen ab. Beide Torpedos trafen. Eine halbe Stunde später sank dieser Frachter. Drei Sicherungsfahrzeuge verfolgten U 124, konnten es aber auch diesmal nicht tödlich treffen.

Die Gruppe „Hecht" blieb weiter zusammen.

Am 16. Juni erhielt U 590 Fühlung am Konvoi ONS 102. Drei Stunden später hatte auch Otto Ites mit U 94 wieder herangeschlossen. Beide Boote fuhren Angriffe auf den 48 Schiffe starken Konvoi. Otto Ites, der am gleichen Tage wie Jochen Mohr das Ritterkreuz erhalten hatte, wollte seine „letzten Aale noch anlegen". Sein Boot wurde aufgefaßt, von einem Zerstörer mit Wabos eingedeckt und beschädigt. U 94 mußte den Rückmarsch antreten. Ebenso erging es Kapitänleutnant Müller-Edzards mit U 590.

U 124 stand jetzt noch allein am Geleitzug. Es gab Peilzeichen, um die übrigen drei Boote der Gruppe „Hecht" heranzubringen. Wieder wurde das Boot laufend von Sicherungsfahrzeugen erkannt und abgedrängt.

„Es ist zum Auswachsen. Immer, wenn wir schießen wollen, kommt so ein Feger und vermasselt uns die Tour."

Der Funkmaat betrat die Zentrale. „FT-Spruch vom BdU, Herr Kaleunt!"

„Geben Sie her, Kreckel!"

Mohr nahm das Formular und überflog den Spruch.

„Haben Sie persönlich durch die Abwehr Kenntnis von Überwasser-Ortungsmitteln erhalten?"

Jochen Mohr antwortete:

„Ich mußte gestern im ganzen siebenmal mit äußerster Kraft vor Zerstörern ablaufen. Kopplung ergibt, daß die Sicherung in allen Fällen in spitzer Lage aus der Kimm herauskam. Zweimal ist das Boot getaucht, Zerstörer haben Schreckbomben geworfen und sind wieder verschwunden. In den anderen Fällen glaube ich nicht gesehen worden zu sein. Ich halte Zacks für normale starke Schläge, weil Lage nie genau Null war und die Zerstörer bei Ausweichmanöver nie nachdrehten."

Jochen Mohr glaubte noch nicht an eine Ortung durch den Gegner. Wäre dies der Fall gewesen, dann hätten die Sicherungsfahrzeuge ihn ja auch bei den anderen Anläufen sehen und unter Wasser drücken können.

Am nächsten Tage griff Mohr wieder an. U 124 versenkte am 18. Juni zwei Frachter von 6000 und 7000 Tonnen.

Am 21. Juni brach der BdU den Ansatz am Konvoi ONS 102 ab.

Fünf Tage später lief U 124 — verschossen — in Lorient ein. Das Boot hatte acht Dampfer mit 37 000 BRT und die Korvette „Mimose" versenkt.

Jochen Mohr hatte diese Versenkungserfolge an zwei Geleitzügen erzielt und damit seinen Ruf als Geleitzugkämpfer erneut unter Beweis gestellt. Das Boot ging zur Generalüberholung ins Trockendock. Zu viele Schäden hatten ihre Spuren hinterlassen.

Die U-Boote kehrten allmählich alle in ihre alten Jagdgründe zurück. Sie hatten nach alliierten Meldungen vom 1. Januar bis zum 30. Juni 1942 vor den Küsten Amerikas 495 Schiffe mit 2 500 000 BRT versenkt; darunter allein 142 große Tanker.

Im Juli 1942 gelang es dem deutschen U-Boot-Bau erstmalig, 30 U-Boote zur Front zu bringen.

Diese außergewöhnliche organisatorische Leistung war niemand anderem als Admiral von Friedeburg zu verdanken, dem BdU-org.* in Kiel. Er und sein Stab hatten ihren Sitz auf dem U-Boot-Begleitschiff „Erwin Wasner".

Admiral von Friedeburg war der Schöpfer des „Laufenden Bandes" bei der U-Boot-Herstellung. Sein Verdienst war es auch, daß die Neubauten fertig ausgebildete Besatzungen erhielten. Der Chef der Organisationsabteilung und sein Stab hatten eine gigantische Arbeitsleistung vollbracht. Während des ganzen Krieges mangelte es nie an gut ausgebildeten und eingefahrenen Besatzungen.

---

* = Organisationsabteilung des BdU

DAS ZWEITE HALBJAHR 1942

Kampf im Nordmeer — Die Eismeer-Konvois — Der PQ 17

Zum erfolgreichsten Monat des U-Boot-Kampfes war der Juni 1942 geworden. Der deutschen U-Boot-Waffe gelang es, in diesem Zeitraum 122 Schiffe mit 598 129 BRT Handelsschiffsraum zu versenken. Im Hauptkampfabschnitt, dem Atlantik, wurden allerdings nur 18 Schiffe mit 91 355 BRT vernichtet. Die Karibische See war im Juni zur „U-Boot-Weide" geworden.

Anfang Juli wurden die bereits im Vormonat begonnenen Anstrengungen im Nordatlantik verdoppelt, da der Gegner wegen des verminderten U-Boot-Einsatzes in diesem Gebiet wieder zu den kürzesten Geleitzugrouten übergegangen war.

Den neuen technischen Vorteilen des Gegners (z. B. dem Radar, das den Kampf an Geleitzügen für die U-Boote noch gefährlicher machte, als er ohnehin schon war), stand der unverminderte Einsatzwille der U-Boot-Besatzungen gegenüber. Besorgniserregend war vor allem auch, daß es den viermotorigen Landflugzeugen des Gegners nunmehr möglich war, sich bis 800 Seemeilen von ihren Luftbasen zu entfernen. Damit war der für die Bekämpfung der Geleitzüge günstige feindfreie Luftraum erheblich zusammengeschrumpft.

Aus diesem Grunde strebte der BdU ab Juli an, die Geleitzüge so weit wie möglich im Osten abzufangen.

Die im Nordmeer laufenden PQ- und QP-Geleitzüge waren, abgesehen von einigen vereinzelten Angriffen deutscher U-Boote im Januar und Februar 1942, fast ausschließlich von deutschen Überwasserstreitkräften angegriffen worden. So wurde auch die Operation auf den PQ 13 und QP 9 als ein kombinierter Luft- und Seeangriff durchgeführt. Die Alliierten ließen die zwei in entgegengesetzter Richtung fahrenden Geleitzüge fast gleichzeitig auslaufen, um im Kampfgebiet mit ihren

Sicherungsstreitkräften beiden zu Hilfe kommen zu können. Neben den Flugzeugen der 2./K.Fl.Gr. 406 waren die Boote der 8. Zerstörerflottille und sechs U-Boote auf diesen Konvoi angesetzt. Eine BV 138 sichtete den Geleitzug PQ 13 am Morgen des 27. März 1942. Er bestand aus 19 Schiffen und einer Bedeckung mit dem englischen Kreuzer „Trinidad" und fünf weiteren Sicherungsfahrzeugen. Am nächsten Tag wurde die Sicherung durch zwei sowjetische Zerstörer verstärkt. Es kam zu einem Duell der deutschen Zerstörer mit der Geleitsicherung, bei dem das deutsche Boot Z 26 verlorenging. Die „Trinidad" und der Zerstörer „Eclipse" wurden beschädigt. Die deutschen Streitkräfte erlitten dann noch einen weiteren Verlust. Der Zerstörer „Fury" versenkte U 585 (Korvettenkapitän Lohse).

Nachdem bereits zwei Dampfer durch Torpedos von Kampfflugzeugen vernichtet worden waren, wurden am 30. März zwei weitere Frachter durch U 435 (Kapitänleutnant Strehlow) und U 456 (Kapitänleutnant Teichert) versenkt. Insgesamt verlor der PQ 13 fünf Schiffe mit 28 016 BRT.

Keine Verluste hatte dagegen der Geleitzug QP 9 zu beklagen. Das zu seiner Sicherung gehörende M-Boot „Sharpshooter" versenkte am 24. Mai durch Rammstoß das deutsche U-Boot 655.

Nachdem der Konvoi PQ 13 in Murmansk festgemacht hatte, wurden noch die Dampfer „New Westminster City" (4747 BRT) und „Empire Starlight" (6850 BRT) durch einen deutschen Bomberangriff am 3. April versenkt. Dem Geleitzug war damit noch ein sehr fühlbarer Schaden zugefügt worden.

Dem Konvoi PQ 14, der am 8. April mit 24 Schiffen, 5 Zerstörern, 4 Korvetten, 2 Minensuchern und 4 Trawlern Island verließ, wurden als Nahsicherung noch die Kreuzer „Edinburgh" und „Norfolk" sowie zwei Zerstörer beigegeben. Der am 10. April mit 16 Dampfern aus Murmansk auslaufende QP 10 wurde vom Kreuzer „Liverpool", 5 Zerstörern, 1 Minensucher und 2 UJ-Trawlern begleitet. Als Fern-Deckungsgruppe standen zwischen Island und Norwegen die Schlachtschiffe „King George V.", „Duke of York", der Träger „Victorious", die Kreuzer „Kent", „Nigeria" und 8 Zerstörer. Außerdem operierten mehrere sowjetische U-Boote vor der nordnorwegischen Polarküste.

Diese umfangreichen Sicherungen zeigen, welche Feindkräfte durch die verhältnismäßig kleinen deutschen U-Boot-Kontingente und Großkampfschiffe gebunden wurden. Von den 24 Schiffen des PQ 14 erreichten nur acht Murmansk. Wieder war U 435 erfolgreich. U 403 versenkte ebenfalls einen Dampfer. Ein großer Teil der Schiffe kehrte allerdings wegen Eisschäden nach Island zurück.

Am 26. April begannen die Operationen gegen die Geleitzüge PQ 15 und QP 11. Der von Island auslaufende PQ 15 war sehr stark gesichert. Er transportierte wertvolle Ladungen nach Murmansk. Es handelte sich insbesondere um Flugzeuge, Kraftwagen und Panzer, die für die Russen von größter Wichtigkeit waren.

Flugzeuge, Zerstörer und U-Boote errangen an diesem Konvoi Erfolge. Der deutsche Zerstörer „Hermann Schoemann" mußte zwar nach Treffern von der „Edinburgh" aufgegeben werden. Der größte Teil seiner Besatzung wurde jedoch von Z 24 gerettet.

Auf englischer Seite sanken oder wurden beschädigt: der Kreuzer „Edinburgh" durch einen Zweierfächer von U 456 unter Kapitänleutnant Teichert sowie die Zerstörer „Forester" und „Foresight". Die „Edinburgh" wurde aufgegeben, nachdem sie weitere Torpedotreffer von einem deutschen Zerstörer erhalten hatte.

Die Geleitsicherung des PQ 15 versenkte irrtümlich das polnische U-Boot P 551 „Jastrzab". Vom Konvoi PQ 15 selbst gingen nur drei Schiffe verloren.

Der Geleitzug PQ 16 verließ am 21. Mai Reykjavik auf Island. Er war mit 35 Frachtern der bisher stärkste Konvoi auf der Nordroute. Admiral Tovey detachierte zur Nahsicherung vier Kreuzer ab und ging mit seinen übrigen Einheiten in See, um einem eventuellen Angriff deutscher Überwasserstreitkräfte aus Narvik und Drontheim begegnen zu können. Am gleichen Tage verließ der QP 12 Murmansk und die Kolabucht. Vier Tage später begegneten sich die Konvois. Als Sicherungsfahrzeuge waren 5 Zerstörer, 4 Korvetten, 4 Trawler, 1 Minensucher, 2 U-Boote und ein Flakschiff beigegeben. Die Nahsicherungsgruppe bestand aus 4 Kreuzern und 3 Zerstörern.

Am 24. Mai sichtete das Geleit zum erstenmal deutsche U-Boote. Zwei Zerstörer drängten mit Wabo-Fächern das erste herangeschlossene U-Boot ab. Die Operationsabteilung des BdU hoffte auf ein gutes Abschneiden der angesetzten U-Boote.

Es war jedoch die Luftwaffe, die am nächsten Tag die ersten Erfolge errang. Beim Angriff von Torpedoflugzeugen und Stukas wurden fünf Schiffe des Konvois getroffen. Mitten in diesem deutschen Angriff setzte der Kreuzer „Nigeria" der Nahsicherung ein Flaggensignal. Die Signalgasten auf allen Schiffen entzifferten:

„Achtung, Zeitgrenze! Stellen Sie Ihre Uhren eine Stunde vor!"

Gegen Abend des gleichen Tages griffen zwölf Ju 88 des KG 30 abermals an. Wieder wurden einige Schiffe getroffen. Der Frachter „Carlton" mußte nach Island zurücklaufen. Sein Hauptdampfrohr war gebrochen.

Am 26. Mai um 01.00 Uhr griffen nun auch die herangeschlossenen U-Booten an. Das erste deutsche Boot tauchte plötzlich mitten zwischen den beiden englischen Begleit-U-Booten auf. Während sich die gesamten Abwehrmaßnahmen auf dieses deutsche U-Boot konzentrierten, kam das zweite — U 703 unter Kapitänleutnant Bielfeld — auf der Steuerbordseite zum Schuß. Der mit Sprengstoff vollbeladene Dampfer „Syros" ging mit einer 3000 Meter hohen Explosionssäule in die Luft.

An Bord der „Syros" hatten sich fünfzig Seeleute befunden.

„Ein betäubender Schlag traf das Ohr, gefolgt von einem gewaltigen Luftstoß und von einer auf den Gesichtern brennenden Hitzewelle. Noch höher wuchs der Feuersturm, noch breiter dehnte er sich aus. Er glich einem gewaltigen Pilz. Seine Farbe war zuerst blendendweiß, dann karmesin, scharlachfarben und schließlich gelb. Dann erlosch er. Nicht einmal eine Rauchwolke stand mehr auf dem hellblauen Grund des Himmels. Aber auch auf der Wasseroberfläche, dort, wo fünf Sekunden vorher noch ein Schiff fuhr, war nichts mehr zu sehen. Kein Wrack, kein im Wasser schwimmender Überrest, nichts!*"

Das war der einzige U-Boot-Erfolg in dieser Nacht. Am 27. Mai setzte die deutsche Luftwaffe ihre Angriffe fort. Die „Empire Lawrence" sank nach einem Bombentreffer. Mehrere Schiffe wurden noch bombardiert. Am Abend dieses Tages hatte der PQ 16 insgesamt fünf Schiffe verloren. Einige weitere, darunter auch der russische Frachter „Stari Bolchevik", waren getroffen worden. Der polnische Zerstörer „Garland" lief, von einer Fliegerbombe schwer beschädigt, nach Murmansk. Aber nur die „Syros" (6191 BRT) kam auf das Erfolgskonto der U-Boot-Waffe.

Am nächsten Morgen mußte auch die „City of Joliet" aufgegeben werden, die Flugzeuge, Panzer, Lastwagen und Munition geladen hatte. Am 29. Mai griff U 586 (Kapitänleutnant von der Esch) den PQ 16 noch einmal an. Sein Fächerschuß ging vorbei. Das Boot wurde erkannt und abgedrängt. Am 31. Mai lief der Konvoi in Murmansk ein. Er hatte sieben Schiffe mit 43 205 BRT verloren. Der Großteil der Ladung bestand aus 147 Panzern, 77 Flugzeugen und 770 Kraftfahrzeugen.

---

* = Georges Blond: „Kurs Murmansk"

Der Juli 1942 sollte dann den Höhepunkt des Kampfes gegen die Nordmeer-Konvois bringen. Es waren Angriffe auf die Geleitzüge PQ 17 und QP 13, für die das Codewort „Operation Rösselsprung" gewählt wurde.

Am 27. Juni lief der PQ 17 aus Reykjavik aus. Er bestand aus 36 Handelsschiffen. Die englische Feindnachrichten-Zentrale berichtete, daß nach gewissen Anzeichen das Auslaufen von schweren deutschen Streitkräften, einschließlich der „Tirpitz", wahrscheinlich sei. Der unter dem Kommando von Konteradmiral Hamilton stehenden britischen Nahsicherung wurden deshalb wieder vier Kreuzer zugeteilt. Geleitzug-Commodore war ein erfahrener Seeoffizier, Commodore Dowding.

Zu den 36 Frachtern des PQ 17 kamen 1 Flottentanker und 3 Rettungsschiffe hinzu. Die Geleitsicherung unter Commander Broome war mit 6 Zerstörern, 4 Korvetten, 3 Minensuchern, 4 Trawlern, 2 Flakschiffen und 2 U-Booten stärker als jemals zuvor.

Die Fern-Deckungsgruppe unter Admiral Tovey stach mit 2 Schlachtschiffen, 2 Kreuzern, 9 Zerstörern und dem Träger „Victorious" von Scapa Flow aus in See. Sie lief in das Gebiet zwischen Island und der Bären-Insel. Später stießen weitere 5 Zerstörer hinzu.

Der Konvoi QP 13 wurde bereits am 30. Juni von der deutschen Luftaufklärung erfaßt. Ein Angriff unterblieb jedoch, da der bedeutend wertvollere Geleitzug PQ 17 aus Island abgewartet werden sollte.

Nachdem der B-Dienst am 1. Juli den Konvoi erfaßt hatte, gewannen U 255 und U 408 etwa 60 Seemeilen ostwärts Jan Mayen Fühlung. Die Operationsabteilung des BdU setzte sofort zwei weitere Boote — U 334 und U 456 — an und ließ ostwärts vom Geleitzugstandort durch sechs U-Boote die Gruppe „Eisteufel" bilden, die den Konvoi erwarten und bekämpfen sollte.

Am 2. Juli griffen vier Boote den Konvoi an. Sie erzielten keinen Erfolg, da sie von der starken Sicherung abgedrängt wurden.

Lediglich U 456 (Kapitänleutnant Teichert) behielt Fühlung. Der Kieler Max-Martin Teichert kam von den Zerstörern. Seit September 1941 führte er U 456. Er zählte zu den besten Kommandanten, die zäh operierten und immer wieder Erfolge errangen.

Am Nachmittag des 2. Juli lief die deutsche Kampfgruppe I unter Generaladmiral Schniewind mit der „Tirpitz", „Admiral Hipper", vier Zerstörern und zwei Torpedobooten von Drontheim nach Nordnorwegen, dem Ausgangspunkt der „Operation Rösselsprung".

Am 3. Juli griff U 88 einen Zerstörer an, der das Boot aufgefaßt hatte. Fünf weitere Boote gewannen — jedoch immer nur kurzfristig — Fühlung am Konvoi PQ 17. Keines der Boote errang einen Erfolg. Am nächsten Tag passierte der Konvoi das Seegebiet nördlich der Bären-Insel. Kurz vorher hatte er den ersten Luftangriff über sich ergehen lassen müssen. Den ersten Treffer erhielt der Dampfer „Christopher Newport" durch ein Torpedoflugzeug. Immer noch hatte ein Teil der U-Boote Fühlung am Konvoi. Durch einen Angriff des I./KG 26 (Major Klümper) wurde der Dampfer „Navarino" versenkt und die „William Hooper" beschädigt, die später durch Fangschuß von U 334 vernichtet wurde.

Am Abend dieses Tages fällte der 1. Seelord, Admiral Pound, eine Entscheidung, die allgemeines Mißfallen hervorrief. In Erwartung eines Überwasserangriffs der „Tirpitz" und der „Admiral Hipper" — die von der britischen Luftaufklärung am Vortage auf dem Ausmarsch gesichtet worden waren — ließ er die Kreuzergruppe von Konterardmiral Hamilton über Funk vom Konvoi abziehen. Außerdem gab er Befehl zur Auflösung des Konvois. Die Schiffe sollten Murmansk einzeln erreichen. Die drei Funksprüche dieses Befehls lauteten: *

21.11 Uhr: „Äußerst dringend. Kreuzerverband mit Höchstfahrt nach Westen ablaufen."

21.23 Uhr: „Dringend. Wegen Bedrohung durch Überwasserschiffe Konvoi auflösen und einzeln nach russischen Häfen weiterlaufen."

21.36 Uhr: „Äußerst dringend. Mein Funkspruch von 21.23: Geleitzug ist aufzulösen."

Diese Entscheidung führte zu einem Massaker. Konteradmiral Hamilton ließ die sechs Zerstörer der Geleitsicherung zu seinem Kreuzerverband stoßen, er befahl dem Geleitzug-Commodore, seinen Schiffen den Befehl zum Einzelweitermarsch zu geben und ging mit seinem Verband auf Westkurs. Nun standen nur noch Korvetten und Fischdampfer (Trawler) am Geleitzug.

Unmittelbar nach diesem Befehl griffen die Grauen Wölfe wieder an. Zu ihnen gesellten sich die von den nordnorwegischen Flugplätzen aufgestiegenen Kampf- und Bomberverbände. Ein großes „Schlachten" begann.

---

* siehe: S. W. Roskill: „Royal Navy"

Das KG 30 versenkte in den nächsten sechs Tagen acht Schiffe mit 40 376 BRT und beschädigte weitere sieben Dampfer mit insgesamt 46 982 BRT, die anschließend durch Fangschüsse der angreifenden U-Boote versenkt wurden.

Eines der Boote, die am 5. Juli zum Schuß kamen, war U 88. Es sichtete zwei Schiffe des Konvois und griff sie an. In zwei Anläufen wurden die Dampfer „Carlton" und „Daniel Morgan" versenkt.

U 334 sichtete die beiden von der Luftwaffe beschädigten Dampfer „Paulus Potter" und „Earlston" und brachte sie zum Sinken.

U 703 unter Oberleutnant z. See Joachim Brünner griff den Tanker „Aldersdale" an. Ein Zweierfächer ließ ihn innerhalb von zwei Minuten in Flammen aufgehen. Als brennende Fackel lag er weithin leuchtend auf der See, die hier zu einem Tollhaus verzweifelter Kapitäne und wild zackender Schiffe geworden war.

Nur eine Stunde nach Versenkung des Tankers sichtete U 703 den Dampfer „River Afton".

„Wir greifen ihn an!" beschloß Brünner, ein ganz junger Offizier, der auf einem Kreuzer seine Liebe zur U-Boot-Waffe entdeckt hatte. Brünner stammte aus Breslau. Er war soeben vom Kommandantenlehrgang gekommen und machte seine erste Feindfahrt auf U 703. Vor diesem Lehrgang war er schon als Wachoffizier auf dem gleichen Boot gefahren und kannte die Besatzung.

U 703 lief von Steuerbord an. Es gewann den zum Schuß nötigen Vorlauf, tauchte und lief, auf Sehrohrtiefe eingesteuert, auf den besten Schußpunkt zu.

„Aus!" befahl Brünner.

Surrend trieb der Elektromotor den „Spargel" hoch. Brünners Blick fiel auf das Schiff, das mit zwölf Knoten Fahrt einem Gegner zu entkommen trachtete, dessen Standort es noch nicht kannte.

Die Stimme des Oberleutnants klang bei Durchgabe der Schußwerte, die der Torpedorechner ermittelt hatte, vor innerer Anspannung lauter als gewöhnlich. Der Torpedomaat im Bugraum stellte diese Werte an den beiden Torpedos ein. Brünner wußte aus Erfahrung, daß ein Schiff, das von einem Zweierfächer getroffen wurde, im allgemeinen schnell sank. Dieser Dampfer, den er auf 7000 BRT schätzte, war ihm einen Zweierfächer wert.

„Hartlage! — Hartlage!" kam die Meldung vom Zielgeber.

„Fächer — llos!"

U 703 ruckte an. Rauschend schoß die See in die Ausgleichstanks. Der Obersteuermann zählte zur Orientierung seines Kommandanten halblaut die Sekunden. Doch ehe er sein „Zeit um!" melden konnte, sah Brünner schon die feuerdurchlohte Fontäne am Gegner hochsteigen.

„Treffer Mittschiffs und hinten 20!"

Erst jetzt erschütterte die Druckwelle der Explosion das U-Boot.

Brünner konnte sich nicht erklären, weshalb der Konvoi überhaupt keine Sicherungsfahrzeuge bei sich hatte.

„Wahrscheinlich haben sie Angst vor der ‚Tirpitz', Herr Oberleutnant."

Durch das Sehrohr beobachtete der Kommandant den Dampfer. Er sah, wie die Boote gefiert wurden und das Schiff immer größere Backbord-Schlagseite erhielt. Auf einmal leuchtete der rot gemennigte Kiel auf. Der Dampfer hatte sich schwerfällig herumgerollt und sackte nach achtern weg. Plötzlich stand der Bug zwanzig Meter hoch aus der See empor. Dann stieß das Schiff über den Achtersteven in die Tiefe.

„Sinkgeräusche", meldete der Funkmaat, der das Gruppenhorchgerät besetzt hatte.

„Wir laufen ab und suchen uns auf dem Wechsel ein neues Schiff."

Nach dem Auftauchen setzte U 703 seine Fahrt in die Richtung fort, in der sein Kommandant weitere Schiffe vermutete.

In der Zwischenzeit hatte eine Catalina des 210. RAF-Sqadrons den auslaufenden deutschen Flottenverband gesichtet und über Funk weitergemeldet. Später erkannte auch das englische U-Boot „Unshaken" die ausgelaufenen deutschen Überwasserstreitkräfte. Die Funksprüche der englischen Einheiten wurden von der deutschen Funkhorchabteilung mitgehört. Der ObdM beschloß den Abbruch der Flottenunternehmung. Er hatte eine „Führerweisung" erhalten, daß er kein Risiko eingehen dürfe.

Die Flugzeuge und U-Boote sollten nunmehr den Geleitzug allein bekämpfen. Dennoch hatten die deutschen Überwasserstreitkräfte einen entscheidenden Erfolg errungen. Sie veranlaßten den Gegner, seine Sicherungskräfte vom Konvoi abzuziehen.

Die deutschen Kriegsschiffe liefen bereits am 6. Juli wieder in den Kaafjord ein.

Am gleichen Tage wurden zwei Schiffe aus dem PQ 17 versenkt. Das KG 30 hatte den Tanker „Pan Atlantic" bombardiert und U 255 die „John Wiherspon" torpediert.

Am Vortage hatte auch der nach England laufende QP 13 schwere Verluste hinnehmen müssen. Er war in der Dänemark-Straße in ein eigenes Minenfeld gelaufen und verlor den Minensucher „Niger" und fünf weitere Schiffe durch Minenexplosionen.

U 255, das von Kapitänleutnant Reinhard Reche, einem Oberschlesier, geführt wurde, vernichtete die „Alcao Ranger" durch zwei Torpedos. Außer U 255 erzielten noch U 355 und U 457 je einen Versenkungserfolg.

U 255 lief bis dicht unter die Küste von Nowaja Semlja (russisch Novaia Zemlya — Neue Erde). Das Boot versenkte hier den modernen amerikanischen Dampfer „Olapana" und gewann am 9. Juli Fühlung am Restgeleitzug, an den sich bereits U 251, U 376, U 457 und U 703 angehängt hatten.

Aber U 255 kam nicht mehr zum Angriff am Konvoi. Es bekam am 13. Juli den Rückmarschbefehl. Unterwegs sichtete es den treibenden, schwer getroffenen Dampfer „Paulus Potter", den es zum Sinken brachte.

Als letzter Dampfer des Geleites PQ 17 traf am 28. Juli die „Winston Salem" in Molotowsk ein.

Der PQ 17 hatte 24 Schiffe mit 143 977 BRT verloren. Unter ihnen befand sich auch das Rettungsschiff „Zaafaran".

Von allen Konvois, die jemals unterwegs waren, hatte der PQ 17 die größten Verluste erlitten. Zahlreiche Flugzeuge und Panzer wurden vernichtet; nur neun Schiffe erreichten die russischen Häfen.

Der nächste Nordmeergeleitzug — der PQ 18 — lief am 2. September 1942 von Loch Ewe aus. Er verlor von seinen 39 Schiffen „nur" 13. Der Flugzeugträger „Avenger" mit 15 Maschinen an Bord geleitete ihn. Weitere Sicherungsfahrzeuge waren der Leichte Kreuzer „Scylla", 16 Zerstörer, zwei U-Boote und mehrere Trawler. Hinzu kamen die Flakschiffe „Ulster Queen" und „Alynbank".

Am 13. September griffen die ersten beiden deutschen U-Boote an. U 405 versenkte den amerikanischen Dampfer „Oliver Ellsworth", während U 589 das russische Schiff „Stalingrad" vernichtete.

Bomber, Stukas und Torpedoflugzeuge brachten am gleichen Tage in mehreren Anflügen sieben Dampfer zum Sinken.

Am nächsten Tage konnte nur ein deutsches U-Boot angreifen. Es war U 457 unter Korvettenkapitän Brandenburg. Es gelang ihm, den stark gesicherten britischen Dampfer „Atheltemplar" mit 8922 BRT durch zwei Torpedos so schwer zu treffen, daß er aufgegeben werden mußte. Das Boot selbst wurde unter Wasser gedrückt und sieben Stunden von Zerstörern mit Wasserbomben belegt. Doch U 457 entkam. Als das Boot aber auftauchte, wurde es von einem einzelnen Sicherungsfahrzeug gesichtet. Es war der Zerstörer „Impulse", der mit AK auf das mit Alarmtauchen in die Tiefe gehende Boot zulief. Bereits der erste Wabo-Fächer verursachte schwerste Schäden. Der zweite zerstörte das Boot, das inzwischen 80 Meter Tiefe erreicht hatte. Kein Mann der Besatzung kam mit dem Leben davon.

Damit war nach U 88 und U 589 ein drittes U-Boot am Konvoi PQ 18 versenkt worden. Auf drei von U-Booten vernichtete Schiffe war der Verlust von drei U-Booten gefolgt. Der Kampf war für die U-Boote mit einer Niederlage zu Ende gegangen.

Aber auch die angreifenden Flugzeuge hatten schwere Verluste durch Flakschiffe und Zerstörer hinnehmen müssen. Die I./KG 26 verlor zwölf Maschinen, die III./KG 26 acht Flugzeuge. Zehn Schiffe wurden durch die Luftangriffe versenkt.

Da sich in den letzten Septembertagen neue Aufgaben vordringlicher erwiesen als eine massierte Geleitzugsicherung im Nordmeer, beschloß das alliierte Marineoberkommando im Oktober, für die Nordmeerfahrten keinen Geleitschutz mehr zur Verfügung zu stellen.

Die für Rußland bestimmten Schiffe liefen ab Oktober jeweils zu zweit aus Reykjavik aus. Sie wurden lediglich von Trawlern begleitet, die die Aufgabe hatten, Überlebende von versenkten Schiffen aufzunehmen. Von den ersten zehn dieser einzeln fahrenden Schiffe wurden fünf versenkt. Es war der hereingebrochenen arktischen Nacht zu verdanken, daß nicht alle Schiffe verlorengingen.

DIE SCHLACHT IM ATLANTIK
VIERTE PHASE

Juli-Erfolge — Die Konvois OS 33 und OS 34 —
Alliierte Maßnahmen zur U-Boot-Bekämpfung

Anfang Juli 1942 begann die vierte Phase der Schlacht im Atlantik. Die U-Boot-Gruppe „Hecht", die schon seit Mai im Nordatlantik operierte, stand auch im Juli im Brennpunkt der Kämpfe.

Am 11. Juli sichtete der Treibölversorger U 116 (Kapitänleutnant von Schmidt) den Konvoi OS 33. Die anderen fünf Boote der Gruppe „Hecht" wurden sofort auf diesen Konvoi angesetzt.

Noch am gleichen Tage gewann U 136 unter Kapitänleutnant Zimmermann Fühlung am Geleitzug. Das Boot wurde jedoch von dem französischen Zerstörer „Leopard" geortet und gejagt. Die britischen Fregatten „Spey" und „Pelican" beteiligten sich an der Wabo-Verfolgung. Es gelang ihnen, U 136 durch Wasserbomben zu vernichten. Die gesamte Besatzung kam ums Leben.

Drei Boote griffen jedoch an. Unter ihnen auch U 201 unter Kapitänleutnant Adalbert Schnee.

U 201 war am 27. Juni von St. Nazaire ausgelaufen. Es war die siebente Feindfahrt dieses Bootes und die 17. des Kommandanten. Das Boot stieß bereits am 6. Juli auf einen riesigen Dampfer. Es war das Kühlschiff „Avila Star". Mit vier Torpedos, von denen einer nicht detonierte, versenkte U 201 auf 38.04 N/22.46 W den Dampfer. Er hatte 14 443 BRT.

Am 10. Juli griff das U-Boot die „Cortona" an und vernichtete sie. Zwei Stunden später torpedierte Schnee einen dritten Dampfer. Auch er sank. Dann wurde U 201 auf den OS 33 angesetzt. Das Boot folgte den Peilzeichen von U 116 und kam am 13. Juli auf einen Dampfer dieses Konvois zum Schuß. Die „Sithonia" (7230 BRT) wurde vernichtet. Zwei Tage später torpedierte U 201 noch einen abgesprengten

Tanker. Es war die „British Yeomen" (9990 BRT). Dann riß die Fühlung ab.

U 116 kam ebenfalls zum Schuß. Das Boot versenkte einen Dampfer. U 582 (Kapitänleutnant Schulte) griff ebenfalls an und vernichtete zwei weitere Dampfer aus dem Geleit.

Der Konvoi OS 33 verlor insgesamt sechs Schiffe mit 39 692 BRT.

Neben der U-Boot-Gruppe „Hecht" hatte die U-Boot-Gruppe „Wolf" in den ersten Julitagen ihre Position erreicht. Sie stand 600 Seemeilen westlich des Nordkanals und sollte im Suchschlag über den Atlantik in Richtung Karibische See oder USA-Ostküste gehen. Mitte Juli entschloß sich jedoch der BdU, den U-Boot-Kampf wieder auf die nördlichen Geleitzugrouten zu verlegen. Die sechs Boote der Gruppe „Wolf" wurden auf den von U 202 (Kapitänleutnant Lindner) gesichteten Geleitzug OS 34 angesetzt. Diesen Konvoi sicherten erstmalig viermotorige Landmaschinen ab, obwohl das Geleit noch 800 Seemeilen vom Land entfernt war.

Als einziges Boot gewann U 564 Fühlung. Kapitänleutnant Suhren, der seit dem 3. Januar 1942 das Ritterkreuz trug, griff am 17. Juli an.

Sein Boot wurde jedoch abgedrängt. Als Suhren am 18. Juli um 00.14 Uhr wieder angreifen wollte, wurde U 564 von einer viermotorigen Landmaschine angegriffen, die offensichtlich mit einem Ortungsgerät ausgerüstet war. Diese Vermutung geht aus der eigenen Schilderung des U-Boot-Kommandanten mit Deutlichkeit hervor. Er berichtete:

„00.14 Uhr: Alarmtauchen vor viermotoriger Landmaschine. Diese ist anscheinend mit Ortungsgerät ausgerüstet, denn sie fliegt alle am Geleitzug stehenden Boote der Reihe nach an, scheint aber wegen der zu großen Entfernung vom Land keine Bomben zu haben.

00.30 Uhr: Stoppe vor dem Geleitzug. Drehe dann langsam mit, bis sich die dicht aufgeschlossene Steuerbordkiellinie des Geleitzuges in günstiger, überlappender Schußposition befindet. Ziel sind drei mittlere Frachter von etwa 5000 BRT und ein Passagierfrachter von etwa 8000 BRT mit zwei Schornsteinen und hohen Aufbauten. Der zweite Schornstein kann Attrappe sein, um stärkeren Hilfskreuzer vorzutäuschen.

02.30 Uhr: Bei Lage 50° und 1000 Meter Entfernung Rohr I bis IV los. Alle Torpedos laufen. Ich drehe dann hart nach Backbord ab, nachdem ich sofort mit Fahrt angegangen bin, um noch mit dem Heckrohr zum Schuß zu kommen.

*Schiffbrüchige Seeleute eines vor der USA=
Küste versenkten Handelsdampfers im stür=
mischen Atlantik.*

Kapitänleutnant
Günter Hessler,
Kommandant von
U 107, bei der
Rückkehr von eine
Feindfahrt.

Links außen:
Kapitänleutnant
Werner Hartenste
der die „Laconia"
Schiffbrüchigen
rettete. Daneben:
Kapitänleutnant
Jürgen von Rosen
stiel.

Da, zwei Stichflammen und eine hohe dunkle Sprengwolke, darauf ein dritter ohrenbetäubender Knall, eine riesige Stichflamme, ein ganzer Dampfer fliegt in die Luft. Es ist der mit den zwei Schornsteinen, er hatte Munition geladen. Gleich darauf eine vierte Stichflamme und Sprengwolken. Treffer Mitte auf dem vierten Dampfer. Wrackteile fliegen um uns herum ins Wasser. Ich befehle der Brückenbesatzung, die Brücke zu verlassen, um sie vor herabfallenden Wrackteilen in Sicherheit zu bringen."

Durch diesen Bericht erhielt der BdU zum erstenmal Kenntnis von einer Geleitsicherung durch Landflugzeuge, die in einer derartigen Entfernung von ihren Stützpunkten operieren konnten.

Andere U-Boote kamen am OS 34 nicht mehr zum Schuß. Aber der Kampf im Atlantik ging mit größter Härte weiter. Am 22. Juli sichtete U 71 unter Kapitänleutnant Flachsenberg den Konvoi ON 113. Dieses Boot gehörte zur Gruppe „Wolf". Es gab Peilzeichen.

Diese Gruppe, die inzwischen auf zehn Boote angewachsen war, versuchte Anschluß zu gewinnen. Aber nur insgesamt drei Boote kamen in der von Sommerstürmen stark aufgewühlten See an den Konvoi heran. Unter ihnen auch U 552, das am 15. Juli zu seiner zehnten Feindfahrt aus St. Nazaire ausgelaufen war.

„Kommandant auf die Brücke!"

Der Ruf des Zentrale-Maaten erreichte Erich Topp in seiner Koje. Er sprang auf, eilte in die Zentrale und enterte auf den Turm.

„Wir haben den Geleitzug, Herr Kaleunt!"

„Dann wollen wir mal wieder!" sagte Topp zuversichtlich.

Bei der vorhergehenden Feindfahrt war U 552 allein am HG 84 zum Schuß gekommen, hatte daraus fünf Schiffe versenkt und ein sechstes torpediert. Diese Feindfahrt dauerte damals nur neun Tage.

„Schwere See, Herr Kaleunt und ... Wahrschau!" brüllte der Bootsmannsmaat der Wache, als er den riesigen Roller herankommen sah. Alle klammerten sich fest. Längst waren sie oben auf der Brücke angeschnallt.

Eine gigantische Wasserlawine donnerte auf das Boot hernieder und ließ alle Brückenwächter darin untertauchen.

Mit dem Fuß warf Erich Topp das Turmluk dicht, als er bemerkte, daß sich immer wieder Wasser tonnenweise durch das Luk ins Boot ergoß und die Pumpen alle Mühe hatten, es wieder außenbords zu bringen.

„Rasmus ist persönlich eingestiegen", sagte der Wachoffizier.

Obwohl das Wetter während der nächsten zwei Stunden immer schlimmer wurde, gelang es dem Boot, Fühlung am Konvoi zu halten. Einmal sahen sie einen Zerstörer, der hoch auf einem Roller zu tanzen schien, ehe er wieder in ein Wellental hinuntergerissen wurde.

„Der kann uns mal, Herr Kaleunt! Da kommt keiner ans ‚Kanon‘ ‘ran!" sagte der Bootsmaat der Wache.

„Aber auch für uns ist jeder Waffeneinsatz unmöglich geworden." Durch Funkspruch wurde dem BdU hiervon Mitteilung gemacht.

Am 23 Juli wurden Mastspitzen gesichtet; es war eine Korvette. Dann erschienen überraschend Rauchwolken am Horizont. Abermals wurde der Kommandant auf die Brücke gerufen. Gerade als er diese Sichtmeldung tasten lassen wollte, wurde ein Funkspruch von U 704 aufgefangen, daß es den Konvoi in Sicht habe.

„FT-Spruch vom BdU, Herr Kaleunt!" meldete der Läufer, der den Spruch wenig später auf die Brücke brachte. Topp las ihn vor:

„An Gruppe Wolf! Endlich. Nun aber ‘ran an den Geleitzug!"

Durch die hohe See dampfte U 552 mit AK heran. Das Boot machte trotz höchster Maschinenleistung lediglich neun Knoten Fahrt und holte nur langsam auf. Gischtende Brecher setzten den Turm immer wieder unter Wasser.

Als um Mitternacht plötzlich ein Diesel ausfiel, stand das Boot schon achtern Steuerbord am Konvoi.

„Zerstörer von Backbord querab!"

Diese Meldung ließ Topp handeln. Das Boot drehte weg. Doch eine Stunde später — der Backborddiesel war wieder klargekommen — gewann U 552 erneut Anschluß. Um 02.15 Uhr verlor das Boot abermals den Konvoi aus dem Gesichtskreis, da es zum zweitenmal abgedrängt wurde und der Konvoi gleichzeitig einen außerplanmäßigen Zack einlegte.

Ebenso wie U 552 erging es auch den übrigen Booten. Alle verloren sie die Fühlung. Zehn Stunden ließ Topp das Boot auf dem Generalkurs weiterlaufen. Noch immer tobte der Sturm. Die Brückenwachen waren schon wenige Minuten nach dem Aufziehen völlig durchnäßt. Mit entzündeten Augen, in der Kälte zitternd, taten sie ihren Dienst.

Erst am anderen Morgen verließ Topp gegen 11.00 Uhr den Turm, um sich eine Stunde auszuruhen. Er lag kaum in seiner Koje, als ihm Obersteuermann Klein, der III. WO auf U 552, den Gegner meldete. Die Brückenwache hatte den Konvoi wieder gesichtet.

Topp erschien wenige Sekunden später auf der Brücke.

An Backbord voraus sah er die Rauchsäulen der Schiffe. Als die ersten Mastspitzen auftauchten, ließ der Kapitänleutnant Peilzeichen geben. Der Sturm flaute mehr und mehr ab, bis es zu einer beängstigenden Windstille kam. Zwei Kameradenboote liefen plötzlich an U 552 vorbei nach vorn, um näher an den Konvoi heranzuschließen.

„Höchst unvorsichtig von ihnen", sagte der Obersteuermann unwillig.

„Sie wollen sich vorsetzen und im Tages-Unterwasserangriff 'rangehen, Klein."

„Ist aber verkehrt, Herr Kaleunt!"

„Stimmt, Klein. Viel zu früh. Die Sicherung wird sie abdrängen."

Eines dieser Boote, es war U 90 unter Kapitänleutnant Hans-Jürgen Oldörp, geriet tatsächlich an die Sicherungsfahrzeuge. Der kanadische Zerstörer „St. Croix", der schon viele Geleitzugfahrten mitgemacht hatte, faßte das Boot auf, belegte es mit einigen Wabo-Fächern und brachte es zum Sinken. Kein Mann der Besatzung konnte gerettet werden.

Gegen Abend wurde ein weiterer Funkspruch des BdU aufgefangen:

„An Gruppe Wolf: Angriff geht über alles. Auch am Tage Angriff anstreben. Erfolgsaussichten für Tages-Unterwasserangriff gut. Mit Sichtverschlechterung ab morgen ist zu rechnen."

In der Abenddämmerung dampfte U 552 auf. Das Boot lief an der günstigeren Backbordseite des Konvois entlang. Als es völlig dunkel war, verschlechterte sich das Wetter schlagartig. Ein gewaltiger Regenguß ließ die Sicht völlig zuschmieren.

„Hat keinen Zweck mehr, Herr Kaleunt!" meinte Oberfähnrich Klug, der als II. WO schon einige Fahrten auf U 552, dem roten Teufelsboot, gemacht hatte.

„Halten Sie Ihren Schnorchel voraus, Klug!" wies der Kommandant ihn zurecht.

„Zerstörer 50 Grad Steuerbord voraus!"

„Auf Gefechtsstationen!" befahl Topp.

Aber der Zerstörer drehte plötzlich weg. Weiter achtern begann ein zweiter Zerstörer Leuchtgranaten zu schießen.

„Da haben sie einen unserer Kameraden in der Mache, Herr Kaleunt."

Topp nickte nur. Seine Gedanken beschäftigten sich mit der Lage. Sollte er ablaufen oder dranbleiben? Blieb er am Konvoi, dann konnte U 552 ganz überraschend an einen Zerstörer geraten, weil es fast blind fahren mußte. Aber Fühlung halten bedeutete darüber hinaus auch die Chance, nach dem tagelangen Raken noch zum Schuß zu kommen.

„Schatten an Steuerbord voraus!" meldete der Steuerbordausguck.

„Wir haben den Geleitzug wieder!"

Das Boot griff an. Die Gefechtsstationen waren besetzt. Alle Torpedos lagen klar in den Rohren.

„Wir durchstoßen die Sicherung und brechen in den Konvoi ein", entschied Topp.

„Zwischen der Steuerbord- und der mittleren Kolonne hinein!" befahl er Minuten später.

Das Boot drehte ein und lief wenig später bereits in der nur 800 Meter breiten Lücke zwischen den beiden Kolonnen.

„Wir greifen den Tanker dort an. Hat mindestens 10 000 Tonnen. Rohr I und II fertig zum Fächerschuß."

Die auf U 552 eingefahrene Maschinerie der Vorbereitungen setzte ein. Alles lief reibungslos. Der Torpedo-Obermaat meldete die Rohre klar. Aber der Tanker hatte das Boot gesichtet und zackte überraschend weg.

„Dann nehmen wir eben den großen Frachter in der mittleren Kolonne. Ebenfalls Fächerschuß!"

Eine Minute später meldete der Zielgeber Hartlage, und der TWO schoß.

Einer der beiden Torpedos traf den Frachter achtern 20.

„Schiff funkt SSS, Herr Kaleunt. Es meldet, daß es an der Steuerbordseite von einem U-Boot torpediert worden sei. Maschinenraum stehe bereits unter Wasser."

Leuchtraketen wurden geschossen. Die Zerstörer warfen auf beiden Flanken des Konvois Wasserbomben. Mitten im Schiffspulk wurde U 552 nicht vermutet und blieb daher ungeschoren.

Der nächste Fächerschuß aus Rohr III und IV traf einen Dampfer von 8000 Tonnen genau mittschiffs.

Als neben den hohen schwarzen Qualmwolken plötzlich auch dicke weiße Wolken emporstiegen, wußte Topp, was passiert war.

„Treffer in Kesselanlagen!"

„Der sinkt schon jetzt, Herr Kaleunt!"

„Rohre I bis IV nachladen."

Immer noch lief U 552 mitten im Konvoi. Während im Bugraum alle Männer arbeiteten und sich bei dem starken Seegang immer wieder anklammern mußten, suchte die Brückenwache die See ab.

„Da ist wieder unser Tanker, Herr Kaleunt!"
„Frage: Torpedowaffe fertig?"
„Rohr I und II klar."
Näher und näher rückte U 552 an den Tankerriesen heran. Plötzlich blitzte es auf dessen Back auf, und irgendwo beim Boot erfolgte ein lauter Detonationsschlag.
„Alarm! Schnelltauchen!" brüllte Topp.
Der TWO riß die UZO von der Säule und stürzte hinter den Männern durch das Luk. Als der Kommandant sich binnenbords zwängte und das Luk dichtdrehte, fiel das Boot schon durch.
„Frage: Wassereinbrüche?"
Alle Stationen meldeten klar. Erich Topp atmete auf. Anscheinend war die Granate haarscharf vor dem Boot ins Wasser eingeschlagen.
„Hart Backbord! Wir gehen aus dem Konvoi heraus!"
Eine Viertelstunde später tauchte das Boot auf der Backbordseite weit hinter dem Geleitzug wieder auf.
„Boot stößt in Generalrichtung 180 Grad hinterher!"
Die See ging jetzt bereits mit Stärke 8, und der Sturm wurde noch steifer. Kurz darauf herrschte schon Seegang 9.
Nach sechs Stunden Fahrt stand es außer Zweifel, daß der Konvoi nicht mehr eingeholt werden konnte, denn es herrschte bereits Windstärke 11. Ein Zyklon setzte ein, und das Boot konnte nur noch kleine Fahrt laufen.
„Funkspruch an BdU", sagte Topp, als er in das Funkschapp trat. „Tasten Sie: ‚Aus Geleitzug zwei Dampfer mit 16 000 BRT. Treffer beide Maschinenraum. Durch Geschützfeuer unter Wasser gedrückt. Nachstoßen gegen See aussichtslos."
Admiral Dönitz konnte sich nicht ohne weiteres entschließen, den Angriff am Konvoi ON 113 abzubrechen, da er in seiner Pariser Befehlsstelle — 1500 Seemeilen vom Standort des Geleitzuges entfernt — die Sachlage noch nicht klar genug übersah. Er führte deshalb mit Kapitänleutnant Topp ein Funkschlüsselgespräch. Dönitz traute diesem Kommandanten zu, das Wetter und die Erfolgschancen genauestens beurteilen zu können. Nachdem Topp die Lage geschildert hatte, brach Dönitz die Operation an diesem Konvoi ab. Neben U 552 war auch U 704 herangeschlossen und hatte ein Schiff aus dem ON 113 versenkt.

Die Gruppe „Wolf" wurde noch einmal auf einen Geleitzug angesetzt. Es war der Konvoi ON 115, den das auslaufende Boot U 210 am

29. Juli gesichtet hatte. Vom BdU wurden zunächst fünf andere Boote auf den Konvoi angesetzt. Die kanadische Sicherungsgruppe dieses Konvois kämpfte taktisch klug. Ihre Korvette „Wataskiwin" versenkte gemeinsam mit dem Zerstörer „Skeena" am 31. Juli U 588 unter Korvettenkapitän Viktor Vogel. Auch von diesem Boot fanden alle Mann der Besatzung den Tod. Die übrigen vier Boote wurden am gleichen Tage abgedrängt.

Am 2. August hatten sich sieben Boote der Gruppe „Wolf" an einem U-Tanker versorgt und griffen in das Kampfgeschehen ein. Wieder einmal spürte U 552 den Geleitzug auf und gab Meldung. Der BdU setzte zusätzlich noch die neugebildete Gruppe „Steinbrinck", die ab 6. August einen Vorpostenstreifen bilden sollte, auf den Konvoi an.

U 552 operierte inzwischen schon im Tages-Unterwasserangriff am ON 115. Der anvisierte Gegner zackte jedoch scharf weg, und U 552 mußte auftauchen, um im Überwassermarsch wieder vorliche Position für den Unterwasserangriff herauszudampfen.

Ein Zerstörer wurde umgangen. Plötzlich tauchte ein zweiter Zerstörer von achtern, zehn Grad an Bockbord, auf.

„Wir stehen mitten zwischen den beiden Zerstörern, Herr Kaleunt", wisperte Oberfähnrich Klug.

„Alarm! Schnelltauchen!"

Oberleutnant z. See Sellhorn-Timm, der LI des Bootes, ließ U 522 sehr schnell unterschneiden.

„Auf 80 Meter gehen! Ich glaube, der von achtern aufdampfende Zerstörer hat uns gesehen."

Der Mann im Horchraum meldete die Schraubengeräusche des näherkommenden Sicherungsfahrzeuges. Doch dann zackte der Zerstörer weg und lief vorbei.

„Auf Sehrohrtiefe auftauchen!" befahl der Kommandant. Als er in den Turm kletterte, meldete sich der Gefechtsrudergänger:

„Herr Kaleunt, der Zerstörer liegt irgendwo in der Nähe gestoppt. Ich habe ihn vorhin noch mit bloßem Ohr gehört."

„Machen Sie nur nicht die Pferde scheu! Sie haben sich verhört", erwiderte Topp dem Rudergänger. „Funkmaat Steinweg hat nichts mehr im Gruppenhorchgerät gehört."

Topp saß schon im Sattelsitz und suchte die See durch das ausgefahrene Sehrohr ab. Nichts war zu sehen.

„Auftauchen! Brückenwache sich im Turm klarhalten."

Als das Boot durchbrach, riß der Kommandant das Luk auf und schwang sich auf die Brücke. Sein erster Blick fiel auf den — Zerstörer, der 3000 Meter vor dem Boot gestoppt lag.

„Alaaarm!"

Abermals ging das Boot in die Tiefe. Zum Glück hatte der Zerstörer es nicht gesehen. Topp wandte sich seinem Gefechtsrudergänger zu:

„Gut gehorcht, Mann. Sie hatten doch recht!"

Das Boot war nun weit zurückgefallen. Erst im Laufe des nächsten Tages gewann es wieder Fühlung und setzte sich sofort zum Unterwasserangriff vor. Als das Boot dann im Unterwassermarsch eindrehte, um zum Schuß zu kommen, zackte der Konvoi scharf weg, und U 552 stieß ins Leere. Nach dem Auftauchen ließ der Kapitänleutnant einen Funkspruch durchgeben:

„Geleitzug bei Angriff auf 270 Grad gezackt. Vier Zerstörer, einige Korvetten."

Nun bekamen auch die Boote der Gruppe „Steinbrinck" Fühlung am Konvoi ON 115. Mitten in der Nacht vollführte der Gegner einige Täuschungsmanöver. Er lenkte dadurch alle Boote bis auf U 552 und U 553 (Kapitänleutnant Thurmann) ab. Die Kommandanten dieser beiden Boote waren zu erfahren, um auf solche Scheinaktionen hereinzufallen. Sie klotzten hinterher. U 552 sichtete das Geleit, lief an ihm vorbei und dampfte an der Steuerbordflanke des Konvois auf.

„Angriff! Alle Rohre klar zum Überwasserschuß!" befahl Topp.

Der Abstand zwischen Boot und Konvoi verringerte sich zusehends. Schließlich stand es nur noch 500 Meter von dem größten Dampfer entfernt.

Vier gezielte Einzelschüsse verließen die Bugrohre. Im Drehen schoß Topp auch noch aus sehr spitzem Winkel Rohr V ab. Dieser letzte Schuß ging fehl. Die ersten vier Torpedos hatten alle getroffen. Die Nacht war von ihren Explosionen erfüllt. Seenotraketen wurden geschossen, Leuchtgranaten stiegen hoch und erhellten die See. Brände loderten empor.

„Zwei Dampfer und einen Tanker getroffen. — Beide Dampfer sinken, Tanker brennt."

Plötzlich erschütterte eine gewaltige Detonation die Luft. Kapitänleutnant Topp sah, wie die Aufbauten des einen Dampfers in die Luft geschleudert wurden.

„Kesselraumexplosion!" sagte Klug.

Schrauben und Ruder dieses Schiffes hoben sich aus der See, während der Bug immer tiefer hinunterstieß, und plötzlich war der Dampfer von der Wasseroberfläche verschwunden.

Auf einmal standen drei bis vier Fallschirme mit Leuchtgranaten über U 552 am Himmel und tauchten alles in kreidige Helle. Zerstörer liefen näher heran und feuerten Leuchtgranaten.

„Wir bleiben, wo wir sind!" entschied Topp. „Alle Rohre nachladen!"

„Da, Herr Kaleunt!" rief einer der Brückenwärter.

Auf der anderen Seite des Geleitzuges stieg eine Torpedodetonation empor. Die Explosion dröhnte hinterher.

„Das ist Thurmann. Gut, daß er auch 'rangekommen ist. Das lenkt den Zerstörer ab."

Nur eine Seemeile aus dem Konvoi herausgestaffelt, lief U 552 mit. Nachdem alle Rohre nachgeladen waren, drehte das Boot zum zweiten Angriff an.

Noch einmal ließ Topp die gesamte Chargierung schießen. Doch nicht ein einziges Torpedo traf. Unbegreiflich. Alle Schußunterlagen waren doch genauestens ausgedampft und eingestellt worden. Nach menschlichem Ermessen konnte es einfach nicht möglich sein, mit fünf Torpedos vorbeizuschießen.

„Wir haben nur noch einen Aal in der Oberdeckstube, Herr Kaleunt."

„Gut! Es ziehen Nebel auf. Wir übernehmen den Aal ins Boot."

Das Torpedogeschirr wurde aufgebaut. Die Arbeit begann. Wenn jetzt ein Zerstörer sie überraschte, könnten sie nicht einmal schnell genug tauchen.

Noch während die Mixer arbeiteten, kam Steinhagen auf die Brücke.

„FT vom BdU, Herr Kaleunt."

Topp las, daß die Operation auf den Konvoi ON 115 eingestellt werden sollte. U 552 bekam Befehl zum Rückmarsch. Sofort gab Kapitänleutnant Topp seiner Besatzung bekannt, daß das Boot auf Heimatkurs gehen würde.

Auf der Heimfahrt wurde U 552 von einem Zerstörer beschossen. Ein Hagel kleinkalibriger Granaten schlug im Bootskörper ein. Eine schwere 10,5-cm-Granate traf den Dieselzu- und Abluftschacht im Turm. Es kam zu einem Wassereinbruch. Das Boot fiel sehr schnell durch. Doch Oberleutnant Sellhorn-Timm fing es noch rechtzeitig ab.

Am 13. August 1942, einem strahlenden Sommersonntag, legte U 552 in St. Nazaire an. Topp wurde zum Korvettenkapitän befördert und erhielt am 17. August als 17. Soldat der Wehrmacht die Schwerter zum Ritterkreuz des Eisernen Kreuzes. Kapitänleutnant Thurmann wurde nach dieser Feindfahrt das Ritterkreuz verliehen.

Im Juli 1942 versenkten die U-Boote im Atlantik insgesamt 82 Schiffe mit 405 478 BRT.

Das Wiederaufleben der Schlacht im Atlantik zwang Großbritannien, neue Maßnahmen zur Bekämpfung der deutschen U-Boote zu ergreifen, um weitere schwere Schiffsverluste zu vermeiden. So wurde im Sommer 1942 das „Anti-U-boat Warfare Committee" gegründet.

Unter dem Vorsitz des Kriegspremiers Winston Churchill waren in diesem Komitee neben englischen Fachleuten auch die Stabschefs der USA vertreten. Churchill sagte über die Aufgabe dieser Vereinigung:

„Wir müssen hier versuchen, dem Kampf gegen die U-Boote neue Impulse zu geben, die Operationen unter einheitliche Führung zu stellen und stets für eine ausreichende Zuteilung von Schiffen, Flugzeugen und Marterial zu sorgen."

Das Komitee beschloß die Aufstellung einer Support Group durch Großbritannien. Sie sollte im Atlantik zum Einsatz kommen, wenn zusätzliche Sicherungsfahrzeuge für einen stark bedrohten Konvoi benötigt wurden.

Der Commander in Chief der Western Approaches, Admiral Noble, stellte erstmalig im Sommer 1942 eine solche Support Group auf. Mit ihrer Führung beauftragte er Captain Walker, einen der erfahrensten und erfolgreichsten U-Boot-Jäger. Als jedoch diese Group im September stand, wurde sie wieder aufgelöst, weil alle Kriegsschiffe für den Einsatz in der „Operation Torch" * bereitgestellt werden mußten.

Die Beteiligung der Luftwaffe an der U-Boot-Bekämpfung war Gegenstand langwieriger Erörterungen. Alle fliegenden Verbände waren in der Royal Air Force zusammengefaßt. Sie bildete für den Einsatz der Maschinen über See das Coastal Command, das nach langem Tauziehen endlich der britischen Admiralität unterstellt wurde.

Das Area Combined Headquarters koordinierte die taktische Zusammenarbeit zwischen See- und Luftstreitkräften. Die 15. Group (in der das Coastal Command vereinigt war) hatte mit den Kommandostellen der Western Approaches eine gemeinsame Führungszentrale, in der alle Einsätze aufeinander abgestimmt werden konnten.

---

* = Alliierte Landung in Nordafrika

Zum Glück für den deutschen U-Boot-Einsatz behandelte die RAF das Coastal Command bei der Zuteilung von Langstreckenbombern sehr stiefmütterlich, so daß die deutschen U-Boote immer noch Stellen im Atlantik fanden, die durch die Luftsicherung nicht mit Aussicht auf Erfolg überwacht wurden.

Auch hier griff Churchill ein und erzwang — unter Vernachlässigung des Bomber Command — die Zuteilung neuer Langstreckenbomber für die U-Boot-Bekämpfung.

In den USA waren die Kompetenzstreitigkeiten ebenfalls groß. Die USAAF forderte die Befehlsgewalt für sich. Dort hieß es:

„Alles, was fliegt, gehört zur US Army Air Force!"

Erst im Juli 1943 wurde dieser Streit zwischen Luftwaffe und Marine durch das „horse trade" beigelegt, in dem alle zur U-Boot-Jagd abgestellten Fliegerverbände der US Navy unterstellt wurden.

Ein weiteres Mittel zur Bekämpfung der deutschen U-Boot-Waffe sah die britische Admiralität in Angriffen des Bomber Commands gegen die deutschen U-Boot-Stützpunkte an der französischen Atlantikküste. Doch das Bomber Command betrachtete diese neue Aufgabe nur als Ablenkung von ihrem Hauptziel, dem verschärften Bombenkrieg gegen die deutschen Städte und deren Zivilbevölkerung, die durch diese Bombardierungen kriegsmüde gemacht werden sollte.

Der Commander in Chief des Bomber Command, Luftmarschall Arthur Harris, beurteilte die Aussichten eines Angriffs auf die starken Bunker der U-Boot-Stützpunkte an der Atlantikküste als gering, da sie als bombensicher galten. Schließlich sprachen gegen solche Angriffe auch die dabei zu erwartenden schweren Verluste unter der französischen Zivilbevölkerung.

Die deutschen Häfen allerdings — und die dort liegenden U-Boot-Werften — wollte Arthur Harris gern lahmlegen. Außerdem sollten auch die Städte bombardiert werden, in denen die Zulieferbetriebe für die U-Boot-Werften lagen. Das Bomber Command flog im Jahre 1942 gegen diese beiden Zielgruppen 700 Einsätze und warf 11 000 Bomben. Das entspricht etwa einem Anteil von 20 Prozent am Gesamteinsatz des Bomber Command.

Der Gegner wußte, daß die deutsche U-Boot-Waffe jede alliierte Großoperation zunichte machen würde, bevor sie nicht völlig ausgeschaltet war. Deshalb machte er alle Anstrengungen, um dieses Ziel zu erreichen.

Am 5. August 1942 sichtete U 593 den Konvoi SC 94 und griff ihn an. Der aus 38 Schiffen bestehende Geleitzug verlor durch das Boot ein Schiff. U 593 gehörte zur Gruppe „Steinbrinck". Da die anderen Boote dieser Gruppe in einem Vorpostenstreifen 400 Seemeilen nordöstlich Neufundland aufgestellt waren und 200 Seemeilen vom Standort des Konvois entfernt standen, war es schwer, die Fühlung so lange aufrechtzuerhalten, bis das übrige Rudel herangekommen war.

Die Gruppe „Steinbrinck" bestand zunächst aus sieben U-Booten und wurde später durch zwei weitere verstärkt.

U 454, das als zweites Boot Fühlung am Geleitzug gewonnen hatte, wurde von den Sicherungsfahrzeugen unter Wasser gedrückt und durch Wabo-Treffer schwer beschädigt. Es konnte jedoch noch mit eigener Kraft seinen Stützpunkt erreichen.

Am nächsten Tag wurde U 210 von dem kanadischen Zerstörer „Assiniboine" überraschend gerammt und versenkt. Nur ein Teil der Besatzung konnte gerettet werden. Unter den Gefallenen befand sich der Kommandant, Kapitänleutnant Rudolf Lemcke.

Am 7. August gelang es U 704, ein Schiff aus dem Konvoi zu vernichten. Einen Tag später kamen U 176 und U 379 zum Angriff. Diese beiden Boote versenkten fünf Schiffe. U 379 wurde jedoch bei seinem zweiten Angriff erkannt, unter Wasser gedrückt und durch Wasserbomben so schwer beschädigt, daß es auftauchen mußte. Die britische Korvette „Dianthus" versenkte es durch Rammstoß. Das Boot ging so schnell unter, daß kein Mann der Besatzung gerettet werden konnte.

Am nächsten Tag wurde auch U 595 schwer beschädigt und trat den Rückmarsch an. U 597 unter Oberleutnant z. See Bobst griff am 10. August an, versenkte zwei Schiffe, wurde ebenfalls beschädigt und mußte den Angriff abbrechen. Zwei weitere Boote kamen noch am gleichen Tage zum Schuß und vernichteten jeweils ein Schiff.

Der BdU ließ am 11. August die Operation am Konvoi SC 94 wegen starken Nebels abbrechen. Elf Schiffe mit 53 421 BRT wurden aus diesem Geleitzug versenkt. Zwei U-Boote gingen verloren und drei wurden beschädigt.

Zu einer weiteren Geleitzugschlacht kam es im August 1942 in der Karibischen See. Dort versenkten drei U-Boote aus den Konvois TAW

12, WAT 13 und PG 6 insgesamt acht Schiffe mit 37 459 BRT und torpedierten einen Dampfer.

In der Zeit vom 15. bis 22. August versenkte U 507 unter Korvetten-kapitän Schacht vor der Ostküste Südamerikas sieben brasilianische Schiffe mit 18 132 BRT. Daraufhin erklärte die brasilianische Regie-rung am 22. August 1942 Deutschland den Krieg.

Vom 16. bis 20. August bekämpfte die aus sechs Booten gebildete Gruppe „Blücher" den Konvoi SL 118. Vier Schiffe wurden aus diesem Geleitzug versenkt. U 214 torpedierte außerdem am 14. August den Hilfskreuzer „Cheshire".

Bei diesem Geleitzugkampf kam es zu einer dramatischen Jagd, als U 333 unter Kapitänleutnant Peter Erich Cremer von der Korvette „Crocus" gehetzt, gerammt und beschädigt wurde. Dennoch konnte das Boot den Rückmarsch durch eigene Kraft bewältigen.

Fast zur gleichen Zeit versenkte U 553 unter Korvettenkapitän Thur-mann in der Karibischen See drei Schiffe mit 16 980 BRT aus dem Kon-voi TAW 13.

Der Monat August stand im Zeichen nahezu pausenloser Rudel-angriffe. Am 23. August wurde der Konvoi ONS 122 durch U 135 gesichtet. Der BdU setzte die Gruppe „Loos" an. Sie operierte mit zwölf U-Booten auf diesen Geleitzug. Zwei Boote kamen jedoch nur zum Schuß. Sie vernichteten vier Schiffe. Zwei weitere Boote wurden durch die starke Geleitsicherung beschädigt und mußten den Rück-marsch antreten.

Der nächste Sierra—Leone—Geleitzug, SL 119, wurde von der Gruppe „Eisbär", die auf dem Marsch in das neue Operationsgebiet im Raume Kapstadt unterwegs war, und vier anderen Booten angegriffen. U 156 und U 566 waren an diesem Konvoi erfolgreich. Sie versenkten drei Schiffe mit insgesamt 20 026 BRT.

Am 28. August kamen U 511 (Kapitänleutnant Steinhoff) und U 94 (Kapitänleutnant Ites) auf den TAW 15 in der Windward-Passage zum Schuß. Sie versenkten aus diesem Tankergeleit zwei große Tanker von insgesamt 21 999 BRT und torpedierten einen dritten. Genau südwest-lich Haiti wurde bei diesem Angriff U 94 von den Sicherungsstreitkräf-ten mit Wabos belegt, zum Auftauchen gezwungen und durch drei-maligen Rammstoß der kanadischen Korvette „Oakville" zum Sinken gebracht. 26 Mann der Besatzung, darunter auch der Kommandant, Ritterkreuzträger Otto Ites, wurden aufgefischt.

Zu einer weiteren Geleitzugschlacht kam es vom 31. August 1942 bis zum 2. September. Es handelte sich um den Konvoi SC 97, aus dem U 609 (Kapitänleutnant Rudolff) in überraschendem Unterwasser-Tagesangriff zwei Schiffe mit 10 228 BRT vernichtete. Der BdU setzte zehn Boote der Gruppe „Vorwärts" auf diesen Geleitzug an, doch keinem der Boote gelang es, die starke Abwehr und die bald darauf einsetzende Luftsicherung zu durchbrechen und zum Schuß zu kommen.

Der August 1942 war für die U-Boot-Kriegführung wiederum ein erfolgreicher Monat; versenkt wurden 95 Schiffe mit 495 013 BRT. Dieser Erfolgsziffer waren noch fünf Schiffe mit 27 762 BRT hinzuzurechnen, die von italienischen U-Booten versenkt worden waren.

Das dritte Kriegsjahr war zu Ende gegangen. Die deutsche Kriegsmarine hatte in diesem Jahr insgesamt 60 U-Boote verloren.

DAS VIERTE KRIEGSJAHR

Rudelangriff auf den ON 127 — Die fünfte Phase —
19 U-Boote im Orkan — Ein neuer Kommandant

Der Wirkungsgrad der deutschen U-Boote, der im Juli 1942 je Boot
und Seetag 181 BRT betragen hatte, erhöhte sich im August auf
204 BRT. Im September fiel er auf 149 BRT zurück.

Admiral Dönitz hatte sich in den Monaten, in denen die vierte Phase
der Schlacht im Atlantik ihren Höhepunkt erreichte, speziell mit den
Fragen der alliierten Luftabwehr und der zunehmenden Luftüberwachung beschäftigt. Er schrieb u. a. am 21. August in sein KTB:*

„Diese Erschwerung der Kriegführung muß bei entsprechender Weiterentwicklung zu hohen, nicht tragbaren Verlusten und zu einer Ver-
minderung der Erfolge, damit der Erfolgsaussichten des U-Boot-Krieges
überhaupt führen."

Daß dennoch im September 1942 von den deutschen U-Booten 87
Schiffe mit 435 977 BRT versenkt wurden, während die U-Boot-Verluste im gleichen Monat auf 6 Prozent sanken, war ein Glücksfall.

Unermüdlich arbeitete die deutsche U-Boot-Führung daran, die Boote
mit den neuesten Waffen und Ortungsgeräten auszustatten.

Die neuen Ortungsmöglichkeiten der Alliierten zwangen die deutschen U-Boote, auch den Kampf mit den Sicherungsstreitkräften der
Geleitzüge aufzunehmen. Für die neuen Kampfmethoden mußte ein
Torpedo entwickelt werden, der lagenunabhängig, d. h. sein Ziel selbständig suchte.

„Im ersten Halbjahr 1942 waren für die Versenkung von 400 Schiffen
über 800 Torpedotreffer nötig gewesen. Die Forderung der U-Boot-
Kommandanten und damit auch des BdU war ein Torpedo, der ein Schiff
mit einem Treffer vernichtete.

---

* = Karl Dönitz: a. a. O.

Dieser Torpedo wurde gefunden. Es waren der G 7a – FAT und der G 7e-FAT*. Diesen Torpedos folgte dann auch bald der LUT-Torpedo**. Alles deutete darauf hin, daß die U-Boote in eine entscheidende Phase des Kampfes eintreten würden. Und es schien, als seien sie auch für die bevorstehende harte Auseinandersetzung gerüstet.

Der Befehlshaber der U-Boote wußte besser als jeder andere Verantwortliche, daß es kriegsentscheidend war, den alliierten Handelsschiffsraum schneller zu versenken, als der Gegner ihn durch Neubauten zu ersetzen vermochte.

Die Tragik des U-Boot-Krieges lag darin, daß die oberste deutsche Führung den gesamtstrategischen Vorrang der „Schlacht im Atlantik" nicht rechtzeitig erkannte und deshalb nicht mit allen Mitteln des Werftbaues U-Boote erstellte.

Captain Roskill sagt in seinem Werk „Royal Navy" darüber:

„Es ist keine Übertreibung, wenn man sagt, daß Sieg oder Niederlage für die Alliierten auf allen anderen Kriegsschauplätzen – Mittelmeer, Nordmeer und Nordafrika, bei den Salomonen und Neuguinea – letztlich vom Ausgang des Kampfes abhing, der nun in den Weiten des Nordatlantik ausgefochten wurde. Hätte Großbritannien sich dort den Erfolg aus den Händen winden lassen, wäre es in sehr kurzer Zeit der endgültigen Katastrophe gegenübergestanden."

Die gleiche Auffassung vertrat Admiral Dönitz bereits in einem Vortrag im FHQ am 14. Mai 1942. Er sagte damals:

„Ich kann daher nur immer wieder betonen, daß es darauf ankommt, möglichst bald zu versenken; möglichst bald mit möglichst vielen U-Booten, die sich tatsächlich in See in der Operation befinden, den Gegner zu schädigen. Was heute versenkt wird, ist wirkungsvoller, als was erst im Jahre 1943 versenkt werden kann."

Die Richtigkeit dieser Einstellung wurde nach dem Kriege von Viscount Cunningham of Hyndhope – der am 1. Oktober 1943 Erster Seelord geworden war – mit folgenden Worten bestätigt:***

„In erster Linie ist festzustellen, welch gesundes Urteil Dönitz hatte über den einzigen Weg, uns in die Knie zu zwingen, nachdem eine

---

* = Feder=Apparate=Torpedo. Er durchlief eine bestimmte einstellbare Strecke auf geradem Kurs, machte dann – wenn er kein Ziel traf – kehrt und suchte in bestimmten Schleifen nach Steuerbord und Backbord sein Ziel.
** = Lagenunabhängiger Torpedo
*** = In: „The Sunday Times" vom 25. Januar 1959

Invasion nicht mehr möglich war. Unermüdlich war seine Strategie, uns mit der Versenkung unserer Handelsschiffe langsam zu erdrosseln. Da er klar erkannte, daß der Atlantik der einzige Kriegsschauplatz war, auf dem Deutschland den Sieg erkämpfen konnte, widersetzte er sich immer wieder jeder Verzettelung seiner Kräfte nach dem Mittelmeer und nach dem Nordmeer.

Ich wiederhole, diese Auffassung war die einzig richtige. Wie ich vor allem schließen möchte, ist Karl Dönitz wahrscheinlich nach dem Holländer de Ruyter unser gefährlichster Feind gewesen. Daß seine politische Führung so wenig seinen Rat beachtete, war unser ganz großes Glück."

Im ersten Monat des vierten Kriegsjahres wurde die Gruppe „Vorwärts" mit 14 Booten auf den Konvoi ON 127 angesetzt, der aus 34 Schiffen bestand.

Der Angriff von vier Booten am 10. September war mit drei versenkten und drei torpedierten Dampfern erfolgreich. U 659 wurde durch Wasserbomben beschädigt und mußte den Rückmarsch antreten. Im Verlauf des bis 14. September dauernden Geleitzugskampfes wurden weitere vier Schiffe vernichtet und zwei torpediert.

U 91 unter Kapitänleutnant Heinz Walkerling, einem gebürtigen Kieler, griff den kanadischen Zerstörer „Ottawa" an. Ein Treffer ins Heck ließ die Wabo-Vorräte des Gegners detonieren. Der Zerstörer wurde förmlich auseinandergerissen.

Die versenkten sieben Schiffe hatten eine Tonnage von 50 245 BRT.

Während im Nordatlantik diese Geleitzugschlacht tobte, stand U 558 unter Kapitänleutnant Günther Krech zwischen Trinidad und Guantanamo. Das Boot sichtete den Konvoi TAG 5 und brachte daraus drei große Schiffe mit 21 828 BRT zum Sinken. Am 17. September wurde Krech mit dem Ritterkreuz ausgezeichnet. Der durch sein Boot versenkte Schiffsraum hatte die 100 000er Grenze überschritten.

Im St.-Lorenz-Strom vernichteten U 517 und U 165 aus dem Konvoi SQ 36 vier Schiffe mit 15 199 BRT. Ein weiteres wurde torpediert.

Nach diesen Einzeloperationen an Geleitzügen gelang am 18. September erstmalig wieder der Ansatz von zwei U-Boot-Gruppen an einem Konvoi, der vom B-Dienst aufgefaßt und erkannt worden war. Es handelte sich um das Geleit SC 100, auf das zunächst die Gruppe „Loos"

276

mit zehn Booten angesetzt wurde. Wenige Stunden später kam die Gruppe „Pfeil" mit neun Booten hinzu.

Der Marsch der beiden Gruppen zum Geleitzug wurde durch einen aufkommenden schweren Orkan gestört, so daß nur vier U-Boote Anschluß gewannen und zum Schuß kamen. Unter ihnen auch U 617 unter Kapitänleutnant z. See Brandi.

„Geleitzug, Herr Kaleunt!" empfing der I. WO, Oberleutnant z. See Niester, den Kommandanten, der auf die Brücke gerufen worden war.

„Dann wollen wir mal, Niester! Wird Zeit, daß wir nach der ‚Thor II' wieder etwas vor die Rohre bekommen, damit die junge Besatzung den richtigen inneren Pull bekommt."

Kapitänleutnant Albrecht Brandi übernahm das Boot. Die See krachte mit schweren Rollern auf das Vorschiff herunter und drückte es immer wieder unter Wasser. Die Männer auf der Brücke hatten sich angeschnallt.

Eine Ruderkorrektur ließ U 617 herumgehen. Mit AK lief das Boot gegen die schwere See knapp acht Knoten Fahrt.

„Auf Gefechtsstationen! Boot greift im Überwasser-Nachtangriff an!"

Die Dunkelheit fiel ein. Das Boot stieß zu und behielt auch während dieser kritischen Minuten Anschluß am Konvoi.

„Aufpassen, Niester! Wir nehmen den großen Tanker und den dahinterlaufenden Frachter. Der Tanker bekommt einen Zweierfächer."

Das Boot schob sich in Schußposition. Plötzlich sah Brandi einen Zerstörer, der aber ebenso schnell in der Dunkelheit verschwand, wie er aufgetaucht war.

„Jetzt schießen, Niester!"

Der Fächerschuß fiel. Eine halbe Minute später folgte der Schuß aus Rohr III auf den Frachter. Brandi suchte bereits nach einem günstigen dritten Ziel, als der Doppeltreffer am Tanker hochging. Die beiden masthohen Wassersäulen waren von Feuer durchloht. Sekunden später schlugen Flammen aus den Lecks und züngelten zum Nachthimmel empor.

„Der Frachter zackt weg! Hoffentlich erwischen wir ihn noch, Herr Kaleunt!"

„Der schafft es und kommt frei!"

„Zerstörer. Dreißig Grad Steuerbord voraus!"

„Schießt Leuchtgranaten, Herr Kaleunt!"

„Hart Backbord!"

Hinter dem vorbeiziehenden Konvoi drehte U 617 ein. Der Zerstörer drehte ebenfalls. Aber sein neu einsetzendes Leuchtgranatenfeuer zeigte Brandi, daß er das Boot noch nicht gesehen haben konnte.

U 617 lief in den Mondschatten hinein. Wasserbomben krachten weit vom Boot entfernt. Auf einmal dröhnte von der Geleitzugspitze her eine Torpedodetonation durch die Nacht. Fast gleichzeitig war von einer anderen Stelle eine zweite Explosion zu hören. Der Zerstörer, der U 617 suchte, drehte ab und lief mit AK zum Konvoi zurück.

„Wir marschieren hinterher. Rohre nachladen!" befahl Brandi.

Das Boot folgte dem Konvoi. Die Brückenwächter sahen die flirrenden Feuerlinien der Leuchtspur und den nun schon über alles brennenden Tanker, der von ihnen torpediert worden war.

Als Albrecht Brandi zum Tanker zurückblickte, sah er, daß dessen Bug schon tief in die See gesackt war. Die sich in seinem Bauch bildenden Ölgase ließen die Deckplanken mit krachenden Schlägen springen. Dann stieß der Tanker in die Tiefe hinunter. Eine Unterwasserexplosion wirbelte noch einmal das Heck empor, dann war die See leer, und die brennenden Ölflecke erloschen mit heftiger Rauchbildung.

„Der ist nun weg, Herr Kaleunt!"

„Frage Torpedowaffe?"

„Rohr I und II sind nachgeladen."

„Schatten voraus!"

„Wir haben den Konvoi wieder. Auf Gefechtsstationen!" befahl Brandi.

U 617 lief an einem brennenden Schiff sowie drei, vier besetzten Rettungsbooten vorbei, erreichte den etwas zurückhängenden Dampfer und griff ihn an.

Der Zweierfächer ließ die „Roumanie" binnen fünf Minuten, auf ebenem Kiel reitend, in die See versinken.

Als das Boot die Untergangsstelle umrundete, sah der Bootsmannsmaat der Wache einen schwimmenden Menschen. Er meldete.

Brandi ließ sein Boot herangehen. Zwei Männer der Besatzung nahmen den erschöpften Schiffbrüchigen an Bord. Der Gerettetet war der Chefingenieur der „Roumanie".

Neben U 617 kamen noch U 432 unter der Leitung des bewährten Kapitänleutnant H. O. Schultze, U 596 (Kapitänleutnant Jahn) U 373 (Oberleutnant z. See Loeser) und U 258 (Oberleutnant z. See von Mässenhausen) zum Schuß. Fünf Schiffe wurden insgesamt versenkt und eines torpediert. Dann mußte der BdU diese Operation, von der er wesentlich mehr erwartet hatte, wegen des Orkans abbrechen.

Wenige Tage später sichtete U 617 einen weiteren Konvoi. Es war der ON 131. Der BdU setzte nach den Positionsmeldungen von U 617 die zusammengezogene Gruppe „Tiger" mit 19 Booten auf den Geleitzug an. Aber auch diese erfolgversprechende Operation schlug im schweren Sturm fehl. Wohl versuchte U 617 einen Unterwasserangriff. Beide Torpedos gingen jedoch fehl.

Von den 18 weiteren Booten kamen nur noch U 619 und U 582 zum Schuß; jedes dieser beiden Boote versenkte ein Schiff. Am 30. September wurde die Operation abgebrochen. U 617 trat den Rückmarsch an. Es hatte auf seiner ersten Feindfahrt drei Schiffe mit 21 000 BRT versenkt. Mit dem letzten Tropfen Öl erreichte das Boot St. Nazaire.

Die U-Boot-Kriegführung konnte im Monat September ein gutes Ergebnis verzeichnen: Vernichtet wurden 435 997 BRT.

Zu Beginn der fünften Phase der Schlacht im Atlantik, im Oktober 1942, standen der U-Boot-Führung ständig zwei U-Boot-Gruppen zum Geleitzugansatz zur Verfügung. Allmonatlich stießen 20 neue U-Boote zur Front, und da sich die Verluste in erträglichen Grenzen hielten, wurde die Zahl der „Wölfe" stetig größer. Ein Rudel befand sich auf der „Abfahrtsseite" der Geleitzüge im Westatlantik und eines im Ostatlantik. Während die im Osten stehende Gruppe an den nach Amerika und Gibraltar laufenden Konvois rakten, sollten die im Westen stehenden U-Boote auf Geleitzüge angesetzt werden, die aus Halifax und Sydney-Neuschottland ausliefen.

Von der Befehlsstelle des BdU wurden diese beiden Vorpostenstreifen dirigiert und verschoben. Immer wieder wurden die Gruppen auf die vom B-Dienst erkannten Geleitzüge angesetzt.

Mit dem Angriff auf den Konvoi SC 104 begann wieder eine große Zeit der Rudelschlachten, die bis März 1943 andauern sollte. Nachdem der B-Dienst die Meldungen eines voraussichtlich am 11. Oktober aus Sydney-Neuschottland auslaufenden Konvois aufgefangen hatte, wurde die U-Boot-Gruppe „Wotan", die mit zehn Booten ostwärts Neufundland stand, alarmiert.

U 258 sichtete diesen Geleitzug und gab die Standortmeldung durch. Alle Boote operierten auf den Konvoi. Am 13. Oktober stießen noch fünf Boote der Gruppe „Leopard" hinzu. Unter ihnen befand sich auch U 221, das von Oberleutnant z. See Hans Trojer geführt wurde.

Trojer war mit diesem Boot zum erstenmal auf Feindfahrt. Vorher hatte er den Einbaum U 5 als Kommandant geführt. Am Abend des 13. Oktober erreichte U 221 den Konvoi. Ein Einsatz begann, der in der Geschichte des U-Boot-Krieges zu den Höhepunkten zählt.

Als die Brückenwache Sichtmeldung gab, eilte Hans Trojer auf den Turm. Es herrschte eine grobe See, die das Boot immer wieder mit Gischt überschüttete.

„Da stehen sie, Herr Oberleutnant."

„Die ganze Mahalla. Nun nichts wie 'ran!"

U 221 erreichte zwei Stunden später seine Angriffsposition. Kaltblütig führte Trojer das Boot mitten in den Konvoi hinein. Nur 800 Meter hinter einem Sicherungsfahrzeug drehte U 221 an und lief zwischen zwei Dampferkolonnen.

„Wir nehmen die beiden Frachter an Steuerbord und dann..."

„Herr Oberleutnant! Dort, in der dritten Kolonne!" kam die Stimme des II. WO.

Trojer blickte in die angegebene Richtung. Er stieß einen Pfiff aus.

„Meine Güte! Das ist ja ein wanderndes Gebirge. Tanker von mindestens 10 000 Tonnen. Den greifen wir uns! Zweierfächer. Anschließend nehmen wir die beiden überlappenden Dampfer dahinter."

Der Kommandant ließ das Boot in die neue Angriffsposition drehen. Auf der Brücke herrschte angespannte Erwartung. Sahen die Gegner sie denn eigentlich nicht? Kaum 400 Meter waren die Dampfer an der Steuerbordseite entfernt. Die Brückenwächter auf dem U-Boot-Turm sahen die Männer auf den Schiffen des Gegners deutlich.

„Hartlage! — Hartlage!"

Der TWO hinter der U-Boot-Zieloptik sah das gewaltige Mittelteil des Tankers im Ausblick.

„Fächer — lllos!"

„Torpedos laufen!" meldete der Mixer aus dem Bugraum.

„Einzelschuß aus Rohr III — lllos!"

„Jetzt den Frachter in der nächsten Kolonne, Melchers!" befahl Trojer.

Die Rechenanlage arbeitete pausenlos, und während noch die Werte eingestellt wurden, gingen die beiden Torpedos am Tanker hoch. Flammen zuckten in der Dunkelheit empor. Nach diesem Auftakt begann wieder das grausige Konzert der Seenotrufe. Sirenen, begleitet von den Schüssen der Sicherungsfahrzeuge, heulten auf. Wasserbomben wurden planlos geworfen.

280

Der Torpedo aus Rohr III detonierte mittschiffs am zweiten Ziel, und zwei Minuten darauf wurde das dritte Schiff getroffen.

„Tanker brennt schon über alles!" berichtete Trojer. „Zweites Schiff sinkt über den Achtersteven. Drittes hat schwere Schlagseite; sackt tiefer hinunter!"

„Korvette von Backbord, zehn Grad achterlicher als querab!"

„Da, sie rammt den Dampfer!" rief einer die Männer. Die Korvette, die geradewegs durch die Kolonne auf das U-Boot zuhielt, drehte mit Hartruderlegen ab und entging so dem Rammstoß vom Steven eines tiefliegenden Dampfers.

„Tanker gibt Notruf! Es ist die ‚Southern Expreß'. Hat nach Lloyds-Register 12 390 BRT."

„Zerstörer von achtern!" meldete der Ausguck.

„Alarm!"

Mit größtmöglicher Schnelligkeit ging U 221 hinunter. Das Boot hatte bereits 45 Meter Wasser über dem Turm, als der Zerstörer Wabos warf. Ein harter Ruck ließ U 221 herumschwingen.

„Zehn Mann Bugraum! — Auf 100 Meter gehen!" ordnete Tojer an.

Abermals dröhnten die Explosionen der Wasserbomben. Diesmal vor dem Boot, das nun in einem weiten Bogen wegdrehte. Plötzlich waren die Schraubengeräusche des Zerstörers ganz nahe. Wieder fielen Wabos. Sie detonierten über dem Boot, das wie ein Fahrstuhl tiefer glitt.

„Auf 150 Meter gehen!"

Mit Schleichfahrt kam U 221 herum und entkam so der Gefahrenzone. Allmählich verstummten die Schraubengeräusche. Die Detonationen klangen leiser.

„Sinkgeräusche, Herr Oberleutnant!" meldete der Horchraum.

„Das ist das zweite Schiff. Es hat ungefähr 6000 Tonnen. Wir gehen jetzt auf den Generalkurs und tauchen in zehn Minuten auf. Brückenwache sich klarhalten."

Zehn Minuten später durchstieß U 221 die Wasseroberfläche. Vorher hatte sich Trojer durch das Periskop vergewissert, daß die See frei war.

„Beide AK! Neuer Kurs 85 Grad!"

Nach zwei Stunden war der Konvoi eingeholt.

„Sobald alle Rohre nachgeladen sind, greifen wir wieder an!"

U 221 schloß heran, drehte auf die Dampferkolonne ein und schoß zum zweitenmal in dieser Nacht die volle Chargierung.

Einer der beiden getroffenen Dampfer barst in einer gewaltigen Sprengsäule auseinander. Deckteile, Aufbauten, Stahl und Holz wurden über die See geschleudert, und als diese ungeheure Eruption geendet hatte, war auch der Frachter verschwunden. Der zweite torpedierte Dampfer brannte mit heller Flamme.

„Der war bestimmt bis unter die Lukendeckel mit Sprengstoff vollgepackt, Herr Oberleutnant."

Trojer nickte. Seine Aufmerksamkeit war auf den schmalen weißen Schaumstreifen gerichtet, der hinter dem brennenden Schiff auftauchte. Noch ehe er diesen Streifen als Bugsee eines Zerstörers erkannte, bekam U 221 Beschuß. Die Granateinschläge lagen kurz vor dem Boot.

„Hart Steuerbord. Beide AK. — Beide dreimal AK!" ließ Trojer auf Höchstfahrt heraufgehen, als die Drehung ausgeführt war.

Leuchtgranaten verfolgten das Boot.

„Brückenwache einsteigen!"

Aber das Boot brauchte nicht zu tauchen, denn der Zerstörer zackte plötzlich in die entgegengesetzte Richtung weg. Dort war soeben eine Torpedodetonation hochgegangen.

Da hat einer der Kameraden geschossen, ging es Trojer durch den Kopf. Er ließ das Boot etwas eindrehen und die Wache wieder aufziehen.

Während U 221 am Rande der Sichtmöglichkeit mitlief, waren die Männer im Bugraum fieberhaft damit beschäftigt, die Rohre wieder nachzuladen. Nach zwei Stunden war das Boot wieder schußklar.

Bevor der Kommandant jedoch den Befehl zum Angriff geben konnte, kam eines der Sicherungsfahrzeuge auf und drängte das Boot ab.

U 221 mußte dennoch wenig später tauchen, um vor einem zweiten Bewacher klarzukommen. Wasserbomben wurden geworfen. Sie detonierten mindestens 500 Meter vom Boot entfernt.

Nach dem Wiederauftauchen klotzte das Boot mit AK hinter dem Konvoi SC 104 her. Es schien, daß U 221, wie viele seiner Kameradenboote, nach dem Abdrängen die Fühlung am Geleitzug verloren hatte. Doch gegen 10.00 Uhr nahm der Funkmaat Peilzeichen eines herangeschlossenen Bootes auf. Es war U 607 unter Kapitänleutnant Mengersen.

Drei Stunden später wurde Hans Trojer auf die Brücke gerufen. Von diesem Zeitpunkt an blieb er ununterbrochen oben. Er führte das Boot, das noch dreimal abgedrängt wurde, immer wieder an den Konvoi heran, und als die Dunkelheit einfiel, befahl er abermals einen Angriff.

„Wir stoßen hinter der Korvette in die Kolonne hinein und schießen alle Rohre!"

„Sieht so aus, als sei die Sicherungskette dichter geworden, Herr Oberleutnant", sagte der Obersteuermann, der als III. WO die Wache eben übernommen hatte.

„Vielleicht eine zusätzliche Sicherungsgruppe. Aber die stört uns nicht."

Dicht hinter der Korvette brach der einzelne Wolf in die Dampferherde ein. Wieder ließ Trojer die gesamte Chargierung schießen. Drei Dampfer funkten nach den Treffern Notruf. Dreimal schallte das immer gleichlautende „SSS" durch den Äther. Dann verstummte das erste Schiff; es ging über den Bug in die Tiefe. Mit dem Heckaal gab Trojer dann noch dem dritten Dampfer einen Fangschuß, als dieser seine Fahrt wieder aufnahm und mit halber Kraft hinter dem Konvoi herhinkte. Inzwischen war auch der zweite Frachter gesunken.

„Wir haben uns verschossen, Herr Oberleutnant!" meldete der Torpedo-Obermaat.

„Dann bleiben wir als Fühlunghalter dran. Aber zuerst noch Meldung an den Großen Löwen:

„Aus Geleitzug sieben Schiffe versenkt, eines torpediert. Darunter Tanker ‚Southern Express'. — Verschossen!"

Eine Stunde nach dieser FT-Meldung kam die Antwort des BdU:

„Gut gemacht, bravo! Als Fühlungshalter mitlaufen."

Bis zum 16. Oktober blieb U 221 am Konvoi SC 104. Es wurde mehrmals abgedrängt, versuchte aber immer wieder, die Kameradenboote heranzuführen.

Keines der Boote kam mehr zum Schuß. Der Konvoi war durch eine weitere Sicherungsgruppe verstärkt worden.

Am 15. Oktober sichtete der II. WO von U 221 eine viermotorige Liberator. Mit Schnelltauchen verschwand das Boot in der See. Keine fünf Minuten später wurden Bombenexplosionen und gleich darauf aus dem Horchschapp Sinkgeräusche gemeldet.

„Da hat es einen von uns erwischt", sagte Trojer, der in der Zentrale stand. Er hatte recht.

Es war U 661 unter Oberleutnant z. See Eric von Lilienfeld, das durch die viermotorige Liberator aufgefaßt und — noch beim Tauchen — durch eine genausitzende Bombe versenkt wurde. Kein Mann der Besatzung kam mit dem Leben davon.

Auch U 607 und U 254 wurden von der Geleitsicherung angegriffen und beschädigt. Da die See- und Luftüberwachung erdrückend stark wurde, brach der BdU am 16. Oktober die Operation am SC 104 ab.

Held dieser Unternehmung war Hans Trojer geworden, der von den acht versenkten Dampfern allein sieben mit 38 951 BRT auf sein Konto brachte und darüber hinaus einen Dampfer torpedierte.

Im August 1942 entsandte der BdU zum erstenmal eine U-Boot-Gruppe in den Raum um Kapstadt. Das Rudel führte den Namen „Eisbär". Es bestand aus den Booten U 156 (Hartenstein), U 172 (Kapitänleutnant Emmermann), U 505 (Korvettenkapitän Poske), U 179 (Fregattenkapitän Sobe) und dem U-Tanker U 459 unter Korvettenkapitän von Wilamowitz-Möllendorff. Eines dieser Boote — U 156 — versenkte am 12. September 1942, auf 5 Grad Süd stehend, den britischen Passagierdampfer „Laconia" der Cunard White Star Linie, Liverpool, auf dem sich 811 Engländer und 1800 italienische Kriegsgefangene befanden.

Im Gegensatz zu den bei allen Nationen geltenden Regeln der Seekriegführung, nach denen die Kampfhandlungen den Vorrang vor Rettungsaktionen haben, leitete Admiral Dönitz sofort umfangreiche Hilfsmaßnahmen ein. Von den 811 Engländern konnten 800, und von den 1800 Italienern 450 gerettet werden. Die gegen die bergenden U-Boote unternommenen Angriffe und die Unterlassung jeglicher Hilfeleistung seitens der Alliierten war bedauerlich und unverständlich. Deutsche U-Boote, die englische Schiffbrüchige aufgenommen hatten, wurden bei den Rettungsarbeiten bombardiert. Dabei wurden die auf den Decks ausgebreiteten Flaggen des Roten Kreuzes nicht respektiert. Selbst britische Stellen konnten diese Verhaltensweise amerikanischer Armeeflugzeuge nicht verstehen. So schrieb Captain Roskill:

„Alles ging gut, bis am nächsten Nachmittag ein von dem neuerrichteten Stützpunkt auf der Insel Ascension herüberkommendes amerikanisches Armeeflugzeug eine Stunde lang um das aufgetauchte U-Boot herumflog und dann U 156 mit Bomben angriff. Es ist gleichermaßen unmöglich, diese Handlungsweise zu rechtfertigen, wie es schwerfällt zu erklären, warum dies getan wurde ...

Aller Wahrscheinlichkeit nach hat eine amerikanische Kommandostelle diesen Befehl (zur Bombardierung des deutschen U-Bootes, auf dem sich Hunderte von Engländern befanden) erteilt."

Das Rätsel fand seine Lösung, als nach 21 Jahren des Schweigens der amerikanische Brigadier Robert C. Richardson aus dem NATO-Hauptquartier in Paris im Sunday Express vom 4. August 1963 erklärte:

„Ich gab den Befehl, die Überlebenden der ‚Laconia' zu bombardieren. Wir wußten nicht, daß sich Briten auf ihr befanden. Aber selbst wenn wir das gewußt hätten, würde es keinen Unterschied gemacht haben. Ich würde den Befehl auf jeden Fall gegeben haben. Es war Krieg, und das U-Boot mußte vernichtet werden."

Eine Welle der Empörung ging durch die englische Presse. Da hatte man erlebt, daß der Feind den Schiffbrüchigen nach allen Kräften half, und mußte nun erfahren, daß der Freund und Verbündete sie rigoros töten wollte, weil vielleicht dabei auch ein deutsches U-Boot vernichtet werden konnte.

Aber nicht nur U 156 wurde bei den Rettungsarbeiten bombardiert. Am 17. September um 12.22 Uhr griff ein schweres Seeflugzeug auch U 506 an, das 142 Schiffbrüchige der „Laconia", darunter Frauen und Kinder, an Bord hatte.

Auch die großen Verluste unter den italienischen Kriegsgefangenen hatten eine besondere Ursache. Nach Aussagen der wenigen geretteten Italiener schlossen die Briten nach dem Torpedotreffer die Schotten zu den Räumen der Gefangenen und wehrten den Versuch der Italiener, in die Boote zu gehen, mit Waffengewalt ab.

Die spätere Äußerung des amerikanischen Generals, der auch heute noch der Auffassung ist, daß feindliche U-Boote, die im Kriege mit Rettungsarbeiten beschäftigt sind, bombardiert werden müßten, zeigt eindeutig, weshalb von deutscher Seite weitere Hilfeleistungen von U-Booten nicht mehr zu verantworten waren.

Der Laconia-Befehl des BdU vom 17. September verbot dann auch diese Aktionen. Er lautete:

„Jegliche Rettungsversuche von Angehörigen versenkter Schiffe, also auch Auffischen von Schwimmenden und Anbordgabe auf Rettungsboote, Aufrichten gekenterter Rettungsboote, Abgabe von Nahrungsmitteln und Wasser haben zu unterbleiben, Rettung widerspricht den primitivsten Forderungen der Kriegführung nach Vernichtung feindlicher Schiffe und Besatzungen."

Wie die Bemerkungen des Generals Richardson im „Sunday Express" vom 4. August 1963 zeigen, übertrafen die Gegner diesen Befehl bei weitem, als sie nicht einmal ihre eigenen Leute retteten, wenn es galt, ein feindliches U-Boot zu vernichten. Der Laconia-Befehl hatte in Nürnberg einen besonderen Platz innerhalb der Anklage gegen Großadmiral Dönitz. In der Verhandlung selbst verlor der Befehl jedoch das meiste seines Wertes für die Anklage, als Flotten-Admiral Chester

W. Nimitz bestätigte, daß die US-Navy im Krieg gegen Japan dieselbe Praktik verfolgt habe, wie sie in dem Befehl des deutschen Admirals niedergelegt war. Dönitz wurde in diesem Punkte voll freigesprochen *.

Die Gruppe „Eisbär" wurde am 14. September aufgefordert, ihren Marsch in den Raum Kapstadt fortzusetzen.

In diesem Operationsgebiet errangen alle eingesetzten Boote große Erfolge. Allein U 68 unter Korvettenkapitän Merten versenkte hier neun Schiffe mit 61 649 BRT. U 159 unter Kapitänleutnant Helmut Witte, das am 24. August als fünftes Boot in den Kampfabschnitt vor Südafrika ausgelaufen war, versenkte 70 372 BRT. Ebenfalls erfolgreich waren noch U 172 mit 38 197 BRT und U 504 mit 37 547 BRT, während U 179 unter Fregattenkapitän Sobe am 8. Oktober vor Kapstadt durch den britischen Zerstörer „Active" versenkt wurde. Auch in diesem Fall entstand Totalverlust.

Die Operation führte zu einem großen Erfolg, obwohl es nicht zu Rudelschlachten, sondern nur zu Einzelunternehmungen gekommen war.

Die Schlacht im Atlantik ging weiter. Vom 26. bis 28. Oktober wurde die südöstlich Grönland stehende U-Boot-Gruppe „Puma" auf den vom B-Dienst bereits am 24. Oktober erkannten Konvoi HX 212 angesetzt. Von den elf am Geleitzug operierenden Booten kamen vier zum Schuß und versenkten sechs Schiffe mit insgesamt 51 996 BRT. Einen Tag nach Beginn dieses Kampfes wurde die zwischen den kapverdischen Inseln und Madeira aufgestellte Gruppe „Streitaxt" auf einen Sierra—Leone-Geleitzug — den SL 125 — angesetzt. Sieben Boote kamen heran und vernichteten zwölf Schiffe mit 77 981 BRT.

Trotz dieses großen Erfolges hatte der Ansatz des Rudels negative Auswirkungen: Die U-Boote wurden aus den Anmarschwegen der alliierten Konvois für das „Unternehmen Torch" herausgenommen.

Noch einmal gelang im Oktober der Einsatz einer Gruppe, die das Kennwort „Veilchen" trug. Sie wurde im Raume östlich von Neufundland und südlich von Grönland aufgestellt. Eines der Boote sichtete am 30. Oktober den Konvoi SC 107. Da dem B-Dienst die schnelle Entzifferung eines Leitspruches gelang, in dem der genaue Kursbefehl

---

* = Siehe „Air University Review", März/April 1964, „Origin of the Laconia order"

für diesen Geleitzug enthalten war, ließ der BdU alle Boote dieser Gruppe an den Vormarschkurs heranziehen.

Der Konvoi SC 107 steuerte mitten in das U-Boot-Rudel hinein. In zwei Nächten, in denen die Torpedodetonationen immer wieder die See erhellten und die Wasserbombenexplosionen sich mit dem Klageruf der Dampfsirenen mischten, wurden 15 Schiffe mit 87 818 BRT versenkt. Aber am zweiten und dritten Tag gingen jeweils ein deutsches U-Boot durch die Luftsicherung verloren.

Mit diesen Geleitzugschlachten und den Einzelerfolgen der Südboote verlor der Gegner im Oktober 1942 insgesamt 90 Schiffe mit 580 407 BRT.

Nachdem die deutsche Skl am 8. November 1942 dem BdU Mitteilung von den Landungsoperationen der Amerikaner an der marokkanischen Küste gemacht hatte, beordcrte Admiral Dönitz alle U-Boote, die zwischen der Biskaya und den kapverdischen Inseln standen, in diesen neuen Kampfraum.

Die ersten U-Boote trafen am 11. November im Landungsraum ein. Sie fanden eine starke Abwehr vor. Dennoch, griffen sie sofort an.

U 173 unter Oberleutnant z. See Schweichel durchbrach noch am gleichen Abend die Zerstörersicherung der auf der Reede von Fedala liegenden amerikanischen Truppentransporter und versenkte drei Schiffe.

Noch erfolgreicher war U 130. Korvettenkapitän Kals, ein erfahrener Seemann, brach ebenfalls durch die Sicherung in die Reede ein und vernichtete in einem tollkühnen Anlauf, bei dem das Boot nur 30 Meter Wasser unter dem Kiel hatte, drei große amerikanische Transporter:

1. „Hugh L. Scott" (ex „President Pierce")   mit 12 579 BRT,
2. „H. Bliss" (ex „President Cleveland")   mit 12 568 BRT,
3. „Edward Rutledge" (ex „Exeter")   mit 9 360 BRT.

Unter dèm zähen Draufgänger Kapitänleutnant Henke versenkte U 515 in mehreren kühnen Anläufen das britische Depotschiff „Hecla" und torpedierte den Zerstörer „Marne". Obwohl das Boot mehrmals behindert und abgedrängt wurde, hatte es immer wieder angegriffen.

U 155 unter Kapitänleutnant Piening brachte den Geleitträger „Avenger" und den Transporter „Ettrich" zum Sinken. Der goldene Schuß aber gelang U 413 unter Oberleutnant z. See Poel. Er versenkte aus einem Transporterkonvoi die „Warwick Castle", einen Truppentransporter von 20 107 BRT.

Die U-Boot-Einsätze an der afrikanischen Küste ließen die Versenkungsquote im Monat November 1942 auf 119 Schiffe mit 729 160 BRT emporschnellen. Außerdem vernichtete die italienische U-Boot-Waffe sechs Schiffe mit 31 881 BRT.

Von den Geleitzugkämpfen im November verdient neben dem Angriff auf den SC 107 vor allem die Operation gegen den Konvoi ONS 144 besondere Erwähnung. Dieser Geleitzug wurde am 16. November aufgefaßt. 13 Boote der Gruppe „Kreuzotter" operierten auf ihn. Am späten Abend des 17. November gewannen die ersten Boote Fühlung und kamen zum Angriff. In der folgenden Nacht stießen weitere Boote hinzu, so daß in zwei Nächten insgesamt acht Boote zum Schuß kamen. Sie versenkten fünf Schiffe mit 25 396 BRT und die norwegische Korvette „Montbretia". U 184 unter Kapitänleutnant Dangschat wurde am 20. November durch die norwegische Korvette „Potentilla" versenkt. Besatzung und Boot waren verloren.

Auch in der Karibischen See rakten die U-Boote im November erfolgreich. U 154, U 163, U 508, U 129 und vor allem U 160 erzielten in diesem Seeraum hohe Versenkungsziffern. Am 2. November 1942 sichtete U 160 den Konvoi TAG 18. Lassen wir hier Kapitänleutnant Georg Lassen über diesen Geleitzugkampf berichten, den er während seiner dritten Feindfahrt mit U 160 zu bestehen hatte.

„Hier spricht der Kommandant. Boot hat Operationsgebiet erreicht, und heute ist der 2. November 1942. Für diejenigen unter uns, bei denen der Groschen noch immer nicht gefallen ist: es ist der Indienststellungstag unseres Boote."

Georg Lassen schmunzelte, als er die Kommentare seiner Besatzung hörte. U 160 hatte die Tobago-Passage erreicht. In der vergangenen Nacht war es durch den Ausfall des Steuerbord-Diesels zweifelhaft erschienen, ob das Boot diesen Weg bewältigen würde. Lassen stieg auf die Brücke. Das fahle Grau des Morgens war über hellem Grün in eine schillernde Smaragdfarbe übergegangen. Die Sonne tauchte über dem Rand des Horizontes auf. Wie eine riesige rote Kugel schob sie sich über die Kimm. Sie färbte das Wasser rot und schuf einen Morgen von unvorstellbarer Schönheit.

„Es wird heute wieder sehr heiß werden, Eins Null!" durchbrach die Stimme des Kommandanten die Stille.

Oberleutnant z. See Ahrens nickte.

„Sieht ganz so aus, als sollten wir eine Sommerfrische im Winter erleben, Herr Kaleunt."

„Zwote Seewache sich klarhalten!" hörten sie die Stimme des Boots-
mannsmaates der zweiten Seewache, Petersen, von unten heraufdringen.
Die zweite Seewache zog auf.

„Morgen, Maier!" begrüßte der Kommandant den II. WO.

„Guten Morgen, Herr Kaleunt! Prächtiges Wetter. Jetzt nur noch acht
bis zehn Plätteisen von jeweils 20 000 Tonnen, und unser Glück wäre
vollständig.

„Nichts ist vollkommen, Maier", lächelte der Kommandant.

Georg Lassen suchte die See voraus ab, die mit flirrenden, blitzenden
Reflexen die Sonnenstrahlen zurückschleuderte.

„Flugzeug von achtern!" meldete Stabsgefreiter Lerbs.

„Alarm! — Schnelltauchen!"

Als das leise spielende Radio verstummte, wußte Lassen, daß die
Antenne untergeschnitten hatte und das Boot von der Wasseroberfläche
verschwunden war. Es erfolgte kein Bombenwurf.

„Hat uns nicht gesehen, Herr Kaleunt?"

„Vielleicht ist es auch ein Bluffer! Backbord zehn!"

Das Boot glitt — in vierzig Meter Tiefe eingesteuert — herum. Es lief
nun nach Westsüdwest. Im Horchraum hockte Funkmaat Bubl hinter
dem GHG. Er drehte am Verstärkerknopf, horchte plötzlich auf.

„Hol den Alten her, Knöpfle!"

Der Funkgefreite sauste los und kam eine halbe Minute später mit
dem Kommandanten zurück.

„Was ist, Bubl?"

„Hört sich an wie viele Schraubengeräusche, Herr Kaleunt!"

„Hmm, hört sich wirklich so an. Dann wollen wir mal!"

Lassen eilte in die Zentrale zurück. Das Boot glitt auf den neuen Kurs
herum. Schon wenige Minuten darauf waren die Schraubengeräusche
bedeutend näher gekommen.

„Auf Gefechtsstationen! Rohr I bis IV klar zum Unterwasserschuß!"

„Auf Sehrohrtiefe auftauchen!" befahl Lassen, als der Konvoi nur
noch vier bis fünf Seemeilen entfernt sein konnte.

Der Sehrohrknopf stand nur zwei Hände breit aus dem Wasser
heraus. Das erste, was der Kommandant sah, war eine Reihe schwarzer
Rauchwolken, die wie Hieroglyphen von der Kimm bis zum Himmel zu
reichen schienen.

„Mindestens 20 Schiffe!" berichtete der Kommandant. „Zwei Zerstörer dabei. Einer vorn und der zweite achtern."

Das Boot drehte auf Parallelkurs zum Konvoi, der in drei dichtgeschlossenen Kolonnen fuhr. Durch das sparsam ausgefahrene Sehrohr suchte sich Lassen die fettesten Brocken für seine sechs Torpedos aus.

„Wir nehmen den Geleitführer vorn und den Tanker in der zweiten Kolonne. Dann aus der dritten Kolonne den vordersten Dampfer von 10 000 Tonnen und den letzten, der schätzungsweise 6000 Tonnen hat."

Die Werte wurden von Torpedorechner ausgerechnet und von den Mixern eingestellt. Oberleutnant Ahrens war als TWO in den Bugraum gegangen. Alle Ausschußpatronen waren mit Preßluft gefüllt.

„Sobald die vier Bugtorpedos 'raus sind, drehen wir und schießen auch noch die beiden Heckaale. Ziele dafür später."

Das Rasseln, Schlürfen und Stampfen der immer näher herankommenden Schiffe war nun mit bloßem Ohr überlaut zu hören.

„Aus!" befahl Lassen. Das Sehrohr stieg in die Höhe. Er sah, wie der Geleitführer einwanderte. Der Seitenabstand zu ihm betrug 800 Meter. „Rohre — Illos!"

Alle vier Einzelschüsse verließen in Intervallen von zwei Sekunden die Rohre und glitten durch die See auf ihre Ziele zu. Das Sehrohr unterschnitt, als die Ausgleichstanks geflutet wurden.

„Einen halben Meter höher, LI."

Der Leitende Ingenieur pendelte das Boot wieder richtig ein.

„Hart Backbord!"

Als die Drehung beendet war, verließen die beiden Hecktorpedos die Rohre.

„Torpedos laufen!" meldete der Mixer im Hecktorpedoraum. Daß zumindest einer der beiden Aale lief, hörte die gesamte Besatzung nur wenig später, da er als Kreisläufer mit drohendem Surren dicht über den Turm hinwegzog. Unwillkürlich hielten die Männer den Atem an. Zwei Meter tiefer, und es hätte gekracht.

„Zeit ist um!" meldete der Obersteuermann von der Rechenanlage und blickte auf den Kommandanten, der noch immer im Sattelsitz des Sehrohrs hockte.

Sekunden später dröhnten drei Trefferexplosionen.

„Aus!"

Wieder stieg das Sehrohr empor. Lassen sah, daß der Geleitführer gestoppt hatte. Das folgende Schiff wäre um ein Haar auf ihn aufgelaufen. Flammen züngelten aus diesem Dampfer empor, der auch schon Schlagseite bekam. Der zweite getroffene Frachter sackte — auf ebenem Kiel reitend — tiefer in die See.

„Frage: zweiter Heckaal!"

„Wird noch gehorcht, läuft weiter!"

Die Brücke des Geleitführers hob sich plötzlich an. Erst als sie in der Luft umherwirbelte, erreichte der mächtige Detonationsschlag das U-Boot. Dann stellte sich der Geleitführer steil auf den Steven und rutschte in die See.

„Zerstörerschrauben!" meldete der Horchraum. Auf einmal setzte auch das helle Pinken der Ortung ein.

„Wir verholen uns unter den Konvoi!"

Das Boot lief unter die dritte Dampferkolonne.

„Sinkgeräusche an zwei verschiedenen Stellen, Herr Kaleunt!"

„Wenn ich nur wüßte, was es mit der dritten Trefferdetonation auf sich hat", sagte Lassen zu sich selbst.

Während sich das Boot unter die dritte Kolonne des TAG 18 verholte, warf einer der Zerstörer weiter entfernt Wasserbomben. Im Bugraum wurden unter der Leitung des TWO die Rohre nachgeladen. Langsam sackte U 160 achteraus.

Erst als das Boot wieder schußklar war, drehte U 160 nach Norden aus der Geleitzugroute heraus. Eine Stunde später tauchte es auf und lief im Überwassermarsch, am Rande der Sichtweite angehängt, mit.

Einem Zerstörer mußte es abermals mit Schnelltauchen entwischen. Nach der Horchpeilung ließ Kapitänleutnant Lassen einen der beiden Torpedos aus den inzwischen nachgeladenen Heckrohren auf den Zerstörer schießen.

Als die Detonation erklang, glaubte Lassen eine Sekunde lang, ihn getroffen zu haben; aber es wurden keine Sinkgeräusche festgestellt. Dagegen vernahm der Horchraum die Schraubengeräusche des ablaufenden Zerstörers.

„Was mag das gewesen sein? Frühdetonierer?"

„Aber der Zerstörer verschwindet, Herr Kaleunt, das ist schon etwas wert."

Eine halbe Stunde später tauchte U 160 auf. Es lief weiter auf dem Generalkurs durch die Karibische See. Noch zweimal mußte es wegen Flugzeugen Alarmtauchen.

Als Funkmaat Bubl die Abendmeldungen aus Port of Spain hörte, erfuhr er auch die Namen der beiden versenkten Dampfer. Es waren die „Gypsum Express" und die „Ch. J. Chapman". Als drittes Schiff war die „Winona" getroffen worden, die einen Hafen anlaufen mußte. Zum Abschluß meldete dieser Abendbericht:

„Dem Geleitzerstörer ‚King Hazel' gelang es, das deutsche U-Boot mit Wasserbomben zu versenken."

„Na also", sagte Georg Lassen, „das berechtigt uns zu den allerbesten Hoffnungen! Das Boot, das vom Gegner totgesagt wird, lebt meistens sehr lange."

Die Nacht und der nächste Tag vergingen, ohne daß das Boot zum Schuß gekommen wäre. Wohl wurden Torpedodetonationen am Konvoi gehorcht, aber U 160 kam nicht zum Zug; es wurde immer wieder abgedrängt. Dann nahm der Funkmaat einen FT-Spruch von U 129 auf. Das Boot hatte ebenfalls zwei Schiffe mit 14 622 BRT aus dem TAG 18 versenkt.

In den ersten Morgenstunden des 5. November stand U 160 wieder auf dem Wechsel. Das Boot griff im Überwasser-Nachtangriff an. Ein von achtern an der Steuerbordseite des Konvois aufkommender Zerstörer lief knapp 1000 Meter am U-Boot vorbei. Die Werte waren eingestellt. Ein Schiff von 10 000 Tonnen sollte einen Zweierfächer erhalten, ein Frachter von 4500 Tonnen und ein Tanker von 5000 Tonnen jeweils einen Einzelschuß.

Alle vier Torpedos gingen exerziermäßig auf die Reise. Der Zweierfächer traf den großen Dampfer mittschiffs und Achterkante Brücke. Der Frachter von 4500 Tonnen wurde 40 hinten getroffen.

Während das Vorschiff des 10 000-Tonners mit einem Ruck bis zur Brücke in die See sackte, rannte die Besatzung um ihr Leben, denn dieses Schiff war bis unter die Deckplanken mit Munition vollgeladen.

Die Druckwelle der Detonation war ungeheuer stark. Sie riß das große Schiff in den nächsten zwei Minuten buchstäblich in Stücke. Mit AK mußte U 160 vor den ringsum in die See niedergehenden Stahlteilen ablaufen. Es krachte und polterte an Deck. Irgend etwas flog schwirrend am Kopf des Kommandanten vorbei, so daß Lassen sich unwillkürlich duckte.

Ein Blick zurück zeigte dem Kommandanten, daß auch der zweite getroffene Dampfer völlig in Flammen stand. Nur der vierte Torpedo hatte sein Ziel nicht erreicht.

„Zerstörer, zehn Grad Backbord voraus! — Dreht auf uns ein!"

„Alarm! Schnelltauchen!"

Wieder schrillten die Glocken. Unten in der Zentrale starrte Leutnant z. See (Ing.) Pohl auf die Skalen und Anzeigetafeln. Er vernahm den Ruf des Kommandanten, daß das Luk dichtgedreht sei und sah, wie auf der Mattscheibe das Wort „Tauchklar" erschien, das ihn sofort handeln

*Kapitänleutnant Herbert Wohlfahrt, Komman=
dant von U 556, nimmt im Mai 1941 das Ritter=
kreuz und die Glückwünsche seiner Kameraden
(Mitte: Jürgen Oesten) entgegen.*

Kapitänleutnant und Eichenlaub= träger Adalbert Schnee hält dem BdU bei einer Lage= besprechung Vortrag.

Kapitänleutnant Rolf Mützelburg, Eichenlaubträger und Kommandan von U 203, mit seinem leiten Ingenieur (rechts)

Kapitän z. See Werner Hartman Kommandant vor U 37 und U 198 und FdU Mittelm bei einer Inspekt

ließ. Die Entlüfter wurden gerissen. Steil kippte U 160 an. Während der Turm unterschnitt, schlugen bereits dicht neben ihm Granaten in die See. Als das Boot 45 Meter Tiefe erreichte, krachte über ihm der erste, mit flacher Einstellung geworfene Wabo-Fächer. Durch den Druck stieß das Boot steil hinunter, wurde wieder abgefangen und eingetrimmt.

„Notbeleuchtung ein!"

„Wassereinbruch durch Turmluk!"

Trübe flackerte das Notlicht. Der Zentrale-Gast rappelte sich mit blutendem Schädel auf. Weitere Wabos detonierten. Zwei Wasserstandsgläser platzten.

„Auf 160 Meter gehen, LI!"

Das Boot stieß weiter in die Tiefe hinunter, wurde dann mit Schleichfahrt zur Seite gedreht und hängte den Zerstörer eine Stunde später endgültig ab.

Doch so sehr Lassen sich auch bemühte, er bekam keinen Anschluß mehr an diesem Geleitzug. Sein Boot hatte in zwei Anläufen vier Schiffe mit 25 855 BRT aus dem Konvoi TAG 18 versenkt.

Neben den großen Erfolgen erlebte die U-Boot-Führung gerade im November 1942 wieder einige unliebsame Überraschungen. Von der Skl erhielt sie am 16. November den Befehl, die hohen U-Boot-Verluste im Mittelmeer durch Zuführung von Atlantikbooten auszugleichen. Ferner wurde von ihr verlangt, ständig 20 U-Boote westlich Gibraltar und Marokko aufzustellen. Diese Maßnahmen waren insoweit verfehlt, als sie die Kriegführung der U-Boote schwächten. Admiral Dönitz legte deshalb in der „Gkdo-Sache 508" an die Seekriegsleitung dar, daß sich die Verlegung und Bindung der Boote „entscheidend nachteilig für den Tonnagekrieg im Atlantik" auswirken würden, „in welchem der BdU nach wie vor die Hauptaufgabe der U-Boote sieht".

Nachdem allein im Oktober zwölf deutsche U-Boote verlorengegangen waren, sank die Zahl der Verluste im November auf sechs und im Dezember gar auf fünf U-Boote ab.

Am 4. Dezember sichtete U 524 (Kapitänleutnant Frhr. von Steinäcker) den Konvoi HX 217. Nach der Meldung setzte der BdU zwei U-Boot-Gruppen mit 22 Booten auf diesen Geleitzug an. Als erste erreichte neben U 524 U 553 und U 758 den Konvoi und griffen ihn am 6. und 7. Dezember mehrfach an. Es gelang ihnen jedoch nur, drei Schiffe mit insgesamt 20 229 BRT zu versenken.

Am Nachmittag des folgenden Tages ereichten auch U 221 und U 254 das Geleit. Und hier geschah es, daß zum erstenmal in der Geschichte des Zweiten Weltkrieges zwei deutsche U-Boote an einem Konvoi miteinander kollidierten. Lassen wir das KTB von U 221 hierüber berichten, das in knapper, dramatischer Sprache diesen Zusammenstoß schildert.

U 221 war kurz nach Insichtkommen des HX 217 von einem Geleitzerstörer abgedrängt worden, und erst als die Abenddämmerung einfiel, konnte das Boot wieder Anschluß gewinnen:

„Mit großer Fahrt dem Geleitzug nachgestoßen.

21.34 h, dunkle Nacht, Seegang 5, Regenböen. Deutsches U-Boot Steuerbord voraus in Regenbö. Trotz harten Abdrehens in Höhe der wasserdichten Back leicht gerammt. Im Boot ist es kaum zu spüren.

Das andere Boot schwimmt noch, im Rangehen sackt es ab. Einige Taschenlampen, etwa 30 Mann mit Tauchrettern und Schwimmwesten. Mit Scheinwerfer geleuchtet, Leute zur Ruhe ermahnt, rufen dauernd um Hilfe.

Mit Sanderleinenpistole und Wurfleinen mit angesteckten Schwimmwesten gefischt. Der Seegang macht die meisten Versuche zunichte. Einige Leute, an Leinen befestigt, außenbords geschickt; erreichen auch nichts. Nur ein Unteroffizier und drei Mann können die Leinen reichen und in der Brandung, die bis zur Brücke schlägt, eben noch geborgen werden.

Von ihnen erfahren wir: Es ist U 254.

Nach über zwei Stunden der Bemühungen, während welcher dauernd mit Scheinwerfer geleuchtet wurde, werden im Osten zwei Leuchtkugeln geschossen, und ein Fahrzeug setzt zwei Lichter. Wir müssen die Suche aufgeben."

Nachdem der Oberbefehlshaber der U-Boote am 28. Dezember durch einen FT-Spruch von U 221 über diesen Unglücksfall unterrichtet wurde, schrieb er in sein Kriegstagebuch*:

„Zum erstenmal ist während der Geleitzugoperationen ein Ramming zwischen zwei Booten eingetreten und damit ein Boot verlorengegangen. Soweit hier zu übersehen, ist dieser Unglücksfall in dunkler Nacht bei hoher See eingetreten, so daß vermutlich dem rammenden Boot keine Schuld zuzumessen ist. Bei der Vielzahl der Boote in Geleitzugoperationen mußte seit langem mit derartigen Havarien gerechnet werden."

---

* Karl Dönitz a. a. O.

Beim Angriff auf den Konvoi ON* 153, an dem 13 Boote der Gruppe „Raufbold" beteiligt waren, konnten nur drei Schiffe mit 21 612 BRT versenkt werden. U 211 unter Kapitänleutnant Hause gelang es noch, den Zerstörer „Firedrake" zu vernichten.

Aus dem ONS** 152, der einen Tag später gesichtet wurde, konnten nur zwei Schiffe in die Tiefe geschickt werden.

Erst die Operation auf den Geleitzug ONS 154 erbrachte wieder eine große Versenkungsziffer. Dieser Konvoi war am 26. Dezember von U 260 gesichtet worden. 18 Boote wurden auf ihn angesetzt. Sie bildeten die beiden Gruppen „Spitz" und „Ungestüm".

Elf Boote kamen innerhalb der folgenden sechs Tage zum Schuß. Vierzehn Schiffe mit 109 893 BRT wurden vernichtet, ein weiteres torpediert. Beim Angriff auf den Konvoi ging U 356 unter Oberleutnant z. See Ruppelt am 27. Dezember verloren. Nicht weniger als vier Sicherungsfahrzeuge, darunter die kanadischen Zerstörer „St. John" und „St. Laurent" kreisten das Boot ein und belegten es mit über 100 Wasserbomben, die es tödlich trafen. Kein Mann der Besatzung konnte gerettet werden.

Damit waren die Geleitzugoperationen des Jahres 1942 und gleichzeitig die 5. Phase der Schlacht im Atlantik zu Ende gegangen. Dieses eine Jahr hatte gezeigt, daß die U-Boot-Waffe der stärkste Gegner der Alliierten war. Nicht weniger als 1160 Schiffe mit 6 266 215 BRT wurden von den deutschen und italienischen Booten versenkt. Captain Roskill*** schrieb darüber:

„Es war der britischen Admiralität klar, daß die Schlacht auf den Geleitzugwegen noch nicht entschieden war, daß der Feind größere Kräfte besaß als jemals zuvor und daß die Krise in diesem sich lange schon hinziehenden Kampf nahe bevorstand."

---

* ON = schneller England—Halifax=Konvoi
** ONS = langsamlaufender England—Sydney (Neuschottland)=Konvoi
*** Roskill: „The War at Sea"

DIE SCHLACHT IM ATLANTIK — SECHSTE PHASE

Allgemeines — Verbesserungen der feindlichen Abwehr —
In der Karibischen See — Im Nordmeer — Große Erfolge im März 1943

Mitte Januar 1943 reichte der Oberbefehlshaber der Kriegsmarine, Großadmiral Raeder, seinen Rücktritt ein. Er schlug Generaladmiral Carls und Admiral Dönitz als seine Nachfolger vor. Hitler entschied sich für Admiral Dönitz. So erhielt der Befehlshaber der U-Boote seine Ernennung zum Oberbefehlshaber der Kriegsmarine. Gleichzeitig damit erfolgte seine Beförderung zum Großadmiral.

Großadmiral Dönitz sagt über diesen Wendepunkt in seinem Leben:

„Ich war mir der Größe der Verantwortung, die ich übernahm, durchaus bewußt. An meiner Einstellung, daß meine einzige Verpflichtung als Soldat im Kriege sei, mit aller Kraft gegen den äußeren Feind zu kämpfen, änderte sich nichts."

Von Frankreich ging die Operationsabteilung des BdU noch im Januar 1943 nach Berlin. Konteradmiral Godt übernahm nun selbständig die U-Boot-Kriegführung. Dönitz sagt darüber:

„Konteradmiral Godt, dem Chef meines Stabes als Befehlshaber der U-Boote, dem ich in langjähriger dienstlicher Zusammenarbeit verbunden war und der an der Entwicklung der U-Boot-Taktik im Frieden und dem operativen Einsatz im Kriege einen verdienstvollen Anteil hatte, konnte ich die U-Boot-Kriegführung weitgehend selbständig anvertrauen.

Ihm zur Seite stand der erfahrene Erste Admiralstabsoffizier, Korvettenkapitän Hessler, der mit den anderen Admiralstabsoffizieren die Hauptlast der Stabsarbeit des U-Boot-Einsatzes trug."

In Berlin schlug die U-Boot-Führung im Hotel am Steinplatz ihr Hauptquartier auf. Ihr neuer Name lautete: 2. Abteilung Skl — BdU op.

Im Sommer 1942 hatte die 3/Skl Berechnungen über den Schiffsbau auf alliierten Werften angestellt. Sie führten zu dem Schluß, daß in dem betreffenden Jahr sieben Millionen BRT Schiffsraum neu erstellt werden würden (Die tatsächliche Bauleistung betrug 7 182 000 BRT). Es mußten also monatlich mindestens 600 000 BRT versenkt werden, wenn sich die Schiffstonnage verringern sollte. Der im folgenden Jahr neu in Dienst zu stellende Schiffsraum der Alliierten wurde auf 10,8 Millionen BRT geschätzte, so daß mindestens 900 000 BRT versenkt werden mußten.

Die im Jahre 1943 zu erwartenden großen Neuzugänge, denen nur geringe U-Boot-Verluste im Jahre 1942 gegenüberstanden, ließen einen erfolgreichen U-Boot-Krieg immer noch möglich erscheinen, zumal angenommen wurde, daß 1942 insgesamt 11 667 000 BRT feindlichen Schiffsraumes versenkt worden seien[*].

Die U-Boot-Waffe ging in die letzte Phase der Schlacht im Atlantik. Im Januar 1943 war die Aufstellung der U-Boote in den einzelnen Operationsgebieten wie folgt verteilt:

Atlantik:	164 U-Boote.
Mittelmeer:	24 U-Boote.
Nordmeer:	21 U-Boote.
Schwarzes Meer:	6 U-Boote.

In den Geleitzugschlachten im Januar 1943 wurden insgesamt 30 Schiffe mit 189 062 BRT versenkt. Diese Versenkungsquote wurde zu einem Teil an den Konvois HX 222 und HX 223 erzielt.

Am 2. Februar 1943 wurde der HX 224 durch U 456 gesichtet. Von den fünf angesetzten Booten kam im schweren Weststurm nur eines zum Schuß, das in zwei Anläufen drei Schiffe versenkte. Die Geleitzugsicherung vernichtete ein U- Boot.

Einen Tag später wurde auch Konvoi SC 118 gesichtet. U 187 unter Kapitänleutnant Münnich führte die beiden Gruppen „Pfeil" und

---

[*] Zu dieser Fehlschätzung kam es, weil vor allem japanische und italie=nische U=Boote sowie die Luftwaffe überhöhte Erfolgsmeldungen abgegeben hatten. Hinzu kam, daß auch die U=Boot=Erfolgsmeldungen ungenauer wur=den, weil die Boote immer wieder unter Wasser gedrückt wurden, ohne daß sie das Sinken eines torpedierten Schiffes beobachten konnten.

„Haudegen" heran. Nicht weniger als 21 U-Boote jagten nun hinter den 64 Schiffen dieses Geleitzuges her. Insgesamt wurden zwölf Sicherungsfahrzeuge gezählt.

Bei tosendem Sturm versuchten die U-Boote, Fühlung zu bekommen. In der schweren Wintersee kämpften sie sich allmählich näher heran.. Fünf Boote kamen in Schußposition.

U 187 stieß mit den anderen Booten durch dichte Schneeböen hindurch. Eishagel peitschte die Gesichter der Brückenwächter blutig. Am Abend des 4. Februar stand die Besatzung von U 187 auf Gefechtsstationen. Das Boot griff an und schoß im ersten Anlauf ein Schiff aus dem Konvoi heraus. Es wurde durch den Zerstörer „Vimy" unter Wasser gedrückt, der es gemeinsam mit dem zu Hilfe eilenden Zerstörer „Beverley" durch Wabos zum Auftauchen zwang. Während ein Teil der Besatzung im tobenden Sturm von den beiden Zerstörern gerettet werden konnte, fiel Kapitänleutnant Münnich.

In dieser Nacht kamen noch vier weitere Boote zum Schuß.

Wieder herrschten die infernalischen Zeichen der Schlacht mit ihren Torpedodetonationen, ausbrechenden Bränden und Wasserbombenexplosionen. Schiffe gingen aufgerissen in die Tiefe, andere brannten vollständig aus. Die Grauen Wölfe rakten. Auch am nächsten Abend griffen sie an. U 609 vernichtete einen Dampfer. U 632 torpedierte zwei weitere. Am 7. Februar wurde U 609 durch die Korvette „Lobelia" und U 624 durch britische viermotorige Liberator-Bomber versenkt.

Vier weitere Boote, die versuchten, Anschluß am Konvoi SC 118 zu gewinnen, wurden ebenfalls bombardiert oder mit Wabos belegt.

Am 9. Februar mußte diese Operation abgebrochen werden. 13 Schiffe mit 59 765 BRT wurden versenkt, zwei weitere torpediert. Doch dieser Erfolg hatte teuer erkauft werden müssen. Großadmiral Dönitz schreibt darüber:

„Es war die vielleicht härteste Geleitzuschlacht dieses Krieges. Ehre den Besatzungen und Kommandanten der U-Boote, die diese schweren tagelangen Geleitzugkämpfe in dem rauhen Winterwetter des Atlantik schlugen. In den vier Nächten des unaufhörlichen Kampfes konnten die Kommandanten die Brücke ihrer Boote nicht verlassen. Von ihren blitzschnellen Entschlüssen hing oft das Schicksal der Besatzung ab.

Es ist kaum zu ermessen, welche Härte und Selbstüberwindung dazu gehörten, gleich nach einer Wasserbombenverfolgung wieder den Befehl zum Auftauchen zu geben, dem Feinde wieder nachzustoßen und aufs neue in den, dem Stachelpanzer eines Igels vergleichbaren inneren

Sicherungsring des Geleitzuges einzudringen, mit der Alternative des Erfolges oder Unterganges."

In diesen Worten des Großadmirals ist die ganze Bedeutung von U-Boot-Fahrt und U-Boot-Schicksal enthalten. Sie sind die verdiente Anerkennung und Hochachtung für alle U-Boot-Fahrer schlechthin.

Am Konvoi ONS 165, der am 17. Februar durch U 69 gesichtet wurde, gewannen nur zwei Boote Fühlung. Sie versenkten zwei Schiffe mit 14 000 BRT. Jeder Versuch, ein weiteres Boot der Gruppe „Haudegen" und „Taifun" heranzubringen, mißlang. Nebel, Sturm und Funkstörungen verhinderten den Anschluß. Die Boote U 69 und U 201 hielten 48 Stunden lang Fühlung am Geleitzug. Dann wurden beide vernichtet.

Zwei versenkten Schiffen stand der Verlust von zwei U-Booten gegenüber. Eine bedrückende Bilanz.

Bereits am 18. Februar erhielt die Operationsabteilung des BdU eine Fliegermeldung, daß 300 Seemeilen westlich des Nordkanals ein auslaufender Konvoi gesichtet worden sei. Wenig später wurde dieser Geleitzug auch von der Funkhorchabteilung West erkannt, die die Feind-Funksprüche aufnahm und in der Chi-Stelle entzifferte.

Der Konvoi hatte 48 Schiffe und lief unter der Bezeichnung ON 166. Die beiden U-Boot-Gruppen „Ritter" und „Knappen" mit insgesamt 21 Booten wurden am 20. Februar auf das Geleit angesetzt. Ein sechstägiger erbitterter Kampf begann. Der Konvoi wurde mehr als 1100 Seemeilen weit verfolgt.

Zwölf Boote gewannen Anschluß und kamen zum Schuß. 15 Schiffe mit 97 382 BRT wurden aus dem Geleitzug versenkt, ein weiteres torpediert. Zwei Boote gingen während dieser sechs Tage am ON 166 verloren.

Ein weiterer Konvoi, der ONS 167, wurde zwischen dem 22. und 26. Februar durch die Gruppe „Wildfang" gejagt. U 664 führte zwölf Boote heran, kam aber nur selbst zum Schuß und brachte in einem tollkühnen Anlauf zwei Schiffe mit 13 466 BRT zum Sinken. Anschließend ging die Fühlung am Geleit verloren.

Im Februar 1943 wurden insgesamt 57 Schiffe mit 339 704 BRT versenkt.

Kehren wir zum U-Boot-Krieg in der Karibischen See zurück. Dort hatte U 124 am 16. Dezember 1942 einen aus mehreren Tankern bestehenden Geleitzug aufgefaßt und zwei Tanker von 8000 und 9000 BRT herausgeschossen. Dann mußte das Boot mit Alarmtauchen vor einem angreifenden Zerstörer in die Tiefe gehen.

Es dauerte zwölf Tage, bevor das Boot abermals zum Angriff kam und am 28. Dezember 1942 einen Dampfer von 4000 Tonnen versenken konnte.

Am 9. Januar 1943 wurde ostwärts Trinidad ein Geleitzug gesichtet, in dem auch einige Tanker liefen. U 124 hängte sich an, und als die Dämmerung einfiel, brachte Mohr sein Boot in Schußposition.

„Rohr I bis IV klar zum Überwasserschuß! UZO auf den Turm!"

Durch sein Nachtglas beobachtete Mohr die Schiffe, die, ohne zu zacken, ihren Stremel herunterfuhren.

Über dem Boot funkelten Myriaden von Sternen am nächtlichen Himmel. Auf dem Turm herrschte angespannte Aufmerksamkeit.

„Wie ist es, Molsen, haben Sie den Tanker im Visier?"

Oberleutnant z. See Molsen, der neue I. WO, nickte. Der Tanker füllte bereits die halbe Optik aus.

„So, jetzt schießen!"

Sekunden später gingen ein Zweierfächer und zwei Einzelschüsse auf die Reise. Nach Eindrehen des Bootes wurden auch die beiden Hecktorpedos geschossen. Nun liefen sechs Aale auf ihre Ziele zu.

Der Doppeltreffer, der den Tanker zur brennenden Fackel werden ließ, dröhnte zuerst. Dann wurde der erste Frachter getroffen. Der zweite Dampfer barst eine Minute nach der Torpedierung auseinander, und kurz darauf traf es noch den dritten Frachter. Vier Schiffe blieben weidwund liegen.

Das Boot lief mit AK ab. Im Bugraum arbeiteten Mixer und Heizerfreiwache beim Nachladen. Der Tanker brannte lichterloh.

Ein heranstoßender Zerstörer zwang U 124 in die Tiefe. Nach zwei Stunden tauchte es wohlbehalten wieder auf.

Ein Frachter und der Tanker waren noch nicht gesunken. Mohr gab ihnen den Fangschuß. Abermals wurde U 124 von den Sicherungsfahrzeugen abgedrängt. Das Boot hatte noch einen Torpedo im Rohr und einen unklaren Aal, um den sich Torpedomaat Löba bemühte.

Der Konvoi konnte nicht mehr erreicht werden. Nur noch ein Einzelfrachter wurde versenkt. Am 13. Januar 1943 erhielt Jochen Mohr als 177. Soldat der Wehrmacht das Eichenlaub zum Ritterkreuz.

Am 20. Dezember 1942 erfuhr die deutsche Seekriegsleitung, daß die Alliierten ihre Nordmeerkonvois nach und von Rußland wieder aufgenommen hatten. Diese Route war nach den schweren Verlusten am PQ 18 Ende September eingestellt worden. Der erste Konvoi in Richtung Murmansk hatte bereits am 15. Dezember seinen Marsch begonnen. Die Geleitzugbezeichnungen PQ und QP waren jetzt in JW (nach Rußland gehende Konvois) und RA (nach England gehende Konvois) geändert worden.

Der JW 51 A, der am 15. Dezember von Loch Ewe auslief, erreichte zehn Tage später Kola-Inlet, ohne überhaupt angegriffen worden zu sein. Dagegen wurde der Konvoi JW 51 B rechtzeitig erkannt und vom deutschen B-Dienst der Skl gemeldet. Am 24. Dezember hatte außerdem ein Seeaufklärer dieses Geleit entdeckt, das aus 14 Handelsschiffen und elf bis zwölf Sicherungsfahrzeugen bestand.

Ein Kriegsschiffverband, bestehend aus der „Hipper", der „Lützow" und sechs Zerstörern, ging am 30. Dezember vom Altafjord aus in See, nachdem auch noch U 354 (Oberleutnant z. See Herbschleb) den Konvoi gesichtet und Meldung gefunkt hatte.

Am 31. Dezember stießen die deutschen Überwasserschiffe durch die wiederholten Peilzeichen von U 354 auf den Konvoi. Sie griffen ihn an. Der Geleitzugkommodore ließ sofort einen OU-Funkspruch (größte Dringlichkeitsstufe) absetzen:

„JW 51 B von ‚Hipper' und mehreren Zerstörern angegriffen."

Dieser Hilferuf wurde von den beiden Kreuzern „Sheffield" und „Jamaica" aufgefangen, die am 27. Dezember aus der Kola-Bucht ausgelaufen waren, um den Konvoi auf See als Fernsicherung zu übernehmen. Beide Kreuzer operierten unverzüglich auf die Kampfstelle zu. Sie erhielten am 31. Dezember gegen 09.00 Uhr eine erste Ortung auf ihren Radarschirmen. Aber es waren zwei Dampfer des Geleitzuges. Dann wurde Gefechtslärm aus einer Entfernung von 30 Seemeilen weiter südlich gehört. Dort stand die „Hipper" im Kampf mit den Zerstörern „Onslow", „Orwell" und „Achates". Alle drei Zerstörer erhielten schwere Treffer.

Kurz vor Mittag sank nach weiterem Beschuß durch die „Hipper" der Zerstörer „Achates".

Gegen 11.30 Uhr tauchten die beiden englischen Kreuzer auf. Während die „Hipper" den Kampf mit diesen Gegnern aufnahm, eröffnete die „Lützow" das Feuer auf die letzte Kolonne des Geleitzuges. Doch dichtes Schneetreiben entzog den Konvoi ihrer Sicht.

Dann mußten sich die großen deutschen Schiffe — den Weisungen der obersten Führung gehorchend — zurückziehen.

„Es darf kein weiteres großes Schiff der Kriegsmarine verlorengehen", hatte Hitler kategorisch gefordert.

Der Geleitzug JW 51 B verlor keinen einzigen Dampfer. Lediglich die „Achates" und der Minensucher „Bramble" wurden versenkt.

Auch der JW 52 erlitt keine Verluste. Ebenso kam der JW 53 mit 22 Handelsschiffen und 21 Sicherungsfahrzeugen, darunter ein Kreuzer und elf Zerstörer, unangefochten nach Rußland. Erst der nach England gehende Konvoi RA 53 verlor ein Schiff durch U-Boote.

Die Zeit der Rudelschlachten an den Nordmeerkonvois war damit zu Ende gegangen. Der letzte Kampf der U-Boote wurde im Atlantik ausgefochten.

U 759 sichtete am 27. Februar 1943 den HX 227, einen großen Konvoi aus 62 Schiffen. Von den zwölf angesetzten Booten konnte U 759 nur eines noch an den Geleitzug heranbringen.

Zwei Schiffe mit 14 352 BRT fielen diesen beiden Booten zum Opfer, ehe in den einsetzenden Schnee- und Hagelschauern die Operation abgebrochen werden mußte. Der Versuch, auch noch den bereits hinter HX 227 stehenden nördlichen Suchstreifen an den Konvoi heranzuführen, mißlang infolge der schlechten Witterung.

Auf den ON 168, der am 1. März von U 608 gesichtet wurde, setzte die U-Boot-Führung fünf Boote der Gruppe „Neptun" an. Keines der Boote kam zum Schuß.

Als dann am 6. März der Geleitzug SC 121 durch den B-Dienst gemeldet wurde, erkannte der BdU an einer Sichtmeldung von U 405, daß der Konvoi schon 90 Seemeilen nordostwärts des Rudels lief. Er befahl trotzdem das Hinterherlaufen, und diesmal hatten die drei angesetzten U-Boot-Gruppen Glück.

Von den 29 Booten schlossen zehn heran. Sie hatten es trotz des Sturmes und der Schneeböen, trotz Hagels und schwerster See geschafft. Die Boote gingen zum Angriff über. In dreizehn Anläufen versenkten sie dreizehn Schiffe und torpedierten ein weiteres. Der Feind verlor 62 198 BRT, ohne daß ein U-Boot zu Schaden kam.

Die Einsätze im Monat März, die eine Vielzahl an U-Boot-Such-streifen voraussetzten, konnten nur gefahren werden, weil schon Ende Februar 1943 eine große Zahl neuer Boote zur Front stieß und in den Atlantikkampf geworfen wurde. Bereits am 5. März standen — trotz der noch im Februar geschlagenen drei Geleitzugschlachten — 50 deutsche U-Boote in mehreren Suchstreifen im Atlantik. Daß diese Boote, trotz der Rückschläge und der schweren Stürme, immer wieder auf einen Geleitzug angesetzt werden konnten, war der unermüdlichen Arbeit des B-Dienstes zu verdanken, der der U-Boot-Führung ständig neue Ansatzpunkte gab. So wurden im März 1943 fast alle aus USA kommenden Geleitzüge erkannt, aufgefaßt und angegriffen.

Noch einmal stieg die Versenkungsziffer steil an. Der Höhepunkt dieser Märzeinsätze begann mit den Operationen an den Konvois SC 121 und HX 228.

Das Geleit HX 228 wurde dem BdU durch den B-Dienst bereits am 9. März gemeldet. Es bestand aus 60 schnellen und guten Schiffen. Der gemeldete Standort lag noch 300 Seemeilen westlich der U-Boot-Gruppe „Neuland".

Der BdU ließ die Boote 120 Seemeilen nach Nordwesten verlegen. Er war der Annahme, die Gruppe sei vom Gegner bereits eingepeilt worden, und folgerte daraus, daß der Konvoi diesen Ausweichkurs steuern würde. Doch der Konvoi lief auf dem alten Kurs weiter, und so gelangten nur zwölf Boote an den Geleitzug. Unter ihnen wieder U 221 unter Oberleutnant z. See Trojer. Am Nachmittag des 10. März hatte dieses Boot Anschluß gewonnen. Nach Einfall der Dunkelheit griff es den Gegner an. Lassen wir an dieser Stelle noch einmal das KTB von U 221 über diesen Angriff und die davon ausgehende unmittelbare Gefahr für das Boot berichten:

„10. 3. 1943.
Wir stehen 30 Grad West und 51 Grad Nord. In Schneeböe senkrecht auf Gegnerkurs zugelaufen, aufgetaucht, als dieser aus der Böe heraustritt.

Nach Erreichen einer ausgezeichneten Position innerhalb des Konvois ein Fehlschuß, ein weiterer nach Entferung 3100 Meter Treffer auf Dampfer.

21.31. Uhr. Zweierfächer auf zwei überlappende große Dampfer; erster Treffer mit völliger Auflösung des Dampfers, riesiges Feuerwerk und Wolken, Eisenplatten fliegen zu Hunderten wie Papier durch die Gegend, Munition fliegt durch die Luft.

Kurz darauf Treffer auf anderem Frachter, ebenfalls Explosion, Vorschiff bis Brücke unter Wasser. Schwere Trümmer fliegen gegen das Sehrohr, das sich nunmehr schwer drehen läßt. Im ganzen Boot kracht und donnert es. Im Losmachen kurz unterschnitten. Beim Höherkommen gerade den Treffer gesehen.

Das beabsichtigte Ziel für Rohr III, ein moderner 5000er mit mehreren Doppelmasten, geht mit äußerster Kraft zurück, um nicht in das explodierende Schiff hineinzufahren. Der Schuß ist mir zu unsicher. Das Sehrohr ist plötzlich ganz schwarz beschlagen, kaum etwas zu sehen, dazu poltern immer noch schwere Brocken herunter. Der Lärm im Boot ist ungeheuerlich, als würde das Boot dauernd von Schüssen getroffen. Nach starken Sinkgeräuschen ist es plötzlich still.

Ich versuche, das Sehrohr einzufahren, um so die Optik abzuwaschen. Es geht nur anderthalb Meter, ist also verbogen. In diesem Augenblick meldet der Horchraum schnelle Zerstörerschrauben.

Ich fahre das Sehrohr aus, kann jedoch infolge der Dünung und der Beschlagenheit des ›Sehrohrs nichts Genaues feststellen. Im selben Augenblick höre ich die Zerstörerschrauben im Turm. Gebe Befehl: ›'runter und beide AK voraus!'

Die Bomben, zweimal vier, fallen jedoch bereits, und zwar ganz nahe. Das Turmluk atmet und läßt eine Menge Wasser eindringen. Das Boot bockt und hüpft, gewinnt aber Tiefe."

Es gelang U 221, dem gefährlichen Wabo-Bombardement zu entkommen. Das Boot hatte vier Schiffe mit insgesamt 24 175 BRT aus dem Konvoi versenkt. Ein weiterer Dampfer wurde von U 336 vernichtet. Alle anderen Boote gingen leer aus.

Unter eigenartigen Begleitumständen wurde am gleichen Konvoi noch ein Zerstörer versenkt. Das Führerschiff der Geleitsicherung, der Zerstörer „Harvester", rammte am 11. März U 444 so schwer, daß es nach diesem Stoß unterging. Ein Teil der Besatzung konnte gerettet werden. Doch der Kommandant fiel auf seinem Boot.

Die „Harvester" erhielt beim Rammen ebenfalls so schwere Beschädigungen, daß sie nur noch halbe Fahrt laufen konnte. U 432 unter Kapitänleutnant Hermann Eckhardt, ein gebürtiger Aachener, der das Boot seit Januar 1943 führte, griff den Zerstörer an und versenkte ihn durch einen Torpedoschuß.

Noch in der gleichen Stunde wurde U 432 durch Wabo-Würfe der französischen Korvette „Aconit" vernichtet. Dieses Sicherungsfahrzeug hatte bereits der „Harvester" bei der Versenkung von U 444 assistiert.

Auch hier konnte ein Teil der Besatzung gerettet werden, während der Kommandant mit dem Boot unterging.

Zum erstenmal wurde an diesem Geleitzug der Flugzeugträger „Bogue" gesichtet.

Der BdU ließ die Operation am 13. März wegen Landnähe abbrechen. Er setzte alle noch brennstoffstarken Boote auf den Konvoi ON 170 an.

Doch dieses neue Geleit passierte im Schneesturm, durch eine starke Luftsicherung abgeschirmt, unbemerkt den Suchstreifen der elf Boote, die als Gruppe den Namen „Raubgraf" führten.

Alle im Nordatlantik stehenden U-Boote wurden ab 14. März in einem nach Westen verlaufenden Aufklärungsstreifen aufgestellt. Der B-Dienst hatte am Tage zuvor einen Funkspruch des Konvois HX 229 aufgefangen und entschlüsselt. Danach stand dieser Geleitzug am 13. März südostwärts Cap Race und steuerte mit 89 Grad nach Osten.

Einen Tag später wurde vom B-Dienst ein zweiter Funkspruch entziffert, mit dem der Konvoi SC 122 den Befehl erhalten hatte, von einer bestimmten Position aus auf Kurs 67 Grad zu gehen. Diese beiden Geleitzüge galt es, mit der Masse der in See stehenden U-Boote, die größer war als je zuvor, zu erfassen und anzugreifen. Die vielleicht größte Geleitzugschlacht des Zweiten Weltkrieges bahnte sich an.

Beim SC 122 handelte es sich um einen am 5. März aus New York ausgelaufenen langsamen Konvoi mit 60 Dampfern. Sechs von ihnen mußten bereits in Halifax festmachen, weil sie schwere Seeschäden erlitten hatten.

Der HX 229 war dagegen durch seine modernen Schiffe wesentlich schneller. Dieses Geleit ging am 8. März in See. Es bestand aus 40 Frachtern mit wertvoller Ladung für England. In der Nacht zum 13. März wurde die Western Local Escort, die beide Konvois auf dem ersten Teil der Fahrt nach Osten begleitete, auf der Höhe St. Johns durch die Ocean Escort Group abgelöst. Für den SC 122 bestand diese neue Sicherung aus zwei Zerstörern, einer Fregatte und fünf Korvetten. Der HX 229 war durch vier Zerstörer und eine Korvette geschützt.

Die alliierte Führung hatte ursprünglich beabsichtigt, die beiden Konvois auf der weiter nördlich verlaufenden Route an Grönland und Island vorbeifahren zu lassen. Doch die Sichtmeldungen der Sicherungsstreitkräfte des Konvoi ON 170, der auf dieser Route in entgegengesetzter Richtung lief, gaben zu erkennen, daß dort ein ganzes Rudel U-Boote stand. Dies bewog die Alliierten, die beiden wertvollen Geleitzüge auf die Südroute abdrehen zu lassen. Es bestand die Hoffnung, daß die See dort — wie dies oft in den Jahren zuvor gewesen war — von deutschen U-Booten frei sei.

Doch diesmal standen die Boote auch auf der Südroute. Am 15. März hatten sich dort die beiden U-Boot-Gruppen „Stürmer" — mit 18 Booten — und „Dränger" — mit 11 Booten — gebildet. Am Tage vorher hatte sich der BdU entschlossen, die neun Boote der Gruppe „Raubgraf", die noch immer auf den ON 170 angesetzt waren, mit hoher Marschfahrt vor den Kurs des SC 122 zu verlegen.

Diese Booten kamen aber im herrschenden Sturm nicht rechtzeitig auf ihre Positionen, so daß der Geleitzug vor ihnen den Kollisionspunkt passierte.

Am Abend des 15. März erhorchte U 91, das am Südende des Suchstreifens stand, ein starkes Geräuschband. Die See ging mit Stärke 9; es herrschte Windstärke 10. Drei Boote, die am weitesten südlich standen, erhielten Befehl, auf dieses Geräuschband zu operieren. Alle anderen U-Boote wurden weiter nach Osten auf einen neuen Suchstreifen beordert, damit die Konvois nicht an ihnen vorbeiliefen.

Während dieser Vorbereitungen sichtete das in den Stützpunkt zurücklaufende U 653 den Konvoi HX 229 und gab FT-Meldung an den BdU. Diese Sichtmeldung wurde für das Gelingen der Operation zum Zünglein an der Waage. Der BdU setzte unverzüglich acht „Raubgraf"-Boote auf den Geleitzug an. Eine Stunde später folgten noch zwei Boote, die sich soeben aus einem der in der Nähe stehenden U-Tanker versorgt hatten. Hinzu kamen die elf „Stürmer"-Boote. Sechs weitere Boote der Gruppe „Stürmer" und die gesamte Gruppe „Dränger" marschierten auf einen neuen Vorpostenstreifen vor den erfaßten Konvoi, der irrtümlicherweise für den SC 122 gehalten wurde.

Am Mittag des 16. März hatten die ersten Boote Anschluß gewonnen. Bis zum Abend standen acht Boote am Geleitzug. Fünf von ihnen kamen in der folgenden Nacht zum Schuß. Unter ihnen auch U 91.

Am Nachmittag des 16. März durchlief U 91 mit „Beide große Fahrt" eine Schlechtwetterfront. Riesige Brecher stürzten mit ungeheurer Wucht auf das Vorschiff des Bootes herunter, das sich heftig hob und senkte. Immer wieder wurde die Brückenwache von eisiger Gischt eingehüllt. Salz verkrustete die Gesichter der Männer und verursachte einen unerträglichen Juckreiz.

„Rauchwolken! Zehn Grad Steuerbord voraus!" meldete der Steuerbord-Ausguck.

Der I. WO hob sein Glas, das er soeben trockengewischt hatte. „Kommandant auf die Brücke!" gab er unmittelbar darauf ins Boot hinunter.

Heinz Walkerling hörte diesen aus der Zentrale an ihn weitergegebenen Ruf. Der 28jährige Kieler Seeoffizier, der vom Zerstörer „Bruno Heinemann" zur U-Boot-Waffe hinübergewechselt war und U 91 schon über ein Jahr als Kommandant führte, eilte durch das Kugelschott in die Zentrale und enterte auf. Der I. WO meldete. Kein Zweifel, sie standen am Geleitzug, wenn auch noch immer einige Seemeilen achteraus.

„FT-Spruch an BdU mit Sichtmeldung, Kurs, Geschwindigkeit", befahl Walkerling.

U 91 dampfte auf der Steuerbordflanke des Konvois auf. Bald standen die beiden achteren Geleitzugkolonnen in gleicher Höhe zum Boot. Es war inzwischen völlig finster geworden. Seit drei Stunden nahm der Funkmaat die Sichtmeldungen weiterer Boote auf, die herangeschlossen hatten und gleichzeitig mit U 91 von der Backbord- und Steuerbordseite angreifen würden.

„Kein Dampfer unter 5000 Tonnen, Herr Kaleunt! Und dort, mitten im Geleit, läuft ein dicker Tanker."

„Da kommen wir nicht heran. Der ist zu scharf markiert. Die anderen Schiffe, die ihn flankieren, würden uns die Sicherungsfahrzeuge auf den Hals hetzen."

Eine Viertelstunde darauf wurde „Auf Gefechtsstationen!" befohlen. U 91 griff zuerst zwei Dampfer von schätzungsweise 6000 Tonnen an. Es gab auf den einen Frachter einen Zweierfächer und auf das andere Schiff einen Einzelschuß ab. Eine Minute später wurde auch der Aal aus Rohr IV zu einem neuen Ziel auf die Reise geschickt.

„Frage Laufzeit?"

„Noch drei Sekunden, Herr Kaleunt!"

Genau nach dieser Zeit sprangen an dem ersten Dampfer kurz nacheinander die beiden Torpedodetonationen empor. Flammenkaskaden schossen aus den Lecks in die Höhe. Unmittelbar darauf krachte auch der Einzelschuß 30 hinten am zweiten Frachter. Das dahinterlaufende Schiff, auf das der Aal aus Rohr IV geschossen war, drehte hart weg, um nicht mit seinem Vordermann zu kollidieren. Dadurch entging es dem Torpedo, der hinter seinem Heck in die Nacht hineinlief.

„Dampfer gibt Notruf, Herr Kaleunt! Heißt ‚William Eustis'. Hat nach Lloyds-Register 7196 BRT."

Der schwergetroffene Frachter war dem Untergang geweiht. Aus seinem auseinanderreißenden Oberdeck quollen Rauchschwaden in die Höhe. Seine Besatzung ging in die Boote.

„Zerstörer von achtern. In Lage Null aufdampfend!"

„Alaaarm! Schnell 'runter, LI!"

Das Boot ging mit Schnelltauchen in die Tiefe. Als der Kommandant das Turmluk dichtdrehte, hörte er noch mehrere Torpedodetonationen. Sie zeigten ihm, daß weitere U-Boote am Konvoi operierten.

„Auf 120 Meter gehen!" befahl Walkerling. Er versetzte dem Rudergänger einen aufmunternden Schlag auf den Rücken, als er in die Zentrale abenterte.

Zweimal vier Wabos explodierten hinter dem Boot in der See. U 91 drehte auf den Geleitzugkurs ein und konnte so nicht länger von den hinterherlaufenden Zerstörern bekämpft werden.

Unmittelbar nach U 91 war U 603 um 23.05 Uhr zum Schuß gekommen. Eine halbe Stunde später griffen auch U 758 und U 435 an. Das zweite der beiden Boote versenkte in zwei Anläufen zwei Schiffe. Als letztes Boot kam U 600 zum Schuß. Insgesamt trafen 19 Torpedos.

Die See war erfüllt vom Getöse der zerstörten Schiffe, den Wabo-Explosionen und dem Hämmern der Zerstörergeschütze, die blindlings Leuchtgranaten schossen, um die Nacht aufzuhellen. Die Brände loderten hoch empor. Schuß um Schuß jagten die Grauen Wölfe hinaus. Notrufe gellten, Seenotraketen stiegen in den nächtlichen Himmel. Schiffe barsten auseinander, andere spien in immer neuen Explosionen ihre Ladungen aus. Die See hatte sich in eine Breughelsche Höllenszenerie verwandelt. Verzweifelte Schiffbrüchige pullten mit letzter Kraft von ihren untergehenden Schiffen fort, um nicht in die Sinkstrudel zu geraten.

Wie aufgescheuchte Hornissen rasten die Zerstörer durch die Nacht. Sie konnten kein U-Boot für längere Zeit jagen, weil sie dann den Konvoi des Schutzes entblößt hätten.

Tauchend, mit Schleichfahrt wegdrehend, wieder auftauchend und abermals schießend, rakten diese ersten Boote am Konvoi. Sechs Dampfer sanken in dieser Nacht. Einige liefen getroffen weiter, und vier blieben bewegungsunfähig liegen. Sie wurden am Morgen von U 91 durch Fangschüsse versenkt. Zehn Schiffe kostete dieser erste Angriff der „Wölfe".

Am späten Nachmittag des 16. März war außerdem der Trawler „Campobello" in der schweren See gekentert und gesunken.

Ein deutscher U=Boot=Mann hält neben der Zwozentimeter=Flak im „Wintergarten" Aus= guck nach feindlichen Schiffen.

*Kapitänleutnant
Heinrich Lehmann=
Willenbrock, Komman=
dant von U 5 und U 96,
in seiner Kammer beim
Führen des Kriegs=
tagebuchs.
Unten:
Der Kommandant
an Land.*

*Kapitänleutnant
Eitel=Friedrich Kentrat,
später Korvettenkapitän
und Eichenlaubträger.
Er unternahm die
längste Feindfahrt,
die je durchgestanden
wurde: 225 Tage.*

In der Nacht zum 17. März wurde auch der SC 122 von sechs Booten der Gruppe „Stürmer" erreicht, die von Norden mit AK nach Süden hinunterstieß. Nun lichtete sich das Rätsel, dem die U-Boot-Führung gegenüberstand; beide Konvois wurden lokalisiert.

38 U-Boote liefen jetzt hinter den beiden Geleitzügen her, die immer näher zueinander aufschlossen. Am Vormittag des 17. März gewannen U 228 und U 665 Anschluß an den HX 229. Sie schossen in Unterwasser-Tagesangriffen zwei Dampfer aus diesem Konvoi heraus. Zur gleichen Zeit erreichten auch U 384 und U 631 den SC 122 und vernichteten je ein Schiff dieses Geleitzuges.

Am Nachmittag des 17. März setzte über beiden Konvois die Luftüberwachung aus Island und Nordirland ein. Viermotorige Liberator-Bomber drückten an diesem Nachmittag nicht weniger als acht U-Boote unter Wasser und drängten sie vom Geleitzug ab.

Nur zwei Boote kamen in der kommenden Nacht zum Schuß: U 338, das aus dem HX 229 zwei Schiffe versenkte, und U 305, das einen Frachter aus dem SC 122 vernichtete. Dagegen wurden zwei deutsche U-Boote durch Bombenwürfe so schwer beschädigt, daß sie die Jagd abbrechen mußten.

Trotzdem standen am Abend immer noch 32 Boote dicht an den beiden Konvois. Von ihnen kamen am nächsten Tag neun bis auf Sichtweite heran. Aber die Luftüberwachung setzte bereits gegen 09.30 Uhr wieder ein. Außerdem erreichten noch zwei Geleit-Groups, die von anderen Konvois abgezogen waren, das Kampffeld, um hier helfend einzugreifen und ein Desaster zu verhindern. Durch diese Übermacht an Sicherungskräften wurden acht der neun U-Boote abgedrängt. Nur eines behielt Anschluß und stürmte durch die Geleitsicherung hindurch zum Unterwasserangriff vor: U 221 unter Oberleutnant z. See Trojer.

„Kommandant auf die Brücke!"

Hans Trojer eilte nach oben. U 221 hatte den Geleitzug HX 229 wiedergefunden. Am Vorabend war das Boot nämlich durch eine Liberator abgedrängt worden.

„Wir müssen in den Konvoi hineingehen, wenn wir Erfolg haben wollen", meinte Trojer. Kurz darauf meldete der I. WO:

„Zerstörer an Backbord. Zwanzig Grad vorlicher als querab! Kommt schnell auf!"

„Hinter diesem Zerstörer drehen wir an. — Auf Tauchstationen!" befahl der Kommandant.

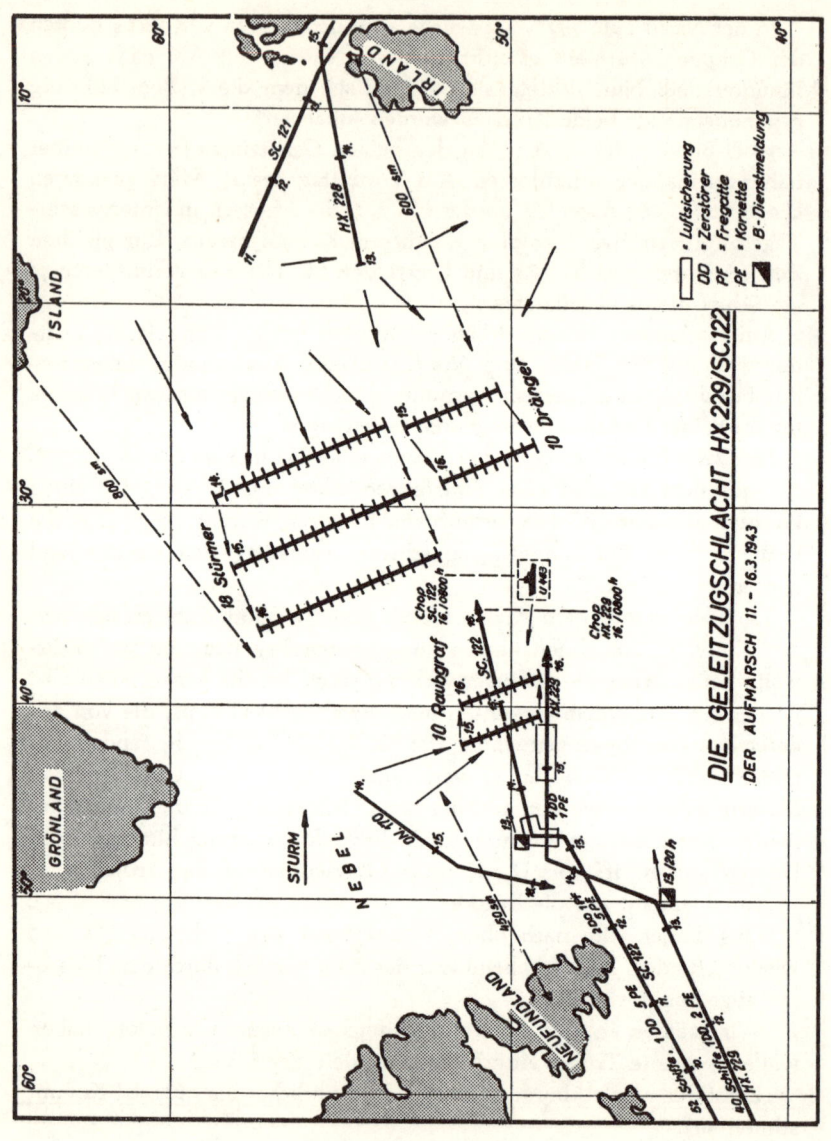

DIE GELEITZUGSCHLACHT HX.229/SC.122

DER AUFMARSCH 11. – 16.3.1943

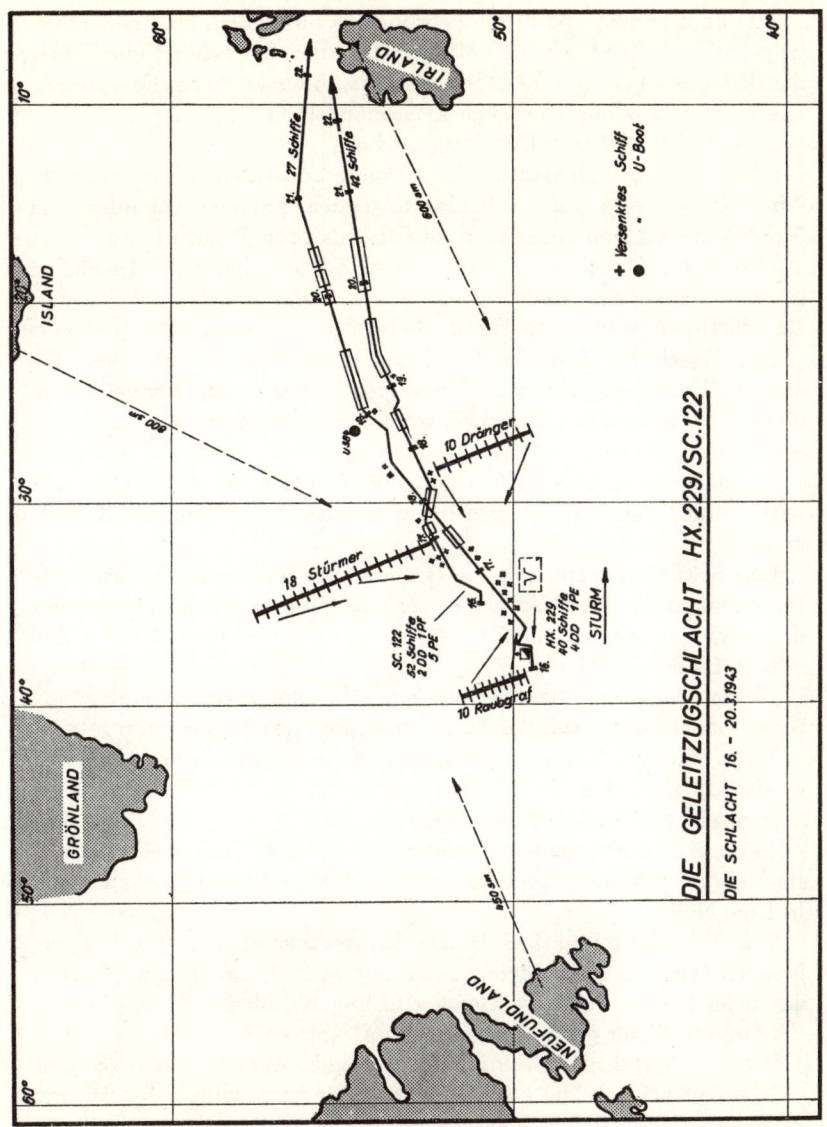

DIE GELEITZUGSCHLACHT HX.229/SC.122

DIE SCHLACHT 16. – 20.3.1943

Das Boot tauchte und lief in Sehrohrtiefe hinter dem inzwischen vorbeigelaufenen Zerstörer nach Backbord herum. Vorsichtig fuhr Trojer das Periskop aus. Der Zerstörer stand schon zwei Seemeilen voraus. Die Dampferkolonne kam eben in Schußposition.

„Alle Rohre klar zum Unterwasserschuß!"

Schon zog das Führerschiff der Kolonne durch den Sehrohrausblick. Aber Trojer wollte auf die beiden folgenden, größeren Dampfer zum Schuß kommen, von denen jeder mindestens 7000 Tonnen hatte.

„Wir legen für jeden von ihnen einen Zweierfächer an und schießen in der Drehung den Hecktorpedo auf den dahinterlaufenden Frachter. Der dürfte ungefähr 5000 Tonnen haben."

Das Rasseln der Dampferschrauben war schon deutlich zu hören. Bis auf eine Entfernung von 600 Metern ging Trojer an den Konvoi heran, ehe er kurz hintereinander beide Fächerschüsse abgeben ließ.

„Steuerbord zehn!"

In einem weiten Bogen glitt U 221 herum. Als es um 90 Grad gedreht hatte, wurde das Ruder mittschiffs gelegt und der Schuß aus Rohr V gelöst.

Drei Sekunden später sah Trojer am ersten Frachter die beiden Treffer emporsteigen. Der Nachhall dieser Detonationen vermischte sich mit dem Krachen der beiden Torpedos des zweiten Fächers, die ihr Ziel mittschiffs erfaßten.

„Beide Dampfer stoppen! Der erste bekommt starke Schlagseite. Brennt mittschiffs. Explosionen. Er sinkt über den Vordersteven."

Trojer unterbrach sich, als er einen weißgischtenden Streifen sah, den er als Schnauzbart eines Zerstörers erkannte.

„Sehrohr ein! Auf 80 Meter gehen!"

„Sinkgeräusche!" meldete der Mann hinter dem GHG, und als nächstes folgte: „Schraubengeräusche von achtern. Schnell näherkommend. In Lage Null!"

Eine Ruderkorrektur ließ U 221 herumgehen. Die ersten Wasserbomben fielen noch 300 Meter hinter dem Boot. Dann erklang plötzlich das helle Pinken der auftreffenden Ortungsstrahlen.

„Auf 140 Meter gehen. Hart Backbord!" befahl Trojer.

U 221 lief jetzt in Richtung Konvoi zurück. Aber es war noch nicht weit gekommen, als die nächste Wabo-Serie bedenklich nahe fiel und Ausfälle verursachte, die jedoch schnell wieder klar gemeldet wurden.

Zwei Stunden dauerte die Verfolgung, dann lief der Zerstörer ab, und das Boot tauchte auf, um abermals mit Alarmtauchen vor einer aus den Wolken herunterstoßenden Liberator hinunterzugehen. Eine Bombe detonierte im Kielwasser des tauchenden Bootes. U 221 wurde endgültig abgedrängt. Aber es hatte das moderne britische Motorschiff „Canadian Star" (8293 BRT) und den amerikanischen Dampfer „Walter Q. Gresham" (7191 BRT) versenkt. Damit hatte U 221 am 18. März als einziges Boot einen Versenkungserfolg errungen. In bekannter Meisterschaft, mit einem guten Schuß Draufgängertum gemischt, hatte der erfahrene Geleitzugkämpfer Trojer es wieder einmal geschafft.

Hans Trojer erhielt am 23. März 1943 das Ritterkreuz. Am 1. April wurde er zum Kapitänleutnant befördert.

In der Nacht zum 19. März kam nur U 666 zu einem erfolgreichen Angriff. Die Konvoi-Sicherung war inzwischen auf 18 Fahrzeuge angewachsen. Wasserbomben-Verfolgungen ließen sieben Boote den Anschluß verlieren. In der Morgendämmerung erschienen bereits wieder die Liberator-Bomber der Luftsicherung.

U 384 unter Oberleutnant z. See Hans-Achim von Rosenberg-Gruszczynski wurde von einer Liberator tödlich getroffen und sank. Die gesamte Besatzung fiel.

Auch U 338 wurde so schwer beschädigt, daß es sofort den Rückmarsch antreten mußte.

Am gleichen Tag stießen jedoch vier Boote wieder zu Unterwasserangriffen heran. Sie versenkten zwei Schiffe und torpedierten drei weitere.

Der BdU ließ am Morgen des 20. März diese großangelegte und durch die Operationsabteilung mustergültig geführte U-Boot-Schlacht abbrechen, weil sich die beiden Konvois nun schon innerhalb der Landbasenbereiche der Flugzeuge des Coastal Command befanden und damit weitere erhebliche Gefahren für die deutschen U-Boote auftauchten. Sie setzten sich nach Tagesanbruch in Richtung Westen ab.

Wenig später wurden die beiden letzten Fühlunghalter – U 441 und U 631 – von Liberator-Maschinen bombardiert und mußten beschädigt den Rückmarsch antreten.

Dem Gesamtverlauf entsprechend, war dies die letzte große Geleitzugschlacht. Sie hatte bei hohen Erfolgsziffern noch verhältnismäßig niedrige Eigenverluste ergeben. Nicht weniger als 21 Schiffe der Alliierten mit 140 842 BRT wurden versenkt. Elf weitere Schiffe wurden torpediert, konnten aber den Marsch fortsetzen. Doch nur einige von ihnen erreichten ihr Ziel; die übrigen fielen der schweren See zum Opfer.

Am 23. März liefen beide Konvois in den Nordkanal ein. Von den 100 Schiffen, die New York verlassen hatten, waren noch 69 übriggeblieben.

In den ersten zwanzig Tagen des Monats März hatte der Gegner insgesamt 85 Schiffe mit 511 958 BRT verloren, und hiervon nicht weniger als 67 Schiffe an Geleitzügen. In Großbritannien drängte sich nunmehr die schwerwiegende Frage auf, wie lange die Handelsschiffer überhaupt noch bereit sein würden, diese an Seeleuten und Schiffen verlustreichen Fahrten fortzusetzen. Es waren auch schon Überlegungen im Gange, das Konvoisystem aufzugeben.

In den letzten Märztagen wurden weitere 23 Schiffe vernichtet. Damit stieg die Versenkungsquote auf 108 Schiffe mit 627 000 BRT.

Im „Admirality Monthly" hieß es in der Dezemberausgabe 1943:

„Niemals kamen die U-Boote ihrem Ziel, die Verbindung zwischen der Alten und der Neuen Welt zu unterbrechen, so nahe, wie in den ersten zwanzig Tagen des März 1943."

Der britische Seehistoriker, Captain Roskill*, sagte ferner:

„Man kann auf diesen Monat nicht zurückblicken, ohne etwas wie Entsetzen zu empfinden über die Verluste, die wir erlitten. In den ersten zehn Tagen dieses Monats verloren wir in allen Seegebieten 41 Schiffe, in den zweiten zehn Tagen 56. Mehr als eine halbe Million BRT wurden in diesen zwanzig Tagen versenkt. —

Die britische Admiralität muß gefühlt haben, auch wenn niemand es zugab, daß die Niederlage ihr ins Gesicht starrte."

In Wirklichkeit aber waren diese durchschlagenden Erfolge der deutschen U-Boote nur noch ein großer Abgesang. Der Monat März sollte den letzten entscheidenden Sieg der U-Boote in den großen Geleitzugschlachten gebracht haben.

---

* = Roskill a. a. O.

DIE LETZTEN GELEITZUG-OPERATIONEN

Untragbare Verluste
Verzweifelte Anstrengungen der Gegner

Während in den beiden Hauptstätten London und Berlin völlig entgegengesetzte Meinungen über den Stand des Kampfes im Atlantik herrschten, begann im Atlantik das Finale des U-Boot-Kampfes. Es war nicht nur das Radar, das, wie allgemein angenommen wird, die Wende herbeiführte. Vielmehr waren alle Maßnahmen der Alliierten mitbeteiligt, die im März 1943 sämtliche Abwehrkräfte zum entscheidenden Kampf im Atlantik versammelten.

Die Geleitflugzeugträger, die von diesem Zeitpunkt an regelmäßig mit den Konvois liefen, schlossen das Luftloch im Atlantik. Von nun an war kein deutsches U-Boot mehr im Atlantik vor Luftangriffen sicher.

In der Anfang März 1943 stattfindenden „Atlantic-Convoi-Conference" wurde mit dem Flugzeugträger „Bogue" und fünf begleitenden Zerstörern die erste Trägergeleitgruppe zusammengestellt, die den HX 228 über den gesamten Atlantik begleitete.

Admiral Horton stellte im Verlauf des März 1943 die ersten fünf Support Groups auf, so daß mit der „Bogue" und ihren fünf Zerstörern sechs solcher Support Groups vorhanden waren.

Darüber hinaus wurde von diesem Zeitpunkt an auch die Zahl der Langstreckenflugzeuge – der „Very-Long-Range-Aircraft" – entscheidend vergrößert.

Von großer Bedeutung für den Gegner erwies sich auch das von den Briten ausgebaute Funkpeilnetz, das die schnelle Auswertung der Funksprüche deutscher U-Boote und ihrer Befehlsstelle ermöglichte. Die Geleitfahrzeuge waren durch den Einbau der „High Frequency Direction Finders" nunmehr in der Lage, von sich aus Zerstörer und Flugzeuge auf angreifende U-Boote anzusetzen. Da auch immer mehr Flugzeuge und Sicherungsfahrzeuge mit Radar ausgestattet worden waren, konnten diese jedes über Wasser angreifende deutsche U-Boot auch bei schlechtester Sicht feststellen und jagen.

Die Sicherungsfahrzeuge waren außerdem mit dem neuen Wasserbombenwerfer — dem „Hedgehog" — ausgerüstet. Mit diesem Gerät konnten 24 Wasserbomben auf einen Schlag als Fächer geworfen werden.

Der letzte, entscheidend ins Gewicht fallende Faktor war eine neue überschwere Wasserbombe, die nach einer langen Konstruktionszeit gerade zu Beginn der anderen einschneidenden Maßnahmen einsatzfähig wurde. Es war die „Thorpex-Wasserbombe", die jedes U-Boot, wie tief es auch getaucht sein mochte, erreichen konnte.

Die britische „Operational Research Sections" hatte ferner die Angriffsweise der deutschen U-Boote, ihren Ansatz und Einsatz den eigenen taktischen Weisungen an die Geleitzüge gegenübergestellt und ausgewertet. Hierbei wurden wichtige Erkenntnisse für die Führung zukünftiger Geleitzüge gewonnen.

Von den Briten wurden nun die letzten Reserven aufgeboten, um Ende März eine neuerliche Anstrengung zur Ausschaltung der U-Boote zu unternehmen.

An dieser Stelle sei noch einmal darauf hingewiesen, daß die Schlacht im Atlantik, die die Alliierten im Frühjahr 1943 an der Schwelle der Niederlage sah, anders hätte verlaufen können. Selbst noch im März 1943 standen nur die Hälfte der von der U-Boot-Führung geforderten U-Boote zur Verfügung. Nicht zu reden von den beiden ersten Kriegsjahren, als nur jeweils ein halbes Dutzend Boote den Tonnagekrieg geführt hatte.

Geben wir zu diesem Fragenkomplex Großadmiral Dönitz das Wort; dem Manne, der diese Entwicklung des Kampfes vorausgesehen hatte und der unablässig bemüht blieb, sie zu deutschen Gunsten zu ändern *:

„Wie anders wäre unser U-Boot-Krieg und vielleicht damit der Krieg im Großen verlaufen, wenn wir spätestens nach Kündigung des Flottenvertrages im Frühjahr 1939 und vor allem sofort nach Kriegsausbruch mit England von der Staatsführung die Mittel und Arbeitskräfte bekommen hätten, um in forciertem Tempo die nun notwendig gewordene hohe Zahl von U-Booten zu bauen und mit ihnen zu kämpfen; zu einer Zeit, als es noch nicht zu spät war."·

---

* Karl Dönitz a. a. O.

Der Gegner brachte die gleiche Meinung in vielen Beiträgen zur Kriegsgeschichte zum Ausdruck. Er bescheinigte Großadmiral a. D. Dönitz noch am 1. Oktober 1964* folgendes:

„Aber die Anklagen des militärischen Dilettantismus, welche von seinen Generalen gegen den Führer gerichtet werden, ihre beeinflussenden Andeutungen, daß er an Stelle von gesunden strategischen Grundsätzen einfach nur den fanatischen Entschluß, keinen Meter zurückzuweichen, setzte, sind nicht ganz gültig für diese mittlere Periode des Krieges . . .

Hitler war kein Tor, und seine Verachtung für die begrenzte Einsicht seiner militärischen Spezialisten war nicht ganz unberechtigt. Der einzige, der eine Konzeption hatte, welche einer globalen Kriegführung gerecht wurde, war Dönitz, und nur auf ihn hörte Hitler mit einiger Achtung. Hätte er früher auf Dönitz gehört, und hätte dieser für seinen U-Boot-Krieg den totalen Vorrang erhalten, welchen er forderte, so hätte der Krieg ein anderes Ergebnis haben können.

Aber am Ende des Jahres 1943 war es zu spät. Die Schlacht im Atlantik war verloren, und amerikanische Soldaten und Material ergossen sich über den Atlantik in einem nicht endenden Strom."

Während Ende März im Nordatlantik der Entscheidungskampf tobte, wurden auch in den entfernten Operationsgebieten wieder Geleitzugkämpfe geführt. So konnten z. B. in der Karibischen See einige Geleitzüge von einzeln operierenden U-Booten mit Erfolg erfaßt werden.

Am 8. März 1943 stieß U 150 unter Korvettenkapitän Neitzel bei Cayenne auf den nach Trinidad laufenden Konvoi BT 6. Er versenkte daraus vier Schiffe mit 24 240 BRT und beschädigte fünf weitere Dampfer mit 35 890 BRT durch Torpedotreffer.

Ein anderes Boot, das am 21. Februar 1943 in das Operationsgebiet vor Freetown auslief, war U 515 unter Kapitänleutnant Werner Henke. Er griff als Einzelgänger einen großen Konvoi an und führte allein die größte Geleitzugoperation in diesen Breiten durch. Diese Tat zählt zu den hervorragendsten Leistungen deutscher U-Boot-Fahrer überhaupt. Sein Angriff sei hier, stellvertretend für alle anderen Angriffe im Südraum, dargestellt:

U 515, das in eine Warteposition in Höhe der Azoren eingewiesen war, versenkte am 4. März 1943 die „California Star" (8304 BRT). Eine

---

* = In „The Times Literary Supplement": „Hitlers Two Fronts"

Woche später wurde aus mehreren in diesem Raum stehenden Booten die Gruppe „Unverzagt" gebildet. Sie sollte auf den aus den USA kommenden Konvoi USG 6 operieren.

Mit vier anderen Booten griff U 515 diesen Geleitzug an. Die starke Sicherung drängte es jedoch ab. Am 17. März wurde dann aus diesem Geleitzug der amerikanische Dampfer „Molly Pitcher" von U 410 und U 167 gleichzeitig torpediert. Dennoch konnte das Schiff seine Fahrt fortsetzen, bis es am nächsten Tag von U 515 den Fangschuß erhielt.

Von U 106, das durch Wabos beschädigt worden war und deshalb den Rückmarsch antreten mußte, übernahm U 515 Öl. Dann wurde das Boot in das Gebiet von Freetown weiterbeordert. Hier versenkte es am 9. April 1943 das Motorschiff „Bamako". Die nächsten zwanzig Tage kreuzte U 515 vor der westafrikanischen Küste, ohne einen einzigen Dampfer zu sichten. Das Thermometer zeigte Temperaturen von 50 Grad im Schatten. Im Boot herrschte noch größere Hitze. Die Tage wurden zur Qual. Niemand wollte mehr essen. Nur Saft war gefragt. Die Besatzung hatte ihre stärkste Belastungsprobe zu bestehen, die durch das ergebnislose Warten noch verschärft wurde.

Werner Henke aber hielt die Zügel fest in der Hand. Das Boot mußte zu jeder Stunde einsatzbereit sein.

„Einmal sind wir dran, Männer!" sagte er immer wieder in den zwanzig Tagen, die sie nun schon warteten. Er sollte recht behalten.

Am Abend des 30. April wurde Henke auf die Brücke gerufen. Das Boote stand 90 Seemeilen südlich von Freetown. Es hatte den Konvoi TS 37 mit 18 Dampfern und vier Sicherungsfahrzeugen gesichtet. Eine gnadenlose, unerbittliche Jagd begann.

„Das ist unser Geleitzug, auf den wir so lange gewartet haben, Herr Kaleunt!"

„Ein Trinidad-Geleitzug für Freetown! Gute Schiffe, Sperling."

Der II. WO, der die Wache ging, ließ das Glas sinken.

„Angriff, Herr Kaleunt?"

„Auf Gefechtsstationen!" war die Antwort. „Boot läuft zum Überwasser-Nachtangriff an. Torpedowaffe: Rohr I bis VI klar zum Überwasserschuß!"

Binnen weniger Sekunden verwandelte sich das Boot zu einem bißbereiten Hai. Der Mond, der sehr hoch am Himmel stand, versteckte sich hinter einer weißen Wolke. U 515 stieß mitten durch eine grünphosphoreszierende Fläche von Meerleuchten hindurch, das den schlanken Bootskörper wie in grünes Feuer hüllte.

Über U 515 wölbte sich unendlich hoch die dunkle Kuppel der Nacht. Immer näher kam das Boot an den Geleitzug heran. Alle Ziele wurden als Einzelschüsse eingedreht. Der TWO stand hinter der Zieloptik. Henke suchte noch einmal die See nach Zerstörern ab. Aber er hatte die Sicherung schon durchbrochen und lief mitten im Konvoi.

Nacheinander verließen die vier Torpedos ihre Rohre. Als die erste Trefferfontäne emporstob, schoß U 515 bereits die beiden Torpedos aus den Heckrohren. Dann drehte ein Zerstörer auf das Boot ein.

„Schnelltauchen!" befahl Henke. Das Boot kippte an und verschwand von der Wasseroberfläche.

Während U 515 immer tiefer in die See hinunterstieß, war über ihm die Hölle los. Nacheinander wurden alle sechs aufgefaßten Schiffe getroffen.

Nachdem 60 Meter Tauchtiefe überschritten waren, dröhnten über U 515 die ersten Wabo-Detonationen und drückten das Boot herum. Zischend blies eine undichte Preßluftleitung. Sie wurde abgestellt. Auf 180 Meter wurde U 515 abgefangen. Werner Henke fuhr kleinste Kreise, die dem Zerstörer schließlich den Kontakt zum Boot verlieren ließen. Für kurze Zeit fiel plötzlich die Backbord-E-Maschine aus, wurde aber bald darauf wieder klar gemeldet.

Dann lief der Zerstörer vom Boot ab und fuhr zum Konvoi zurück. Fünf Sinkgeräusche wurden gehorcht. Alle Männer, die abkommen konnten, waren schon dabei, die sechs Rohre wieder nachzuladen.

Der Dampfer „Manking" (5931 BRT) ging zuerst unter. Ihm folgten „Corabella" (5682 BRT), „Bandar Shapur" (5 236 BRT), „Kola Tjandi" (7295 BRT) und „Nagina" (6551 BRT). Der sechste Dampfer, ein Veteran der See und verrosteter Trampdampfer, erreichte als einziges der sechs torpedierten Schiffe einen rettenden Hafen.

Um 01.30 Uhr tauchte U 515 auf. Zwei Stunden später meldete der TWO alle Rohre nachgeladen.

„Wir greifen wieder an!" befahl Henke, einer der ganz großen U-Boot-Kommandanten und zugleich einer der zähesten Kämpfer, die die U-Boot-Waffe jemals hervorgebracht hatte.

Das Boot wich einem der Bewacher aus, die über den Untergangsstellen auf und ab standen und nach Schiffbrüchigen suchten.

„Da sind sie wieder, Herr Kaleunt!"

„Das Restgeleit wird angegriffen!"

Eiskalt rechnete Henke seine Chancen aus. Zum zweitenmal ließ er sein Boot im Überwasserangriff herangehen und vier gezielte Einzelschüsse abgeben. Drei Dampfer wurden schwer getroffen und blieben liegen. Als hinter dem Heck des zuerst torpedierten Dampfers ein Zerstörer auf das Boot zulief, tauchte U 515 weg.

Die beim zweiten Angriff vernichteten Dampfer waren: die „Clan McPherson" (6940 BRT), die „City of Singapore" (6555 BRT) und die „Mocambo" (4996 BRT). Damit hatte U 515 innerhalb weniger Stunden aus dem Konvoi TS 39 acht Schiffe mit 49 186 BRT herausgeschossen. Dies war der größte Versenkungserfolg eines einzelnen U-Bootes an einem Geleitzug; er wurde nicht wieder erreicht.

Henke meldete nach diesem Konvoiangriff als Versenkungsergebnis acht Schiffe mit 50 000 BRT. Er hatte damit die tatsächlichen Verluste genau angegeben. Großadmiral Dönitz hatte ja allen Kommandanten immer wieder gesagt:

„Schätzt genau und vorsichtig, wir sind eine anständige Firma."

Henke bewies, daß diese Mahnung auf das I-Tüpfelchen befolgt wurde.

Am 24. Juni lief U 515 in Lorient ein. Es hatte auf dieser Feindfahrt insgesamt elf Schiffe mit 64 387 BRT versenkt. Am 4. Juli erhielt Kapitänleutnant Henke das Eichenlaub zum Ritterkreuz.

Ebenso wie Neitzel und Henke erzielte auch U 160 unter Kapitänleutnant Georg Lassen in einem weit entfernten Seegebiet einen großen Erfolg an einem Geleitzug.

Das Boot war Mitte Februar in den Raum Südafrika entsandt worden und stand am 1. März 1943 direkt vor Port Shepstone. Die Brückenwache stellte am nächsten Tage Schiffsverkehr fest. Am Nachmittag des 2. März sichtete Lassen selbst einen Geleitzug, der aus zehn Schiffen und drei Sicherungsfahrzeugen bestand. Es war der Konvoi DN 21. Über ihm kreiste ein Flugzeug. Sofort tauchte U 160, um nicht vorzeitig bemerkt zu werden.

„Wir laufen so schnell wir können unter Wasser hinterher, tauchen nach Einbruch der Dunkelheit auf, schließen heran und schießen."

Gegen 17.00 Uhr war der Konvoi aus dem Gesichtskreis des Periskops verschwunden. Nur einige Rauchwolken waren noch über See zu erkennen. Mit AK beider E-Maschinen lief U 160 unter Wasser hinter dem Konvoi her.

Nachdem es dunkel war, ließ Lassen auftauchen. Die Brückenwächter standen schon in der Zentrale bereit. Im Turm neben dem Kommandanten stand der I. WO, Oberleutnant z. See Bitter, der die Wache ging.

„Boot bricht durch!"

Lassen drehte das Luk auf und schwang sich auf den Turm. Ein schneller Rundblick zeigte ihm, daß die See leer war.

„Brückenwache aufziehen!"

Die Wache zog auf. Ferngläser richteten sich auf den Horizont.

„Da steht der Konvoi, Herr Kaleunt! Dort, voraus an der Kimm!"

„Flugzeug voraus!" war die nächste Meldung.

„Wir bleiben oben. Die Maschine dreht nicht so weit zurück, daß sie uns sichten könnte."

Zehn Minuten später, es war völlig finster geworden, riß plötzlich die Fühlung am Geleitzug ab.

„Was machen wir nun?" fragte Oberleutnant z. See Pommer-Esche, der als Kommandantenschüler mitfuhr.

„Der Konvoi hat einen Zack eingelegt. Wir müssen vor allen Dingen von der Küste wegkommen. Also stoßen wir mit allem, was die Böcke hergeben, nach der letzten Sichtung hinterher."

Mit Höchstfahrt verfolgte U 160 das Geleit. Die Diesel dröhnten. Das Boot machte 16 Knoten Fahrt. Zwei Stunden vergingen, bevor sich Bitter meldete:

„Der Konvoi, Herr Kaleunt!"

Dunkle, unregelmäßige Konturen tauchten auf.

„Auf Gefechtsstationen! Boot greift von achtern aufdampfend an!"

„Sicherungsfahrzeug, Herr Kaleunt!"

„Wir schieben uns zwischen den beiden Sicherungsfahrzeugen in die Kolonne hinein und schießen mitten heraus."

Schnell stieß U 160 zur Dampferkolonne vor. Es mußte die Fahrt für einige Minuten stark abbremsen, als voraus ein Sicherungsfahrzeug auftauchte. Doch der Zerstörer drehte nach Backbord weg, so daß das Boot angreifen konnte.

„Einzelschüsse, Bitter! Wir suchen uns die dicksten Dampfer heraus. Sie müssen sicher sein, daß jeder Torpedo auch trifft."

Alle Rohre wurden vorbereitet und die Werte von den Mixern eingedreht. Dann wurden die vier Aale einzeln auf die Reise geschickt. Mit Hartruderlegen entfernte sich U 160 nach Backbord aus der Kolonne der Dampfer.

Binnen sechs Sekunden hatten drei Schiffe Treffer erhalten. Der vierte Torpedo beschädigte zehn Sekunden darauf einen Frachter, der jedoch weiterlaufen konnte.

Während U 160 nach achtern heraussackte, sahen die Brückenwächter, wie die beiden vorn laufenden Zerstörer Leuchtgranaten schossen. Der erste Dampfer barst mit wuchtigen Detonationen auseinander.

„Dampfer ‚Aelbryn' hat SSS-Rufe eingestellt, Herr Kaleunt!"

Das zweite getroffene Schiff, ein Tanker, war in ein Flammenmeer verwandelt.

„Nach dem Nachladen greifen wir abermals an!"

Genau 89 Minuten später war es soweit. Zum zweitenmal stieß U 160 mit AK in die Kolonne hinein und kam in Schußposition. Ein riesiger Tanker wurde gesichtet, der an Steuerbord, noch zwanzig Grad vorlicher als querab, lief.

„Den nehmen wir zuerst. Zweierfächer, Bitter! Dann die beiden folgenden Dampfer!"

Ein Zerstörer dampfte von achtern nach vorn und stand auf einmal dicht hinter dem Boot.

„Hinter uns, Herr Kaleunt!" wisperte Pommer.

„Der kommt nachher, Pommer! Erst schießen wir."

Eine Minute darauf kam der Feuerbefehl. Zum zweitenmal wurde die gesamte Bug-Chargierung geschossen.

Kurze Zeit später sprangen Detonationsflammen aus dem Tanker und den beiden ihm folgenden Dampfern empor. Der in dritter Position laufende Dampfer hatte Munition geladen und flog in die Luft. Als U 160 abdrehte, tauchte eine Korvette auf. Das U-Boot blieb im Konvoi stehen und drehte dessen Zacks und Kreise mit. Dann brach es mit Gegenruderlegen aus einem Kreis aus und lief ab.

Lassen sah, daß der Tanker nun schon stark brannte. Der Funkraum meldete, daß es die „Tibia" (10 356 BRT) sei. Dieser moderne holländische Motortanker sank jedoch nicht. Lassen ließ noch einen Hecktorpedo schießen, der aber vorbeiging. Dann lief das Boot hinter dem Restgeleit her und ging mit AK zum dritten Angriff über. Inzwischen waren zwei Rohre nachgeladen worden. Die Nacht neigte sich ihrem Ende zu. Fünf Dampfer waren aus dem Konvoi herausgeschossen worden und zwei weitere torpediert.

Noch einmal kam U 160 zum Schuß. Die beiden Aale trafen ihre Ziele. Schwarz qualmend blieben die torpedierten Dampfer liegen. Als die Rohre zum Fangschuß gerichtet wurden, schob sich plötzlich ein Zerstörer auf das Boot zu.

„Kursänderung unter den dunklen Horizont!" befahl Lassen.

Während U 160 mit halber Fahrt zur Seite schlich, um kein verräterisches Kielwasser oder große Schraubensee zu erzeugen, wanderte der Zerstörer aus und begann, Leuchtgranaten zu schießen. U 160 tauchte, lief im Unterwassermarsch zur Küste zurück und legte sich dort auf Grund.

„Das war der Paukenschlag von Durban. Mit insgesamt zehn Versenkungswimpeln und dem stolzen Erfolg von 68 000 BRT vernichteten Schiffsraumes· lief U 160 am 10. Mai 1943 in Bordeaux ein. Auch Georg Lassen erhielt das Eichenlaub zum Ritterkreuz.

Alle Erfolge der in entfernteren Gewässern eingesetzten Boote konnten jedoch nicht darüber hinwegtäuschen, daß die Schlacht im Atlantik ihrem Ende zuging und die Verluste ins Unermeßliche anstiegen. Nicht weniger als 14 Konvois wurden von den deutschen U-Booten im April 1943 angegriffen. Doch nur 19 der insgesamt in diesem Monat versenkten 41 Schiffe wurden aus den Geleitzügen herausgeschossen.

Den größten Erfolg erzielte noch die Gruppe „Löwenherz", die vom 4. bis 7. April auf den Konvoi HX 231 operierte. Von den siebzehn angesetzten Booten kamen sieben zum Schuß und brachten sechs Schiffe mit 41 494 BRT zum Sinken. U 632 wurde am 6. April von einer Liberator der Luftsicherung südwestlich Island durch Fliegerbomben vernichtet, während U 635 am gleichen Tage auf derselben Position von der Fregatte „Tay" den Todesstoß erhielt. Beide U-Boote sanken mit der gesamten Besatzung. Darüber hinaus wurden vier weitere Boote durch Luft- und Seeangriffe beschädigt. Sie mußten den Rückmarsch antreten. Durch diese Verluste und die Heimfahrt brennstoffschwacher Boote standen Mitte April nur noch sehr wenige Boote im Operationsgebiet.

U 732, das zur Gruppe „Meise" gehörte, sichtete am 23. April den Konvoi ONS 4, der mit 32 Schiffen und 11 Sicherungsfahrzeugen von England in Richtung Westen ausgelaufen war. Fünf weitere Boote der Gruppe „Meise" schlossen heran, um diesen Geleitzug anzugreifen.

Führer der Escort Group 2, die diesen Konvoi geleitete, war Commander Donald Macintyre, einer der erfolgreichsten englischen U-Boot-Jäger. Das Flaggschiff der Escort Group 2, der Zerstörer „Hesperus", war kurze Zeit vorher mit dem Hedgehog-Wasserbombenwerfer und einem „Huff-Duff"-Gerät ausgerüstet worden.

Der Konvoi ONS 4 war am 14. April auf der nördlichen Geleitzugroute ausgelaufen. Commander Macintyre vermutete, daß das Geleit in schlechtes Wetter geraten könne. Seine Befürchtungen bewahrheiteten sich, je höher die Schiffe nach Norden liefen. Erst am 17. April sollte der Konvoi nach Westen, auf die Geleitroute, eindrehen. Das Barometer stürzte ständig tiefer, und als der Konvoi dann nach Westen drehte, lief er mitten in einen Sturm hinein.

Commander Macintyre hörte wenige Tage später, daß der Zerstörer „Whitehall" Kampfberührung mit einem deutschen U-Boot habe. Die „Whitehall" geleitete einige Schiffe von Island zum Konvoi ONS 4. Kurz darauf meldete auch eine Liberator den Standort eines U-Bootes. Da diese Position dicht beim Konvoi lag, ließ Macintyre den Geleitzug mit Zickzackkurs weiterlaufen, während er mit „Hesperus" und der „Whitehall" die Jagd nach dem U-Boot aufnahm. Die Sicherung des Geleites übernahm inzwischen die 5. Support Group. Sie bestand aus vier Zerstörern und dem Träger „Biter" mit zwölf Swordfish-Flugzeugen an Bord. Diese Begleitschutzfahrzeuge waren als zusätzliche Sicherung am 23. April zum ONS 4 gestoßen.

Zuerst wurde das Boot durch das „Huff-Duff"-Gerät der „Biter" geortet. Macintyre rief die Korvette „Clematis" zur Verstärkung heran und lief mit AK auf das U-Boot zu, das mittlerweile auch von der „Hesperus" mit seinem „Huff-Duff" eingepeilt werden konnte. Wenig später wurde das Boot gesichtet. Dann war es plötzlich weggetaucht.

Doch die Echos des Kontaktes wurden schnell immer lauter. Captain Macintyre berichtete nach dem Kriege darüber*:

„Wir hatten Kontakt. Hier war unsere Chance gekommen, unseren neuen Killer, den Hedgehog, auszuprobieren.

Bill Ridley kontrollierte das Asdic-Team, und ich brachte die ‚Hesperus' in Wurfposition. Alle Dinge liefen exakt und schnell, die Konditionen waren gut. Dann waren wir über dem Boot, und Ridleys Stimme schrie ‚Feuer!'.

Ich fürchtete, daß die Crew mit dieser neuen Waffe noch nicht richtig vertraut war und Pech haben würde, denn schließlich besaß diese neue Waffe 24 Wasserbomben, die auf verschiedenste Tiefen eingestellt werden mußten. Aber das Kommando ‚Feuer!' beendete meine Zweifel. Wenn wir dieses Boot nicht erwischten, mußten wir uns schämen; die Positionen waren genau gewesen.

Nun lief auch ‚Clematis' an, und schließlich versuchten wir es mit gewöhnlichen Wabos, bis unser Hedgehog nachgeladen war.

---

* = Macintyre: „U=boat Killer"

Wir erhielten wieder Kontakt und hatten die zweite Chance mit dem Hedgehog. Alle 24 Bomben flogen in die See. Noch niemals vergingen die Sekunden bis zur Explosion so langsam wie jetzt. Als der Knopf der Stoppuhr eingedrückt wurde, gingen zwei scharfe Explosionen durch unser Schiff.

,Wir haben es, bei Gott!' schrie Bill, als er aus seiner Asdic-Kabine sprang. Und wirklich: wir hatten es!

U 191 ging auf den Grund hinunter, mit seiner gesamten Besatzung."

Die erste Aktion mit den neuen Waffen war erfolgreich durchgeführt worden. Am nächsten Morgen, es war der 25. April, sichteten Swordfish-Maschinen der „Biter" U 203. Eine der Maschinen warf zwei Bomben, die das Boot beschädigt haben mußten. Dann lief der Zerstörer „Pathfinder", der zur 5. Support Group gehörte, mit AK zu der Stelle hinüber, an der das getauchte U-Boot lag, erhielt Kontakt und warf einen Hedgehog-Fächer. Das U-Boot sank.

„Dies", schrieb Captain Macintyre später, „war eine Luft-See-cooperation, und sie zeigte der Begleit-Group, was bei guter Zusammenarbeit mit den Maschinen des Trägers möglich war *."

Am gleichen Nachmittag gewann U 404 Anschluß an die Support Group. Kapitänleutnant von Bülow, ein erfahrener U-Boot-Kommandant, schoß einen Viererfächer aus großer Entfernung auf die „Biter", die er als Träger vom Typ „Ranger" ansprach. Nach elf Minuten wurden vier Detonationen gehört und zwei Stichflammen beobachtet. Der Kommandant gab durch, daß die Torpedierung eines Flugzeugträgers wahrscheinlich sei.

Es stellte sich später heraus, daß diese Einschränkung zu recht gegeben worden war. Alle vier Torpedos waren vor der „Biter" hochgegangen und hatten den Träger nur leicht beschädigt.

Anfang Mai 1943 waren wieder so viele deutsche U-Boote ausgelaufen, daß vom BdU vier Gruppen gleichzeitig aufgestellt werden konnten. Doch die ersten drei Geleitzüge des Maiverkehrs wurden von den angesetzten Rudeln nicht gefunden.

Erst am 4. Mai stieß ein von England kommender Konvoi mitten in eine der Suchharken hinein und wurde von U 628 zuerst gesichtet. Es war der ONS 5 mit 30 wertvollen Schiffen, der von 18 Sicherungsfahrzeugen geleitet wurde. An diesem Geleitzug sollte sich das Schick-

---

* = Macintyre: a. a. O.

sal der deutschen U-Boote entscheiden. Hier begannen die großen Verluste, die am 24. Mai zum Rückzug aller U-Boote aus dem Nordatlantik führen sollten.

Wieder einmal hatte der Frühjahrssturm orkanartige Stärke angenommen. Dennoch gewannen in der Nacht zum 5. Mai elf U-Boote Fühlung am Konvoi ONS 5 und griffen ihn an.

In der ersten Nacht wurden fünf Schiffe aus dem Konvoi herausgeschossen. Während des Tages wurden dann in Unterwasserangriffen vier weitere Schiffe versenkt. Auch der Orkan forderte die ersten Opfer.

Bereits am Vortag war U 630, das einen im Sturm zurückbleibenden Dampfer torpedieren wollte, von einem Canso-Flugboot der RCAF-Squadron 5 bombardiert und versenkt worden. Das gleiche Flugboot griff auch U 438 an, erhielt jedoch durch die Fla-Waffen des Bootes Treffer und wurde abgewehrt.

Am 5. Mai vernichtete die Korvette „Pink" U 192. Die restlichen 15 Boote blieben den ganzen Tag über am Konvoi. Zwei Stunden vor Einfall der Dunkelheit setzte plötzlich starker Nebel ein. Die U-Boote mußten blind weiterlaufen. In dieser Situation peilten die Sicherungsfahrzeuge mit ihren Radar- und „Huff-Duff"-Geräten die Boote ein, sichteten sie und griffen alle 15 Boote mit Wasserbomben an. Sechs dieser Boote wurden außerdem noch von den aus dem Nebel herausstoßenden Zerstörern mit Artillerie beschossen.

Nach U 630 und U 192 ging U 638 am 5. Mai durch einen Wabo-Fächer der Korvette „Loosestrife" verloren. U 125 wurde von dem in Lage Null aus dem Nebel anlaufenden Zerstörer „Oribi" gerammt. Das Boot entkam und gab Notruf. Es wurde von der Korvette „Snowflake" eingepeilt, gestellt und durch deren Artillerie zum Sinken gebracht.

Am gleichen Tage wurde noch U 531 von dem Zerstörer „Oribi" versenkt. U 533 entging dem Untergang, obwohl es von der Korvette „Sunflower" gerammt wurde. Inzwischen war als zusätzliche Sicherung auch die 1. Escort Group zum Konvoi ONS 5 gestoßen. Das Führungsboot, die Fregatte „Pelikan" hatte U 438 mittels Radar gestellt und durch Artilleriefeuer unter Wasser gedrückt. Das Boot hatte noch nicht ganz unterschnitten, als es von der Fregatte bereits mit Wasserbomben belegt wurde. Damit war auch das Schicksal von U 438 besiegelt. Drei weitere Boote wurden noch beschädigt.

Als Großadmiral Dönitz diese Meldungen erhielt, ließ er die Operation auf diesen Geleitzug abbrechen. 13 Schiffe waren aus dem ONS 5 versenkt worden, aber die U-Boot-Waffe hatte mit dem Verlust von sieben U-Booten und der Beschädigung von vier weiteren eine verheerende Niederlage erlitten.

Der BdU schrieb darüber in sein KTB:

„Die Ortung durch Luft- und Überwasserfahrzeuge beeinträchtigt nicht nur auf das Schwerste den unmittelbaren Kampf des einzelnen Bootes, sie gibt darüber hinaus auch dem Gegner ein offenbar gut ausgenutztes Mittel, um die vorbereitenden Aufstellungen der U-Boote zu erfassen und ihnen auszuweichen. Sie ist damit im Begriff, dem U-Boot seine wesentlichste Eigenschaft, die Nichtfeststellbarkeit, zu nehmen."

Nach Abbruch dieser Geleitzugschlacht standen nur noch 18 einsatzbereite U-Boote im Atlantik. Sie wurden vom BdU ostwärts Neufundlands zur Gruppe „Elbe" zusammengestellt. Am Konvoi HX 237, der vom 11. bis 13. Mai angegriffen wurde, gingen drei U-Boote verloren. Ihnen standen drei versenkte Schiffe mit 21 389 BRT gegenüber. Am ONS 7 blieben zwei U-Boote, während nur ein Schiff mit 5196 BRT versenkt wurde.

Am 14. Mai sichtete Uʳ 504 den Konvoi SC 129. Die gesamte U-Boot-Gruppe „Elbe", die inzwischen auf 25 Boote angewachsen war, wurde auf ihn angesetzt. Wieder bestand die Sicherung aus der Escort Group B 2 unter Commander Macintyre und der Support Group 5 mit dem Träger „Biter".

Im Laufe des Tages gewannen elf Boote Fühlung. Zehn davon wurden durch Sicherungsfahrzeuge erfaßt und abgedrängt. Nur U 402 schloß heran. Im schwindenden Tageslicht schoß das Boot in einem außerordentlich kühnen Anlauf zwei Schiffe aus dem Konvoi heraus. Es waren die Dampfer „Antigone" und „Grado".

Während der Zerstörer „Hesperus" unter Commander Macintyre das U-Boot verfolgte und es durch Wasserbomben zwar beschädigen, aber nicht versenken konnte, lief das Rettungsschiff „Melrose Abbey" auf die Untergangsstellen der Dampfer zu und barg die Schiffbrüchigen.

„Der Mut der Besatzung der ‚Melrose Abbey' war einmalig!" sagte Macintyre.

Geben wir noch einmal Donald Macintyre das Wort:

„Als die Finsternis einfiel, rief ich George Carlow auf die Brücke, der die Wache von 20.00 Uhr bis Mitternacht ging.

‚Das ist der beste Platz für einen Angriff heute nacht', sagte ich. ‚Warnen Sie die Radarstation, daß sie besonders auf den Schluß des Konvois achtet.'

Dann ging ich in den Kartenraum, wo sich Bill Ridley und Lyulph Stanley befanden.

‚Sind alle gewarnt, daß in der Nacht mit ziemlicher Sicherheit auf Gefechtsstationen befohlen wird? 'fragte ich Bill.

‚Ja, es ist alles organisiert!' antwortete Ridley.

Coster, der erste Asdicmann, stand am Gerät, um die erste Operation bei einem Angriff zu leiten. Unten auf dem Achterdeck standen Mr. Pritchard, der Torpedooffizier, und überwachte das Fertigmachen der Wabo-Serie... Nicht einer konnte in dieser Nacht schlafen.

Die erste Wache war fast vorüber, als eine Meldung aus dem Radarraum kam. Es war ein U-Boot in 230 Grad gesichtet worden. Entfernung vom Konvoi 5 Seemeilen.

Alles ging auf Gefechtsstationen. Bill und ich eilten auf die Kompaßplattform. ‚Hesperus' lief mit Voll voraus nach vorn auf den Kontakt zu. Augen durchforschten die Finsternis. Ich spähte durch Otto Kretschmers Fernglas und konnte eine weiße Kiellinie sehen, die das U-Boot durch die See zog. Nach vorn laufend, sah ich eine weißgischtende Wasserblume, als das Boot seine Tanks zum Tauchen öffnete. Als wir die phosphoreszierende Schraubensee passierten, war das Boot verschwunden.

‚Erster Fächer nach Augenmaß!' schrie ich Bill zu.

‚Flache Einstellung! — Feuer eins! — Feuer zwo! — Feuer drei!' kam es von Bills Lippen.

Die Bomben fielen genau dort, wohin sie sollten. Wassergebilde sprangen empor und platschten als Gebirge von Schaum in die See zurück. Ich glaubte nicht, daß wir es verfehlt hatten, ließ aber die Geschwindigkeit herabsetzen, um dem Asdic eine neue Chance zu geben, das Boot zu orten. Wir fanden es schnell, gingen 'ran und feuerten eine neue volle Serie und abschließend noch eine Ein-Tonnen-Wasserbombe."

Diese zweite Serie detonierte dicht bei U 223, das unter dem Befehl von Oberleutnant z. See Gerlach stand. Schwere Schäden zwangen den Kommandanten dazu, aufzutauchen. Eine der E-Maschinen brannte, Gase bildeten sich im Boot. Dicht vor der „Hesperus", die eben zum dritten Angriff anlaufen wollte, durchbrach U 223 die Wasseroberfläche und blieb gestoppt liegen. Sofort ließ Commander Macintyre das Feuer eröffnen.

Das Boot sackte achteraus und wurde mit einer neuen, sehr flach eingestellten Wabo-Serie belegt.

Oberleutnant Gerlach ließ noch einen Torpedo aus dem Heckrohr schießen, der jedoch vorbeilief. Die „Hesperus" versuchte nun, das

U-Boot durch einen leichten Rammstoß zu versenken. Doch U 223 sank nicht. Nur ein Mann der Besatzung, der ans Heck gelaufen war, ging dabei über Bord.

Die „Hesperus" drehte vom Boot weg, um wieder zum Geleitzug zurückzudampfen, der inzwischen schon 30 Seemeilen weitergelaufen war. Commander Macintyre überließ U-Boot und Besatzung ihrem Schicksal.

In zwölfstündiger Arbeit hatte Oberleutnant Gerlach U 223 wieder bedingt fahrklar machen lassen, und das Boot lief mit kleiner Fahrtstufe, einem schwimmenden Wrack gleich, zurück. Es erreichte zwölf Tage später St. Nazaire.

Zu diesem Ereignis sagte Macintyre nach dem Kriege:

„Dieser Rückmarsch von U 223 war eine großartige Leistung der deutschen Ingenieure und Seeleute. Ein Beispiel bester Seemannschaft."

Der Mann, der beim Rammstoß der „Hesperus" über Bord des U-Bootes gegangen war, wurde von U 359 aufgefischt, das einige Stunden später keine 100 Meter vor ihm aus der See auftauchte. Auch er erreichte mit diesem Boot die Heimat.

Am 14. Mai versenkte die „Hesperus" noch das fühlunghaltende Boot U 186. Ein weiteres Boot, U 266, ging durch eine Liberator der RAF Squadron 86 am gleichen Tage verloren. Am 16. Mai ließ der BdU diese Operation abbrechen.

Die U-Boot-Verluste im Monat Mai waren damit aber noch nicht zu Ende. Bis zum 24. Mai gingen noch weitere sieben Boote verloren. Von diesen sanken allein vier am Konvoi SC 130. Zwei weitere U-Boote wurden am selben Konvoi beschädigt. Nur ein einziges Schiff des SC 130 konnte versenkt werden.

Das war das Ende.

Als erstes Boot wurde U 954 am Geleitzug SC 130 durch die Liberator T 120 versenkt. An Bord befand sich Oberleutnant z. See Peter Dönitz als Wachoffizier. Er fand mit seinem Kommandanten Udo Löwe und der gesamten Besatzung den U-Boot-Tod.

Vom 1. bis zum 22. Mai waren 31 U-Boote verlorengegangen. Am 24. Mai befahl Großadmiral Dönitz den Booten, unter Anwendung aller Vorsichtsmaßregeln in den Seeraum südwestlich der Azoren auszuweichen. Der Nordatlantik und die Konvoi-Routen wurden damit geräumt.

Im Monat Mai 1943 fielen insgesamt 41 U-Boote den neuen Abwehrwaffen des Gegners zum Opfer. Diesen ungeheuren Verlusten stand ein Versenkungserfolg von ebenfalls 41 Schiffen mit 205 372 BRT gegenüber. Lassen wir an dieser Stelle noch einmal Captain Roskill zur Schlacht im Atlantik zu Wort kommen*:

„Wir wußten nun, daß wir einen Griff abgeschüttelt hatten, der uns beinahe den Hals zugedrückt hätte."

Nach 45 Monaten härtester Einsätze und Schlachten war die deutsche U-Boot-Waffe mit wehenden Fahnen untergegangen.

---

* = Roskill a. a. O.

FAHRT BIS ZUM BITTEREN ENDE

Warum die Grauen Wölfe weitermachten — Schlußbetrachtung

Der U-Boot-Krieg ging weiter. Er mußte fortgesetzt werden, weil seine Einstellung einen sehr erheblichen Teil an feindlichen Streitkräften für andere Aufgaben freigemacht hätte. Großadmiral Dönitz umreißt dieses Problem folgendermaßen*:

„Wenn wir schon 1943 den U-Boot-Krieg eingestellt hätten, wären beim Gegner freigeworden:

1. Ein gar nicht abzuschätzendes Industrie- und Werftpotential der Alliierten.

2. Durch Aufhören des Zwanges, Geleitzüge zu bilden, etwa 25 Prozent der Handelsschiffstonnage zur anderen Kriegsverwendung.

3. Hunderte von Bewachungsstreitkräften und Flugzeugen.

Diese hätte der Gegner zu anderen Kriegsunternehmungen einsetzen können. Zum Beispiel:

1. Zur Forcierung und Eroberung der Seeherrschaft in der Ostsee, Churchills altem Wunsch. Dann hätte unsere Erzzufuhr und unsere Versorgung der deutschen Ostfront über die Ostsee aufgehört. Und am Ende des Krieges hätte die deutsche Kriegsmarine nicht zwei Millionen Menschen über die Ostsee retten können.

2. Zur völligen Unterbrechung unseres Küstenverkehrs in der Nordsee und nach Norwegen. Dann wäre z. B. unsere Armee in Norwegen, die vom Nachschub aus Deutschland abhängig war, nicht mehr lebens-, geschweige denn kampffähig gewesen.

3. Die für die U-Boot-Bekämpfung dann nicht mehr benötigten Flugzeuge wären ebenfalls mit Bomben beladen nach Deutschland geflogen und hätten dort Ziele angegriffen.

---

* = Karl Dönitz: „Kräftebinden des U=Boot=Krieges ab Mai 1943", im Ms.

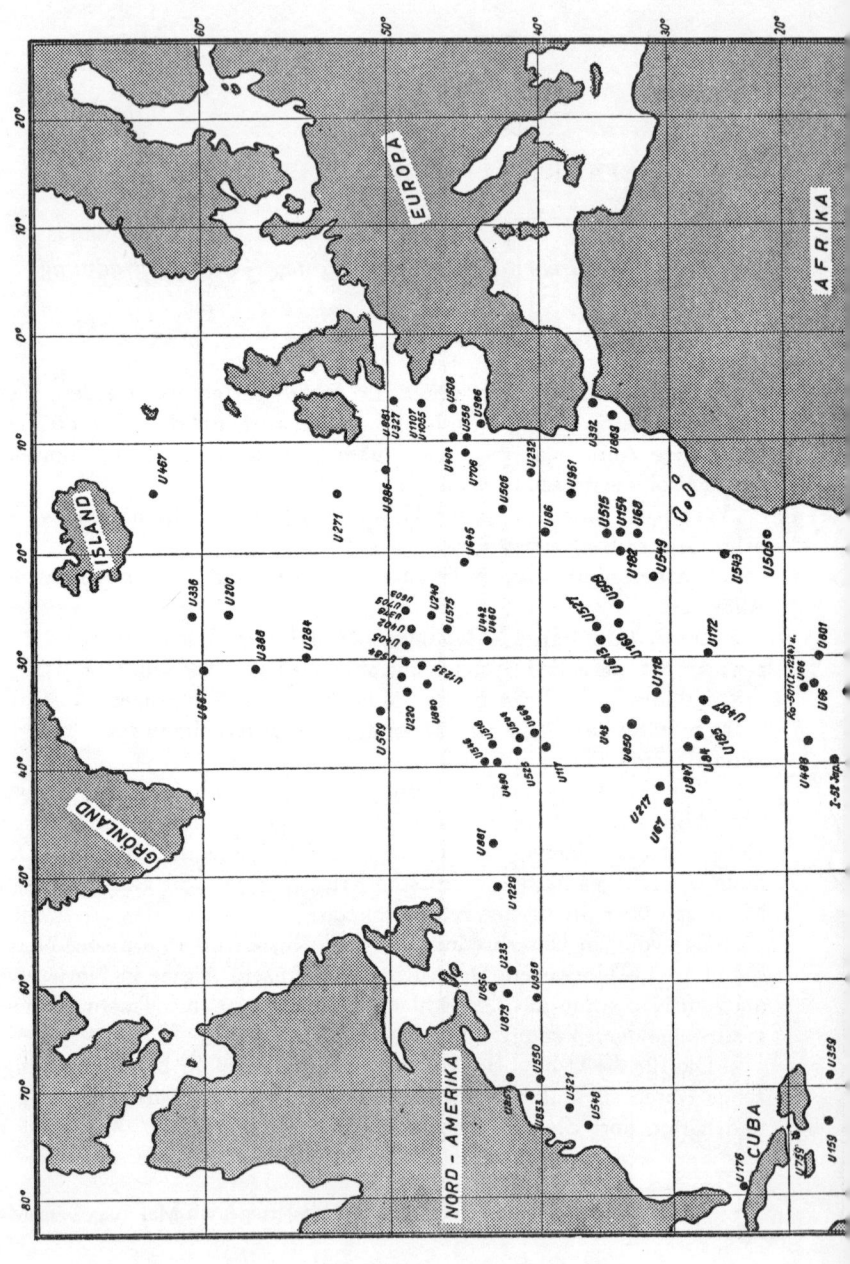

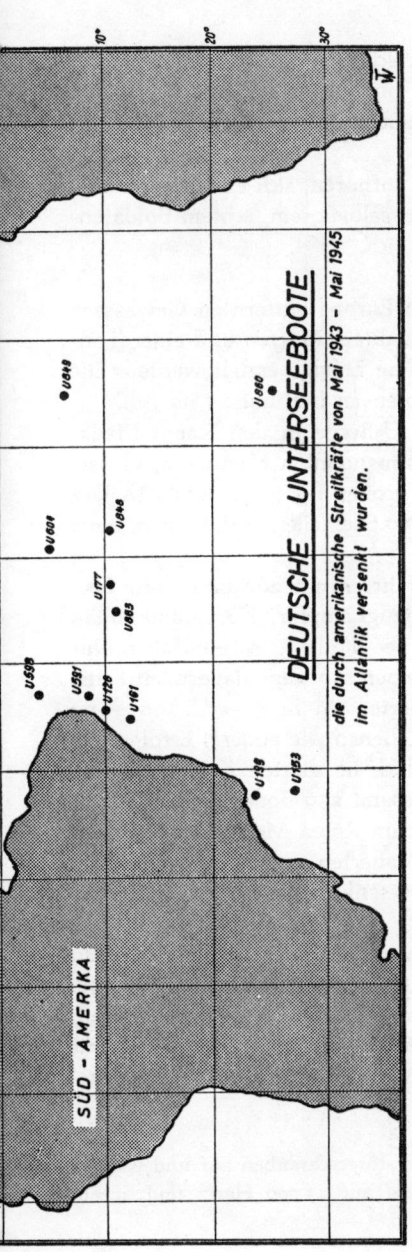

DEUTSCHE UNTERSEEBOOTE
die durch amerikanische Streitkräfte von Mai 1943 – Mai 1945
im Atlantik versenkt wurden.

In den zwei letzten Kriegsjahren wurden allein 99 deutsche U-Boote im Atlantik von amerikanischen Seestreitkräften versenkt, die Mehrzahl durch Sicherungsfahrzeuge auf der großen Geleitzug-Route USA — England: der Schlagader Großbritanniens. Unsere Karte (links) zeigt den Ort der jeweiligen Versenkung.

Schon um dem Gegner diese militärischen Möglichkeiten nicht zu geben, mußte daher im Mai 1943 der U-Boot-Krieg fortgesetzt werden. Der Atlantik war das Vorfeld, in welchem in der vordersten Linie die Heimat verteidigt wurde.

Die U-Boot-Waffe konnte 1943 nicht aufhören, sich einzusetzen.

So nahmen denn die U-Boot-Fahrer in selbstlosem, echtem Soldatentum diese schweren Kämpfe weiter auf sich."

Der Tonnagekrieg wurde in weit von Europa entfernten Gewässern fortgesetzt. Im Juli konnten mit 45 versenkten Schiffen und einer Tonnagezahl von 244 000 BRT wieder größere Erfolge erzielt werden. Die Verluste verringerten sich von 31 U-Booten im Juni auf 15 im Juli.

Im Sommer 1943 liefen sechs große U-Boote in den Raum Madagaskar aus. Die alten erfolgreichen Kommandanten Hartmann, Gysae, Lüth und Kentrat waren auf die neuen großen Boote des Typs IX D-2 umgestiegen. Mit ihnen konnen sie 31 500 Seemeilen zurücklegen, ohne beölen zu müssen.

Die unsagbaren Strapazen der Feindfahrten mit 200 und mehr Seetagen begannen. Einer der alten Geleitzugkämpfer, Korvettenkapitän Kentrat, unternahm mit 225 Tagen auf See die längste Feindfahrt. Nur wenig Monate später lief er wieder zu einer 150 Tage dauernden Fahrt aus. Als erstes deutsches U-Boot operierte sein Boot − U 196 − im Arabischen Meer und errang auch dort, ebenso wie andere, Erfolge.

Die deutsche U-Boot-Waffe hatte jedoch im vierten Kriegsjahr, das am 31. August 1943 zu Ende ging, insgesamt 239 Boote verloren.

Die Operationen im Indischen Ozean, im Roten Meer, im Persischen Golf und im Seeraum von Madagaskar dauerten vom Sommer bis zum Dezember 1943. Während dieser Zeit versenkten die dort eingesetzten U-Boote 57 Schiffe mit 337 000 BRT.

Ende August waren die ersten deutschen U-Boote mit dem Torpedo T 5 ausgerüstet worden. Diese neue Waffe kam an den beiden Konvois ONS 18 und ON 202, die von 18 Sicherungsfahrzeugen geleitet wurden, erstmals zur Anwendung. Am 21. September vernichteten U-Boote mit dem „Zaunkönig" * den kanadischen Zerstörer „St. Croix" und die britische Korvette „Polyanthus".

---

* = Der T 5 fing die Schallwellen der Zerstörerschrauben auf und wertete sie für seine Ruderanlage aus. Er arbeitete auf 13 000 Hertz und suchte selbständig sein Ziel

Während der vier Tage und Nächte andauernden Kämpfe ging am 20. September als erstes Boot U 338 verloren. Ihm folgte U 229, das durch einen Rammstoß des Zerstörers „Kerpel" versenkt wurde.

Es gelang den U-Booten, im Kampf mit den Sicherungsfahrzeugen zwölf Bewacher zu torpedieren, von denen eine nicht feststellbare Zahl sank. Außerdem wurden neun Handelsschiffe mit einer Tonnage von 46 000 BRT vernichtet.

Dennoch erwies es sich in den kommenden Monaten immer deutlicher, daß die U-Boote trotz verbesserter Waffen nicht in der Lage waren, ihre alte Rudeltaktik fortzusetzen. Die Geleitzugbekämpfung mit U-Boot-Gruppen mußte aufgegeben werden. Dazu sagte Großadmiral Dönitz:

„Wir konnten nur noch hinhaltend und so haushaltend wie möglich weiterkämpfen, um die Kräfte des Gegners zu binden. Der Druck auf die alliierten Seeverbindungen durfte nicht nachlassen. Er mußte auch mit einer genügend hohen Zahl von Booten erzeugt werden, denn nur die Furcht vor einer jederzeit möglichen Konzentrierung der U-Boote in U-Boot-Rudeln konnte den Gegner davon abhalten, die gegen die U-Boote eingesetzten Flugzeuge und Seestreitkräfte nicht zu vermindern, um sie für andere Aufgaben zu verwenden."

Immer wieder wurde im Stabe des BdU überlegt, ob der Einsatz der U-Boote noch vertretbar sei, oder ob nicht ein anderer Weg eingeschlagen werden müsse, um den Gegner zur Beibehaltung seiner bisherigen Geleitzugsicherung zu zwingen.

Doch angesichts der gewaltigen Streitkräfte des Gegners, die durch die deutschen U-Boote gebunden wurden, ergab sich eine einzige zwingende Forderung, die Großadmiral Dönitz wie folgt umriß:

„Der U-Boot-Krieg ist mit den vorhandenen Mitteln fortzusetzen. Verluste, die zu den augenblicklichen Erfolgen nicht im Verhältnis stehen, müssen in Kauf genommen werden, so bitter sie auch zu tragen sind."

So liefen die Grauen Wölfe also weiter aus. Jäger waren sie gewesen, nun wurden sie selbst zu Gejagten.

Erst Mitte Januar 1944 entsandte der BdU wieder eine U-Boot-Gruppe in den Bereich der Western Approaches. In einem 30 Tage andauernden Kampf gegen die Escort Group B 2 des Captain Walker wurden sechs U-Boote aus diesem Rudel vernichtet. Von den zwölf

Konvois, die zur gleichen Zeitspanne dieses Gebiet passierten, ging kein Schiff verloren.

Mit Beginn der Invasion erlebten die U-Boote noch einmal einen verlustreichen Großeinsatz, der bis zum 28. August andauerte. Dann rief Großadmiral Dönitz die noch im Kampfgebiet stehenden Boote über Funk zurück. Nur fünf von ihnen erreichten die Stützpunkte, zwei Drittel blieben am Feind.

Der Gegner verlor in der Seinebucht und vor der englischen Küste fünf Sicherungsfahrzeuge und zwölf Schiffe mit 56 845 BRT. Sechs weitere Schiffe, darunter ein Sicherungsfahrzeug, wurden torpediert.

In der Zeit vom 1. September 1943 bis zum 31. August 1944 gingen 248 deutsche U-Boote verloren.

Großadmiral Dönitz versuchte am 11. September 1944, die schweren Verluste der U-Boot-Waffe durch einen neuen Befehl auszuschalten. Kernpunkt dieses Befehls war die Weisung, daß alle Kommandanten selbst entscheiden konnten, ob sie sich vorübergehend oder — je nach Abwehrlage — auch ganz vom Feind absetzen wollten. Es wurde den Kommandanten der dicht an der Feindküste operierenden U-Boote freigestellt, auch vor Aufbrauch des Brennstoffs und der Torpedos den Rückmarsch anzutreten, wenn die große Beanspruchung der Besatzung dies erfordere.

Zum erstenmal seit 1940 operierten nun wieder deutsche U-Boote vor der englischen Küste. Noch einmal kam es zu Einsätzen einzelner U-Boote an Geleitzügen.

U 482 unter Kapitänleutnant Graf von Matuschka stieß in den Nordkanal vor und versenkte dort vier große Schiffe mit insgesamt 31 610 BRT sowie die Korvette „Hurst Castle".

Bei der nächsten Feindfahrt jedoch wurde dieses U-Boot am 16. Januar 1945 durch fünf Sicherungsfahrzeuge gestellt und vernichtet.

Kapitän z. See Dobratz, der erst im Jahre 1943 zur U-Boot-Waffe gestoßen war, lief mit U 1232 bis vor Halifax an die amerikanische Küste und griff dort zwei Geleitzüge an. Er versenkte hiervon vier Schiffe und torpedierte einen weiteren Dampfer. Dobratz erhielt am 23. Januar 1945 das Ritterkreuz.

Die U-Boot-Verluste waren von 1944 bis zum Januar 1945 auf durchschnittlich 10,4 Prozent der in See stehenden Boote abgesunken. Im Januar 1945 gingen nur sechs Boote verloren; doch im April waren es schon wieder 29 Boote.

Der Gegner versuchte nunmehr mit aller Kraft, die U-Boot-Stützpunkte sowie die Werften und Helligen zu vernichten. Es hatte nämlich den Anschein, als sollte die U-Boot-Waffe noch einmal erstarken und — mit neuen, schnellen Unterwasser-Elektro-Booten ausgerüstet — eine Wende in der Kriegführung zur See herbeiführen. Vom 30. März bis zum 12. April 1945 wurden durch alliierte Luftangriffe insgesamt vierundzwanzig U-Boote auf den Werften vernichtet und zwölf beschädigt.

Großadmiral Dönitz, der schon seit Monaten die Bergung der Flüchtlinge, der Verwundeten und der Soldaten aus dem Osten zur Hauptaufgabe der Marine gemacht hatte, übersiedelte am 21. April vom Lager „Koralle" bei Berlin nach Plön in das Lager „Forelle". Dieser Ortswechsel war erforderlich geworden, damit er als Oberbefehlshaber des Nordraumes weiter handeln konnte, falls die Russen Berlin erobern sollten.

Noch einmal kam es im April 1945 in der Sibirischen See zum Angriff eines U-Boot-Rudels auf einen Konvoi. Dreizehn Boote der 14. U-Flottille griffen einen der letzten nach Murmansk laufenden JW-Konvois an. U 294 und U 997 erzielten jeweils einen Versenkungserfolg auf Bewacher. Am 29. April vernichtete U 968 unter Oberleutnant z. See Westphalen einen vor der Einfahrt von Murmansk stehenden Zerstörer. Am gleichen Tage gingen U 286 und U 307 durch die britische Geleitsicherung verloren. U 427 mußte das längste Bombardement des Krieges mit 678 Wasserbomben über sich ergehen lassen. Es entkam aber diesem Angriff und erreichte schwerbeschädigt den Stützpunkt.

Dann war auch hier der U-Boot-Einsatz zu Ende. Den im Nordmeer und in der Sibirischen See operierenden U-Booten war es nicht möglich gewesen, die Zufuhr an Waffen, Munition und sonstigem Kriegsmaterial über diese Route nach Rußland zu verhindern.

In 40 alliierten Konvoi-Fahrten waren 811 Schiffe von England nach Rußland aufgebrochen. Von ihnen kamen 720 Schiffe in Murmansk und anderen russischen Häfen an und brachten Millionen Tonnen kriegsentscheidendes Material in die Sowjetunion. Hierunter befanden sich allein 5000 Panzer und 7000 Flugzeuge.

Während der Operationen gingen auf deutscher Seite die „Scharnhorst", drei Zerstörer und 38 U-Boote verloren.

92 Dampfer und 18 Sicherungsfahrzeuge wurden auf dieser Route versenkt.

Die deutsche U-Boot-Waffe hielt bis zum bitteren Ende dem Gegner stand. Niemand anderer als Winston Churchill, ihr unversöhnlichster Gegner, bestätigte dies mit folgenden Worten:

„Mit erstaunlicher Standhaftigkeit und ungeachtet aller Verluste harrten sechzig bis siebzig U-Boote bis fast ganz zum Schluß an der Front aus. Ihre Erfolge waren nicht mehr bedeutend, aber sie trugen in der Brust unbeirrbar die Hoffnung auf einen Umschwung im Seekrieg. — Die Endphase des Kampfes lag in den deutschen Küstengewässern. Alliierte Luftangriffe vernichteten deutsche Boote, aber als Dönitz die Kapitulation anordnete, standen immer noch nicht weniger als 49 Boote in See. So groß war die Hartnäckigkeit des deutschen Widerstandes, so unerschütterlich die Tapferkeit der deutschen U-Boot-Fahrer."

Der Zweite Weltkrieg ging zu Ende. Im September 1939 hatte die deutsche U-Boot-Waffe 57 Boote zur Verfügung. 1099 Neubauten deutscher Werften kamen im Laufe des Krieges hinzu. Vier Neubauten ausländischer Werften und 10 erbeutete U-Boote erhöhten die Zahl der insgesamt in Dienst gestellten U-Boote auf 1170. Von diesen kamen 863 Boote zum Fronteinsatz und liefen zu Feindfahrten aus.

Vor dem Feind blieben 630 U-Boote. In den Stützpunkten und im Heimatgebiet gingen 81 Boote durch Bombenangriffe und Minen verloren. 42 U-Boote sanken infolge von Unfällen.

Während des Krieges wurden 38 Boote außer Dienst gestellt und elf an fremde Marinen abgegeben oder in fremden Häfen interniert.

Bei Kriegsende versenkten oder sprengten die Besatzungen nach dem Stichwort „Regenbogen" 215 U-Boote in den Stützpunkten.

Während der „Operation Deadlight" wurden 153 Boote in britische und alliierte Häfen übergeführt.

Die 863 deutschen U-Boote, die zum Einsatz kamen, haben
148 Kriegsschiffe vernichtet,
45 Kriegsschiffe torpediert und
2779 Handelsschiffe mit 14 119 413 BRT versenkt.

Von den 39 000 U-Boot-Fahrern sind nach den neuesten Feststellungen 27 082 gefallen.

Zehn Jahre lang hatte Großadmiral Dönitz die deutsche U-Boot-Waffe geführt. Geben wir ihm, als Schöpfer jener gefährlichen Waffe, hier das Schlußwort:

„In meinem Leben habe ich soviel Selbstlosigkeit und Treue mir unterstellter Soldaten erlebt, daß ich von Dankbarkeit diesen Männern gegenüber erfüllt bin. Niemand sollte das Soldatentum des letzten Krieges herabsetzen; man verletzt sonst die Ehrfurcht vor denjenigen, die in der Erfüllung ihrer Pflicht gefallen sind.

Selbstlosigkeit und Treue, das ist meine Überzeugung, sind auch für eine Gesundung, Zusammenführung und einen Wiederaufstieg unseres Volkes notwendig."

STELLENBESETZUNG DES OPERATIVEN FÜHRUNGSSTABES
(Von Oktober 1939 bis Kriegsende)

B.d.U.

Admiral Dönitz	Oktober 1939	— Februar 1943
Dienstgeschäfte v. Ob.d.M. wahr-genommen	Februar 1943	— Kriegsende

Chef des Stabes:

Kapitän z. See Karl Hoffmann (diese Dienststellung bestand nur zwei Monate)	Januar 1943	— Februar 1943

Operationsabteilung (B. d. U. op.);
ab März 1943: 2. (Unterseeboot-führungs)=Abteilung.
(2/Skl B.d.U.op.)

Abteilungschef:

Konteradmiral Godt	Oktober 1939	— Kriegsende

1. Admiralstabsoffizier:

Kapitänleutnant Oehrn	Oktober 1939	— Mai 1940
Korvettenkapitän Hartmann	Mai 1940	— November 1940
Korvettenkapitän Oehrn	November 1940	— November 1941
Fregattenkapitän Hessler	November 1941	— Kriegsende
A I op (besetzt ab Oktober 1942):		
Kapitänleutnant Schnee	Oktober 1942	— Juli 1944
Kapitänleutnant Schröteler	Juli 1944	— Dezember 1944
Korvettenkapitän Hechler	April 1945	— Kriegsende

2. Admiralstabsoffizier:

Korvettenkapitän Looff	Oktober 1939	— April 1940
Kptlt. Daublebsky v. Eichhain	April 1940	— Februar 1943
Kptlt. Cremer; m.W.d.G.b.	Februar 1943	— April 1943
Korvettenkapitän Hoschatt	April 1943	— Kriegsende

3. Admiralstabsoffizier:

unbesetzt	Oktober 1939	—	September 1941
Kapitänleutnant Kuppisch	September 1941	—	Juni 1942
Kapitänleutnant (MN) Muhr	Juni 1942	—	Kriegsende

4. Admiralstabsoffizier:

Kapitänleutnant v. Stockhausen	Oktober 1939	—	November 1939
Korvettenkapitän Meckel	November 1939	—	Juni 1944
Kapitänleutnant Rasch	Juni 1944	—	Oktober 1944
Korvettenkapitän Mehl	Oktober 1944	—	Kriegsende

5. Admiralstabsoffizier:

Kapitänleutnant Winter	Oktober 1939	—	Juli 1941
Korvettenkapitän Dr. Teufer	Juli 1941	—	Kriegsende

6. Admiralstabsoffizier
(besetzt ab Juni 1942):

Kapitänleutnant Kuppisch	Juni 1942	—	Dezember 1942
Korvettenkapitän Schultze	Dezember 1942	—	März 1944
Korvettenkapitän Hans Witt	März 1944	—	September 1944
(bereits ab Juli 1943 als Sachbear- beiter im Stab B.d.U. op tätig)			
Kapitänleutnant Neid	September 1944	—	Kriegsende

Ingenieur=Offizier:

Kapitänleutnant (Ing.) Looschen	November 1930	—	Oktober 1940
Korvettenkapitän (Ing.) Scheel	Oktober 1940	—	März 1943
Kapitänleutnant (Ing.) Suhren	Februar 1943	—	Juli 1944
Kapitänleutnant (Ing.) Wiebe	Juli 1944	—	Kriegsende

Marine=Oberkriegsgerichtsrat Dr. Wespe	Oktober 1939	—	September 1942
Marine=Oberkriegsgerichtsrat Hagemann	September 1942	—	Februar 1943

DIE BEZEICHNUNG DER HAUPTSÄCHLICHEN GELEITZÜGE

HX	Halifax—England	} (schnelle Schiffe, ab Mitte 1941 wöchentlich)
ON	England—Halifax	

SC   Sydney (Neuschottland)—England (langsame Schiffe. Wöchent=
                     lich ab Sommer 1940)

ONS   England—Sydney (Neuschottland) (langsame Schiffe. Wöchent=
                     lich ab Mitte 1941)

OA	England westgehend	(lösten sich bei 30 Grad West auf;
OB	England westgehend	beide nur bis Juni 1941)

England—Nordrußland=Konvoiroute:

PQ   England—Island—Murmansk   (bis PQ 18, monatlich im Winter)

JW   England—Island—Murmansk   (ab Dezember 1942 monatlich im
                                        Winter ab JW 51)

QP   Murmansk—Island—England   (bis QP 15, monatlich im Winter)

RA   Murmansk—Island—England   (ab Januar 1943 monatlich im
                                        Winter ab RA 51)

England—Gibraltar=Konvoiroute:

HG	Gibraltar—England	(bis Ende 1942 14tägig, mit z. T. erheb=
OG	England—Gibraltar	lichen Verzögerungen im Rhythmus)

England—Südatlantik=Konvoiroute:

SL	Sierra—Leone—England	} (vierzehntägig)
OS	England—Sierra—Leone	

WS   Winstons Spezielle (meistens Truppentransport=Konvois)

DEUTSCHE U=BOOTSTYPEN — DIE BAUZAHLEN

Typ I A	Hochsee=U=Boot	1200 cbm	2 Boote
Typ II A	Küsten=U=Boot	381 cbm	6 Boote
Typ II B	Küsten=U=Boot	414 cbm	20 Boote
Typ II C	Küsten=U=Boot	435 cbm	8 Boote
Typ II D	Küsten=U=Boot	460 cbm	16 Boote
Typ VII A	Hochsee=U=Boot	915 cbm	10 Boote
Typ VII B	Hochsee=U=Boot	1040 cbm	24 Boote
Typ VII C	Hochsee=U=Boot	1070 cbm	661 Boote
Typ VII D	Hochsee=U=Boot	1285 cbm	6 Boote
Typ VII F	Hochsee=U=Boot	1345 cbm	4 Boote
Typ IX A	Boot für ozean. Verwendung	1408 cbm	8 Boote
Typ IX B	Boot für ozean. Verwendung	1430 cbm	14 Boote
Typ IX C	Boot für ozean. Verwendung	1540 cbm	140 Boote
Typ IX D=1	Boot für ozean. Verwendung	2150 cbm	2 Boote
Typ IX D=2	Boot für ozean. Verwendung	2150 cbm	29 Boote
Typ X B	Minenleger und Versorger	2710 cbm	8 Boote
Typ XIV	Treiböltransporter	2300 cbm	10 Boote
Typ XVII	Walther=Versuchsboot	280 cbm	2 Boote
Typ XVIII	Walther=Hochseeboot	1887 cbm	1 Boot
Typ XX	Großer Öltransporter	3425 cbm	1 Boot
Typ XXI	Boot für ozeanische Verwendung mit starker Elektro=Anlage	2114 cbm	127 Boote
Typ XXIII	Kleines Kampfboot	274 cbm	62 Boote

QUELLENANGABE

Alman, Karl:	Ritter der sieben Meere (Rastatt 1963)
ders.	Korvettenkapitän Erich Topp
ders.	Kapitänleutnant Joachim Schepke
ders.	Korvettenkapitän Helmut Witte
ders.	Kapitänleutnant Werner Henke
ders.	Kapitänleutnant Hans=Günther Lange
ders.	Fregattenkapitän Klaus Scholtz
ders.	Fregattenkapitän Lehmann=Willenbrock
ders.	Korvettenkapitän Georg Lassen
ders.	Korvettenkapitän Johann Mohr
ders.	Korvettenkapitän Günther Prien
ders.	Großlandung in der Seine=Bucht (Rastatt 1960—1965)
Bekker, Cajus:	Kampf und Untergang der Kriegsmarine (Hannover 1953)
Brennecke, Jochen:	Jäger — Gejagte (Bieberach=Riss 1956)
Busch, Dr. Harald:	So war der U=Boot=Krieg (Bielefeld 1957 und Rastatt 1960)
Dönitz, Karl:	Zehn Jahre und zwanzig Tage (Bonn 1958)
ders.	Die U=Boots=Waffe (Berlin 1939)
ders.	Bedeutung der Seestrategie im 2. Weltkrieg (im Manuskript)
ders.	Kräftebinden des U=Boot=Krieges ab Mai 1943 (im Manuskript)
ders.	Die Schlacht im Atlantik in der deutschen Strategie des Zweiten Weltkrieges (Zs.)
Frank, Dr. Wolfgang:	Die Wölfe und der Admiral (Oldenburg 1953)
Frank, Wolfgang:	Prien greift an (Hamburg 1942)

Gröner, Erich:	Die deutschen Schiffe der Kriegsmarine und Luftwaffe 1939—45 (München 1954)
Herlin, Hans:	Verdammter Atlantik (Hamburg 1959)
Lüth, Wolfgang, und Korth, Klaus:	Boot greift wieder an! (Berlin 1944)
Lusar, Rudolf:	Die deutschen Waffen und Geheimwaffen des Zweiten Weltkrieges (München 1960)
Macintyre, Donald:	U=Boat=Killer (London 1956)
Morison, Samuel E.	United States Naval Operations in World War II, Vol I bis X (Boston 1950—57)
Meister, Jürg:	Der Seekrieg in den osteuropäischen Gewässern 1941 bis 1945 (München 1958)
Metzler, Jost:	Sehrohr südwärts! (Berlin 1943)
ders.	U 69 Die lachende Kuh (Ravensburg 1954)
Mielke, Otto:	Die deutschen U=Boote 1939—1945 (München 1959)
Prien, Günther:	Mein Weg nach Scapa Flow (Berlin 1940)
Robertson, Terence:	Jagd auf die Wölfe (Oldenburg 1960)
ders.	Der Wolf im Atlantik (Wels 1961)
Rohlfing, Friedrich:	Deutsche Marinegeschichte (Eutin 1956)
Roskill, S. W.	The War at Sea/Vol I bis V (London 1954/56)
ders.	Das Geheimnis von U 110 (Frankfurt 1960)
ders.	Royal Navy (Oldenburg 1961)
Roscoe, Theodore:	United States Destroyer Operations in Wold War II (United States Naval Institute Annapolis, Maryland)
Rohwer, Dr. Jürgen:	Der U=Boot=Krieg und sein Zusammenbruch 1943 (Frankfurt/Main 1960)
ders.	U=Boote (Oldenburg 1962)
Ruge, Friedrich:	Der Seekrieg 1939—1945 (Stuttgart 1954)
Churchill, Sir Winston:	The Second World War Bd. I bis VI

ZEITSCHRIFTEN

Die Wehrmacht   Jgg. 1939—1944

Leinen los!   Jgg. 1956—1964

Marine=Rundschau   Jgg. 1957—1964

The Times Literary Supplement (vom 1. Oktober 1964)

Air University Review 2/1964

Sunday Express (vom 4. August 1963)

Allen U=Boot=Kommandanten, die mit Kriegstagebüchern und persönlichen Aufzeichnungen zur bestmöglichen Darstellung beitrugen, sei an dieser Stelle besonders gedankt. Ohne sie wäre die Darstellung der großen Geleitzug= schlachten nicht gelungen.